JN409384

학생들과 함께 만든 문학캠프 ❶

내장산 산꽃

학생들과 함께 만든 문학캠프 1

내장산 산꽃

홍숙정 지음

신아출판사

■ 추천사

숙명인 것처럼

국어교사로서 홍숙정은 야무지다. 자신이 가르치는 아이들을 데리고 시인과 작가들을 만나는 문학기행을 이십 년 넘게 지속해온 것만 봐도 그이가 얼마나 열성적으로 삶을 대하는지 잘 알 수 있다. 문학캠프도 예외가 아니다. 그이는 아이들에게 책을 읽히고 작가를 섭외하는 일, 발품을 팔아 문학작품 속의 현장을 누비는 일을 마다하지 않았다. 게다가 그 과정을 이렇게까지 꼼꼼하게 기록해 두었다는 사실은 여간 놀라운 게 아니다. 적당히 살아도 될 것을 그이는 늘 이렇게 애쓰며 산다. 애쓰며 사는 일이 숙명인 것처럼 말이다. 이 소중한 기록들은 훗날 교단에서 또 아이들을 가르치는 선생님들에게 좋은 지침서가 될 것이다.

詩人 안도현

『내장산 산꽃』을 펴내며

내장산은 내게 때론 노래였고 때론 눈물이었다. 만날 수 없는 친구들이 그곳에 있었고, 내가 가르치던 학생들이 그곳에 있었고, 이제는 내장산을 찾지 않는 남동생이 그곳에 있었다. 그들이 그곳에 없어도 나는 여전히 속없이 그곳을 찾는다. 내 뜻 따위 물어볼 생각도 않고 포장길로 변하는 풍경에 화가 나면서도, 나의 친구와 나의 제자와 돌아가신 아버지의 추억들이 어느 곳을 가도 산꽃처럼 피어 있기 때문이다.

국어교사로서 20여 년 계속해온 문학기행과 문학캠프들을 책으로 정리하고 싶었다. 2018년 학습연구년제가 큰 힘이 됐다. 나는 글을 정리할 때 '처음'과 '끝'을 먼저 써두고 시작하는 버릇이 있는데, 이 책에서도 처음인 '내장산'과 끝인 '가슴에 지는 낙화소리' 초고를 2017년에 먼저 썼고, 이 두 편의 제목은 황지우 시와 신석정 시의 제목에서 가져왔다. 그리고 소설의 허구성을 차용했다. 이만큼 멋진 직업은 없다고 생각하는 국어교사이지만, 실현하고 싶었던 내 꿈이 작가였기 때문일지 모르겠다. 이제 내장산 금선폭포 가는 길은 폐쇄되었는데, 비오는 날 기름바위를 넘으려다 미끄러져 바위에 된통 부딪치고 말았었다. 그 너머의 길은 자연의 신비 영역이 됐고, 나의 〈내장산〉 글에 오류가 있다 해도 추억 그대로 그냥 남겨두기로 했다.

내가 '조직이 나를 키운다'라는 말을 배운 것은 정읍국어교사모임에서였다. 갈수록 줄어드는 시골학교의 한계를 연대를 통해 풀어낼 수 있었고, 공동체 문학캠프를 통하여 지역에 뿌리내리는 어린 학생들을 키워낼 수 있었다. 흔들림없이 그 자리를 지키지 못한 것은 나의 한계일 것이다. 하지만 거짓없이 그대로 기록으로 남기고 싶었다. 정읍국어교사모임 문학캠프가 진행된 것은 10년이었고, 그 전후로 내가 개별적으로 진행해온 문학기행들도 적지 않았으며, 그 흐름은 하나였다. '문학캠프'라는 큰 범위 안에 '문학기행'까지 포함하여 전체적으로 글을 정리하기로 했다.

온전히 담을 수는 없는 일이었지만, 그래도 이만큼의 작업을 해냈다는 것이 기쁘다. 이제는 퇴직하셨을 진용철 선생님, 머지않아 퇴직하실 박래흥 선생님, 여전히 열혈 국어교사일 염길중 선생님과 이형미 선생님, 정읍국어교사모임 회장의 중책을 맡았던 그 선생님들께 감사의 말씀을 전하고 싶다. 또 많은 선생님들이 이 책의 이야기 곳곳에서 나올 것이지만, 왜 이것밖에 못 썼느냐고 하더라도 내가 변명할 말이 없다. 그렇더라도, 이 책이 우리들에게 작은 힘이 되었으면 좋겠다. 후배 교사 또는 우리의 제자들이, 또 다른 내용과 형식으로 그 뒤를 이어갈 것이라는 희망을 꿈꿀 수 있다면 좋겠다.

계속 변화하는 시간 속에서 글을 쓴 시점이 중요하다는 판단에 각각의 글 뒤에 쓴 날짜를 기록했지만, 2권으로 편집하는 과정에서 순서가 바뀌기도 하였다. 시간도 꽤 흘렀다. 책으로 나오지 못할 수도 있었을

이 작업을 인정해주시고 빛을 주신 신아출판사 서정환 회장님과 서영훈 실장님께 깊은 감사의 말씀을 드리고 싶다. '작가 없이' 진행한 1권 〈내 장산 산꽃〉과 '작가와 함께' 진행한 2권 〈동진강 들꽃〉으로 처음의 구성을 산뜻하게 잡아주신 것도 감사하다. 1권에서 시작하신 독자들이 2권까지도 꼭 읽어주시면 좋겠다.

2019년 9월

홍숙정

| 1권 차례 |

내장산

두 친구

목표지인 금선폭포는 좀처럼 나타나지 않았다. 물소리에 집중을 하면서 이제 폭포인가 하면 아니고 폭포인가 하면 아니고 물길 곳곳에 '작은 폭포'들이 무수히 많았다. 보통 때는 보여주지 않던 소나기 내린 후의 풍경이었다. 약간의 높이에도 폭포수를 만들어내는 여름 산의 생기가 온 산을 감싸고 있었다.

('내장산' 중에서)

내가 몹시 견디지 못해
그대 근처를 거닐 때
내가 바람 속에 들어가
바람 속의 다음 세상을 엿들을 때
얼마나 더 커야
큰 산은 속에다 감추는가
기후대가 전지한 산등성이 잡목들
잔뜩 털을 곤두세운 짐승처럼
노여움을 속에다 감추는
큰 산
— 황지우, 내장산

교사라는 직업이 도무지 마음에 들지 않는 건 방학이 있다는 것이었다. 교사인 그의 아내는 방학 때 도무지 정상적인 생활을 보여준 적이 없었다. 오늘만 해도 아침 일찍 나가서 하루 내 뭘 하고 싸돌아다녔는지 해가 다 넘어간 어둘 녘에야 들어왔다. 어머니와 살면서 방학이라고 밥 한 끼 차리는 적이 없는 아내였다. 아버지가 안 계시니 날 가벼이 보는 거냐고 어머니가 서러운 눈물을 쏟을지라도 아내는 전혀 심각하지 않았다. 다행인지 불행인지 어머니는 나이가 들수록 며느리 아닌 아들에게 집착하고 있었고 덕분에 집안 살림 대부분이 그에게로 넘어온 지 오래였다. 아들이 걸레 한 번만 들어도 며느리에게 눈치를 줬던 구식 어머니는, 이제 아들이 마늘 철이면 마늘을 사고 된장 고추장 담는 일까지 챙기는 일을 당연하게 생각을 했으며, 아들이 차려준 밥상을 좋아하는 아이 같은 어머니가 되었다.

저녁 늦게 들어온 아내는 밥 먹을 생각도 하지 않았다. 한껏 들떠서는 쉬지 않고 그에게 이야기를 하고 있었다. 일찍 집에 오려고 했지만 '귀신사' 표지를 보고 양귀자 소설이 생각나 가보고 싶었다는 것이다. 이름 하나 가지고 그렇게 상상력을 발휘하는 작가의 세계가 부럽다며 양귀자 소설을 한참을 읊어대더니 다음은 금산사 이야기로 넘어갔다. 금산사에서는 공양시간에 맞춰 타종 소리를 들을 수 있었다며 그 감동 이야기로 끝나는가 했지만, 김용택 시를 이야기하는 것으로 이어졌다. 산사에서 내려오는 길에 김용택 시인을 만났다는 것이다. 이 세상에서 김용택 시인과 마지막 만남일지 모르는 절대적인 한 번의 만남이 아니겠느냐며 요란한 의미 부여를 하는 것이다.

모 신문사에서 주관하는 프로그램에 참가해서 시인의 청강생이었고, 학생들 데리고 시인의 마을에 문학기행을 가기도 했었지만, 세월을 한 바퀴 돌아 시인에게 전화를 해야 하는 일이 생겼을 때 시인은 아내를 '전교조'라는 딱지로 몰아붙였다고 했다. 전교조가 그렇게 문제가 있는 것이었느냐고 아내는 무척 억울해 했다. 실상 시인은 아내의 이름도 몰랐을 것인데 아내의 요란이 우습기도 했지만, 금산사에서 내려오는 길에 굳이 차를 세워 말을 건넸다는 사연도 우스웠다. 갑자기 차가 멈춰 창을 열기에 자기도 모르는 길을 물을 줄 알았는데 놀랍게도 시인이었고, "깔따구가 하도 많아서 그러느냐"고 동작을 해보이더라는 것이다. 아내가 한 말은 고작 "어머, 안녕하세요."였을 뿐이지만, 깔따구들의 귀찮은 습격 때문에 계속 오른손을 휘저으며 내려오던 자신의 동작이 참 우스워 보였던가보다고 한참을 깔깔댔다.

그러다가 갑자기 진지한 표정이 된 아내는 '연미향요리곳간'이라는 표지를 봤는데 이름이 참 신기하다며 다음에는 그 길을 따라가 봐야겠다고 중얼거리고 있었다. 절의 음식을 관리하는 곳 같기도 하고 그냥 단순한 저장고일 수도 있겠지만, 만약 음식점이라면 정말 신비로운 이름이라는 것이다. 그 길을 따라가면 또 한 번의 마지막 만남이 있을지도 몰라…….

적당한 순간을 보다가 부엌으로 가서 대충 정리를 하고 방으로 다시 돌아왔을 때 아내는 없었고 그는 하루 동안 지친 몸을 눕혀 잠이 들었다. 아침 일찍 눈을 떴을 때 역시나 아내는 세상모르게 자고 있었고 밥 따위 할 생각은 전혀 없었다. 어머니를 위해서는 자신이 움직일 수밖에 없는 일이었다.

그의 아침 출근은 항상 바빴고 한켠이 항상 쓸쓸했다. 오늘도 그는 어머니의 뒤치다꺼리까지 하고는 바쁘게 가방을 챙겨 집을 나섰다. 그가 가방 속에서 아내의 노트를 발견한 것은 정말 예상하지 않은 일이었다. 아내가 글쓰기에 대한 로망을 갖고 있다는 것은 어렴풋이 알고 있었지만 이렇게 정말 쓰고 있을 거라고 생각한 적은 없었다. 어쩌면 문학의 글쓰기가 아니라 학창 시절 친구 찾기라는 실용적인 글쓰기일지도 몰랐다. 그는 점심을 잊은 채 아내의 글을 읽었다.

연미와 연희는 다움의 여고시절 친구였다. 시골에서 전주시의 고등학교에 진학한 소심한 성격의 다움에게 친구 사귀기가 쉬운 일은 아니었다. 한 교실에 50 몇 번까지 있던 그 반에서 다움이 23번, 연미가

24번, 연희가 25번이었던 것이 이유라면 이유였을 것이다. 달마다 자리를 바꿀 때 다움은 그네들과 번갈아 짝꿍을 하게 되었고 자연스럽게 친해질 수가 있었다. 그네들은 둘다 음악을 하는 친구였다. 연희는 노래를 잘했고 연미는 피아노를 잘 쳤다. 학교에서 음악 행사가 있을 때나 대외적으로 대회가 있을 때면 그네들은 뽑혀서 나갔고 혼자 남은 다움은 때때로 소외감 같은 기분을 느끼곤 했었다. 노래를 잘하거나 악기를 잘하거나 하고 싶었지만 지금까지 안 해오던 것을 갑자기 하게 될 리 없었고 다움에게 도무지 음악적 재능이란 없었다.

한 번은 음악 행사 준비를 하는 강당에 가본 적이 있었다. 합창단으로 활동하는 학생들이 곧 있을 행사를 위해 연습을 하고 있던 참이었고 아직 점심시간이었기 때문에 다움은 한쪽에 앉아 그 광경을 바라볼 수가 있었다. 흐르는 곡은 슈베르트의 숭어였다.

> 거울 같은 강물에 숭어가 뛰노네. 살보다도 더 빨리 헤엄쳐 뛰노네. 나그네 길 멈추고 언덕에 앉아서 거울 같은 강물에 숭어를 바라네. 거울 같은 강물에 숭어를 바라네.
>
> 젊은 어부 한 사람 산기슭에 서서 낚싯대로 숭어를 낚으려 하였네. 그걸 내려보면서 나그네 생각엔 이리 물이 맑아선 숭어가 안 잡혀. 이리 물이 맑아선 숭어가 안 잡혀.
>
> 젊은 어부는 마침내 꾀를 내어 흙탕물을 일으켰네. 아, 그 강물에 이윽고 숭어는 낚여 놀랐네. 마음 아프게도 나그네는 보았네. 마음 아프게도 나그네는 보았네.

"음악이지만 그림 같지 않니? 거울같이 맑은 냇물에 송어가 경쾌하게 헤엄치며 놀고 있어. 그 때 한 어부가 송어를 잡으려고 낚시를 드리우지. 물이 너무 맑아서 잡기 어렵다고 판단한 이 어부가 속임수를 쓰는 거야. 흙탕물을 일으킨 거야. 나그네가 이 풍경을 바라보고 있어. 나는 그 나그네의 마음이 되는 거고……."

"왜 송어라고 해? 음악 교과서에도 숭어라고 나와 있는 걸."

"숭어는 바다에 살아. 송어가 민물고기이니까 이 곡에서는 송어가 맞아. 나는 이 곡으로 합창할 때 율동을 넣어서 하는 것이 좋았어. 송어의 경쾌한 몸짓, 맑은 물이 흙탕으로 변해가는 어두워지는 느낌, 송어를 잡고 좋아하는 어부와 쓸쓸히 바라보며 돌아서는 나그네의 대조, 노래가 주이긴 하지만 사이사이 가벼운 율동은 우리를 클래식의 단단한 형식에서 현실의 자유를 숨쉴 수 있게 해주는 것 같아서 참 좋아."

"글쎄, 난 니들이 클래식의 세계에 살고 있는 거 같은 걸. 피아노 5중주곡이니 변주곡이니 슈베르트를 사랑하는 성악가의 꿈이 슈베르트의 '겨울 나그네' 전곡을 연주하는 일이라느니, 나는 무슨 말인지 항상 모르겠어. 연미가 무한대 같은 피아노 건반 위에서 두 손을 자유롭게 물고기처럼 뛰어노는 것이 경이롭고 그걸 다 외워서 한다는 게 나로서는 이해불가야. 사람이 어쩌면 이렇게 다를까 싶고."

"그러면서 어떻게 친구라고 해?"

"굳이 말하자면 나를 움직이는 팔 할은 열등감 아니겠어?"

"열등감도 자아도취의 일종이야. 자기를 낮게 보지 못하고 자꾸 높게 보니까 기대보다 못하게 된다고 생각하고 괴로워하는 거지."

"그걸 궤변이라 하지. 난 그냥 열등감일 뿐인데. 말장난이 아니고 나는 정말 힘들다고……."

연희는 말없이 다움의 손을 잡아주고는 바로 일어나 다시 연습무대로 옮겨갔다.

사실 다움은 정말 힘들었다. 어릴 때부터 피아노를 배우고 싶은 꿈이 있었다. 사촌이 피아노를 배웠고 학교에서 행사가 있을 때는 사촌이 반주를 했고 그 모습이 선망의 대상이었고 어머니에게 나도 피아노를 배우게 해달라고 한 적이 있었다. 어머니는 뭐라 말하지도 않고 가만 웃었을 뿐이지만, 그게 무엇을 말하는지 다움은 본능적으로 받아들였고, 소녀의 터무니없는 환상 같은 걸 끌어안고는 고작 종이건반을 만들어 시늉을 해보았을 뿐이었다. 천오백 원짜리 리코더를 음악 시간에 배워서 노래를 연주하는 시간을 다움은 무척 좋아했는데 그 어줍잖은 연주를 다움은 무척 황홀해했었다.

솔라솔라 솔미레도 도라솔미솔 라라솔라 솔미레도 레미레미도 레레도레 미미미도 라솔라시도솔 도라솔미 도미솔라 솔미파미레도. 다움은 지금도 그 계이름을 외우고 있었다. 아빠하고 나하고 만든 꽃밭에 채송화도 봉숭아도 한창입니다. 아빠가 매어놓은 새끼줄 따라 나팔꽃도 어울리게 피었습니다.

그 '아빠'는 돌아가셨다. 예측하지 못한 허망한 죽음이었다. 장례를 치르고 학교에 돌아가던 날 벚꽃길 가로수 터널을 지나며 다움의 눈동자 속으로 끝도 없는 눈물의 꽃길이 깔리고 있었다. "벚꽃이 장관이었나 보네." 인사로 건네는 동료교사의 말에 다움의 눈동자가 흔들렸다. 감정을 감추기란 어려웠지만 학생들 앞에선 교사는 언제나 연기자여야 했다. "선생님, 세월이 약이래요." 무심한 남자애가 툭 한마디 던지는 말은 왜 또 그렇게 파도를 만들고야 말았던지.

다움의 아버지는 내장산 사람이었다. 젊은 시절을 바람처럼 책임 없이 살았던 아버지는 내장산 관리소의 한 구석이나마 일자리를 얻고서부터는 삶이 달라졌다. 가족의 생활에 많은 신경을 썼고 자유롭지 못한 부분들을 산에서 풀어내면서 살았다. 덕분에 다움은 늘 내장산이 편안한 고향이었다. 전주여고에 진학하면서 내장산을 떠났지만 휴일이나 방학이면 내장산으로 들어왔고 곳곳을 누비고 다녔다. 그 어디쯤 가면 아버지는 앉아있었다. 때로는 혼자 때로는 사람들과 웃으며 때로는 술 한 잔에 취해서 때로는 꽃 속에서 때로는 계곡 물속에서 때로는 당당한 내장산 직원의 모습으로…….

다움은 친구인 연미와 연희를 내장산에 꼭 부르고 싶었다. 전주시 토박이인 그네들 앞에서 늘 촌놈이라는 열등감이었던 다움에게 내장산은 특별한 자부심이기도 했다. 그네들을 부른 건 여름방학 어느 주말이었다. 두 번 차를 갈아타면서 와야 하는 거리였지만 연미와 연희는 기쁘게 와주었다. 맑은 날씨를 고대했건만 얄궂게도 날이 흐리더니 소나기가 내렸고 다움은 하늘을 보며 좌불안석이었다.

다움의 집은 내장산에서 백양사로 넘어가는 유군치 길목에 있었다. 낙엽과 흙이 섞인 부드러운 산길을 다움은 좋아했다. 맨발로 걸어 다니던 계곡의 물길도 좋아했다. 집 없이 살던 아버지의 가정은 내장산 국립공원 관사라는 이름으로 의젓한 집을 갖게 되었는데, 다움에게도 타지에서의 고달픈 학교생활 틈틈이 이곳은 좋은 휴식처이기도 했다.

소나기가 멈추자 다움이 친구들을 데리고 간 곳은 도덕폭포였다. 도시 아이들이 감탄할 뭔가 근사한 풍경을 보여주고 싶었는데 가장 먼저 생각난 곳이 가까운 도덕폭포였던 것이다. 비가 왔으니 폭포의 물줄기가 굵어져 있을 것이었다. 내장산은 평소에 물이 없는 편이었다. 가을 단풍에 풍부한 계곡의 수량까지 가졌더라면 내장산이 얼마나 더 멋있었을까, 다움은 늘 생각하곤 했다.

공원 매표소가 위에 있었을 때였다. 도덕폭포는 그 아래 있었고 표를 끊지 않아도 갈 수 있는 곳이었고, 굳이 아버지가 봐주지 않아도 갈 수 있는 곳이었다. 뭐라 하는 것도 아니건만 그 통과 절차가 다움은 항상 고역이었다. 아버지가 근사한 제복을 입고 그곳에 있을 때면 으쓱하기도 했겠지만, 다른 사람이 있기라도 하면 동네의 뒷산에 돈 내고 가야 하는 건 아니지 않느냐고 왜 자유스럽게 가면 안 되는 거냐고 속으로 웅얼거리면서 그 관문을 통과하곤 했었다.

"도덕폭포라 해서 나는 폭포가 도덕군자의 풍취를 가지고 있다는 의미로 알았네. '도둑'과 '도덕'이 소리가 비슷해서 재미있게 연결시킨 건 아닐까? 도둑들이 도를 깨쳐서 도인이 될 정도로 이 폭포의 영험이 대단하다는 걸 말하고 싶었나봐."

"원래는 승려였는데 도둑으로 돌변했대. 나중에 후회하고 여기서 수련을 했고 도를 깨쳤다는 이야기 같아. 우리도 여기서 수련 한 번 해볼까?"

"다행이야. 너희들에게 이런 폭포를 보여줄 수 있어서. 다른 때 오면 폭포 같지 않았거든. 소나기가 내린 후 폭포가 또 이렇게 다를 줄 몰랐어. 비가 오면 위험하지 않을까 생각했는데 이런 신비경이 숨어 있을 줄이야. 정말 오기를 잘했어. 기분 좋아."

평소 차분한 다움이 오히려 들떠있었고 평소 활발했던 연희는 의외로 차분해 있었는데, 연미는 어느 쪽이냐 하면 둘 사이에서 어떻게든 조화를 이루어내려는 인내심을 보여주는 편이었다. 고민이 있으면 말하는 것도 다움이나 연희였고 연미는 항상 듣는 쪽이었다. 길다란 속눈썹을 보이며 가만 아래를 내려다보고 있는 연미의 모습은 때로는 깊은 연못 같았다.

"이 소沼 말야. 연미야, 너 같애. 폭포를 바라보고 있다가 고개를 숙여 여기를 보고 있으니까 연미 너를 보는 기분이야. 학교에서도 가끔 그랬거든……."

그러면서 다움은 제안을 했다. 도덕폭포에서 금선폭포까지 물길로만 걸어가 보자는 것이었다. 여기 내장산에 사는 사람으로서 내장산 계곡의 물길은 위험하지 않고 충분히 걸을만하다는 것이 다움의 주장이었다. 그리고 폭포에서 폭포까지의 길이 궁금하지 않느냐며 골똘하게 말하는 다움의 제안을 연미와 연희는 결국 수용할 수밖에 없었다.

다움의 말대로 소나기가 내린 후의 여름산은 정말 싱그러웠다. 꿈결처럼 피어나는 물안개가 신비로웠고 크기도 모양도 제각각인 물속의 돌을 밟아가며 물길을 따라가는 세 소녀의 모습은 때로는 한껏 들떴다가 사이사이 고요하게 가라앉았다가 다채로운 무지개 빛깔을 띠고 있었다.

용굴 앞에 멈춰선 연미는 굴에 들어가 돌탑을 쌓기 시작했는데, 이곳을 다녀간 사람들도 비슷한 마음이었던지 주위 여기저기 높고 낮은 돌탑들이 무리를 이루고 있었다. 조선시대 임진왜란 때 정읍 유생들과 소농민, 내장사 승병들은 조선왕조실록을 보호하기 위해 밤낮으로 용굴앞을 지켰다고 한다. 표지로나마 역사 지식을 공유하는 것도 괜찮은 듯했다. 그다지 깊은 굴은 아니었지만 물길 옆으로 이런 굴이 있는 걸 발견하고 여기에 보물을 숨길 생각을 했고 또 그걸 목숨을 걸고 지켰다는 역사적 기록을 보며 다움은 왠지 모를 자부심 같은 걸 느끼고 있었다. 정읍의 내장산에 뭔가 깊이를 더해주는 순간이었다.

목표지인 금선폭포는 좀처럼 나타나지 않았다. 물소리에 집중을 하면서 이제 폭포인가 하면 아니고 폭포인가 하면 아니고 물길 곳곳에 '작은 폭포'들이 무수히 많았다. 보통 때는 보여주지 않던 소나기 내린 후의 풍경이었다. 약간의 높이에도 폭포수를 만들어내는 여름 산의 생기가 온 산을 감싸고 있었다. 가장 신기해 한 것은 연희였다. 감탄사를 연발하며 그 앞에 서 골똘한 생각에 잠기고 재잘재잘 말로 표현하고 물에 흠뻑 젖었다가 마를만하면 또 젖고 물소리인지 연희의 말소리인지 모르게 쉴 새 없이 산의 수다는 계속되었다.

선녀들이 신선봉에서 내려와 금선폭포에서 목욕을 하는데 속인들이 넘겨다 볼까봐 가까이 오지 못하도록 바위에 기름을 발라 아직까지 미끄럽다는 전설이 있는 곳을 지났고, 신선들이 천애암석으로 된 이곳을 지나 신선봉에서 천신께 제를 올리고 등천하였다고 하여 일명 등천문이라고 부른다는 곳도 지났지만, 아직 '큰 폭포'는 얼굴을 보이지 않았다.

도덕폭포만으로도 이미 감탄의 경지를 넘어선 여자애들은 속으로 잔뜩 기대를 하고 있었다. 평범한 일상 속에서도 가끔은 전율의 감동을 꿈꿀 때가 있다. 아주 짧은 순간이지만 그 감동의 힘은 오래도록 일상을 버티는 힘을 주기 때문이다. 그 순간을 다움은 친구들과 함께 '큰 폭포' 앞에 서서 공유하고 싶었다. 사실 '큰 폭포' 앞에 섰을 때는 정작 많이 지쳐 있었다. 물길로만 계속 걸어오면서 발에 약간의 상처도 났고 옷은 젖은 채로였으며 끼니때를 놓친 뱃속에서는 꼬르륵 소리도 났다. 그렇게 금선폭포와 마주한 순간에 느낀 감정은 허망함이었다고 말한다면 자연에 대한 예의가 아닐지 모르지만, 사실 다움은 많이 허망했다.

보이는 폭포가 다가 아니라는 것을 발견한 것은 연미였다. 금선폭포는 4개의 폭포가 연달아 있어 장관을 이루지만 밑에서는 마지막 폭포밖에 보이지 않아 아쉬움이 남는다는데, 제대로 보지 못하는 세 개의 폭포가 많이 아쉬웠다. 이대로 끝까지 이 물길을 따라간다면 과연 어디까지 갈 수 있을까. 무지개를 잡으러 떠난 소년이 무지개는 잡지 못하고 폭삭 늙어버린 자기 얼굴만 보게 되었다는 이야기가 떠올라 다움은 웃음이 났다. 그럼 어때. 아무것도 안하고 사는 것보다는 백배 아름다운 삶이지 않나. 현재 이 순간에 최선을 다하며 꿈을 위해 산다는 것은 그것만으로 충분히 아름다운 것이다.

금선폭포의 '마지막 폭포'를 최종 목적지로 나름 체념하면서 다움은 친구들을 현실로 돌려세워 산 아래로 향했다. 물길이 아닌 산길로 내려오는 길은 훨씬 부드러웠다. 학교에서 나누지 못한 많은 이야기들도 나눌 수 있었다. 다움은 시골중학교를 다닌 뿌리 깊은 열등감을 이야기했고, 연미는 어머니에게 받는 압박감과 피아노 훈련의 혹독함을 이야기했고, 연희는 문학에 대한 이야기와 노래에 대한 이야기를 꿈꾸듯 이야기했다. 귀가 얇은 다움은 연희가 "넌 볼수록 이쁜 얼굴이야." 이런 낯간지러운 말도 비록 내색은 안하지만 참 좋아했다. 다움은 친구와 이야기할 때 느껴지는 열등감에서의 해방이 참 좋았다. 그 앞에 서면 작은 자기도 조금은 견딜만해지는 것이었다.

정자에 날개가 돋아 승천하였다는 전설이 있는 우화정에서 셋은 잠깐 쉬었다. 열 장으로 된 내장산 관광엽서를 사면 우화정 풍경은 늘 맨 앞에 놓이곤 한다. 그만큼 화려함을 갖춘 풍경이긴 한데, 다움에게 그것은 항상 시끄럽고 혼잡하여 다움이 설 공간이 없는 한가을 내장산 풍경을 연상하게 하는 것이었다. 사실 다움은 내장산에 살면서 한가을 내장산 풍경을 제대로 본 적이 없었다. 관광버스는 밀어닥치고 구식 뽕짝 소리가 귀를 아프게 하고 민간 살림처까지 다 숙박처로 내주는 계절이었다. 그 시끄러움은 내장산 깊은 속의 자연을 볼 수 없게 만들었다. 한숨 돌리고 늦가을이 되면 그제서야 다움은 산을 찾곤 했다. 감나무의 따지 않은 감들이 늦가을 햇볕에 반짝이고 화려한 단풍잎의 남은 흔적들이 스산한 바람에 휘리릭 지나가는 고적한 산길이 다움은 좋았다. 껍데기를 벗어버린 알맹이를 만났을 때 느끼는 편안함일 것이다. 이렇게 또 시간이 지나면 나무의 잎들은 다 떨어져 빈 가지가 될 것이고, 빈 가지들이 물결처럼 능선을 이루는 겨울로 가는 가난하지만 깨끗한 산도 더없이 좋았다. 온몸에서 필요 없는 잔여물들이 빠져나가고 한없이 맑은 마음이 남아있게 하는 힘이었다.

우화정은 1482년 무렵 내장산성이 있었던 곳으로 승군과 왜적이 격렬한 전투를 벌인 장소라고 한다. 어쩌면 한가을 화려한 관광지 풍경도 역사에 대한 예의는 아닐지 모르겠다. 내장산성이라, 그 흔적이 있으면 좋았을 텐데 이야기 나누며 다움은 연못 주변에 있는 나무들의 이름 맞추기 놀이에 친구들을 동참시키고 있었다. 사람에게 누구나 이름이 있듯이 나무에도 꽃에도 이름 없는 것은 없는 거야. 너희들은 도시에만 살아서 모르지. 이 언니가 알려줄게.

셋이 내장산 저수지 앞에 내린 것은 저녁 6시 무렵이었다. 정읍에서 내장산 들어가는 길목에 꽤 커다란 저수지가 있는데 일부러 마음먹지 않으면 들러 가기 어려운 곳이었다. 이곳에도 토박이들이 많이 살고 있었기에 타지인이 내리기라도 하면 낯선 눈길을 받기 십상이었다. 더구나 십대 여자애가 혼자 내려서 그곳으로 걸어간다면 더욱 호기심의 눈길이 쏟아질 것이었다. 다움은 그것을 알았기에 버스로 지나며 항상 다음을 기약할 수밖에 없었는데, 친구들이 있어 용기 있는 시도를 할 수가 있었다. 지나가다 물을 보면 지나가다 노을을 보면 다움은 왜 그토록 항상 설렜는지 모른다. 내장산 저수지는 그 둘을 함께 가지고 있었다. 농사용으로 막은 것이기에 다들 저수지라고 불렀지만 다움은 이곳에 호수라는 문학적인 이름을 붙여놓고 있었다.

맑은 날 노을을 생각하고 있던 다움은 몰아치는 바람과 빗방울 때문에 잔뜩 불안해 있었다. 또 다른 다음을 기약하기엔 너무 먼 일이었다. 까짓것 한 번 가보지 뭐. 부전리 마을에 내려서 밭 사이 좁은 길을 따라 저수지 가까이 걸어가는 그들 위로 어두운 여름 하늘이 내려앉고 있었다. 바람은 제법 세찼고 물결은 거칠었다. 저수지라는 이름이 아닌 바다의 느낌을 주는 광경이었다. 으스스 떨리는 차가운 공기를 맞으면서도 연희와 연미는 불평하지 않았다. 파도처럼 출렁이는 물결을 따라 그들의 마음도 한껏 출렁였다.

저수지 너머 멀리 내장산 서래봉이 내려다보고 있었고, 저수지를 싸안듯 내장산 능선자락이 바람을 따라 수런수런 모여들고 있었다. 노을은 포기해야겠다고 생각할 즈음 능선 사이 오목한 곳에서부터 붉은 기운이 번져 오르기 시작했다. 산속에서라면 늘 보던 풍경이라고 생각했을 것이다. 산봉우리를 붉은 선으로 물들이다가 얌전하게 사라져가는. 하지만 그 얌전함을 광활한 수량이 받아냈을 때 엄청난 변화가 일어나고 있었다. 물결은 점점 더 높아졌고 바다인지 호수인지 경계가 사라져 버렸다. 그 위로 붉은 노을이 한껏 춤을 추고 있었다.

연희가 노래를 부르기 시작한 것은 노을의 마지막 몸짓이 물그림자를 지우고 산그림자 속으로 사라져가는 순간이었다. 원래 연희는 노래를 잘 부르기도 했지만 실내공간이 아닌 이런 자연 속에서 노래를 듣는 것은 다움이나 연미나 처음이었다.

"아, 찬란한 저 태양이 숨져버려 어두운 뒤에 불타는 황금빛 노을 멀리 사라진 뒤에 내 젊은 내 노래는 찾을 길 없는데 들에는 슬피 우는 벌레 소리뿐이어라. 별같이 빛나던 소망 아침 이슬 되었도다."

그 노래의 제목이 '비가悲歌'라는 것을 다움은 먼 나중에 알았다. 20대 후반에 접어들면서 극도의 우울과 절망에 시달릴 무렵이었을 것이다. 아무것도 이룬 것이 없이 30대를 맞이해야한다는 '아홉살'의 상징성 같은 것이었을지 모른다. 그리고 다움은 연희의 자살 소식을 들었다. 전주시에 있는 국립대학교의 국문과에 진학을 했다는 소식 이후로 다움과는 소식이 끊겼고, 그 이후 연미에게서 들은 소식은 다니던 학교를 그만두고 재수해서 서울에 있는 음대에 진학했다는 소식이었다. 지방의 하위권 대학에 다니고 있던 다움으로서는 연희의 방황이 상당부분 이해가 되기도 했지만 그래도 적성에 맞는 음대라는 말에 친구로서 응원을 보낼 정도까지 되었던 것이다. 그런데 자살이라고 했다.

다움의 타고난 자격지심 습관이 문제였는지 모른다. 열등감에 매몰되어 있는 사람은 다른 사람의 마음을 살필 줄을 모른다. 다움은 학교에도 적응을 못했고 시대의 변화에도 전혀 감응이 없었다. 열등감은 자만심의 다른 표현이라고, 왕따란 왕이 되지 못해서 소외감을 느끼는 마음이라고, 누군가는 그랬다. 그 말이 맞았다. 그 열등감은 교단에 서고서도 여전히 계속되었고, 어쩌면 연희의 자살 소식도 열등감의 하나로 받아들였는지 모른다. 너는 그렇게 우아하게 죽음을 선택하였는데, 나는.

다움의 열등감은 그 이후에도 여고시절의 또 한 친구를 떠나보내고 있었다. 연미가 먼저 결혼을 했고 신부는 예뻤으며 다움은 하객들 속에서 소외감을 느꼈고 그렇지만 최대치의 축의금을 넣었다. 어찌어찌 다움 역시 결혼을 하게 되었고 바쁘고 힘들게 살던 연미는 일부러 미리 찾아와 똑같은 방식의 축의금을 건넸다. 그런데 그 이유가 결혼식 당일에 오지 못하기 때문이었고 그 이유는 시댁일 때문이었으며 그것을 연미는 이해해 달라 했다. 그런데 다움은 이해할 줄 몰랐고 변명 깔린 여자의 삶을 이해하고 싶지도 않았다.

결혼식장에 한명의 친구도 세울 수 없었던 다움은 애꿎은 연미에게로 원망의 화살을 돌렸다. 원래도 일부러 찾아가지 않으면 만남이 어려웠던 둘 사이는 자연히 멀어졌고 나중에 다움이 제법 정신을 차려 연미를 찾았을 때는 어느 곳에서도 누구에게서도 소식을 들을 수 없게 되었을 때였다. 이렇게까지 아무 곳에도 흔적을 남기지 않았을 리가 없다. 우울한 추측까지 하면서, 동창회에 일부러 나가 소식의 끈을 묻기도 했고, 뜬금없이 검색어에 이름을 치고 조금이라도 연미나 피아노에 관련이 있을 것 같은 번호를 찾아 전화를 누르기도 했다. 결과는 아무것도 없었다.

다움의 앞으로 내장산 저수지에서 보았던 노을과 거친 물결이 몰아쳤고 저수지 앞에서 불렀던 연희의 노래 소리가 들려왔다. 십대 소녀에게 그 노래가 어울릴 노래는 아니었다. 그런데도 그때는 그것을 몰랐다. 그저 연희의 목소리와 노을과 바람의 소리가 너무도 잘 어울렸고 아름답다고만 생각했었다.

연미의 아버지는 다움이 재직한 학교의 교감과 절친한 친구였다. 한없이 마음이 좋고 술을 좋아했던 교감은 그 술 때문에 일찍 병을 얻었다. 다움이 학교에 적응을 못해 휴직과 복직을 반복했을 때도 한결같이 다움의 편에 서주었고, 마지막 병문안을 갔을 때도 다움의 손을 잡고 학교에 돌아가기를 당부하였다. 교감이 살아있었다면 연미와도 소식이 끊어지는 일은 없었을까. 교감도 다움의 아버지도 이미 이 세상 사람은 아니었다. 연미의 아버지도 아마 이 세상 사람은 아닐 것인가? 다움은 그 답을 알 수가 없었다. 친구의 아버지가 죽었는지 살았는지도 모른다는 게 친구라고 할 수 있을 것인가.

그 숱한 방황의 세월을 거치면서 소식 한 자락을 접할 수 없었던 친구가 정말 친구라고 할 수 있을 것인가. 그럴 리 없으므로 연미는 죽었을지 모른다. 죽지 않고서야 이렇게 완벽히 소식을 모를 수가 없다. 하지만 다움은 절대 그렇게 생각하고 싶지는 않았다.

그는 아내 다움의 친구 이름도 모르고 있었다. 결혼식 때 참가하는 친구 한명 없다는 사실이 낯설긴 했지만 별스러운 아내의 성격 탓에 놀랄 일은 아니었다. 사람이 살면서 죽음에 대하여 생각해보지 않는 사람은 없을 것이다. 하지만 아내가 말하는 죽음은 이상한 기분이었다. 친구 한 명 만들지 못하는 아내의 삶이 불쌍하기도 했지만 화가 나기도 했다. 죽어도 모르는 게 어떻게 친구란 말인가. 그러면 아내가 죽으면? 나는 아는가? 이 질문 앞에는 자신 있는 답변이 나오지 않았다. 갑자기 정신이 번쩍 들었고 오후 근무는 버려둔 채 그는 집으로 향하고 있었다.

여고시절 세 명의 단짝 친구가 있었다. 한 명이 먼저 저 세상으로 갔고 어쩌면 또 한 명이 그리고 또 한 명이, 이건 80이 넘은 노령의 친구들에게나 어울릴 스토리이다. 늘 같이 있던 친구를 하나씩 보내면서 홀로 남은 쓸쓸함과 서글픔, 죽음에 대한 두려움과 삶의 허망함, 그 누구와도 함께 할 수 없는 적막과 고독, 아직 그걸 느껴야 할 나이는 아닌 것이다. 오십대의 죽음은 이 시대에 절대 자연스러운 죽음은 될 수 없다.

평소의 그답지 않은 감상적인 잿빛 사고의 바다에 헤엄치던 그가 집에 도착해서 현관문을 열었을 때 그를 맞이한 것은 완전한 적막이었다. 어머니도 잠들어 있었고 아내도 잠들어 있었다. 세상에, 지금 시간은 오후 1시다. 그런데 아내는 자고 있다. 언제쯤 일어나 나갈 것이고 어디론가 갈 것이고, 밤에는 남편도 모르게 무언가를 하고 있을 것이다.

그에게는 아주 오래 전 스무 살 무렵엔가 소설로 쓰고 싶은 주제가 하나 있었다. 그가 대학에도 못가고 빈둥거릴 때 법대에 간 친구가 들려준 인상적인 말이 있었다. 자기가 법을 공부해보니까 '법이란 천재도 할 것이 못되고, 둔재도 할 것이 못되고, 결국 중재가 해야할 공부'더란 거였다. 이걸 어떻게 소설로 형상화해볼 수 없을까 하는 생각만 평생 지니고 살았던 셈이었다. 결국 법이란 지고지순한 천상의 존재도 아니고, 그렇다고 무시해도 좋을 쓰레기도 아닌, 일상의 가장 직핍한 가운데 존재하는 것이란 얘긴데 이걸 어떻게 인물과 인물, 사건과 사건의 갈등을 통해서 드러낼 수 있을 것인가.

그는 자신이 포기한 그 생각을 아내에게서 다시 보고 있는 것 같았다. 천재도 아니고 둔재도 아닌 아내가, 당당한 작가가 될 수 있을 것도 아니고 문학과 무관하게 사무적인 교사 직업에 만족할 것도 아닌 아내가, 도무지 무엇을 할 수 있을 것인가. 헌신적이라 생각될 정도로 학생들과 함께하는 문학기행이라는 일에 몰두하던 아내의 모습들이 떠올랐다. 짠했다.

그는 다시 회사로 차를 몰았고, 아내의 노트를 다시 들고 왔고, 아내 모르게 원래 있던 자리에 놓아두기로 했다.

[2017. 07. 28.]

동진강

척왜척화 척왜척화 동진강
물결 소리를 듣다

전라감영군이 태인 화호나루에서 백산을 향해 총을 쏘았다고 했는데 그 장면의 이해가 필요했고, 시에서 '배들평야 건너가네'가 아닌 왜 '만경들 건너가네'인지 구체적인 이해가 필요했다. '척왜척화 척왜척화 물결소리에 귀를 기울일' 동진강을 실감하고 싶었고 '서해로 출렁이며 쳐들어갈' 우리 국토의 배경을 확인하고 싶었다. ('동진강' 중에서)

눈 내리는 만경들 건너가네
해진 짚신에 상투 하나 떠 가네
가는 길 그리운 이 아무도 없네
녹두꽃 자지러지게 피면 돌아올거나
울며 울지 않으며 가는
우리 봉준이
풀잎들이 북향하여 일제히 성긴 머리를 푸네

그 누가 알기나 하리
처음에는 우리 모두 이름 없는 들꽃이었더니
들꽃 중에서도 저 하늘 보기 두려워
그늘 깊은 땅 속으로 젖은 발 내리고 싶어하던
잔뿌리였더니

그대 떠나기 전에 우리는
목 쉰 그대의 칼집도 찾아주지 못하고
조선 호랑이처럼 모여 울어주지도 못하였네
그보다도 더운 국밥 한 그릇 말아 주지 못하였네
못다한 그 사랑 원망이라도 하듯
속절없이 눈발은 그치지 않고
한 자 세 치 눈 쌓이는 소리까지 들려오나니

그 누가 알기나 하리
겨울이라 꽁꽁 숨어 우는 우리나라 풀뿌리들이
입춘 경칩 지나 수군거리며 봄바람 찾아오면
수천 개의 푸른 기상나팔을 불어제낄 것을
지금은 손발 묶인 저 얼음장 강줄기가
옥빛 대님을 홀연 풀어헤치고
서해로 출렁거리며 쳐들어 갈 것을

우리 성상聖像 계옵신 곳 가까이 가서
녹두알 같은 눈물 흘리며 한목숨 타오르겠네
봉준이 이 사람아
그대 갈 때 누군가 찍은 한 장 사진 속에서
기억하라고 타는 눈빛으로 건네던 말
오늘 나는 알겠네

들꽃들아
그날이 오면 닭 울 때
흰 무명띠 머리에 두르고 동진강 어귀에 모여
척왜척화 척왜척화 물결 소리에
귀를 기울이라

— 안도현, 서울로 가는 전봉준

내가 읽은 시 중에서 가장 좋은 시가 〈서울로 가는 전봉준〉이었다고, 안도현 시인에게 나는 말했던 것 같다. 신문사에서 주관하는 시 창작

강의 시간이었는데, 시인은 그때 부끄러운 표정이었다고 말한다면 주제넘은 말일지도 모르겠다. 어디선가 '홍숙정' 이름을 들어본 것 같다는 시인의 말에 공연히 착각 같은 기분이 되었노라면 이는 더 주제넘은 말일지 모르겠다.

다른 것 다 떠나서 나는 그 '동진강'을 느껴보고 싶었다. 국어교사를 하면서 가장 애착을 가졌던 것이 문학기행이었고 공동체 의미에서 문학캠프를 병행했던 그 오랜 세월 동안, 아마도 내가 가장 많이 움직였던 주제가 '동학농민혁명'이었을 것이다. 그럼에도 나는 이 주제가 가장 어렵다. 문학으로 접근해야함에도 역사로만 접근하고 있다는 문제도 그러했다. 알고 있는 시들은 활용하기에 좋았으나, 한 권 분량의 문학성 뛰어난 소설이 내겐 보이지 않았다.

2018년 6월 22일, 이 어려운 주제에 대한 압박감을 풀어내고 싶다는 마음을 어쩌지 못하여, 자타가 인정하는 길치인 내가 도서관에서 보던 책을 덮고 홀로 향한 곳은 '동진강'이었다. 올해만 해도 이미 답사는 다녀왔고 동학제 기간에도 유적지엘 갔었는데, 여전히 감이 잘 잡히지 않는 부분들이 있었고, 그게 풀리지 않으면 이 한 편의 글을 쓰기도 어려운 것이 나의 상황이었다.

전라감영군이 태인 화호나루에서 백산을 향해 총을 쏘았다고 했는데 그 장면의 이해가 필요했고, 시에서 '배들평야 건너가네'가 아닌 왜 '만경들 건너가네'인지 구체적인 이해가 필요했다. '척왜척화 척왜척화 물결소리에 귀를 기울일' 동진강을 실감하고 싶었고 '서해로 출렁이며 쳐들어갈' 우리 국토의 배경을 확인하고 싶었다.

화호나루의 흔적을 보고 싶어 내가 먼저 간 곳은 화호리 옆의 신덕리 하신양 마을이었다. 인적은 없었고 동진강은 웅장했지만 건너편의 산이

백산인지 아닌지 내 주제로 판단할 수가 없었다. 몇 번을 같은 길 돌고 돌아 다음 간 곳이 부안 백산과 김제 죽산을 연결한다는 구 군포교였는데, 〈기억속의 들꽃(윤흥길)〉 만경강 다리보다 훨씬 위태위태했고 다리 아래 강은 바다처럼 아찔했다. 어쩌다 트럭이 지나갔는데 다리 위에 선 내가 흔들릴 정도였다. 김제는 신태인과 경계하고 있었고 김제와 신태인 쪽에서 동진강 너머로 보이는 백산은 무척 가까웠다. 바람 따라 하얗게 출렁이는 들꽃무리를 넣어 동진강과 백산을 함께 렌즈에 담고 싶었으나 쉽지 않았다.

백산에 가서는 김남주 시인과 그의 시 〈노래〉를 떠올렸다. 요즘 내가 가장 많이 혼자 흥얼거리는 노래가 그 〈노래〉인데, 안도현 시 〈서울로 가는 전봉준〉과 마찬가지로 이런 시를 보면 시는 아무나 쓰는 게 아니라는 깨달음을 가질 수밖에 없겠다. '피어 눈물로 고여 발등에서 갈라지는' 녹두꽃을 표현하는 그 경지를 학생들 앞에서 어떻게 설명해야할지 먹먹해진다.

모스크바에 유학할 때 일이다. 겨울이었다. 한국 책이 읽고 싶어지면 한국공보원도서관에 가 새로 온 읽을 만한 책이 있나 뒤지곤 했다.

그날, 눈이 엄청 쌓인 날인데, 책을 빌리러 공보처에 갔다. 그리고 거기서 우연찮게도 김남주 시인의 특집이 실린 문학잡지를 발견했다. 근간에 나온 거였는지 좀 묵은 거였는지는 기억나지 않는다. 다만 그 공보처 도서관 구석에서 어느 페이지를 펼쳐 놓고 얼마나 흐느껴 울었던지. 근무하던 고려인 여자가 와서 왜 그러느냐, 어디 아프냐고 놀라서 물었던 기억이 난다. 그 페이지에 실렸던 시는 그의 시비에도 새겨졌다는

〈노래〉다.

내가 그때 '이 두메는 날라와 더불어'를 읽을 때 왜 갑자기 그렇게 설움이 쏟아졌는지. 나는 그가 지금의 세월을 보지 않고 죽어서 다행인지 어쩐지 모르겠다. 그러나 그가 어떻게 왜 그렇게 살았는지 무슨 말을 하고 싶었는지 잊지 않고 기억하며 살고 있다. 괜찮다. 꼭 그렇게 살지 못해도 괜찮다고 그 시는 내게 말해주는 것 같았다.

— 천정근, '김남주, 또 그렇게 눈물이 쏟아진다'

김남주 시인과 시에 대하여 나만 그러한 것이 아니었구나 하는 것을 이렇게 다른 사람의 글에서 확인하는 것은 뭔가 기분이 좋았다. 김남주 시인과 그 친구 이강이 유신반대 선언을 시작하기 전 고유제告由祭 형식으로 정읍 황토현과 이 백산을 찾아왔었다고 한다. 황토현과 전봉준 고택에서의 느낌을 〈노래〉로 담았으며, 백산에서 읽은 창의문이 그 어떤 시보다도 훌륭한 한 편의 시였노라고 말하고 있었다. 투박하고 거침없는 표현으로 김남주 시를 거부하는 사람들도 있다지만, 그러한 시의 영혼에 자기도 모르게 빠져 들어가는 순간이 있다는 것도 인정할 수밖에 없다.

애초 의도한 것은 아니었으나, 피해갈 수 없는 공무원 시험을 앞둔 아들들을 위한 기원을 나 역시 고유제 형식으로 그곳에서 내면적으로 실행하였음을 고백해야겠다. 부디 이 젊음이 이 고난을 넘어가게 해주소서.

다음은 동진강 물줄기가 서해로 출렁이며 쳐들어갈 '동진면 문포항'을 찾는 일이었는데, 물 가득한 논들 사이 양쪽 막음이 없는 좁은 시멘트 길을 따라가며, 만년 초보운전자인 나는 완전 기도하는 심정이었다. 자칫 사고라도 나면 아들에게 해악이 될 것이며 남편에게 호된 비난을 받아야 할 일이었기 때문이다.

그렇게 찾은 문포항은 서글픔이었다. 가게였을 것 같은 낡은 간판과 간이 화장실과 배를 그린 벽화와 되는대로 쌓인 그물망과 어울리지 않는 자리에 놓인 낡은 배 몇 척, 그리고 홀로 앉아 있는 할머니, 물은 다 말랐지, 저 둑길 넘어서 가보면 바다가 보일 것이네. 나는 다 떨어진 기름과 운전의 두려움으로 바다를 찾는 것은 결국 포기하고 돌아섰다. '동진강'이라는 표지는 분명히 찾았건만, 물줄기를 볼 수 없었다. 가까스로 '새만금'까지 간다한들 목 놓아 울어버릴지도 모를 일이었다.

정읍을 떠나 전주로 학교를 옮기면서 나는 동학농민혁명기념제 행사들에서 이방인처럼 되었는데, 작년에도 혼자 동학제 날 만석보터에 서 본 적이 있다. 학생들과 함께 했던 수많은 기억들이 어제 일처럼 선명하건만 주위에는 아무도 없다는 기분이 쓸쓸하였고, 그래서 하릴없이 차를 몰고 동진강 길을 따라 갔었다. 수풀이 우거져 길이 험했지만, 정읍과 주위의 다른 지역들이 이 동진강을 매개로 이어져 있다는 것을 알았고 작은 강이 아니라는 것을 알았고 그 힘이 거대하게 다가왔고, 두 발로 걸어보고 싶었다.

그 동진강 둑길이 2018년 올해는 또 달랐다. 5월 3일 오후에 둘이 갔던 답사는, 혼자 가다 말았던 그 둑길을 갈 수 있는 데까지 따라가 보는 것이었는데, 놀랍게도 둑길은 작년과 다르게 말끔히 포장이 되어 있었다. 이건 아닌데 하면서 가다가 중간에 몇 번 막혔고, 그래도 그 덕분에 띄엄띄엄 천연 그대로의 자연 풍경들을 만나면서, 동진강 너머로 백산이 보이는 풍경까지 갈 수가 있었다. 척왜척화 척왜척화 물결소리를 들을 수 있는 동진강을 만나보고 싶은 욕심에 무리를 하면서 강둑 아래로 내려 가보았고, 완전하지는 않지만 근접하는 느낌을 받을 수 있어서 위안을 삼았었다.

특히 나의 고향이고 모교가 있는 태인의 대각교 아래의 동진강은 특별했다. 그토록 숱하게 다녔던 곳이건만 동진강의 느낌을 몰랐었다. 강이란 단절된 것이 아닌 흐름의 연결이기에 달랑 그곳만 봐서는 느낄 수 없는 것이라는 생각이 들었다.

그날 오전의 일정 때문에 지쳐 백산 앞에서 멈추었던 까닭에, 6월에 와서 나는 다시 홀로 기행을 시도했던 것인데, 신태인 하신양 마을에서 보는 동진강과 구 군포교에서 보는 동진강은 척왜척화 혁명의 물결처럼 강렬했다. 바닷가 자갈들에 바닷물 부딪히는 소리가 자갈자갈, 도자기 그릇에 숟가락 부딪히는 소리가 그릇그릇, 접동새 우는 소리가 접동접동, 우리말의 묘미는 참 신비한 것이지만, 이렇게 소리를 한자성어와 연결시키고 동학의 주제어와 연결시킬 수 있다는 것은 시인의 부러운 능력이었다.

김용택 시인의 〈섬진강〉 작품들을 읽으면서 나는 '동진강'을 생각했던 것 같다. 섬진강은 시적인 느낌을 주는 단어인데 동진강은 아니지 않나 하는 생각이었을 것이다. 고향의 강이라는 것에 대한 애정과 뭔가 시적이지 않다는 것에 대한 반감, 그 두 가지 감정의 저울추가 어느 곳으로 기울지는 알 수 없는 일이었다. 강의 흐름을 따라가면서 그 감정을 확인하고도 싶었을 것이다.

강 따라/ 길이 나고/ 길 따라 거기/ 강이 있었네// 구장九將 마을이었네/ 잘 자란 벼들 사이를/ 미끄러지듯 밟아/ 찾아낸 작은 개울/ 그곳에서 강은 흐르고 있었네/ 어린 강이 울고 있었네// 길 따라 강을 찾으며/ 어느새 넓어진 우리 가슴/ 그 옛적 이 강은/ 농민군의 울음이 타던 강이었더라네/ 지금 우리와 이 강은/ 이 고장 수수한 농부네들의/ 잘 영글어질 희망이라네// 큰 강을 적신 놀이/ 우리 발길을 따라 흐를 때/ 바다는 이미 강을 먹고/ 마른 갈대숲조차 곁에 두지 않았네/ 그 어귀 큰 다리엔/ 우리들의 달음박질과/ 사람들의 물 만난 고기잡이 함성소리만이// 사람들은/ 우리가 이 강을 찾은 이유를 모르고/ 바다를 찾은 줄 알겠지만/ 우리/ 길 따라 강을 찾은 것이라네

— 심은희(태인여중 졸업) 시

나는 이 흘러가는 강물에 내 조상님이신 조병갑님의 죄를 대신 사죄드렸다. 잠깐이지만 난 나름대로 진지했어. 유지비 앞에 섰더니 앞뒤로 너른 들판이 펼쳐지고 저편 물이 흘러가는 방향으로 백산이 보이더라.

백산은 산이라 할 것도 없는 나지막한 언덕 같았어. 그런데 사방이 들판이다 보니 이곳에 올라서면 수십 리 들판이 다 보인다고 해. 그런데 왜 산 이름이 백산이게? 수십 리 들판도 보이는 산이기에 옛날 갑오동학농민혁명 때 관군이 어느 쪽에서 접근해오더라도 금세 알아챌 수 있었다고 해. 그래서 관군이 접근해오면 작전대로 행하기 위해 동학군들이 서면 산이 하얀 색으로 변한대. 동학군들이 모두 하얀 색 옷을 입어서 말이야. 이런 새로운 사실들에 정말 나는 즐거웠어.

해가 어둑어둑해질 무렵 신태인 화호 나루, 동진강 하구까지……. 동진강을 따라서 다닌 건 너무 좋았어. 강을 따라서 다니면서 내가 강물과 같이 내 고장 정읍의 역사를 같이 휘어잡은 듯한 기분에 말이야. 그래서

이 기분을 너에게 전하고 싶었어. 느껴지니? 지금 동진강을.

— 조유미(태인여중3) 편지글

알고 보니 나는 1998년에 이미 학생들과 함께 그 길을 따라갔던 것이다. 그렇게 숱하게 갔고 때때로 인상 깊었으나 다시 가면 왜 나는 언제나 처음이 되어버리는 것일까.

동진강의 근원에 대해서는 자료를 찾아 읽을수록 어려운 문제였다. 1998년에 갔던 길은 태인천의 발원지인 상두산 구장마을에서부터였다. 태인여중에 적을 둔 교사와 학생들이었기에 애착도 컸을 것이다. 그런데 2018년 답사에서는 산외면 팽나무정에서부터였다. 일제강점기 때 동진강 유역 평야의 농수 감당을 위해 운암제를 건설하면서 인위적으로 하천의 수계를 변경한 것이라면, 해방되기 전 칠보발전소 건설과 1965년 섬진강댐 건설로 동진강의 본류가 최장 길이의 정읍천이 아니라 태인천이 되어버린 것이라면, '동진'이라는 이름이 일제 때 만들어진 이름이라면, 그러한 과정이 착취였을 뿐이고 우리민족의 뿌리를 왜곡하는 과정이었다면, 이런 생각을 하다 보니 너무 복잡해져버렸다.

국가기관에서도 동진강의 발원지에 대해서는 하구로부터 가장 거리가 먼 지점인 정읍천 상류, 즉 내장산 까치봉 아래 계곡 쪽으로 규정했다. 다만, 본류를 정읍천 대신에 태인천으로 정하였는데, 이는 일제강점기 운암제(현재의 옥정호)를 건설한 후 섬진강 수계에서 유역변경식으로 물을 공급받게 된 태인천의 풍부한 수량을 감안한 결과일 것이다.

하천의 발원지와 본류는 일반적으로 일치하는 데, 동진강의 경우 섬진강 수계와 연결되는 인위적 상황으로 인해 이처럼 별도로 분리되어 있는 것이다.

본류에 대한 논란은 별로 없지만 발원지에 대해서는 논란이 지속되고 있다. 기준을 정확히 인지하지 못했거나 아니면 그 기준을 인정하고 싶지 않기 때문에 나타나는 상황으로 풀이된다. 한마디로 발원지 규정도 본류 기준처럼 하구로부터의 길이뿐만 아니라 유량을 감안하여 태인천, 즉 지금의 강 본류 쪽으로 정하자는 주장이다.

— 박래철, 동진강 발원지 논란

그렇다면 나는 다시 내장산에서부터 다시 동진강을 가보아야 하는 것이다. 내장산이라니, 나로서는 이 얼마나 반가운 일인가. 내장산 아래 집에서부터 내장산 속 폭포 위까지 물길 따라 걸어 다니던 옛 기억을 되짚어보는 것도 행복할 것이다. 자전거로 정읍으로 들어서는 조곡천까지 오가면서 숨겨진 자연의 풍경에 감상적으로 빠져들었던 열아홉 시절이 부끄러움으로 다가서는 것도 재미있을 것이다. 그 단순한 감상이 고향을 만나고 동학농민혁명이라는 역사를 만나고 새만금까지도 만난다면 나는 또 복잡해질 것이다.

어디까지나 나는 나의 한계를 알고 있기에, 내가 경험한 학생들과 함께 했던 문학체험, 그 선에서 글을 정리하고 싶었다. 단지 너무 먼 시절이 될까 두려워 2018년 현 시점과 연결해보고자 애를 썼던 것뿐이다. 생각해보니 나는 '황토현'이라는 제목으로 이 체험적인 글을 정리하려고 했었다. 그런데 '동진강'이 되었다.

황토현은 정읍 지역의 사람들이라면 뭔가 피할 수 없는 정체성 같은 것이다. 황토현을 말하면 색안경을 끼고 보는 사람들이 있고, 있는 그대로 봐주지 않는 그 색안경 때문에 왜곡되어가는 측면도 있었지만, 황토현, 동학농민혁명, 이만큼 문학적인 화두도 없을 것이다. 이념이 아닌 절박한 현실 때문에 민중들은 들불처럼 일어났고 보호 장치도 없이 죽어갔지만, 국가는 끝까지 절대 그들 편에 서주지 않았다. 외세를 끌어들여 자기 백성을 죽여야 했던 차마 인정하기 어려운 세력이었다. 절대고독과 마주하며 죽어가야 했던 농민군들의 한을 표현하기 위해 많은 작품들이 창작되었다. 송이 채 툭툭 떨어지는 동백꽃, 시뻘건 피를 연상시키는 황토흙, 수런대는 보리밭 물결, 바람 부는 동진강 물결 소리, 이 지역의 그 모든 것들이 하나의 거대한 문학 세계였다.

이미 반백년의 역사를 이어가고 있는 정읍의 동학농민혁명기념제 역시 하나의 거대한 작품세계일 것이다. 역사가 오래된 지역문화제라는 자부심과 함께 정읍에 사는 사람이라면 늘 익숙하게 동학제를 바라보았을 것이다. 정읍 출신 신경숙 소설가의 글에서도 이러한 부분은 발견할 수 있다.

> 셋째오빠 마라톤 선수였다. 우리가 떠나온 그 고장에서 오월이면 해마다 동학제가 열렸다. 그는 내리 삼 년을 전봉준으로 뽑혀 화승포를 들었고, 내리 삼 년을 일등을 해서 한 무더기의 노트를 상으로 타서 가지고 왔다. 그런 그가 도대체 어디에 갔었기에 이렇게 멍이 들어 돌아왔을까. 말같이 달리던 그의 긴 종아리 밑의 발목이 문턱에 닿아 있다.
>
> — 신경숙, 외딴방

지금까지 내가 보았던 동학농민혁명기념제를 말한다면 100주년 기념제 장면들이 가장 인상적이었다. 정읍 지역에 갇힌 한계를 넘어서 전국적으로 모임과 단체들이 모여들었고 정읍 시가지를 행진하였다. 지역이기주의로 하여 발생하던 갈등은 흔적이 없었고, 자기 소속과 구호들을 적은 깃발을 들고, 농민을 외면하는 국가에 대한 준엄한 꾸짖음과 부패세력에 대한 시원한 풍자 글귀들이 시내를 관통하였다. 그렇게 황토현으로 모여들었던 사람들, 가마솥에 밥을 안쳤고 주먹밥을 만들었으며, 말목장터에서는 전봉준과 농민군들이 등장하는 당시 상황재현극이 펼쳐졌다.

100주년 기념제 때 인상 깊게 보았던 말목장터 재현극은 정읍국어교사모임에서 많이 옮겨다 썼다. 말목장터는 정읍, 태인, 줄포, 고부 등 각지에서 농산물과 수산물이 모여드는 요충지였다. 장날을 기점으로 모여든 농민군들의 궐기를 호소하는 전봉준 배우의 카랑카랑한 목소리와 왜소한 체격임에도 형형한 눈빛은 멀리서도 압도적이었다. 제상에 조기 한 마리 쌀밥 한 그릇 올리지 못하는 이 현실이 누구 잘못인가, 농민들이 일을 안 하고 게으른 잘못인가, 그건 부패한 나라 때문이며 나라를 바로잡기 위해 농민들이 일어나야만 한다, 한마디 한마디가 그들 가슴을 찌르는 말들이었을 것이다. 농민을 우대하지 않는 나라, 100년이 지나도 유효한 말들이기도 했다.

지역의 축제인 동학농민혁명기념제에 정읍국어교사모임 역시 일정 부분을 참여한다는 의견이 모아져 몇 년 동안 신사발통문대회를 주관해서 진행했었다. 잠깐 정읍국어교사모임에 대하여 이야기하자면, 나는 후에 합류한 입장이었고, 전교협 시절부터 의기투합하여 정읍지역의 국어교사들이 만들어 진행한 모임이었다. 늘 교직에서 도망갈 궁리만 하던 나는 비슷한 성향의 단체에 들어가 풍물과 탈춤을 배우기는 했어도, 그들을 가까이 많이 만나기는 했어도, 교사임을 인정해야하는 전교조에 대해서는 한사코 거리를 두는 입장이었다. 그런데 그 합류지점이 문학기행이었고, 황토현 동학제였고 사발통문을 시대에 맞게 해석하는 신사발통문대회였다.

▶ 여는 마당

풍물패 12명(태인고, 태인여중), 농민군 복장에 만장 15명, 죽창 15명(신태인고)

▶ 말목장터 재현극

전봉준 : 말목장터에 모이신 농민 여러분! 전봉준입니다. 하루하루 힘들게 살아가는 농민여러분의 간절한 바람이 무엇입니까?

농민들 : 열심히 일한만큼 제값을 받는 일입니다.

전봉준 : 그렇습니다. 그나마 손에 쥔 몇 푼도 탐학한 관리들에게 다 빼앗겨 굶어 죽게 생겼습니다.

농민들 : 이 나라가 모두 썩어부렀소!

전봉준 : 우리가 원하는 것은 호사스러운 것도 아닙니다. 그저 조상님들 제사상에 올릴 쌀밥 한 그릇, 이제 갓 해산한 안식구에게 끓여줄 미역 한 줄기, 우는 내 아이들에게 줄 한 그릇의 잡곡밥 그것뿐입니다.

농민들 : 삼천리 농민들이 다 배고프요.

전봉준 : 도대체 우리가 우리의 것을 갖지 못하는 것은 누구의 잘못입니까?

농민들 : 우리는 죽어라 일한 죄밖에는 없소. 바로 고부군수 조병갑이가 죽일 놈이요.

전봉준 : 맞습니다. 하늘이 주신 이 땅에 온 조병갑이가 백성들의 양식을 탈취하고, 백성들의 배를 곯게 하고 있습니다.

농민들 : 조병갑이가 나쁜 놈이요!

전봉준 : 조병갑이는 죽은 아비 송덕비를 세운다고 돈을 긁어가더니, 이제는 만석보를 막아 놓고 물세를 받아가니 이런 탐학한 놈이 없습니다. 어디 조병갑뿐입니까?

농민들 : 모두 다 같은 놈들입니다. 우리 모두 일어섭시다.

전봉준 : 조병갑과 같은 탐학한 관리들 때문만은 아닙니다. 멀리 보면 우리나라를 호시탐탐 노리는 왜놈들과 같은 외세의 무리들 때문이 아닙니까?

농민들 : 왜놈들도 이 땅에서 몰아냅시다.

전봉준 : 우리 농민들이 배운 것 없고 가진 것 없지만, 이 잘못되어 가는 나라의 꼴을 더는 두고 보지 못하겠습니다. 이대로 굶어 죽겠습니까? 아니면 이 자리에서 분연히 일어나 이 나라를 바로 세우는 데 앞장서겠습니까?

농민들 : 어차피 굶어 죽고 맞아 죽느니, 싸우다 죽는 것이 백번 낫소. 그게 사람의 도리요.

전봉준 : 부안, 고창, 정읍, 태인 각지에서 오신 형제 여러분! 전봉준, 제가 앞장서겠습니다. 우리 모두 봉기합시다. 고부관아를 향해 진격합시다.

농민들 : (함성과 함께) 진격합시다!

전봉준 : 만석보를 혁파하고 황토현을 향하여 진격합시다. 하늘이 사람되고 사람이 하늘 되는 새 세상 오리라. 여러분 가슴에는 인내천 세 글자가 부적처럼 새겨 있습니다. 우리는 두려울 게 없습니다. 싸웁시다!

농민들 : (함성과 함께) 싸웁시다!

▶ 격문 낭독

우리가 의義를 들어 이에 이른 것은 그 본뜻이 다른 데 있지 아니하고 창생을 도탄 가운데서 건지고 국가를 반석의 위에다 두고자 함이라. 안으로는 탐학한 관리의 머리를 베고 밖으로는 횡포한 강적의 무리를 내쫓고자 함이라. 양반과 부호에게 고통을 받는 민중들과 방백과 수령의 밑에 굴욕을 받는 소리들은 우리와 같이 원한이 깊을 것이니, 조금도 주저치 말고 이 시각으로 일어서라. 만일 기회를 잃으면 후회하여도 미치지 못하리라.

◆ 4대 행동강령

하나, 사람을 함부로 죽이지 말고 가축을 잡아먹지 말라.
하나. 충효를 다하여 세상을 구하고 백성을 편안케 하라.
하나, 왜놈을 몰아내고 나라의 정치를 바로 잡는다.
하나, 군대를 몰아 서울로 쳐들어가 권귀를 없앤다.

▶ 풍물굿과 함께, 결의문 서명(사발통문 서명 재현)

▶ 사회자 : 만석보로 향하겠습니다. 전봉준 장군의 연설에 박수를 보내신 여러분께서는 행동을 함께 해주시기 바랍니다.

— 정읍국어교사모임, 말목장터 재현극 시나리오

말목장터를 먼저 이야기하긴 했지만, 정읍시청에서 교사와 학생들이 모이면 가장 먼저 가는 곳은 사발통문모의탑이 있고 무명동학농민군위령탑이 있는 고부 신중리 주산 마을이었다. 죽산, 우리말로 대뫼마을인데, 일제강점기 때 우리 땅의 기운을 꺾기 위해 대죽(竹) 자를 배주(舟)자로 바꾸었다고 한다. 동학농민혁명 100주년 기념으로 세운 이 위령탑은 무명농민군들을 기린다는 점에서 특별하다. 중앙의 주탑에는 목숨을 잃은 동료를 안고 절규하는 죽창을 든 농민군의 모습이 형상화되었으며, 23개의 보조탑에는 울분과 비탄에 잠긴 농민군의 얼굴과 죽창 · 호미 등이 부조로 새겨져 있다.

사발통문이 작성되었던 곳이 이 마을이었고, 이를 시작으로 말목장터 봉기가 이루어졌다고 할 수 있다. 사발통문 정신을 계승하기 위한 학생들의 신사발통문대회를 진행하는 것인데, 이 마을에 오면 사발통문모의탑을 먼저 보고 무명농민군위령탑 앞에 선다. 이곳에 서면 나는 학생들에게 김남주 〈노래〉를 부르게 한다.

이 탑 앞에서 나는 조정래 소설 〈태백산맥〉에 나오는 '대나무 전설'을 이야기하기도 한다. 야학교사인 이지숙이 아이들에게 이 전설을 들려주는데 그 상징성이 선명하면서 으스스함을 준다. 소설의 상황 속으로 우리가 그대로 빨려 들어가는 기분이 되고, 땅위에 돋아난 대나무 형상의 조각이 꼭 전설 속의 대나무이고 농민군이 그 농민들이고 밥사발이 굶어죽은 그들의 소망인 것만 같다. 이 이야기가 여기보다 더 적합한 곳은 없을 것이다.

옛날 어느 작은 마을에 욕심 많은 큰 부자가 있었다. 그 마을에 3년 내리 흉년이 들었고 굶어 죽게 된 소작인들은 부자에게 찾아가 장리쌀을 풀어달라고 통사정을 했으나 받아들여지지 않았다. 결국 어느 날 밤 세 남자가 부자집 담을 넘어갔다가 그 집 하인들에게 붙들려 맞아죽고 말았다. 이후 여섯 남자가 몰래 부잣집 창고를 향해 굴을 팠다. 그러나 그들 역시 창고에 쌓인 쌀가마니에 깔려 죽었다. 이 일이 있고 난 후 굶어죽는 마을 사람들이 늘어났다.

그런데, 봄이 되면서 동네에 이상한 싹이 트기 시작했다. 그 땅은 잎도 줄기도 없이 솟아나와 부잣집 마당, 안방 구들, 창고 쌀가마니를 뚫기 시작했다. 부자가 아무리 버둥질을 해도 이 싹은 계속 나왔다.

그런 어느 날 밤, 동네 남자들의 꿈속에 이전에 죽은 아홉 사람이 나타났다. 굶어죽은 것이 한 맺혀 자신들은 속이 텅텅 빈 나무로 환생을 했다고 말했다. 그 나무를 잘라 끝을 뾰족하게 만든 후 부자의 배를 찔러 죽이라고 말했다. 동네 남자들은 망자들의 뜻을 따랐다. 부자의 피를 받아 빈 통에 가득 채운 후 죽은 아홉 사람의 묻힌 자리에 뿌려주자 이후 농토에 솟은 나무들만 말라 죽게 되었다. 마을 사람들은 다시 농사를 지으라는 망자들의 뜻으로 받아들였다. 농토는 더욱 더 기름져졌고 누가 이름 지었는지 모른 채 사람들은 그 나무를 '대나무'라고 부르게 되었다.

대를 물린 가난한 넋의 환생이란 뜻이라고도 했고, 남들 대신 죽어 남을 의롭게 한 넋의 환생이란 뜻이라 말하기도 했다. 대나무는 가난한 소작인의 넋이라서 춥고 배고픈 것을 싫어해 기온이 따뜻하고 농지가 넓은 땅에만 산다고 했다. 그리고 겨울에 댓잎들이 유난히 서걱거리는 것은 '추워, 배고파, 옷 줘, 밥줘'하는 넋들의 읊조림이라고 했다.

– 조정래, 태백산맥 3권

무명동학농민군위령탑에서 말목장터, 말목장터에서 만석보로 이동하는 것인데, 만장을 앞세운 도보행진은 잊을 수 없는 체험이었지만, 시간상의 문제 때문에 나중엔 버스 이동으로 대체하고는 했다. 햇살이 따뜻하거나 바람이 불거나 비가 뿌리거나 날씨는 항상 변수였지만, 농민군에게 그것이 문제는 아니었을 것이다.

이미 구 만석보가 있었음에도, 정읍천과 태인천이 합류하는 지점에 조병갑이 새 만석보를 쌓았다는 것인데, 두 물줄기가 동진강으로 합쳐지는 살아 움직이는 강의 모습을 보는 경험은 항상 특별했다. 성난 농민들이 탐학의 상징인 새 만석보를 혁파하였고 그 자리에는 양성우 시인의 '만석보' 시비가 세워져 있다. 장편시이긴 하지만 함께 돌아가며 천천히 읽어나가면 저절로 학습효과가 주어지는 시라고 할 수 있겠다. 벼가 넘실댔을 이곳은 보리밭으로 바뀌어졌고 유채꽃밭으로 바뀌어지더니 지금은 아무것도 없이 황량한데, 이곳에 왜 녹두꽃은 안 될까 생각도 해본다.

관군과 대결하여 최초의 승리를 거둔 황톳재에 모이면 정식으로 신사발통문대회가 시작되었다. 다섯 명이 한 팀으로 사발통문을 작성하는 것인데, 예를 들면 이러한 주제가 제시된다. "오늘 동학농민혁명 유적지 기행을 바탕으로 청소년 인권, 농촌, 환경, 통일 등 주요 문제에 대한 팀원의 토론을 거쳐 '바람직한 우리의 미래상을 제시하는 신사발통문'을 작성하시오."

팀원들은 행동강령을 토의하고 글을 작성한 뒤 주변의 시민들을 찾아다니며 서명을 받는다. 그러한 과정을 통하여 사발통문이 무엇이고 어떤 정신을 담는지 자연스럽게 학습할 수 있게 된다. 작품성을 위하여 붓글씨로 쓰게 하고 적절한 그림을 넣도록 하는데, 멀리 백산이 보이는 황톳재 여기저기 머리를 맞대고 골똘히 작품을 만드는 아이들의 모습은 너무 대견하고 예뻤다.

지금은 폐교된 정읍 태인여중에 20년 근무하면서 전교조와 정읍국어교사모임의 도움을 정말 많이 받았다. 갈수록 규모가 줄어드는 농촌학교로서는 어떻게든 연대가 필요했고 그 과정이 유용했다. 사립학교에 있었기에 정읍의 역사에 함께 동참할 수 있었던 점을 인정해야겠다. 학교라는 게 지역을 기반으로 하지 않으면 얼마나 모래탑 같은지 정읍을 떠나 옮겨 다니며 참 많이 느껴야 했다.

신사발통문대회가 대단히 교육적인 프로그램이고 문학기행과도 결부할 수 있다고 생각하지만, 이것이 개인적인 감상으로만 그쳐서는 안 될 것이고 그러기 위해서는 튼튼한 형식이 필요할 것이다. 고창 지역에 근무하면서 고창인들의 강한 애향심과 문화재 관리와 특색 있는 지역 행사들을 보며 참 많이 부럽기도 했었다. 정읍은 기존의 동학제 역사도 보호를 못하고 있는 차원이라는 생각이 자꾸 들었기 때문이다.

민간단체인 동학농민혁명계승사업회가 동학제를 주관하고 있고, 동학제 때면 학교와 학생들의 도움이 꼭 필요하기 마련인데, 학교에 협조를 구하면 결코 호의적이지 않은 교사들의 반응을 이야기하는 것을 많이 들었다. 지역에 대한 관심과 뿌리가 있다면 결코 형식적인 관의 일방적인 동원이라 생각하면서 부정적으로 반응하지는 않을 것이다. 사립학교가 많고 사립교사들이 중심이 되는 경우가 많은 것이 정읍의 현실이지만, 역으로 공립학교의 받침대가 없으면 지역 행사는 취약할 수밖에 없을 것이다.

동학농민혁명계승사업회가 주관하는 학생 역사캠프는 정읍국어교사모임의 문학캠프가 휴식기에 들어간 뒤에도 계속되고 있다. 황토현 전국토론대회는 고등학교 교사라면 지속적으로 참여하면서 학생들과 도약해보고 싶은 수준 높은 대회이다. 정읍고등학교에 있으면서 3년에 걸쳐 참여한 적이 있는데 결선 무대에 올라갔을 때는 뿌듯하면서도 더 큰 기대도 했었다. "선생님, 무대에 올라가면 정말 머릿속이 하얘집니다.

최선을 다했다구요."

황토현 토론대회 참여를 위해 서울에서 온 학생 중 하나는, 이곳에 왔을 때 끝없는 들녘과 붉은 황토흙이 너무나 인상적이었다면서 이들을 괴롭힌 조병갑에 대한 분노를 가감 없이 표현해서 박수를 받은 적이 있다. 정읍 지역의 교사로서 타 지역 학생의 그러한 천진하고 구김 없는 표현이 얼마나 통쾌하던지. 이러한 학생활동을 통해 동학농민혁명의 정신이 지역을 넘어 전국으로 확산할 수 있다면 좋겠다.

가장 최근의 학생들과 한 문학기행을 말한다면 2017년 전주용흥중 아이들과 갔던 문학기행이었다. 20대 시절 국어교사로서 나의 꿈이 운전을 해서 승합차로 아이들과 문학기행을 하는 일이었다. 그러나 나는 만년 운전초보에 길치이기에 한 번도 그런 기행을 해본 적이 없고, 50대 지금 역시 전주의 중학교 1학년 10명 아이들과의 문학기행에 남편의 도움을 받아야 가능했다. 전주 아이들은 많이 낯설었고, 전주 아이들과는 단 한 번이었던 '정읍에서 우금치까지' 문학기행은 상당히 덜커덩거렸다.

> 이 문학기행은 기대 이상으로 좋았던 것 같다. 우선 처음으로 가장 기억나는 내용으로는 황토현에서 한 것이 가장 기억에 남는다. 황토현을 올라갈 때 선생님께서 동학농민운동에 참여한 농민의 마음으로 올라가보라 하셔서, 한 3초간 생각을 하면서 올라간 것 같은데 그때 했던 생각이 아직도 기억난다. 무엇이었냐면 황토현에서 자신의 마지막 생을 마감할 수도 있다는 생각이었다. 이 전투에서 내가 죽을 수도 있다고 생각하면서 죽음에 대한 공포를 무릅쓰고 그 전투에 참여한 농민의 심

정으로 올라갔던 것 같다. 그리고 마지막에 뛰어서 올라갔는데 그때에 농민들도 그랬을 것 같다.

그리고 그 다음으로 기억나는 것은 육회비빔밥인데, 그 이유는 나는 오늘 처음으로 말목장터에서 육회비빔밥을 먹어보았기 때문이다. 진짜로 육회비빔밥은 내가 지금까지 알아왔던 비빔밥들의 맛들과는 달랐다. 마치 지금까지 알아왔던 비빔밥의 맛들에 편견이 생긴다고 해야 할까? 이 맛은 표현이 애매한 맛이지만 중요한 것은 지금까지 먹어본 비빔밥과는 달랐다.

그리고 풀꽃 시인 나태주 시인의 작품은 한국 사람들은 다 알다시피 나도 알고 있었는데, 이 시를 지은 나태주 시인을 오늘 알아서 아주 좋았다. 하지만 풀꽃문학관이 일본식 건물이라는 점이 나는 불쾌하였다. 그리고 방명록에 내 이름을 안 적은 점이 아쉬웠다. 만약 이번 문학기행을 가지 않았다면 집에서 게임만 했을 텐데, 이 문학기행 덕분에 개교기념일을 알차게 보낸 것 같다.

— 이은성(전주용흥중1), 소감글

그래도 처음 황토현을 갔다는 아이가 쓴 글을 다시 보며 보람이 없지는 않다. 이 아이는 '우금치'를 쓰지 않았다. 우금치에서 아이들은 열심히 장난을 치며 뛰었고 나를 화나게 했었다. 도종환 시 〈우금치 감나무〉가 얼마나 혼이 스며있는 멋진 시인지 감나무를 찾아가며 설명을 했건만, 교사의 느낌을 아이들과 함께 한다는 일은 큰 고난이었다. 나태주 문학관은 공주에 있기에 기대를 하며 기행에 포함했었지만, 동학농민혁명의 성향과는 많이 달랐다.

낯설기도 했던 가장 최근 아이들과의 활동을 쓰면서, 오래도록 놓아

지지 않을 ‘자전거 순례’와 ‘노래가사바꿔부르기’ 활동 또한 써둬야겠다.

나의 ‘자전거 순례’는 1999년 딱 한 번이었다. 태인여중에서 꾸리던 글모임 아이들과 함께 학생들 대상 동학제 행사에 참여했는데, 정읍에서부터 황토현까지 20리 넘는 길을 100명의 학생들이 자전거로 달렸었다. 나의 한계를 시험할 만큼 나는 힘들었지만 아이들은 힘이 남았으며, 황토현에 이르러 주먹밥을 받아들던 기억, 보리밭 출렁이는 물결을 바라보며 정읍 천변길을 들어서던 장엄한 기억을 잊지 못한다.

동학제로 참여한 태인여중 노래가사바꿔부르기는 2006년 한번이었는데, 노래 가사를 바꾸고 간단한 율동과 수화를 넣어서 한 학급인 한 학년 전체가 부르는 것이었다. 노래는 아이들이 좋아하는 노래를 선택했고 개사와 연습은 교사가 도왔다. 정작 당일 나는 사발통문대회 현장에 가있어야 했지만, 학교에서 연습하는 동안 아이들로 하여 나는 즐거웠고, 황토현에서 농민복을 입고 자랑스럽게 노래하고 인터뷰했던 아이들이 예뻤으며, 1등을 했다며 환성을 지르던 모습을 잊지 못한다. 전주의 6 · 15 기념대회까지 선배의 전통을 이어 노래가사바꿔부르기대회에 참여하던 태인여중은 그 해를 마지막으로 문을 닫았다.

2018년 동학농민혁명기념제, 연구년제 기간이기에 자유롭게 적극 참여하고 싶었으나 나는 어쩔 수 없는 방관자여야 했는데, 그러함에도 특별히 기억에 남는 것은 5월 11일 천도교 주관 기념식과 12일 대뫼 마을에서의 무명동학농민군 위령제, 13일 구민사에서의 위패봉안례였다. 세 기념식이 성격이 달랐다. 대뫼 마을에서의 위령제는 여러 번 참여했지만, 천도교 주관 기념식은 처음이었는데, 4월 24일 서울 종로네거리에 세워진 전봉준 동상의 의미와 4월 27일 남북정상회담의 의미를 역사적인 당위성으로 연결하면서 통일을 주제로 정리하는 기념사가 퍽 인상적이었다. 그 후 동학 관련 자료를 찾아보았는데, 김구의 삶이 있었고, 3 · 1운동에서 천도교 세력이 가장 컸으며, 최린의 친일과 박인호의 독립운동이 대립하여 존재하기도 했고, 두 번의 천도교 교령의 월북이 있었다.

> 흔히 말하기를 동학농민혁명정신은 일제의 침략에 맞서 싸운 의병항쟁과 3 · 1운동, 독립운동, 그리고 통일로 이어지는 민족 저항 정신의 밑거름이 되었다고 합니다. 그래서 그 가치를 더욱 높이 평가하고 있습니다. 그러한 사실을 증명해주는 상징적인 인물이 독립운동가이자 민족의 지도자로 존경받는 김구입니다.
>
> — 조광환, 전봉준과 동학농민혁명

18세 동학에 입도하여 아기접주란 별명을 가졌던 김구는 해주성 점령을 목표로 선봉장으로 나섰다가 체포되었다 풀려났는데, 안태훈 진사의 집에 피신하다 그 아들인 안중근을 만났다고 한다. 이후 중국으로 건너가 의병에 참가했고, 을미사변의 충격으로 귀국한 그는 21세의 혈기로 명성황후 시해에 대한 원수를 갚기 위해 일본군 중위를 살해한다.

삼팔선을 베고 쓰러질지언정 단독정부를 세우는 데는 협력하지 않겠다고 했던 김구는, 결국 반대파에게 암살당하는 비운으로 생을 마감해야 했다. 백범 김구의 존재는 동학과 독립운동과 통일의 연결고리를 생각하지 않을 수 없게 한다. 그의 수난과 비운은 이 땅의 암울함이기도 했다.

천도교 주관의 기념식을 보며 통일을 이야기하고 구호와 노래를 함께하는 젊음의 분위기가 신선했던 것 같다. '행동하는 종교'에 대해 생각해보았고, 동학을 계승한 천도교의 세력이 일제강점기를 거치면서 어떻게 약해졌는지를 생각했다. 1대와 2대 교주가 처형당했던, 종교의 명분으로 폭력을 피하고자 했으나 끝내는 전봉준과 함께 했던, 북한을 제외하고 천도교를 말할 수 없었을 교령의 두 차례 월북으로 하여 호된 서리를 맞은, 그 역사를 생각해보았다.

우리 역사상 5 · 16과 함께 단 두 차례의 혁명이었노라며 박정희는 황톳재 기념비를 세웠고, 같은 성씨라는 황당한 동기로 전두환은 황토현에 기념관을 세웠다. 그러나 그들의 조병갑 표 과욕에 저항하는 황토현 동학제는 그들이 세운 그곳을 밟으며 팔팔히 살아서 움직인다.

전두환이 세운 건물, 구민사에서 위패봉안례가 있었는데, 자신의 뿌리를 찾고자 하는 인간 본연의 열망 같은 것에 마음이 짠했었다. 그 숱하게 죽은 동학농민군들의 이름을 어떻게 다 찾을 수 있을까만, 그럼에도 확인을 위한 수고가 있어왔고, 후손들과 함께 확인된 영령들의 위패를 매년 봉안하고 있는 것이다.

나는 그 명단에서 나의 뿌리인 '태인'을 찾아냈다. 문선명, 태인 동학농민군으로 전투에 참여하여 1894년 12월 20일 태인 수성군에 체포되어 처형당함.

나이 적지 않은 내가 끝내 소설을 쓸 수 있을지 없을지 모르지만, 만약 그 처음이 있다면, 태인의 산들을 배경으로 한 동학농민군 이야기를 쓰고 싶다. 애증이 있으나 나의 혈연과 무관하지 않은 태인 명봉도서관에서, 바로 그 앞으로 바라다 뵈는 성황산과 항가산과 도이산과 동학농민혁명 최후전적지를 느껴본다. 그 안에 숨은 분노와 좌절과 비범함과 비루함의 공존들이 내 안에서 헛됨으로 끝나지 않게 하고 싶다. 내 한계에 몹시 버거울지라도, 동진강의 흐름과 역사를 문학적으로 소화해보고 싶다.

2004년 9월, 정읍시청 앞 집회에서 보았던 장면이 있다. 그냥 도로변에 서있던 내 바로 옆 늙은 농민들 사이로 군복 부대가 돌진하며 방패를 찍어 누르던 모습은 가히 충격이었다. 이역의 멕시코 칸툰에서 자결했던 이경해 열사가 외쳤던 구호가 있었다. 'WTO KILLS FARMERS!', 700명이 70명으로 줄고 폐교되던 농촌의 학교에서 느껴야 했던 그 무렵 절박함의 기분을, 농사짓는 농민이 없는 시공간으로 이동하며 잊어버리고 있던 것이 아닌지, 나는 나 자신을 돌아본다. 이 시대가 씁쓸했지만, 결코 패배자가 되고 싶지는 않았었다.

[2018. 06. 25.]

매미들의 소록도 노래

잊을 수 없는 첫 문학캠프

이곳에서 중요한 것은, 그들이 열정과 투지를 다해 건설한 오마도 간척지를 국가가 고스란히 빼앗아 버렸다는 것, 고령의 그들이 어서 죽어 이 문제가 망각의 세월 늪으로 가라앉기를 바라는 듯한 인간 본성의 야비함과, 당연하다는 듯 건강인들이 자행한 죄는 변명의 여지가 없다는 것이다. ('매미들의 소록도 노래' 중에서)

내가 처음 소록도에 간 것이 1998년 여름이었다. 그러니까 꼭 20년 전이고 큰애가 초등학교 1학년 때다. 태인여중 글모임 아이들과 지도교사인 나, 그리고 나의 가족인 남편과 두 아이, 모두 11명이 승합차로 2박 3일 동안 움직이는 문학기행이었다.

교사 직업을 제대로 하려면 결혼을 안 하고 모든 시간을 투자해야만 하는 거라고 생각하던 시절이 있었다. 그렇지만 나는 결혼을 했고 교직에 그대로 있었으며 처음부터 죽 시부모님과 함께 사는 생활이었다. 방학이면 나는 방학이 아닐 때보다 더 자유로울 수 없었다. 시부모님께선 내게 집을 맡기시고 매일 삯일을 나가셨고, 며느리의 근무 외 공부나 활동에 대한 이해는 없으셨다. 그 안에서 나는 무언가 탈출구를 찾았던 것이 문학기행이었던 것 같다. '학교 일로 학생들과 함께'라는 것이 핑계가 된 셈이었는데, 나중에는 그것이 습관이 되어 학생들과 하는 활동이 아니면 영 하지를 못하게 됐다.

큰애가 걸어 다닐 무렵부터 방학이면 태인여중 글모임 학생들과 문학기행을 가곤 했던 것인데, 남편이 운전과 길 안내를 전문으로 하면서 아이를 맡았고, 나는 글모임 학생들을 맡는 식이었다. 태인여중 아이들과는 담임으로서보다 그렇게 글모임 활동으로 엮어진 아이들과의 기억이 더 깊고 더 길었다.

하지만 갈수록 급격하게 학생 수가 줄어드는 농촌 학교의 한계가 자꾸 보였다. 나는 다른 학교와 연대하는 활동을 생각하기 시작했고, 자연스럽게 정읍국어교사모임이라는 울타리 안으로 들어갈 수 있었다. 그 처음이 2000년 여름, 중학생 문학캠프였다. 여덟 학교가 함께하는 문학캠프 주제를 무엇으로 할 것인가, 나는 태인여중에서 깊은 인상으로 남았던 소록도와 김남주를 준비하기로 했다. 정읍지회 단위로 첫 문학캠프였고 기행이었던 만큼 나는 긴장할 수밖에 없었는데, 이번에도 나는 남편의 도움을 요청했고 남편은 따로 두 아이를 태운 승용차로 지원에 나섰다.

그 두 차례의 소록도와 김남주 문학기행에서 큰애가 쓴 글을 찾고 보니 정말 지난 20여 년 세월이 하나의 필름처럼 눈물을 글썽이며 지나간다.

> 배를 타고/ 소록도에 왔어요/ 갈매기를 봤어요/ 나도 갈매기처럼/ 세상 구경하며/ 하늘을 날고 싶어요// 소록도에 와서/ 아픈 아저씨도 보고/ 감금실도 보고/ 나는 무서워서/ 아무 생각도 안 났어요// 중앙공원에서/ 동시를 썼어요// 뭐라 쓸까 생각하는데/ 바다를 그리던/ 효백이가 하는 말/ 감동적이야!/ 형아, 그렇게 써
>
> ㅡ 이한백(초등1), 바다

> 첫째 날은 소록도에 갔어요. 소록도에서는 배 타고 왔다 갔다 하는 게 재미있었어요. 우리는 원불교에서 점심을 먹었어요. 다음 버스를 타고 소록도를 한 바퀴 돌았어요. 중앙공원과 주민들이 사는 마을을 보았어요. 환자들이 가꾸어 놓은 길, 집도 보았고, 휠체어를 탄 사람도 보았어요. 사람들이 웃으면서 인사도 잘해요. 그런데 할아버지들을 보니까 갑자기 무서워졌어요. 꼭 영혼의 나라 같았어요.
>
> 다음날 김남주 시인의 생가에 갔어요. 거기서 김남주 시인의 동생이

김남주 시인의 학교 다녔을 때의 모습이랑 여러 가지를 말씀해주셨습니다.

다음은 김남주 시비에 갔어요. 나는 차안에 있어서 무엇을 했는지는 모르겠어요.

다음에는 김남주 시인의 묘지에 갔어요. 우리는 자고 있어서 못 갔어요. 그래서 누나들이 엽서 쓰기 한 거랑 노래 부른 거랑 하나도 보지 못했어요. 하지만 누나들이 끝나고 아빠가 데리고 갔어요. 그런데 입구에 밑에 전두환 대통령 이름이 새겨져 있었어요. 아빠가 이 사람이 대통령 되려고 김남주 시인의 묘지가 있는 곳의 사람들을 죽여 그 사람에게 죽은 사람들이 묻혀 있는 곳이래요. 그래서 그 이름이 새겨진 돌을 밟고 지나갔어요. 나는 묘지에 묻힌 그 사람들이 불쌍해요.

그래도 다른 것들은 다 재미있었어요.

그런데 이번에 나의 불만은 엄마가 탄 차에 타지 못한 거예요. 엄마가 탄 버스에는 누나, 형아, 선생님들이 타서 빈자리가 없었어요. 아빠랑 효백이랑 내가 탄 승용차는 맨 앞에서 길을 안내해줬어요.

옛날처럼 같은 차에 타고 가고 싶어요. 그 이유는 엄마랑 누나랑 같이 놀기도 하고 같이 다닐 수 있으니까요.

— 이한백(초등3), 엄마랑 누나랑

그때 난 소위 부적응학생들과 함께 하는 캠프에 다녀온 후였던 것으로 기억한다. 지도교사 역할을 한 것도 없고 단지 내 학교 아이들을 동행했던 것뿐인데, 그렇게 힘들 수가 없었다. 그 고달픔을 추스를 기간도 없이 바로 문학캠프를 가야 했다. 그런데 그 문학캠프가 내겐 오히려 휴식이었다. 아이들이 전혀 달랐고 그들을 바라보는 교사들은 뿌듯했다.

정읍국어교사모임 초창기 멤버였던 염길중 선생님과 박래흥 선생님, 정읍학교 학생들과 전주학교 세 학생들을 함께 데리고 참여한 김인정 선생님, 분명하고 거침이 없는 이재호 선생님, 그리고 나, 이렇게 국어교사 다섯 명이 모둠 지도교사 역할을 맡았다. 전교조정읍지회 오랜 일꾼인 신미라 선생님은 영어과였기에 모둠에서 빠지는 대신 놀이 진행을 맡았다. 모둠 편성은 학교를 다 섞어서 새로운 학생과 교사를 만나는 모험을 시도했다.

[2000여름문학캠프 일정]

8월 1일

정읍 → 독후감 발표(버스 안) → 소록도 기행(원불교 교무 안내) → 백일장(중앙공원) → 문학의 밤(해남 대흥사 숙소)

8월 2일

아침 지어먹기(대흥사) → 해남 김남주 시인 생가(시인 동생 설명) → 광주 김남주 시비(기념사업회 설명) → 망월동(김남주 묘, 최덕수 묘) → 소감 말하기(버스 안) → 정읍

1박 2일 빡빡한 일정을 소화하기 위해 가는 길 2시간 넘는 버스 안에서 사전과제 발표 시간을 가졌고, 이동 시간에 노래를 배웠고, 돌아오는 버스 안에서는 소감 발표 시간을 소화해야 했다.

교사들이 학생들에게 감동했던 것은 사전과제 발표 시간부터였다.

한하운 시집은 그다지 어렵지 않을 것이라고 생각했지만, 중학교 아이들에게 이청준 소설 〈당신들의 천국〉을 읽고 독후감을 준비하라고 한 것은 무리수 아니었나 생각했었다. 하지만 아이들은 열심히 준비했고 버스 안에서 발표했고 지루할 겨를도 없이 그 시간은 지나갔다. 아이들의 독후감은 이해 못하면 못 한대로 솔직하게 표현한다는 점이 좋았고 그것이 신선했다.

내가 이 책을 읽게 된 동기는 아주 특별한데 있다. 그것은 바로 소록도로 가게 될 문학기행에서 발표할 한 권의 소설과 한 권의 시집을 읽어야 했기 때문이다. 그게 바로 〈당신들의 천국〉과 또 〈보리피리〉이다. 두 작품은 나병 환자에 대해 다룬 문학이라는 공통점이 있다. 나는 이 책을 읽기 전까지는 나병에 대해 아무 신경도 쓰지 않고 있었다.

〈당신들의 천국〉 이 책은 주인공이 2명으로 보였다. 처음에는 이상욱이라는 한 청년이 이 이야기를 전개해 나가다가 점점 조백헌 원장으로 주인공이 이동해 나가는 것을 느꼈다. 처음은 조백헌 원장이 부임했을 때부터 시작된다. 조백헌 원장이 처음 부임해오자마자 바로 섬 탈출사고가 일어났다. 이 원장은 지금까지 부임해온 원장들과는 부임 인사도 하지 않고, 처음 달려간 곳이 바로 돌뿌리 해안이었다. 원장은 너무 필사적으로 일하는 것 같았다. 하지만 상욱은 처음부터 모를 소리만 하고 책을 읽는 나로서도 도저히 이해가 가지 않았다. 상욱이 이야기 전개를 하는 만큼 책 내용을 이해하기 위해서는 읽은 부분을 또 읽고 또 읽고 자꾸 읽어야 했다.

이 책 내용 중 재미있기 시작한 부분은 원장이 이야기 전개를 하는 부분부터이다. 나병 환자들에게 원장이 축구를 시키는 부분이 있는데 나로서는 도저히 이해가 가지 않는 부분이다. 손가락과 발가락이 없는 원생들이 어떻게 축구를 할 수 있는가 참 이상했다. 소록도 축구팀의 마크는 바로 손가락이 하나 없는 손이다. 소록도 팀은 여러 경기에서 이길 정도로 실력이 많이 향상되었지만, 축구경기로 인해 섬사람들의 분위기가 좋아지자 원장은 다시 축구를 그만두라고 했다.

나는 또 이 부분이 이해가 가지 않았지만 다시 책을 들여다보았다. 바로 축구를 그만두게 한 이유는 원장의 큰 뜻인 간척사업에 있었다. 바로 오마도 공사였다. 오마도의 바다를 막아 땅을 만들어서 거기서 농사를 지어보자는 것이다. 축구경기는 오마도 간척사업을 하기 위한 한 가지 수단이었을 뿐이었다. 바로 간척사업을 하지 않고 축구경기를 한 다음에 간척사업에 손을 붙인 이유는, 섬사람들의 호응도를 높이고 서로간의 믿음을 심어주고 섬사람들의 사기를 높이자는 뜻이었다.

원장이 이런 생각을 한 이유는, 4대 원장인 주정수라는 사람이 대규모 사업을 벌이다 일은 마쳤지만 섬사람들을 혹사했던 탓에 죽임을 당한 사건 때문이다. 여기서 사또라는 인물이 나오는데 이 이야기를 들어보면 주정수만 나쁜 것이 아니라 사또 때문에 주정수가 죽었을지도 모른다는 생각이 들 것이다.

나는 조백헌 원장의 결정이 참 잘 되었다고 생각했다. 하지만 그 간척사업에서 큰 걱정거리가 생기고 말았다. 그것은 육지 사람들이었다. 그들은 문둥이들이 간척사업을 해서 가까이 오는 것을 막기 위해 그 사무실을 아주 못쓰게 만들었다. 하지만 원장은 그들을 찾아가 설득했고 육지 사람들은 나중을 기약하며 물러났다.

원장에게는 큰 걱정거리가 있었다. 그것은 바다로 아무리 돌을 던져도 돌둑이 떠오르지 않는 것이다. 이 돌둑이 떠오르게 하는 작업만 거의 1년 동안 했다. 그 돌둑이 떠오르는 순간 원장이 그것을 발견하고 그냥 맨몸으로 그 돌둑을 건너기 시작했다. 그 뒤로 수많은 원생과 이상욱 과장, 그리고 원로인 황장로까지도 원장을 뒤따라 건너기 시작했다. 나는 이 부분을 읽으며 참으로 감명 깊었다.

하지만 하느님은 이런 섬의 원장과 원생들의 바람을 아는지 모르는지, 그해 여름 태풍이 모든 것을 깨끗하게 쓸어가고 말았다. 원생들의 사기는 밑도 모르게 떨어졌고, 원장은 안간힘을 쓰며 다른 간척장을 찾아다닌다. 다른 간척장에서도 이런 일이 한두 번이 아니었다는 이야기를 듣고, 다시 희망을 안고 돌아오던 원장은 또 다른 이야기를 듣는다. 원장인 자기가 곧 섬에서 나간다는 이야기였다. 태풍 때문에 상황이 안 좋은 시기를 이용하여 육지 사람들이 원생들을 몰아내고 지금까지 쌓아온 간척장을 아무런 수고없이 그냥 먹으려는 속셈이었다.

원장이 이런 이야기로 원생들을 설득했고, 필사적인 원생들의 작업으로 곧 다시 돌둑은 떠오르기 시작했다. 하지만 곧 가라앉고 또 떠올리면 다시 가라앉고 다시 원생들의 불만이 다시 하늘을 찌를 듯이 높아졌다. 네 번의 사고가 있었고, 이제 다섯 번째 제물이 필요하다는 미신을 내세우며 원장을 죽이려고까지 했다. 하지만 이상욱 과장이 원생들의 심리를 건드리며 사고를 막을 수 있었다.

이상욱은 원장이 자꾸 섬을 배반한다면서 자기가 먼저 섬을 떠나고 만다. 배를 타고 가면 되는 것을 굳이 험한 물살을 헤쳐가면서 수영을 해서 나갔다. 그는 이것으로 원장에게 무슨 뜻을 전하려고 하는 것 같았다. 그로 인해 원생들은 충격이 커서 일을 열심히 하지 않았다. 원장은 섬을 떠나는 것을 원하지 않았지만 군사정부는 자꾸 말썽을 부리는 원장을 다른 곳으로 발령을 냈고, 원장은 그것을 받아들일 수밖에 없었다. 원장이 떠나고 머지않아서 돌둑은 완성되었지만, 그곳에서 나온 땅은 배분이 되지 않은 채로 애초 간척 계획은 실패를 하고 말았다.

원장이 다른 곳으로 나간 5년 후 이상욱이 편지를 보내왔다. 그는 편지를 2통이나 보냈고 그중 하나는 바로 자기가 섬을 떠날 때 원장에게 주려고 했던 것이었다. 여기서 이상욱의 편지내용이 나오는데 이 부분이 가장 지겨웠다. 거의 다 재미가 있는데 이 부분만은 내용도 어렵고 너무 길어서 참 재미가 없었다. 원장은 그 편지를 읽은 후 바로 사표를 쓰고 다시 소록도 섬으로 돌아왔다. 그리고 현재 병원 원장과 의논해서 여러 가지 일을 했고, 그곳의 건강인인 서미연이라는 사람과 병에 걸렸던 윤해원이라는 사람의 결혼식을 성사시킨다. 병약자와 건강인의 결합으로 소록도의 새로운 희망을 키우는 것이다. 참으로 뜻이 깊었다.

나는 이 책을 읽으면서 참으로 재미도 있고 가슴 뭉클한 이야기도 많았다. 깊은 감동과 재미가 나로 하여 이 책을 다 읽게 한 원동력이었던 것 같다. 문둥병 환자에 대한 이야기가 이렇게 슬픈 것인지는 이 책을 읽기 전까지는 모르고 있었다. 하지만 지금은 문둥병 환자의 고통을 이해하고, 그들이 우리와 같은 인간임을 알게 됐다.

— 노경우(정읍중3), 사전과제 독후감

기다리고 기다리던 문학캠프를 가는 아침이다.

2년 전 선생님, 선배들과 다녀온 작은사슴섬 소록도를, 이제는 태인여중을 비롯한 여러 학교 학생들과 다녀오게 되었다. 여러 학교와 가게 된다는 부담 탓일까 괜히 기대되고 가슴은 설레었다. 걱정도 되고 말이다.

장난꾸러기 말썽꾸러기 우리들에게 "딴 학교는 우리보다 더 과제 준비 안할 걸"하고 너그럽던 선생님의 말씀과는 달리, 학교 나름대로 과제준비를 철저히 해서 날 놀라게 했다.

— 이유진(태인여중3) 소감글

사실 놀란 건 태인여중 아이만이 아니었던 셈이다. 고백하건데 그 당시 〈당신들의 천국〉을 내가 제대로 읽고 공부한 것 같지는 않다. 이 글을 쓰면서 두 번을 읽었다. 그래도 어렵다. 논리가 현란하고 이청준 글이 이랬었나 싶고, 그래서 그렇게 고등학교 지문으로 많이 등장하는 작품이었나 생각이 들었다. 이상욱이 나오는 부분이 어렵고 지겨워 그냥 넘겼다고 한 정읍중 아이의 말이 공감이 되었다. 하지만 작가의 분신이라 할 역할이 이상욱이기 때문에 이상욱을 이해해야만 작품을 제대로 이해할 수 있을 것이다.

이 글의 주제를 무엇으로 잡을까 참 많이 고민했었다. 한 작가 또는 한 작품을 주제로 정하는 것이 바람직하다고 생각했지만, 내가 참여했던 문학캠프 주제가 그렇지 않은 경우들이 있었다. 특히 처음 시작할 무렵엔 자원은 부족하고 아이들을 유인할 방도를 고민해야 하고 여러 이유로 하여 좀 더 선명하고 좀 더 다양한 주제를 모색했던 것 같다. 무엇이든 '처음'은 중요할 것이고 정읍국어교사모임 첫 문학캠프 역시 내겐 특별한 것이었다.

그 무렵엔 '문학기행'이라는 용어가 더 일반적이었던 것 같다. 사립이고 모교인 태인여중에 근무하면서 어디로든 아이들과 떠나고 싶은데 자료는 부족하고 재정도 없고 지원도 없고 난감했던 시절이 있었다. 극히 단편적인 자료들을 모아서 그것도 애지중지하면서 방학 때면 여러 곳들을 다녀오곤 했었다. 작가와의 만남이나 안내자 섭외, 차량 임대 따위 꿈꾸지도 못했고 식비를 아끼기 위해 밥은 해먹으며 다녔다.

그런데 정읍국어교사모임에 발을 들이면서 문학기행이라는 용어를 문학캠프라는 용어로 대신하기 시작했다. 같이 숙박을 하며 발표나 토론, 모둠 활동을 다양하게 할 수 있었고 첫 회는 안내자들만 섭외했지만 두 번째부터는 작가와 함께 하는 시간을 가져보겠다고 했기 때문이었다. 조직의 힘을 빌어 경제적인 도움을 받을 수 있었지만, 여전히 재정은 열악하여 머리를 싸매야 했다. 아이들과 교사 동일하게 일정액의 참가비를 내도록 했고, 비싸지 않은 숙소를 찾아야 했으며, 밥을 해먹기 위한 준비를 해야 했고, 발표회 가질 강당을 쓰기 위해 4만원을 지출하느냐 마느냐 고민을 해야 했었다.

그러나 신선했다. 학교 행사로 가면 아이들과 별도의 밥상을 받으며 무지 불편했는데, 정읍지회 문학캠프에 가면서 그 불편이 완전 사라졌다. 아이들을 먼저 자리에 앉히고 메뉴를 준비하고 이상이 없는지 서빙을 하는 교사들의 모습을 보면서도 전혀 이상하지 않았고 좋았다. 선생을 먼저 챙기지 않아서 버릇없다는 식의 사고가 끼어들 여지가 없이 그냥 자연스러웠다.

첫날은 소록도가 중심이었는데, 소록도가 주는 충격적인 이미지와 배를 타고 바다를 간다는 점이 아이들의 관심을 유인할 수 있는 요소이기도 했었다. 생각해보면 나 역시 중학교 때인가 라디오에서 한하운 시를 듣고 상당히 충격과 감동을 받았던 것 같은데, 이와 비슷한 경험 글을 많이 보았다. 그런데 그 근원이 고은 시인이었던지, “중학생 시절 하굣길에 우연히 주운 ‘한하운 시초’를 읽고 그처럼 처절한 시 몇 편을 쓰고 죽겠다고 다짐했다”고 한다. 중학교 때 한참 감수성이 예민한 시기임을 말하는 것인지도 모르겠다.

> 가도 가도 붉은 황토길/ 숨막히는 더위뿐이더라// 낯선 친구 만나면/ 우리들 문둥이끼리 반갑다.// 천안 삼거리 지나도/ 쑤세미 같은 해는 서산에 남는데,// 가도 가도 붉은 황토길/ 숨막히는 더위 속으로 쩔룸거리며/ 가는 길……// 신을 벗으면/ 버드나무 밑에서 지까다비를 벗으면/

발꼬락이 또 한개 없다.// 앞으로 남은 두 개의 발꼬락이 잘릴 때까지/ 가도 가도 천리, 먼 전라도길

— 한하운, 소록도 가는 길에

1970년대까지 병을 발견한 한센병 환자들이 소록도에 입원하려면 경전선이 잠시 쉬어가는 벌교역에서 내려야 했는데, 그곳에서 환자와 가족들은 "문둥이를 태울 수 없다"는 버스 기사와 실랑이를 벌이다 지쳐, 하루와 반나절을 꼬박 걸어 섬으로 향했다고 한다. 그때만 해도 이 125리(50km) 길은 가도 가도 끝없는 붉은 황톳길이었고, 한하운 시 〈전라도길—소록도 가는 길에〉는 한여름 그 지옥 같던 남도의 황톳길 위에서 탄생한 배경을 가진 시이다.

중학교 교과서에 나오며 소록도 시비로도 새겨 있는 〈보리피리〉 또한 중학생의 감수성으로 잊을 수 없는 시일 것이다.

보리피리 불며/ 봄 언덕/ 고향 그리워/ 피ㄹ 닐니리// 보리피리 불며/ 꽃 청산/ 어릴 때 그리워/ 피ㄹ 닐니리// 보리피리 불며/ 인환의 거리/ 인간사 그리워/ 피ㄹ 닐니리// 보리피리 불며/ 방랑의 기산하/ 눈물의 언덕을/ 피ㄹ 닐니리

— 한하운, 보리피리

소록도에 가면 누워 있는 한하운의 시비가 있다. 누워 있는 시비는 아마 전국적으로 이것이 유일할 것이다. 이 시비의 역사는 곧 소록도의 역사이고 우리나라의 역사일지 모르겠다.

1910년 조선을 침탈한 일제는 전국 곳곳을 배회하는 한센병 환자들

을 한곳에 묶어 강제 수용할 방침을 정하고, 대상지를 물색한 곳이 바로 소록도이다. 육지와 떨어져 있고 날씨가 좋고 직원 지대와 환자 지대를 나누기 쉬운 지형 때문이었다. 1916년 그렇게 만들어진 수용 시설이 '도립 소록도 자혜병원'이었고, 2대 하나이 원장 때 소록도 전체가 매수되어, 세계 최대 규모의 한센병환자의 격리의 섬을 만드는 길을 열게 된다. 일제는 세 차례에 걸쳐 '토지수용'을 명목으로 소록도 주민들 모두 이 섬을 떠나게 했고, 조선 전국으로부터 6,000명 한센병 환자들을 이 섬에 강제 수용한다.

2대 원장은 8년 4개월 소록도에 헌신하다 소록도에서 사망했는데, 원생들이 공덕비를 세울 정도였다고 한다. 그 공덕비를 이승만 정권 때 철거 명령을 피해 땅속에 묻었다가, 5 · 16 후 다시 일으켜 세웠다는데, 일본인 원장에 대한 찬가도 그렇고 이승만 때 문제가 되고 5 · 16 후에는 문제가 안 된다는 점도 나는 이해난감이었다.

아무튼 4대 주정수 원장이 문제인데, 처음 내세운 명분은 좋았겠으나, 욕망 충족을 위한 지어낸 이기적인 명분과 힘은 원생들의 끝없는 봉사를 강요했다. 2차에 걸친 확장 공사와, 기존의 선창이 있음에도 병사지대의 관문으로 동생리 선창을 건축했고, 계속되는 탈출을 막는답시고 겨울임에도 험준한 십자봉 암반을 뚫고 구북리 해안도로를 개설했다. 일왕태후로부터 하사받은 어가비를 세우고, 그 어가비를 빛내기 위해서는 또 공원이 있어야 했다는 식이 주정수의 논리였다. 요즘 우리가 소록도에 가서 감탄하는 아름다운 곳이 바로 그 중앙공원이다. 그곳에 살아있는 원장의 동상을 세웠고, 그 앞에 위엄 어린 연단을 놓았으며, 그 위에 서서 섬 전체의 원생들로부터 감사의 묵념을 받고 훈화말씀을 내렸다.

그 거대한 연단은 완도 쪽 어디선가 선창까지 배로 실어와서 선창서부터 원생들이 직접 목도질로 운반해온 것인데, 채찍을 견디지 못하여 이러나 저러나 죽을 거면 '죽어도 놓고 죽자' 했던 바위라고 한다.

1942년 2월의 감사일에 참다못한 이춘상이라는 젊은이가 칼을 빼들었고, 그는 "3,000명 원생의 원수는 칼을 받으라"며 일본인 원장을 살해했다. 이춘상은 사형에 처해졌고 원장 동상은 태평양전쟁 물자로 징발 철거되었다고 한다. 남은 연단에는 한센인들의 애환을 노래한 한하운 시 '보리피리'가 새겨졌고, 누워 있는 시비는 억압과 희생을 호소하는 상징이 되었다.

중앙공원에 있는 벽돌공장터, 감금실과 단종대와 검시실을 보는 것만으로 학생들은 으스스한 충격을 받을 수밖에 없었다. 벽돌담을 휘감고 올라간 담쟁이덩굴도 그랬다. 원장의 착취를 견디지 못하고 말썽을 부린 청년들은 죽도록 맞고 감금실에 갇혔다가 나올 때는 매정한 단종수술의 고통을 감수해야 했다. 시의 호소력이 어떠한 것인가는, 단종대 앞의 시 한 편을 감상하는 것만으로도 충분할 것이다.

> 그 옛날 나의 사춘기에 꿈꾸던/ 사랑의 꿈은 깨어지고/ 여기 나의 25세 젊음을/ 파멸해 가는 수술대 위에서/ 내 청춘을 통곡하며 누워 있노라/ 장래 손자를 보겠다던 어머니의 모습/ 내 수술대 위에서 가물거린다./ 정관을 차단하는 차가운 메스가/ 내 국부에 닿을 때// 모래알처럼 번성하라던/ 신의 섭리를 역행하는 메스를 보고/ 지하의 히포크라테스는/ 오늘도 통곡한다.
>
> — 이동, 단종대

소록도는 섬 전체가 국립소록도병원으로 지정되어 있기 때문에 일반 주민은 살지 않는다. 관광객의 입장으로 소록도에 들어가거나 돌아보는 일도 당연히 안 되는 일이다. 그 때문에 문학기행도 상당히 조심스러웠던 것이 사실이다.

1998년 소록도 문학기행 때는 중앙공원을 돌아보고 중앙공원에서 글쓰기 시간을 갖는 정도였지만, 2000여름문학캠프 때는 원불교 오은도 교무님의 도움을 받았었다. 정읍지역에서 같이 일을 했던 인연이 귀했던 셈인데, 교무님은 25인용 미니버스로 소록도 안쪽으로 한 바퀴 돌면서 안내 설명까지 해주셨다. 어떻게 버스로 돌아볼 수 있었겠어 하고 잊고 있었는데, 이번에 그때 문집을 다시 읽으면서 기억을 떠올렸다. 식량창고, 선창, 만령당, 해안도로 등을 돌아보았을 것이다. 나도 아이들도 공부가 부족했었기에 기억도 정확히 떠올릴 수가 없음이 아쉽지만, 소록도가 어떤 섬이고 어떤 사람들이 사는지 자연스럽게 접할 수 있는 짧지만 값진 시간이었다.

> "환우 분들을 절대로 구경하듯이 쳐다보거나 동정하는 눈으로 쳐다보면 안 됩니다." 교무님의 말씀을 새겨듣고 우리는 소설에서 읽었던, 원생들이 닦은 길을 버스를 타고 지나갔다. 환우들을 보면 인사해줘야지 생각했는데 그냥 지나치고 말았다. 에휴, 바보. 교무님은 섬의 이곳저곳을 안내하시면서 소록도의 가슴 아픈 사연들을 들려주셨다. 소설에서와 같이, 그대로, 모든 것이 똑같았다. 심지어는 실제 있었던 일이 아니라고 했던 일들까지도 모두 사실이었다. 단지 이름만 다를 뿐이었다.
>
> — 유새롬(정일여중3) 소감글

나는 소록도에 대해 잘 알진 못하지만, 그래도 이번 계기를 통하여 소록도에 대하여 아니 나환자들에 대하여 가까워지길 원했다. 그러나 그것조차 쉽지 않았다. 뜨거운 날씨에 6천 평을 돌아다닌다는 것은 정말로 고되고 힘든 일이었다. 그래서 교무님께서는 물을 주셨는데 바가지가 부족해서 나환자들의 집에서 바가지를 빌려다가 물을 주시는 것을 보고 왠지 거리낌이 들고는 했다. 나는 이번 여행 속에서 나환자들이 〈당신들의 천국〉에서처럼 완전한 '우리들의 천국'을 만들지 못하는 것을 느꼈다. 나부터 이렇게 피하고 나만 잘 살려는 우리들은 〈당신들의 천국〉에 나오는 나환자들이 보는 관점이 틀리지 않게, '당신들의 천국'을 만들어가고 있던 것이었다. 우리 세상 사람들 모두가 이 나환자들을 이해하고 서로 사랑하는 그런 세상이 진정한 '우리들의 천국'이 될 것이다.

— 윤선화(태인여중2) 소감글

중앙공원은 자유롭게 공개된 구역이기 때문에 우리들은 이곳에서 두 시간 정도 시간을 가졌다. 문학캠프가 아닌 문학기행일지라도 글쓰기 시간은 중요하다고 생각하는데, 글을 쓰면서 아이들은 살아있는 말을 생각하고 표현하는 시간을 가질 수 있기 때문이다. 아이들은 시가 짧기 때문에 쉬운 글이라고 착각하며 대부분 시를 선택하곤 한다. 그런데 교사의 입장에서 보면 그러한 아이들의 시는 서툴면서도 신선하게 다가온다. 시간이 모자랄까 걱정할 필요도 없이 아이들은 금세 글을 완성해내는데, 여기서 교사는 아이들을 쉬게 놔두지 않는다. 모둠별 평가 시간을 갖고, 저녁시간 전체 발표회 때 발표자를 정하게 했는데, 오손도손 아름다운 풍경이었다.

찌르르르, 찌르르르/ 소록도의 여름은/ 매미들의 노랫소리로 시작된다.// 아름다움 속에/ 숨어있는/ 더 많은 아픔을 아는지// 소록도의 천국을 찾아/ 봉사했던/ 나환자들의 피나는/ 노력을 아는지,// 그 신비한 아름다움 속에/ 숨어있는/ 슬픈 비밀 이야기를/ 매미들은 노래한다.// 소리 없이 잠들어 있는/ 소록도 환자들의/ 넋을 위로하려는 듯// 오늘도 매미들은/ 소리내어 노래한다.

— 김그린(풍남중2), 매미들의 소록도 노래

여름 기행에서 매미는 특별한 인상이었나 보다. '매미가 날개를 말리고 있는 것을 보았는데, 어두컴컴한 땅 속에서 7년을 보내고 나와 날개를 말리는 매미가 너무 멋있어 보였다.'는 소감글 표현도 기억에 남는다. 지금 쓰는 이 글의 제목도 그때 문집 제목이자 학생 작품 제목을 가져왔는데, 매미들의 소록도 노래, 참 시적이지 않은가.

소록도에서 나와 해남 대흥사 근처의 숙소까지 가는 버스에서 아이들은 지친 눈을 감고 잠들려 했지만, 이 휴식마저도 교사들은 놔두질 않았었다. '놀이 시간'이었다. 1박 2일 짧은 동안 친해질 시간이 필요했던 것이다. 이때 진행은 국어과 아닌 신미라 선생님이 맡았다. 국어과가 아니므로 모둠 지도는 못하겠다고 했고 대신 놀이 진행을 맡았던 것인데, 평소 활달하면서도 대충대충 털털한 성격인 줄만 알았지만 전혀 아니었다. 한 시간일 뿐일 그 놀이 진행을 위하여 정말 많은 마음의 준비를 하고 준비물들을 챙기고 있었구나 하는 것을, 곁에서 보고 느꼈다.

접촉을 꺼리는 소극적인 아이들조차 기꺼이 게임에 동참하고 즐거워했다. 이런 시간에는 벌칙으로 교사를 시키는 것도 분위기를 고조하는데 효과가 있었다. 나만 빼고 다른 선생들이 다 당했는데, 그중 자칭 29세라는 염길중 선생님의 짧고 멋대로 식 노래는 단연 압권이었다. 엽전이 나왔던 거 같기도 하고 엿이 나왔던 것 같기도 한 그 재미있는 노래를 온전히 기억해낼 수가 없다는 게 영 아쉽기만 하다.

4만 원을 투자하고 숙소의 강당을 2시간 빌릴 것이냐 4만 원을 아낄 것이냐 고민 끝에 마련한 발표회 시간은 더없이 보람찬 시간이었다. 모둠은 8명씩 모두 5개 모둠이었는데 김남주 노래 제목에서 따온 '돌멩이 하나', '함께 가자', '자유', '산국화', '노래'가 그 모둠 이름들이었다. 발표회 사회를 두 학생이 보고, 모둠별 소개와 함께 대표 작품을 발표하는 형식이었다. 글로 보면 평범한 작품도 마이크로 발표를 하고 보면 대단히 근사해 보이는 마력이 있었던 것 같다. 아이들은 몰두해서 발표했고 몰두해서 경청했으며, 발표 후 전체 평가를 맡았던 김인정 선생님은 한껏 고조되어 아이들 작품에 대한 칭찬을 아끼지 않았다. 선생님의 칭찬은 아이들을 뿌듯하게 했다.

둘째 날 아침 식사는 해남 대흥사 입구에서 모둠별로 해먹는 것으로 했다. 사실 비용 절감 때문이었지만, 해보면 교육적 효과가 있는 것이 바로 이 밥 해먹기인 것 같다. 인스턴트 음식 금지, 음식 남기지 않기 등의 조건을 제시하는 것도 좋았다. 다른 성격들이 모이다 보면 뺀질거리는 아이 앞장 서는 아이가 나오기 마련이지만 현실의 모습에 대처하는 훈련을 하는 것도 나쁘지는 않을 것이다.

대흥사에서 김남주 생가에 가는 동안에는 김남주 시 외우기를 하게 했는데, 신기하게도 아이들은 불평없이 잘 해낸다. 김남주 생가에 가면 시 암송을 시킬 거라고 동기 부여를 했던 것 같다. 광주 김남주 시비까지 가는 동안에는 김남주 시를 노래로 한 '함께 가자'와 '노래'를 배우는 시간을 가졌는데, 시비에 가면 노래 부르기를 시킬 거라고 동기 부여를 한 것도 마찬가지였다.

김남주 생가에 갔을 때는 시인을 똑 닮은 김덕종 동생 분을 만날 수 있어서 좋았다. 동생 분은 농사를 짓고 있는데 바쁜 중에도 우리를 위해 성심껏 설명을 해주었다. 현장에 가면 그렇게 현장의 사람을 만날 수 있다는 것이 문학기행의 보람이고, 일부러 그렇게 의도하여 준비하려고 했었다.

1998년에 왔을 때는 생가에 어머니 홀로 살고 계셨는데, 우리 일행은 방에 둘러앉아 같이 밥도 먹고 시도 읽고 그랬던 기억이 난다. 지금 생각하면 참 염치없는 일이 아니었나 싶기도 하지만, 그냥 둘러보고 나오는 것과 그곳에 둘러앉는다든가 밥을 해먹는다든가 하는 것은 천양지차였다. 당연 나는 문학체험의 진정성을 위해 과감해야 했고, 제안을 해서 거부되는 적은 없었다.

> 소록도 기행을 마치고 난 다음날, 나는 김남주 생가를 잊지 못한다. 잘 단장된 김영랑 생가와는 달리, 초라하긴 하지만 포근함이 느껴지는 곳, 민중시인 김남주 생가. 그곳엔 김남주 시인의 어머님 혼자 살고 계신다. 그 어머님의 주름살에서 나오는 김남주 시인의 이야기는 눈물에 숨이 차다. 은희 언니의 '무심' 시 낭송. 나는 눈물을 흘릴 뻔했다. 자식을 먼저 보낸 그 어머님의 심정을 난 다 알 수 없었지만 그 사랑의 마음만은 알겠다.
>
> "아침 햇살이 은사시나무 우듬지에서 파르르 떨고/ 산골을 타고 흐르는 물소리는 내 귀에서 맑다/ 나는 지금 어머니를 따라 산사를 찾아가고 있다// 어머니 그동안 이 고개를 몇 번이나 넘으셨어요// 니가 까막소 간 뒤로 이날 이때까장 그랬으니까/ 나도 모르겄다야 이 고개를 몇 차례나 넘었는지// 옥살이 십년 동안 단 한 번도 자식을 보러/ 감옥을 찾은

적은 없었으되/ 정월 초하루나 팔월 보름날 같은 날이면/ 한 번도 빠짐 없이 절을 찾으셨다는 어머니/ 그런 어머니를 두고 사람들은 고개를 갸우뚱하지만/ 실은 나도 모를 일이다/ 자식이 보고 싶을 때/ 감옥 대신 절을 찾으셨다는 어머니의 그 속을// 이제 고개만 넘으면 어머니 그 절이 나오지요// 그래그래 하면서 어머니는 숨이 차는지/ 공양으로 바칠 두어됫박 쌀차댕이를 머리에서 내려놓고/ 후유 후유 한숨을 거듭 쉰다// 니 왔은께 인자 나는 눈감고 저승 가겄어야/ 니 새끼가 너 같은 놈 나오면 그때는/ 니 예편네가 이 고개를 넘을 것이로구만/ 풍진 세상에 남정네가 드나들 곳은 까막소고/ 아낙네는 정갈하게 몸 씻고 절을 찾아나서는 것이여"

그 어머님은 은희 언니의 시 낭송을 얼마나 들으셨는지 모르겠다. 하지만 그 느낌만은 그 집안에 넘치고 있었다.

잘 들리지 않는 귀, 부어오른 발등……. 아무것도 남겨 드리지 못하고 우리는 몇 시간 폐만 끼치고 돌아서야 했다. 돌아가시기 전에 다시 한 번 올 수 있을까 하는 생각에 자꾸 뒤가 돌아보아졌다. 어머님은 문 밖에서 한없이 우리를 배웅하고 있었다.

— 조유미(태인여중3), 문학기행 소감글

광주 중외공원에 김남주 시비가 있고 망월동 묘역에 김남주 묘가 있는데, 광주까지 가는 동안 버스에서의 시간은 이재호 선생님이 진행하는 노래 배우기 시간이었다. 여럿이 함께 한다는 것은 혼자일 때 못했던 일들을 할 수 있게 한다. 신미라 선생님의 놀이 진행이 그러했고, 이재호 선생님의 노래 배우기가 그러했다. 악보를 보며 한 소절씩 따라 부르게 하면서 정말로 친절하고 쉽게 노래를 익히게 하는 이재호 선생님의 능력은 나로선 부러움이었다. 버스에서의 시간이 시간 가는 줄 모르게 알찼고 재미있었다.

김남주 시인의 삶과 시에 대하여 그 단호하고 거친 표현에 익숙하지 않은 사람도 있겠지만, 김남주 시인 육성 시낭송을 들어본 사람이라면 그의 삶과 시를 가슴으로 받아들일 수밖에 없을 것이다. 내가 그 시낭송을 들은 것이 1998년 때였는지 2000년 때였는지는 잘 모르겠다. 무척 고요한 순간이었다. 아이들이 깜박 잠들고 있던 시간이었을까. 차창 밖 풍경을 바라보며 그 풍경 속에서 들려오는 것 같은 김남주 시인의 목소리를 들은 것은.

> 만인을 위해 내가 일할 때 나는 자유/ 땀 흘려 함께 일하지 않고서야/ 어찌 나는 자유이다라고 말할 수 있으랴// 만인을 위해 내가 싸울 때 나는 자유/ 피 흘려 함께 싸우지 않고서야/ 어찌 나는 자유이다라고 말할 수 있으랴// 만인을 위해 내가 몸부림칠 때 나는 자유/ 피와 땀과 눈물을 나눠 흘리지 않고서야/ 어찌 나는 자유이다라고 말할 수 있으랴// 사람들은 맨날/ 겉으로는 자유여, 형제여, 동포여! 외쳐대면서도/ 안으로는 제 잇속만 차리고들 있으니/ 도대체 무엇을 할 수 있단 말인가/ 도대체 무엇이 될 수 있단 말인가/ 제 자신을 속이고서
>
> — 김남주, 자유

김남주 시비 앞에서 〈노래〉를 함께 부르고, 김남주 묘 앞에서 〈함께 가자〉를 노래한 것도 특별한 체험이었던 것 같다. 김남주 묘역에 갈 때는 모둠 대표를 정해 헌화를 준비하게 했고 같이 묵념하는 시간도 가졌다. 바람소리 풀벌레 소리만이 가득한 그 짧은 묵념의 시간은 정말 아이들을 몰입시키는 마력이 있다.

김남주 시비와 묘역은 윤한봉님이 설명을 지원해주었다. 김남주시인

기념사업회에 협조를 구해서 그렇게 된 것인데, 그가 어떠한 사람인가는 그때 잘 몰랐었다. 단지 애정을 다해 시비를 설명하고 잔디밭에 앉아 김남주 시집을 이리저리 넘기며 시를 읽어주던 모습이 인상적이었고, 나름 사례용 봉투를 준비하기도 했건만 한사코 거부하고 오히려 아이들에게 음료수를 돌리던 것이 고마움으로 기억되었을 뿐이었다.

2007년 그의 부고 기사를 보았을 때, 우리가 그때 받았던 도움이 정말 값진 것이었구나 하는 것을 알았다. 그 미안함의 정체는 무엇일까 말하기는 어렵지만 또 한 번 미안했던 것 같다. 광주 5 · 18 마지막 수배자인 그는 후배들과 고난을 함께 나누지 못했다는 자책감과 살아남은 자의 죄의식을 버리지 못했다고 한다. 귀국 이후 5 · 18 정신 계승사업에 앞장섰지만 정작 본인의 피해보상은 거부했다고 했다. 그는 사람을 끌어 모으는 힘이 있었다고 하는데, 혁명가의 삶과 인간적인 모습을 함께 가진 그러한 부분은 김남주 시인과도 많이 닮음꼴이라는 생각을 했다.

김남주 시인의 시비. 이 시비는 북쪽에는 광개토대왕비가 제일 크고 남쪽에서는 감남주 시인의 시비가 가장 크다는 말이 나올 정도로 제일 좋게 또한 제일 크게 만들어 놓았다. 광개토대왕비와 비교를 하자면 광개토대왕비는 세로로 높게 쌓여있고, 김남주 시인의 시비는 옆으로 길게 늘여 펴져 있다는 점이다.

김남주기념사업회 회원님이 말씀해주시기를 이렇게 만든 것은 김남주 시인의 뜻이었던 '넓게 넓게 더불어 사는 세상'을 나타내는 것이고, '노래'라는 시가 쓰여 있는데 그중 마지막 연에 '청송녹죽'이란 말이 있어서 왼쪽에는 '녹죽'이 오른쪽에는 '청송'이 표현되어 있다고 했다. 이것은 저녁 달 뜰 무렵에 보면 반짝반짝거려서 정말로 아름답게 보인다고 하셨는데, 그래서인지 지금도 저녁에 꼭 한 번 다시 보러 오고 싶다. 또 저녁이 아니어도 광주 비엔날레 공원의 좋은 자리에 세워져 더욱 빛났던 것 같다.

또 이 시비는 거의 돈이 들어가지 않고 성금이나 후원으로 만들어졌다고 말씀해주셨는데 이렇게 유명한 시인을 받들어 간다는 점에서 정말로 자랑스러웠고, 이 민족시인 김남주 시인을 더욱 멀리 세계까지 퍼져나가게 하는 그런 사업을 민족시인 김남주기념사업회에서 추진해주셨으면 좋겠다고 생각하였다.

김남주 시인의 묘지. 김남주 시인은 5·18 묘역에 모셔져 있었다. 이곳에서는 김남주 시인을 비롯한 순국선열 분들을 위하여 묵념을 하는 시간을 가졌고, 끝으로는 민족시인 김남주기념사업회에 엽서를 쓰는 시간을 가졌다. 각자 정성을 다해 쓰는 모습은 정말로 아름다워 보였다.

버스의 고장으로 마지막 장식도 멋있게 끝이 났다. 이재호 선생님이 가르쳐 주신 김남주 시 '노래'의 곡을 나는 결코 잊지 못할 것 같다. 이 두메는 날라와 더불어/ 꽃이 되자 하네 꽃이/ 피어 눈물로 고여 발등에서 갈라지는/ 녹두꽃이 되자 하네……

— 윤선화(태인여중2) 소감글

문학캠프 후 만들었던 문집에 실린 글들을 보며, 아이들이 생각보다 훨씬 잘 듣고 있구나 하는 것을 느낀다. 김남주 시비에 대한 설명을 기억하는 것이 그러한데 또 다른 아이가 쓴 기억도 여기에 적어두어야겠다. 김남주 시인이 귀를 모으며 듣고 있는 모습으로 만들어진 흉상은, 그 모습이 세상 얘기들을 다 듣고 있다는 의미를 가지고 있다는 것.

태인여중 소단위로만 문학기행을 해오다가 다른 학교와 연대하는 문학캠프를 하고보니, 나로서는 준비부터 진행하고 마무리하기까지 그야말로 긴장의 연속이었다. 학교를 섞어버린 모둠 편성에 대해서도 긴장했었다. 마지막 긴장은 광주 망월동 묘역에서 버스가 고장 났을 때였을 것이다. 마지막에 망쳐버리는 거 아닌지 노심초사했지만, 아이들이 보여준 모습은 전혀 다른 평화로움과 감동이었다.

구체적인 대상이 있고 현장에서 진행하는 글쓰기는 아이들의 글에 생명을 주는데, 이날 엽서 쓰기도 그러했다. 김남주 시인은 고인이 되었기에 그 대상을 김남주기념사업회로 하였고, 아이들은 버스가 고쳐질 때까지 여유있게 성심껏 엽서를 썼고 그러고도 남는 시간을 기꺼이 즐기고 있었다.

김남주 시인께

얼굴도 모르는 사이지만 인사드립니다. 지하에선 고문 없이 잘 살고 계시는지요. 사실 살아 계실 땐 몰랐습니다. 김남주 시인이 어떤 사람인지를 요. 초등학교 3학년 어린애가 시인을 안다면 감탄할 노릇이지만 말입니다.

제가 시인을 알게 된 건 안치환이라는 가수의 노래 덕이라고 하겠습니다. 그리고 전교조 활동하시는 선생님을 통해 조금이나마 시인을 알게 되었습니다.

작은 무덤 안에서, '고 김남주의 묘'라는 작은 비석이 앞에 있다는 사실은 아시는지요. 초라하다고는 하지만 찾아오는 사람이 많아서 초라해 보이지는 않습니다. 저는 미국을 참 싫어하는데 시인께서도 미국을 싫어하시는 것 같아 좋았습니다. 감사합니다. 선생님 같은 분이 계셨기 때문에 이 나라의 인권이 이렇게나마 커졌다고 생각합니다. 더 많은 시를 지어서 민중들의 가슴에 더 큰 희망을 주셨으면 좋았을 텐데 하는 생각도 들고, 여전히 살아 계셨다면 오늘 선생님 댁에 가서 뵈었을 텐데 하는 생각도 듭니다.

행복하세요. 이곳엔 선생님을 존경하고 추모하는 분들이 많이 있습니다. 그럼 안녕히 계세요.

— 전북 정읍 '노래'의 고장에서

이 엽서에는 쓴 사람의 이름이 없지만, 우리 모둠이고 글투로 보아 누구인지 알 것 같다. 엽서는 발송하겠다는 약속대로 김남주기념사업회에 모아서 보냈고, 복사해둔 것을 다시 작업해서 문집에 남길 수 있었다.

집으로 돌아오는 길은 다들 힘든 표정이었다. 너무 빽빽한 일정 때문이었겠지만 나름대로 참 좋았다고 생각한다. 여러 선생님들 덕분에 처음으로 가본 소록도, 망월동 묘지, 그리고 새롭게 알게 된 나병 시인 한하운.

1박 2일 동안 이렇게 많은 성과를 거두기는 힘들 것이다. 성과라기보다는 내 속에 한창 더 무언가가 쌓인 것 같아서 기분이 좋았다. 만약 다른 사람들에게도 이런 기회가 주어진다면 꼭 추천해주고 싶다.

— 유새롬(정일여중3) 소감글

오랜 세월을 지나 2018년 7월 6일, 세 번째로 나는 소록도와 김남주 시비 그리고 생가에 다녀왔다. 오마도는 이번에 처음 가보았다. 한하운과 이청준과 김남주, 세 작가와 작품을 같이 하나로 묶는다는 게 무리하다는 생각을 안 한 것은 아니지만, 정읍국어교사모임 첫 문학캠프의 기억을 기록해두고 싶다는 욕심이 앞섰음을 인정해야겠다.

한하운 시는 사실 많이 읽어보지는 않았다. '보리피리'와 '전라도 가는 길'은 전율이 일 만큼 훌륭하다 생각했지만, 교과서에 있고 문제로도 자주 다루어지던 '파랑새'는 단조로운 시라고 생각했고, 〈당신들의 천국〉에도 인용된 '오마도' 시는 그보다 더 단순한 시로 보였다. 한하운 시인의 삶과 작품에 대한 평가는 찬양도 많았고 부정적인 말도 꽤 보였는데, 내가 정확히 파악하기는 어려웠다.

한하운 시를 먼저 생각하고 소록도에 다가갔던 것인데, 자료를 찾아 읽을수록 나는 이청준 소설에서 헤매고 있었다. 20년 전 나는 그 소설을 사실에 토대를 두지 않은 단순히 관념적인 소설이라고 생각했었다. 일단 제목의 상징성이 뛰어났고, 현실을 비판할 때면 그 말이 먼저 생각나곤 했었다. 그러나 올해 이 소설을 다시 읽고 다른 자료들을 찾아 읽고 소록도에 다시 가보고 한 결과, 이 소설에는 '사실'이 더 많다는 생각을 하게 되었다. 이 한 권의 작품을 위해 작가는 얼마나 많은 취재를 한 것일까를 생각하면 그 작가정신이 존경스럽기만 하다.

나는 소록도에 다가가기 위한 방법으로 처음엔 봉사활동을 생각했었다. 하지만 2주 이상이어야 한다는 조건을 나의 현실은 받아들여주지 않아서 포기했다. 다음은 18년 전에 도움 받았던 원불교 교무님을 생각했고 원불교 신자인 신미라 선생님을 생각했다. 그런 루트를 거쳐 현재 소록도에 주재중인 곽 교무님의 협조를 받았고, 어렵게 소록도 안쪽 마을에 들어갈 수가 있었다. 소록도가 처음이라는 교무님은 따로 병원의 박 계장님을 동행하여 소록도 안내 협조를 받았다.

> 자동차가 마침내 신생리 돌뿌리 해안 근처에서 두 사람을 내려놓았다. 돌뿌리 해안 근처는 인가나 사람의 왕래가 드문 곳이었다. 여름 바

다가 발밑에서 시원스럽게 파도치고 있었다. 바다 건너 맞은편 녹동항이 손에 잡힐 듯 가까웠다. 녹동항까지는 똑딱선으로 10분쯤밖에 걸리지 않는 6백 미터 남짓한 바다 폭이었다. 이 1킬로도 못 되는 바다 폭은 환자들이 녹동 쪽에서 배를 타고 한 번 이곳을 건너기만 하면 다시는 살아 돌아갈 날이 오지 않는다는 한 서린 해협이었다.

………

탈출루트를 조사해보니 구북리 십자봉 아래의 해변가였다. 십자봉은 하늘을 뒤덮은 노송과 잡목들이 꽉 들어차 있어서 노루가 많은 곳이었다. 탈출자들은 대개 이 십자봉의 비탈 숲속에 몸을 은신해 있다가 지나가는 어선을 매수하여 섬을 빠져나갔다. 나무 판때기 같은 것을 띄우거나 맨손으로 헤엄을 쳐서 바다를 건너가는 자들도 있었다. 더러는 성공을 하고 더러는 해협의 거센 물살에 휩쓸려 수중고혼이 되어버린 자도 있었다. 한데도 이 필사적인 탈출극은 날이 갈수록 빈번해져갔다.

— 이청준, 당신들의 천국

소설 속에서 돌뿌리 해안이 자주 나오는데, 신생리 돌뿌리 해안도 나오고 구북리 돌뿌리 해안도 나오고, 같은 곳인지 다른 곳인지 혼란스러웠고 확인하고 싶었다. 돌뿌리 해안은, 이 소설에서 중요한 인물인 이상욱이 처음 원장을 안내한 곳이었고, 가끔 머리를 식히러 찾곤 하던 곳이었고, 잊고 있던 소년의 이야기를 되새겨보며 고깃배의 노랫소리를 듣곤 하던 곳이었다.

잊고 있던 소년의 이야기란 결국 이상욱 자신의 이야기라고 해야겠다. 섬에서 금기였던 새 생명의 잉태, 원생들은 그 사랑의 비밀을 목숨 걸고 지켜줬지만, 소년의 아버지는 그 사랑을 배신했고 살해당했다. 고깃배의 노랫소리를 들으며 섬을 나간 소년 이상욱은 건강인 어른이 되어 병원의 직원으로 돌아온다. 이상욱은 소록도에 부임한 조백헌 원장의 안내자이면서, 철저한 감시자 역할을 놓지 않는다.

그 돌뿌리 해안이 어떤 곳일까 궁금했고, 반복 질문과 일정의 무리를 하면서 나는 이해하기 위해 나름 최선을 다했다. 해안에서 돌뿌리처럼 튀어나온 곳이라는 것을 말한다는 것은 보는 순간 알 수 있었다. 그러한 곳이 신생리에 있었고, 구북리에 있었다. 신생리에서는 녹동항이 훤히 보였고, 구북리에서는 험한 숲이 가로막고 있었다. 병원의 박 계장님은 신생리에서는 헤엄쳐서 건널 수 있겠지만, 구북리에서는 불가능할 것이라고 말했다.

두 곳이 다 원생들이 탈출하던 곳이 맞는 것 같다. 탈출사건을 부임 선물처럼 받고 당혹스럽던 조백헌 원장이 처음 가보자 한 곳은 그 탈출 장소인 신생리 돌뿌리 해안이었다. 주정수 원장 시절 강제 노동을 견디지 못하고 목숨을 걸고 탈출하던 곳인 구북리 돌뿌리 해안에는 도로가 닦여 있었다. 출입통제 표지와 함께 우거진 노송과 잡목은 분위기가 으스스했다. 가까이에는 폐가처럼 음산한 교도소가 있기까지 했다.

신생리 돌뿌리 해안의 색깔과 구북리 돌뿌리 해안의 색깔은 많이 달라보였던 것 같다. 구북리 해안도로는 주정수 원장 때 원생들이 험준한 암반을 뚫어가며 맨손과 원시적인 도구로 겨울 공사를 강행했던 악명 높은 곳이다. 그 길을 걸어서 통과해보고 싶었지만, 비가 내리고 동행자들이 동의해주지 않아서 포기했다. 아마도 더 세월이 흐르면 이곳은 순례길이 되지 않을까 생각했다. 이 숲에 은신해 있다가 지나가는 배로 탈출하기도 하고 헤엄쳐 탈출하기도 했던 곳인데, 주정수 원장은 이를 막기 위해 이 해안도로를 뚫었다고 했다. 그곳을 나오면서는 정말로 많은 노루들을 보았다. 소설에는 '노루'로 나오지만, 내가 본 것은 일부러

풀었다는 사슴일지 모르겠다.

신생리 산비탈에 자리 잡은 만령당 앞에서는 묵념의 시간을 가졌다. '지난 40년 동안 이 섬으로 왔다가 주인 없는 한줌 재로 변한 5천여 원혼이 잠들어 누워있는 사자들의 집'이었다. 살아서는 나갈 수 없었던 이 섬에서 그들의 한스런 종착지가 이곳이었고, 찾아가지 않는 유골은 모아 10년마다 뒤의 봉분에 합사한다고 했다. 매년 10월이면 합동 위령제를 지낸다고 한다.

미감아 보육소와 미감아를 교육하던 학교가 궁금했는데, 나는 녹산초등학교 교사가 그곳이었을 거라고 생각했으나, 그곳은 미감아 아닌 실제 한센병이 있는 아이들이 교육을 받던 곳이었다. 나중에 전화로 물어보니, 미감아 보육소와 미감아 학교는 지금의 원불교 건물 맞은 편 천주교회 밑에 있었는데, 지금은 표지없이 건물만 남아있다고 했다. 부모의 병을 받아 잠재적인 환아로 간주되는 미감아들은 이 보육소에 갇히다시피 있다가 학령기가 되면 교육을 받았고, 한 달에 한 번 병사지대의 부모와 도로를 사이에 두고 얼굴만 바라보는 눈물의 면회를 했다고 한다.

주정수 원장 때, 이미 선창이 있었음에도 건강지대를 거치지 않는 병사지대의 관문이 필요하여 건설했다는 동생리 선창은 남생리와 바로 곁에 있었다. 그곳에 있는 식량창고도 그때 건설했는데, 바닷물에 잠기는 부분이 아치형으로 되어있는 음산한 듯 고풍스러운 붉은 벽돌 건물이다. 이 건물은 2000년 문학기행 때 보았던 기억이 확실한걸 보면 퍽 특이한 모습이었던 것 같다.

2018년 답사에서 중앙공원을 포함한 공개 지역은 제대로 돌아보지 못해서 아쉽지만, 실제로 다시 학생들 문학기행을 진행한다면 답사는 다시 와야 할 일이니, 일단은 지난 기억으로 이 글을 정리할 수밖에 없겠다. 1998년과 2000년에는 배로 들어왔던 소록도 선착장에는, 지금 소록호 한 척의 배만이 유물로 묶여 있었다. 2009년 거대한 소록대교가 열렸기 때문이다. 감금실과 단종대와 검시실, 구라탑 등은 그대로 있었고, 한하운 시비와 주정수 원장 동상 자리, 이춘상 의거 안내문 등은 새롭고 적절하게 고증되어 배치되어 있는 것으로 보였다. 개원 100주년을 맞아 세워졌다는 박물관에는 들어가 보지 않았다. 학생들과 갈 때 가장 편하고 안전한 방법이 박물관인 것은 알지만, 그 박제화의 우려 때문에 항상 주저되는 것은 어쩔 수 없는 것 같다.

그런데 왜 그렇게 기념비는 많은 것일까, 나는 요즘 들어 많이 이런 생각을 하게 됐다. 중앙공원에는 5 · 16 민족상 수상 기념비도 있다. 섬에는 육영수 공덕비가 있고 양지회관이 있다. 박정희와 육영수가 아낌없이 원조했다는 그 시기의 원장을 보면 재임 기간이 11년 9월로 가장 길다. 나는 이 부분까지 색안경을 끼고 보고 있으니 참 병이라면 병일지도 모르겠다. 아님 이상욱 닮은 지식인이고 싶을지. 소록도에서 육영수에 대한 각별한 향수를 의심하고 싶고, 소설 모델인 조창원 원장이 살아있다면 박정희에 대해 어떻게 생각했고 어떻게 생각이 변화했느냐고 물어보고 싶을 정도다. 육영수는 실제 소록도에 온 적이 없고, 한하운 시인이 소록도에 요양한 적은 없다고 하는데, 이러한 '신화' 현상도 '동상'의 징조인지 모르겠다.

학생 독후감에서 이상욱 부분이 어렵고 지루하다고 했는데, 나 역시 이전에 그랬었고, 이번에 다시 보니 이상욱이 바로 작가의 분신임을 잘 알 수 있었다. 이상욱은 조백헌 원장을 끊임없는 감시자의 눈으로 비판자의 자세로 바라보고 대한다. 작가는 박정희가 조백헌 원장 같은 길을 가기를 바랐던 것 같다. 박정희는 그러지 않았고, 오히려 주정수와 같은 길을 갔고 그렇게 죽었기 때문에, 나는 박정희를 주정수와 연결하고 싶다. 그런데 작품에서는 박정희와 조백헌 원장을 자꾸 닮음꼴로 제시한다. 혁명으로 이 사회를 바꾸어보겠다는 패기와 열정을 순수함으로 말하는 것 같아서 나는 좀 불쾌했다. 사실 소설 모델인 조창원 원장은 박정희와 다르게 정말 순수했던 것 같다. 고민 끝에 그 점은 인정하지만, 여전히 나는 박정희에 대한 긍정성을 품었던 조창원 원장은 마음에 안 든다.

2018년 답사에서 오마도는 처음 갔는데, 오마도의 영혼이 조롱 받는 것 같은 서글픔을 느꼈다. 애정이 있는 사람이 만들었다면 그렇게 만들지는 못할 것이었다. 졸속으로 생색내기용으로 했는지 애정으로 했는지는 논리나 말로 설명되는 것이 아니다. 그냥 보는 순간 느끼는 것이다. 오마도 간척 때 4명의 원생이 죽은 걸로 아는데, 추모공원이라 하고 위령탑을 세운 것은 그 앞에 서서 그 4명을 추모하라는 말인가? 아님 소록도에서 죽어간 그 많은 한센인들을 여기서 전체적으로 추모하라는 말인가? 이곳에서 중요한 것은, 그들이 열정과 투지를 다해 건설한 오마도 간척지를 국가가 고스란히 빼앗아 버렸다는 것, 고령의 그들이 어서 죽어 이 문제가 망각의 세월 늪으로 가라앉기를 바라는 듯한 인간 본성의 야비함과, 당연하다는 듯 건강인들이 자행한 죄는 변명의 여지가 없다는 것이다.

들어가는 관문과 올라가는 길은 너무 관광지 기념품 같았고, 체험장은 말이 안 나왔고, 테마관은 들어가기에 시간이 아까웠고 동상들은 그것만으로는 멋있어도 보였으나 완벽한 건강인들 같았다. 간척지 땅을 빼앗은 관청에서 설립을 했을 것이고, 무슨 무슨 시기가 되면 양복 입은 이들이 와서 식을 할 것이었다. 그 모습을 떠올린다는 것은 참 고역스러운 일이었다.

나로서는 소록도와 소설을 제대로 이해하기가 어려웠기에 여러 자료와 책을 읽으며 고심을 해야 했다. 소설의 모델인 조창원 원장에 대해 알고 싶어 책을 주문하려 했지만 대부분 절판이었다. 인터넷에 검색어를 쳐봐도 그다지 나오는 것이 없었다. 소록도에 공덕비라도 세워야 할 정도의 인물인데 왜 그럴까 생각도 했다. 잡다한 자료들을 뺀다면, 〈당신들의 천국(1976년)〉 소설을 두번 더 읽었고, '작가와의 대담(2003년)'을 읽었고, 평화신문에 연재했다는 24회에 걸친 '조창원의 소록도 이야기(2008년)'를 읽었고, 가장 최근에는 '월간 참여사회(2003년 7월)'에 실린 이문영 기자의 글을 읽었다.

> 혼인식이 시작될 시간이 이미 지나고 있는데도 조원장의 축사연습은 좀처럼 끝이 날 기미가 안 보였다. 상욱 역시 여전히 그 뜻을 알 수 없는 미소를 머금은 채 미동조차 전혀 보이지 않고 있었다. 그러고 보면 이 날의 혼인식엔 어차피 시간이 늦을 사람들이 많아질 모양이었다. 혼인잔치를 보기 위해 나루를 건너온 육지 사람들이 아직도 그 벚꽃이 만발한 중앙리 예식장 쪽 길을 유랑민처럼 줄줄이 떼지어 넘어가고 있었다.
>
> — 이청준, 당신들의 천국

소설의 끝 부분이다. 정치권의 술수로 하여 땅을 빼앗기고 강제 발령까지 받아버린 조원장은 떠나기 전 어떻게 해서든 절강제까지 치르고자 했고, 원생들은 발령 철회 탄원서를 준비하지만, 이상욱은 구북리 돌뿌리해안에서 무모한 탈출로 섬을 떠나면서까지 조원장에게 경고를 던진다. '그냥 떠나십시오' 였다.

이상욱에 이어 황장로까지 가세했고, 결국 조원장은 탄원서 작업을 중단시키고 원생들의 원망을 받으면서까지 섬을 떠난다. 화려하게 떠나고 싶었던 거 아니냐는 황장로의 말에, 마지막 남긴 만재도의 돌기둥에 오랫동안 간직해둔 한마디의 흔적만은 새기고 싶었던 조원장이 제물에 찔끔하는 부분에서는, 나도 모르게 미소가 지어졌다. 그의 순수함과 순진성 때문이었다.

5년 뒤 조백헌은 이상욱의 편지를 받고 그 뜻을 이해했고 민간인의 신분으로 소록도에 돌아온다. 환자 윤해원과 건강인 서미연의 결합을 추진하고 현 원장을 도와 섬을 위해 일했으며, 결혼식 주례사 연습 장면으로 소설은 끝나게 된다. 주례사에서 그는, 자신이 떠나고 원생들의 힘으로 절강제를 치르게 되었다는 것과 아직도 땅의 구실 못하는 주인 없는 땅이라는 현실을 이야기한다. 그리고 환자와 건강인의 결합이 진정한 절강제가 되고 소록도에서 진정한 조화의 출발점이 되기를 축원한다. 실제 서미연도 미감아였다는 것은 비밀이었다. 섬에 돌아와 주례사 연습을 엿들으며 이상욱은 그 '해석이 어려운 미소'를 짓는다.

조원장의 순수함과 진의에 감동한 것인가? 주정수처럼 박정희처럼 너도 너의 동상을 지을 것인가 하는 의혹을 끝내 포기하지 않는 것인가?

사실 나는 조백헌 원장을 그릴 때 박정희 전 대통령을 많이 생각하며 썼습니다. 온갖 책략을 구사할 수 있는 인물이라고 생각했던 것이지요. 그 점에서 인간적으로 조창원 원장께 미안하게 생각합니다. 내가 처음 그분을 만났을 때 두 가지 양해를 구했던 게 사실입니다. 하나는 전체적으로 당신을 긍정적으로 그릴 것이다, 그러니 어느 대목에서 부분부분 비방했다고 생각하지 말라는 것이었구요. 또 하나는 내가 단지 문둥이 이야기를 하려는 게 아니다, 혹 문둥이 이야기를 하더라도 결국 문둥이 편을 들 것이라는 것이었습니다.

— 이청준과 우찬제, 작가 대담

이청준 작가는 1966년 '소록도의 반란(이규태)' 르포 기사를 읽고 소록도 이야기를 쓰기 시작했으며, 1974년 소록도에서 조창원 원장을 만나 그를 모델로 하여 다시 썼다고 한다. 1964년 정치적인 이유로 섬에서 쫓겨났던 그는 재임으로 와있던 당시에도 정치적으로 몰려있었으며, 작가가 섬에서 나온 보름 뒤 구속되는 일을 겪었다고 한다. 소설이 재판의 증거 자료로 뒤적여졌다고 하니 작가가 진 빚은 상당했을 것 같다.

소설에 쓰여 진 삶은 소설로 완성되지 않고, 그 이후 의사이며 독실한 신앙인이며 아픔을 그리는 화가인 실제 인물 조창원의 삶으로 완성되고 있었다. 27년 만에 백발이 된 그를 다시 만난 작가는, 자신이 30대 후반 젊었을 때 썼던 소설 속의 인물의 삶보다 훨씬 나은 삶을 그가 살아냈음을 알았다고 말한다. 그의 실제 삶이 〈당신들의 천국〉 2편을 완성해냈음에 작가로서 감사를 표했던 것이다.

2000년 중학생들이 썼던 독후감에서 그러했듯이, 소설 〈당신들의 천국〉에는 감동적인 장면들이 많다. 끝없이 돌을 쏟아 부어도 흔적조차 없던 바다에 돌둑이 드러났을 때의 환희, 그 돌둑을 울면서 그들이 건너던 장면, 그 고난의 작업들이 태풍에 사라져버렸을 때의 절망, 원성이 폭발한 원생들 앞에 또 한 번 자신의 생명을 걸고 서약하는 조원장의 진정성, 땅을 빼앗기면서도 조원장을 끝내 원망의 대상으로 삼지는 않는 원생들의 마음, 소년의 이야기나 황희백 장로의 이야기 등등 눈물이 글썽여질 때가 많다. 다시 읽으며 더 울컥했던 부분은, 한 번도 자유 의

지로 어디를 떠나고 들어오고 해본 적이 없는 그들이, 오마도 간척 공사를 위해 처음엔 한 달마다 나중엔 보름마다 선창에서 교대 행사를 하는 장면이었다.

소설을 읽으며 간척 사업을 조백헌 원장이 독선적으로 밀어붙이는 것으로 생각했었는데, 자료들을 보면 당시의 여러 조건들이 모아진 결과였다. 한센병이 치유된 사람들은 소록도를 떠나야 했지만 떠났어도 그들은 섬으로 돌아왔다. 육지인들은 쉽게 그들을 포용하지 못하였다. 군사정권에서 농토확보가 필요했고 지원을 했으며, 조백헌 원장은 군인정신과 의사 정신이 철저한 사람이었다. 정착할 곳이 절실했던 원생들은 바다를 간척한 땅에서 천국을 찾고자 했고, 그들의 바람에 전국적으로 호응이 있었으며, 국제캠프단 대학생 133명은 25일간 근로봉사하며 원생들의 사기를 드높이기도 했다. 기공식에는 지사와 장관이 참석했고 소록도는 축제 분위기였으며, 대통령까지 온다고 들썩였다 한다.

올해 학습연구년제로 덴마크에 가기 위해 〈우리도 행복할 수 있을까(오연호)〉를 읽었는데, 책에서는 덴마크 배우기 열풍이 박정희 정권 당시 있었음을 말하고 있다. 덴마크의 그룬트비와 달가스는 국민들의 절대적인 신뢰와 지지를 받았지만, 불행히도 한국의 박정희는 그렇지 못했다. 나는 소설 속의 조백헌 원장의 간척 사업에서 그 덴마크를 떠올렸던 것 같다. 덴마크 농촌의 공동체 마을, 오마도는 그렇게는 될 수 없었던 것일까. 덴마크의 황량한 자연에 비해 우리는 간척사업이 사실 필요 없는 것은 아니었을까. 박정희가 끌어들인 류달영, 류태영은 끝내 덴마크 배우기를 넘지 못하고 군사정권의 한계를 절감하고 떠나야 했다고 했다. 왜 우리에겐 그룬트비와 달가스가 불가능했을까.

인간은 어쩔 수없이 정치적인 동물이라는데, 그 정치란 과연 순수한 것일까, 생각해본다. 한센인의 처지를 이용했던 국회의원과 군사정권이 분노스럽고, 일본조차 한센인에 대한 보상을 해왔건만 정작 우리나라에서는 지지부진했다는 현실이 굴욕스럽다. 해방이 되었건만 병원 직원들과 고흥치안유지대가 원생 대표로 온 84명을 집단 학살했고, 무려 56년 후에야 그 진상을 밝혔다는 소록도 사건은 또 어떻게 설명할 것인지. 어떻게든 한센인 국회의원이 필요했을 텐데, 정작 그 한센인 국회의원은 육영재단 폭력사태에 한센인을 동원하고, 비리로 면직되고, 이런 이율배반 앞에서, 2018년 나의 소록도 공부는 무지 씁쓸함으로 남을 것 같다.

> "우리를 산 사람으로 여겼으면 그리 못했제. 섭섭하고 원통하지만 어쩔 것이요. 감히 그때 군사혁명 때는 부락민들이고 누구고 말할 수 있는 사람이 누가 있어. 큰일 날라고. 환자들은 워낙 고생을 많이 하고 억울한 일을 많이 당하다 보니까 어지간한 일은 그냥 다 넘어가 버려요. 자기 형제간한테 배척받고 나온 사람이 뭘 바라겠어요."
>
> "잊어버릴만 하믄 드문드문 물으러 오는데, 우린 40년 동안 말만 하다가 한 사람 한 사람 하나님한테 다 가고 이제 없어요, 없어."
>
> "무슨 보상을 해 달라는 게 아니오. 그냥 좀 알려주시오, 우리가 억울한 일 당했다고. 고흥반도 사람들도 우리를 색안경 끼고 보지 말고 좀 따뜻하게 봐 달라고. 우리 많이 고생했다고 말이오. 그럼, 잘 댕겨 가시오."
>
> — 이문영, 땅을 뺏긴 게 아니라 희망을 뺏겼어

오마도 한센인추모공원에서의 허망함을 뒤로 하고, 내가 향한 곳은 해남 대흥사와 김남주 생가였다. 소록도 주제를 한켠으로 밀어놓고 다른 곳으로 향하는 마음이 가볍지는 않았지만, 2000년 문학캠프에 맞추고자 하는 기준을 포기할 수는 없었기 때문이다.

대흥사는 풍경이 깊고 울창했다. 비온 뒤인지라 계곡마다 물은 넘치고 시원스러웠다. 아침밥을 해먹었다는 흔적을 기억해내려고 했지만, 결과는 신통치 않았던 것 같다. 엉뚱하게도 난 근래에 내장사 갔던 기억에 더하여 절에 대한 좋지 않은 인상만 안고 와버렸다. 환경 파괴, 그 최대의 화두 앞에서, 도대체 절의 스님들이여, 뭐라고 답할 것인가. 도대체 산은 누구의 것인가.

김남주 생가에서는 마음이 차분해졌다. 이제 그 집엔 아무도 없었으나, 그 집은 '게스트 하우스'로 꾸며져 있었다. 작은 흔적 하나하나에 그를 사랑하는 이들의 애정이 느껴졌다. 윤한봉과 김남주, 그들의 곁에는 그들을 아끼고 기억하는 사람들이 많다는 것을 생각했다. 갈수록 사람들의 발길이 끊겨가는 농촌의 미래가 어둡지만, 그 고민의 끈마저 놓지는 않았으면 좋겠다. 아직까지도 고마움으로 기억되는 김남주 시인 동생 김덕종님은 아직도 농사를 짓고 있을까?

매미소리 가득한 여름날, 학생들과 함께 김남주 게스트하우스로 문학캠프를 간다면 그것이 수용이 될지, 그는 농촌에 대하여 어떤 살아있는 강의를 해줄 수 있을지, 많이 늙지는 않았을지, 훌쩍 어른으로 자란 아들이 보조교사로 같이 하는 날도 가능할지, 숱한 세월의 흘러감 속에서 생각만 많아지는 요즈음이다.

[2018. 07. 13.]

광주

인간의 이름을 찾아 그 이름을 불러주는 것

62년생 윤순애, 63년생 유재성, 64년생 양희태, 65년생 이기환, 망월동 구묘역에 적혀있는 중학생이거나 고등학생이었을 행방불명자 이름이었다. 이중에도 '동호'가 있을지도 '정대'가 있을지도 '정미누나'가 있을지도 모르겠다. ('광주' 중에서)

> 아아, 지금 이 순간 당신들은 도대체 무얼 하고 있는가. 왜 이 도시를 잊어버렸는가. 우리는 이렇게 죽어가고 있는데 지금 당신들의 잠자리는 평안한가. 당신들이 꾸는 꿈은 아름다운가. 그대들과 우리들은 이 순간 얼마나 아득하게 멀리 떨어져 있는 것인가.
>
> ― 임철우, 봄날

2018년 5월 27일, 전날 늦게 잠들었음에도 눈을 떠보니 새벽 3시였다. 눈을 뜨면서 읽은 책의 구절들이 선명하게 떠올랐다. 꼭 '그날'을 고집해야 하느냐는 남편의 핀잔인 듯한 말을 들으면서도 나는 굳이 또 한 번의 광주행을 선택해야 했다.

새벽 4시 총소리가 울렸고, 27일 진압작전 때 사망한 시민은 약 25명, 이날 아침 도청에서 체포, 연행된 사람은 약 200명이었다고 한다.

죽을 줄 알면서도 그들은 왜 그때 그곳에 있어야 했는지, 그들 중에 어떻게 어린 소년이 있어야 했는지, 나는 그 근원의 마음을 조금이나마 공감해보고 싶었다. 5·18 무렵이면 그곳에 가보아야 할 것 같은 부채의식 같은 마음은 그때 광주 사람이 아닌 나 같은 사람에게도 잠재하고 있던 마음일 것이다.

> 그녀의 피맺힌 절규가 밤새 잠못 이루던 시민들의 가슴을 후볐다. 하

지만 집안에 있던 시민들은 한 걸음도 밖으로 나올 수 없었다. 공포감이 도심을 감쌌다. 그날 밤 그녀의 절규는 날카로운 비수가 되어 사람들의 심장을 파고들었다. 그 목소리를 들었던 시민들은 청년 학생들이 처절하게 죽어가고 있지만 아무것도 할 수 없다는 무력감 때문에 오래도록 죄책감에 시달려야 했다.

— 5·18 기념재단, 5·18 열흘간의 항쟁

"그 쪼끄만 것 손잡아서 끌고 오면 되지, 몇날 며칠 거기 있도록 너는 뭘 하고 있었냐고! 마지막 날엔 왜 어머니만 갔냐고! 말해봤자 안 들을 것 같았다니, 거기 있으면 죽을 걸 알았담서, 다 알고 있었담서 네가 어떻게!"

"형이 뭘 안다고…… 서울에 있었음스로…… 형이 뭘 안다고…… 그때 상황을 뭘 안다고오오."

— 한강, 소년이 온다

5월 27일에 한 번 더 갔지만, 17일에 나는 이미 광주 답사를 다녀왔었다.

[2018년 5월 17일 답사 일정]

황룡강 동학농민혁명 전적지 → 김남주 시비 → 상무대 법정(〈소년이 온다〉 법정 장면) → 전남대 → 망월동 구묘역(최덕수, 김남주 묘) → 신묘역(〈소년이 온다〉의 '동호' 찾아보기) → 금남로(5·18 전야제)

황룡강 전적지를 먼저 들렀는데, 광주에서 가깝기도 하고 동학농민혁명 유적지 중 지금까지 가본 적이 없는 곳이었기 때문이다. 전적지 길목에는 5월 27일 황룡강 전투 기념식을 알리는 현수막이 걸려 있었다. 5월이면 '동학'이 있고 '광주'가 있고, 그 두 역사적 사건은 혈맥이 다르지 않을 것이다.

광주 중외공원 김남주 시비에는 시 〈노래〉가 새겨 있는데, 시비의 글씨가 오랜 세월 탓에 마모되었을 거라 예상했지만, 아니었다. 형태도 위치도 그대로이지만 죽창의 배경도 시비의 글씨도 새것처럼 선명해서 기분이 새로웠다. 시 〈노래〉는 동학농민혁명을 노래하고 있는, 아름다운 서정성까지 갖춘 시이다. 김남주 시비와 김남주 묘, 둘다 광주에 있지만 내겐 항상 5월의 동학과 5월의 광주가 연결될 수밖에 없기도 하다. 하루의 답사 동안 역시 나는 그 두 영역을 넘나들고 있었던 것이다.

하지만 5월 27일엔 한 번도 광주를 찾은 적이 없었다. 5월 17일 답사 때만 해도 황룡강 전적지에서 5월 27일을 보았을 뿐 광주와 연결하지는 않았었다. 한 번도 〈봄날〉 관련해서 학생 기행을 시도해본 적이 없었는데, 이번에 그 다섯 권의 책을 처음으로 완독할 수 있었다.

광주의 참혹한 살상이 현재 진행형인데 TV에서는 안타 홈런을 외치고 있는, 그 장면이 어쩌면 그리도 생생했던지, 딱 그 순간에 TV 운동경기를 보고 있던 남편 앞에 나는 큰 소리로 그 장면을 읽고 있었다. 계엄군의 잔인한 심리와 행동 묘사, 그 틈틈 끼어있던 정신착란 증세를 보이는 병사, 계엄군 개인과 시민군 개인의 서로 이해불가였던 두 사람의 부닥침의 순간, 잊히지 않을 인상적인 장면들이 정말 많았다.

〈소년이 온다〉와는 전혀 문체가 달랐다. 군대 다녀오고 광주 현장에 숨쉬고 있었던 남성이 구사하는 문체는 달라도 너무 달랐다. 투박했고 거칠었고 어느 한 면만을 보여주지 않았다. 그래서 나는 광주를 좀더 가깝게 이해할 수 있었고, 그 남성 작가의 문체가 부럽기도 했다. 5월 27일 광주를 간 것은 〈봄날〉을 읽었기 때문이기도 했다. 학생들 문학기행에 적용해본 적은 없지만, 일단은 알아보고 느껴봐야 했다.

분수대 광장과 옛 도청, 상무관은 민주화 유적지로 깔끔하게 정비가 되어 있었는데, 5 · 18 당시 모습을 복원하기 위한 시민 서명을 진행하고 있었다. 복원 사업이 좌초되고 있나 생각하고 있었는데 외관상으로 그래도 유지되고 있는 것 같아 내심 안도하기도 했던 것 같다. 영화 '화려한 휴가'의 장면으로 익숙했던 도청 정문으로 들어서면 기념 1관에서 5관까지 우리 역사의 흐름과 5 · 18 정신을 연결하여 잘 정리해놓고 있었다. 별관에서는 서명 작업과 함께 안에서는 농성이 진행되고 있다고 했다.

5월 17일 답사 때는 광장에서 전야제 시작을 위한 각 지역 연합 풍물패 연습판이 벌어지는 바람에 거기에 정신이 팔려서 기념 1관 입구까지만 발을 들여놓다 말았었다. 5관인 상무관은 꼭 들어가 봐야겠다 했지만 5 · 18에 맞추어 오픈식이 있다고 입구부터 차단되어 있었다. 2014년에도 상무관은 공사 때문에 접근할 수가 없었는데, 두 번째로 다시 헛걸음이 되었던 셈이었다.

그 상무관과, 5월 27일 당시의 도청 내부를 들어가 보고 싶었다. 그것이 5월 27일 광주에 다시 가야 했던 동기였으니까, 결국 그래도 난 5 · 17 계엄 확대부터 5 · 27 도청 진압까지 광주 항쟁 기간에 극히 간접적이나마 동참해보고자 시도를 했었던 셈이다.

기념 1관에서 4관까지는 너무 도식화된 느낌이 들어 아쉽기도 했다. 가장 인상에 남는 순간은 광주 시민의 폭발력을 보여준 대규모 차량시위를 재현해놓은 공간에 들어섰을 때였다. 24일 13시 애국가가 울려 퍼지면서 집단발포가 이루어졌다는 코스에서는 정말 애국가가 울려 퍼질 거라 예상하고 미리부터 눈물이 나올 것 같았지만 애국가는 나오지 않았다.

27일 윤상원의 마지막 상념들을 떠올려 볼 수 있었고, 창밖으로 총구를 겨누면서 시민군들이 바라보았을 분수대 광장이 어떠했을지, 밤새 방송이 계속되고 도청 앞에 시민들이 모여들 때까지의 견뎌냄이 끝내 성사되지 못했던 당시 심정의 바닥이 어떠했을지, 여러 생각들이 착잡하게 떠올랐다.

5관이 상무관이었다. 오픈식이 지난 상무관은 텅 빈 공간이 삭막해보이기도 했지만 그 때문에 오히려 그곳에 전시된 5월 어머니 초상화들이 더 짠했던 것 같다. 검은 쌀알들을 새겨 넣은 설치미술이 중앙에 자리잡고 있었다. 일부러 2층의 관람석에 올라가 앉아보았다. 저 아래 수습된 시신을 거둔 관들이 도열되어 있었고 여기서 추도식이 열리기도 했고 그러한 과정들 속에 젊은이들이 분주히 움직이고 있었다. 그 안에 어린 소년이 있었고 그 이야기를 담은 작품이 한강의 〈소년이 온다〉였다.

정읍국어교사모임 문학캠프에서 광주를 독립적으로 진행해본 적은 없다. 2006년 당시 월 2회 토요휴업일이 실행되고 있었고, 전교조정읍지회에서는 월 1회 '토요문화체험교실'을 진행했었다. 5월이면 주제가 '광주'였다. 몇 개 학교 학생들이 합류했고, 정읍에서 출발하면 광주 5 · 18 자유공원에서 상무대 영창체험을 하고 5 · 18 국립묘지 참배와 고개를 넘어 망월동 묘역을 참배하고 그곳에서 엽서쓰기로 정리하는 일정이었다. 학생들 활동에서 문학기행이 아니더라도 현장에서의 글쓰기 활동은 대단히 중요하다고 생각했기에 짧은 일정 속에서도 '엽서쓰기'의 시간을 넣었던 것이다.

상무대 영창체험의 경우 아이들은 잔인성을 체감하기보다는 다소 놀이처럼 받아들이는 경향이 있기도 한데, 묘역에 와서 묘비를 보며 생각할 시간을 갖게 되고 엽서쓰기 시간을 통해 나름 정리하는 시간을 갖게 된다. 누구나 자기와 관련성을 느낄 때 더 가깝게 다가올 것이고, 그래서 정읍의 '최덕수' 열사, 그리고 어린 학생이나 여자 등 약자에 몰입을 더 하기 마련이었던 것 같다.

> 안녕하세요, 최덕수 열사님. 저는 정읍여중 2학년 박희진입니다. 우연히도 선생님께 5·18 행사에 대해 듣게 되어서 광주까지 왔어요.
>
> 제가 매일 학교 가는 길에 최덕수 열사의 얼을 기리기 위해 세운 탑을 보는데, 그게 무슨 탑인지도 모르고 매일 지나치다가 오늘에서야 알았어요. 제가 다른 분들보다도 최덕수 열사님께 편지를 쓰는 이유는 최덕수 열사님께서 제가 살고 있는 정읍 출신이시기 때문이에요. 우리나라의 민주주의를 위해서 소중한 생명을 바치셨다니…… 제가 지금 이렇게 편안하게 살 수 있는 이유는 아마도 많은 열사님들의 노력 때문이겠지요.
>
> 저도 최덕수 열사님의 묘를 보며 저도 나중에 어른이 되어서 최덕수 열사님처럼 우리나라의 민주주의에 힘쓰고 싶다는 생각을 했어요. 그리고 저는 전두환 전 대통령의 민박기념비도 밟았어요. 왜 무고한 어린 생명들을 죽였는지 아직도 이해가 가지 않아요. 안녕히 계셔요.
>
> — 박희진, 최덕수 열사님께

> 안녕하세요? 저는 태인여중 2학년 박춘화라고 해요. 이렇게 5·18을 맞아서 언니께서 곤히 잠들어 계시는 이곳 망월동 묘역에 왔네요. 처음

이곳에 왔는데 참 느낀 게 많아요. 이렇게 저희가 살고 있는 행복한 세상을 위해 수없이 많은 분들이 돌아가셨다니, 정말 슬프고 저희만 이렇게 행복을 느껴서 죄송합니다.

많은 분들 중에서 저는 손옥례 언니 사연이 가장 가슴을 찡하게 했어요. 여자의 몸으로서 젖가슴이 짤리는 아픔을 느끼시고, 수없이 많은 총알이 몸을 뚫고 지나가고, 어떻게 그 아픔을 견디셨어요? 정말 같은 한국인으로서 서로를 죽인다는 게 저는 말도 안 된다고 생각해요. 더구나 아무 죄도 없는 시민을 그렇게 죽인다는 건 이해할 수가 없어요.

언니, 하늘에서는 행복하시죠? 언니의 성함은 고이고이 가슴에 남겨둘게요. 다음 세상에서는 부디 오래오래 만수무강하세요.

— 박춘화, 손옥례 언니께

그리고 학교 차원에서는 2012년 고창성내중학교에 있을 때 광주에서 진행하는 올레 프로그램을 신청해서 전교생이 참여한 적이 있다. 고창 지역은 특히 학생 수가 극히 적은 학교가 많은데 성내중학교의 경우도 전교생이 20명이었고 그 학생들을 모두 데리고 참여했다. 중학생이 쉽게 읽을 수 있는 5·18 관련 작품으로 〈라일락 피면(공선옥)〉을 선택했고, 영화 '화려한 휴가'를 도서실에서 관람하였다.

그날 일정은 옛 전남도청에 모여 시민군 체험과 주먹밥 체험을 하는 것으로 시작하였다. 지금 생각하면 시민군 체험보다는 계엄군 체험이었지 않나 싶은데 아이들은 군복을 입고 방패를 들고 시민들을 몰고 하는 식이었다. 아이들은 자신이 직접 해볼 경우 단연 활기가 높고 공감도가 형성되기 마련이었다. 전남대에서는 당시 오월을 설명하고 오월의 노래를 같이 부르는 시간을 가졌다. 그리고 상무대 영창체험으로 이동하였고, 마지막에 5·18 구묘역과 신묘역 참배의 시간을 가졌다.

현장의 프로그램을 활용하는 것은, 독자적으로 진행할 때는 불가능한 것을 소화할 수 있다는 장점이 있었다. 광주 민주 단체 안내자들이 팀별로 배치되었고 버스가 지원되었다. 하지만 안내자의 설명이 아이들을 몰입시키기에는 무리였던 것 같다. 나의 경우엔 정읍이 아닌 다른 지역 '고창'에서 시도를 했기에 특별한 의미가 있는 경우였다.

'라일락 피면'이라는 제목이 선뜻 눈에 들어온다. 상쾌하면서도 밝은 느낌, 해피엔딩으로 끝나야만 할 거 같은 이 제목이 5·18 광주 민주화 운동과 관련이 있는 책이라니…… 역시 제목만 보고 내용을 추측하면 안 된다는 걸 알았다. 5·18은 광주에서 일어난 일이다. 이 책을 읽기 전에 '화려한 휴가'라는 영화를 봐서 그런지 내용은 대충 짐작이 갔다.

여기에서 나온 학교 선생님은 '왜 하필 광주냐'며 눈물을 훔치는 장면이 나온다. 처음엔 여기서 나온 선생님이 하는 말이 이해가 안됐다. 단지 '김대중 대통령의 고향 지역이 광주여서'라는 말이 어이가 없었다. 광주에 군대를 넣고 시민을 죽이라는 명령을 누가 했다는 말인가? 그때 당시 얼마나 슬프고 하루하루가 힘들었을까?

그 당시 우리 큰고모께서 광주에 있으셨는데 밖에 나가면 죽을까봐 방에만 있으셨다고 했다 1980년대가 얼마나 참혹한 세상이었는지 생각만 해도 무섭다. 다신 그런 독재적인 정치, 이기적인 정치는 없었으면 하는 바람이다.

— 이승민(성내중2), 라일락 피면

〈라일락 피면〉을 읽었다. 〈라일락 피면〉은 영화 '화려한 휴가'와 내용이 비슷해서 영화 장면들을 〈라일락 피면〉과 매치 시키며 읽어보았더니 내용 이해도 좀더 빨랐고, 그때 군인들과 전두환의 잔인함을 알 수 있었던 것 같다. 그리고 무고한 아무 죄 없는 시민들까지 죽였다는 게 새삼 무섭다.

〈라일락 피면〉의 주인공인 석진이가 마지막에 죽었는데 지금 생각해 보면 잘 이해가 가질 않는다. 석진이는 윤희의 죽음 때문에 도청에 가고 있었고, 그 뒤에 석진이는 죽은 것으로 나온다. 석진이가 도청에서 죽었을까? 도청 가는 도중에서 죽었을까? 이 부분은 선생님께 설명을 들어도 모를 것만 같다.

그리고 〈라일락 피면〉이 라일락 필 때 즈음 죽어서 제목이 '라일락 피면'인 걸까? 항상 책을 읽으면 궁금증은 더해지는 것 같다.

— 김수빈(성내중2), 라일락 피면

2014년 여름 정읍고등학교 문학기행도 여기에 적어야겠다.

정읍국어교사모임 문학캠프는 '공동체' 측면에서 대단히 특별하고 의미 깊은 프로그램이며, 다시 올 것 같지 않은 경험이기도 했다. 현실은 항상 녹록치 않고 지나간 일은 때로 향수로만 남아서 나를 괴롭게 할 때도 많다. 하지만 학교 개별 현장에서 아무것도 안할 수는 없었다. 그리고 중학교와 고등학교는 또 많이 달랐다. 중학교는 시간의 여유를 뒷받침하는 아이들의 수준이 부족하고, 고등학교는 아이들의 수준을 뒷받침하는 시간의 여유가 부족하다. 아마도 남자고등학교와 여자고등학교는 또 다를 것이다.

정읍고등학교는 남자학생들이고 말을 잘하는 것에 비해 글을 잘 안 쓰려고 한다. 말발로 나를 감동시킬 때가 많지만 글로 받아보기는 참으로 힘들다. 학생부종합전형 제도 때문에 생활기록부 서술이 중요하고 특히 농촌지역에서는 그 비중이 높다고 생각하기에, 문학기행과 같은 활동 또한 확보할 수가 있는데, 나는 이것을 긍정적으로 받아들였다.

국어과 주관 문학기행을 연 1회 또는 2회를 할 수 있었는데 7월 1학기말 시험 후, 그리고 12월 2학기말 시험 후, 그런 식이었다. 가장 더울 때와 가장 추울 때인 셈인데, 그렇지 않으면 시간을 내기가 어려웠다. 2014년 여름 문학기행은 주제가 광주 5 · 18과 담양 가사문학이었다. 광주의 경우도 '박용철' 시를 추가했으니 작은 주제가 3개가 되는 셈이었다. 어떻게든 '본전'을 뽑으려 하다보니 그렇게 무리를 했을 것이다.

여기서는 '광주' 중심으로 말할 수밖에 없겠다. 그때 〈소년이 온다〉는 내가 모르던 소설이었다. 정읍고 국어교사가 다섯 명, 주 1회 정도 공통으로 빈 시간이 있어 과 협의회를 할 수 있었고, 보충수업과 야간자율학습이 있기에 만나야 하고 만날 수 있는 시간은 적지 않았다. 소설 〈소년이 온다〉도 강 선생이 추천했던 책이었다. 몇 명이 모이면 항상 그런 것 같다. 참신한 아이디어를 내는 사람, 세부 계획하고 준비하는 사람, 학생들 잘 인솔하는 사람, 실무적인 일 잘하는 사람, 당일에 빈자리를 채워주는 사람 등, 그래서 혼자가 아닌 여럿이 필요한 셈이다.

나는 아이들을 좀 무서워하는 스타일이다. 아이들 앞에서 말하는 것을 준비하기 위한 과정이 많이 고달플 수밖에 없는데, 〈소년이 온다〉만 해도 이 때문에 광주 묘역만 세 번을 갔었다. 지금 생각하면 '동호'를 찾기 위해 왜 그렇게 애를 썼나 모르겠다. 정말 딱 그 '동호'가 있을 것 같아서, 뭐에 씌인 것처럼 혼자 가서는 묘비를 다 뒤져보고 그랬었다. 작가의 필력이 대단했기 때문일 것이다. 한강 작가는 자신의 소설이 많이 읽히기를 바란다고 했고, 외국에서도 광주 관련 문학기행을 오는 기사를 보았다. 정읍고 문학기행 학생들도 다 읽었다. 작가는 성공한 셈이다.

사실 한강 작가와의 만남을 출판사를 통해 문의해보긴 했지만 그러한 만남은 거절하고 있다고 했고, 작가의 메일 주소도 받지 못했고, 대신 두 번에 걸쳐 질문에 대한 답을 받았었다.

> 한강 소설 편집을 맡아 제가 대신 답을 해드립니다.
> 〈소년이 온다〉는 실제 사건을 바탕으로 쓰여 진 작품이긴 하지만,
> 잘 아시다시피 소설의 특성상 허구적인 요소가 들어갔습니다.
> 이 작품은 5 · 18 당시 실제 피해자 학생들의 죽음을 바탕으로
> '동호'라는 인물을 만들어내 피해 상황을 문학적으로 재구성한 것입니다.
> 중고등학생 나이의 어린 친구들의 묘비를 보면
> 허구의 인물 '동호'를 같이 떠올릴 수 있지 않을까 싶습니다.
> 에필로그도 역시 소설의 한 장으로 읽어주시면 되겠습니다.
> 작가 개인의 경험이 많이 녹아들어 있긴 하지만
> 여기에도 역시 소설적 요소가 가미된 허구의 이야기로 보시면 될 것 같습니다.
>
> — 창비 문학출판부 김선영

2014년 여름문학기행 때 옛 전남도청은 정비되어있지 않았고 상무관도 마찬가지였다. 한강의 소설에 '상무관' 풍경의 비중이 크기에 다음에 가는 경우에는 이 부분을 보완하여 내용을 구성하여야 할 것 같다. 정읍고 아이들이 간 곳은 광주 5 · 18 자유공원과 국립 5 · 18 민주묘지였다. 5 · 18 자유공원에 들어서면 '기억하지 않는 역사는 되풀이 된다'라는 현수막 글귀가 오래 기억에 남는다.

계엄군에 끌려온 시민들의 모형이 생생하고, 영창체험이나 중대 내무

반 풍경은 40명 학생들이 세심하게 거치기에는 무리가 있었다. 입구의 들불야학 7열사의 기념비는 또 거리가 있어서 생략하였다. 하지만 법정 체험은 의미가 있었다. 법정에 학생들 모두 들어가 앉을 수 있었고, 소설 장면을 재현해보는 활동이 가능했다. 공원 측에 안내 요청을 하지 않으면 서운해 하는 듯도 했지만, 스스로 해보는 것이 의미 있다고 생각했기에 법정 재현 활동을 고집했다. 소설에 아주 생생하게 장면이 묘사되어 있기 때문에 그대로 읽어도 좋았고 서늘한 감동이 있었다.

> 우리가 조서를 쓰던 여름부터 가을까지 작은 단층 블록 건물 하나가 상무대 공터에 세워졌습니다. 어디로도 우리를 이송하지 않고 재판하기 위해 새로 군법재판소를 지은 것입니다. 갑작 쌀쌀해진 시월 셋째 주, 최종 조서가 넘어간 지 열흘 만에 재판이 열렸습니다. 그 열흘간 처음으로 우리들은 고문 없는 수감 생활을 했습니다. 몸 구석구석의 상처들이 서서히 아물며 검붉은 딱지가 앉았습니다.
>
> 하루에 두 차례씩 닷새 동안 재판이 열렸던 걸로 기억합니다. 한 번에 약 삼십 명씩 들어가 선고를 받았습니다. 피고가 너무 많았기 때문에, 방청석 장의자들의 마지막 열까지 우리들이 줄을 맞춰 앉았습니다. 총을 멘 군인 수십 명도 줄을 맞춰 우리 사이사이에 앉았습니다.
>
> 전원 고개 숙인다.
>
> 하사의 명령에 나는 고개를 숙였습니다.
>
> 더 깊이 숙인다.
>
> 나는 더 깊이 고개를 숙였습니다.
>
> 재판장님이 곧 들어오신다. 끽소리만 내도 즉석 총살이다, 알겠나. 입 닥치고, 끝까지 고개 숙이고 있어야 한다. 최후 변론은 일분을 초과하면 안 된다, 알겠나.

그들은 장전한 소총을 들고 의자와 의자 사이를 다니며, 자세가 바르지 않은 사람의 머리를 개머리판으로 쳤습니다. 재판소 밖에서 풀벌레가 울고 있었습니다. 그날 아침 새로 받은, 세제 냄새가 풍기는 깨끗한 푸른 수의를 입고서 나는 즉석 총살이란 말을 곰곰이 생각했습니다. 정말 닥쳐올 총살을 기다리듯 숨을 죽였습니다. 죽음은 새 수의같이 서늘한 것일지도 모른다고 그때 생각했습니다. 지나간 여름이 삶이었다면, 피고름과 땀으로 얼룩진 몸뚱이가 삶이었다면, 아무리 신음해도 흐르지 않던 일초들이, 치욕적인 허기 속에서 쉰 콩나물을 씹던 순간들이 삶이었다면, 죽음은 그 모든 걸 한 번에 지우는 깨끗한 붓질 같은 것이리라고.

재판장님이 입장하십니다.

서기의 말이 떨어지자 앞문이 열리며 법무장교 셋이 차례로 들어왔습니다. 깊이 고개를 숙이고 있던 내 귀에 이상한 소리가 들린 건 그때였습니다. 앞에서 두 번째 줄 정도였습니다. 반쯤 고개를 들고 나는 앞쪽을 살폈습니다. 누군가가 소리 죽여 흐느끼듯 애국가 첫 소절을 부르기 시작하고 있었습니다. 그가 어린 영재라는 걸 깨달았을 때, 누가 먼저랄 것도 없이 이미 합창이 시작돼 있었습니다. 자력에 이끌린 것처럼 나도 따라 불렀습니다. 죽은 듯이 고개를 숙이고 있던 우리들이, 땀과 피와 고름이었던 우리들이 조용히 노래를 하는 동안, 어째서였는지 그들은 제지하지 않았습니다. 소리치지도, 개머리판으로 머리를 내려치지도, 위협했던 대로 벽으로 몰아넣어 총살하지도 않았습니다. 우리가 노래를 끝마칠 때까지, 소절과 소절 사이마다 위태한 침묵이 풀벌레 소리와 함께, 간이 재판소의 서늘한 공기 속에 도사리고 있었습니다.

— 한강, 소년이 온다

이때 내가 느낀 것은, 아이들에게 낭독 연습을 교육해야겠다는 것이었다. 요즘 아이들은 낭독을 잘 안 하고 못 하는 측면이 있다. 미디어에 간접적인 경험이 숱하게 있을 뿐 자기 스스로 나서서 하는 것을 피하고, 사실 학교에서 옛날처럼 전체 앞에서 하는 발표대회 같은 것도 없는 것 같다. 사실 그 현장에서 부탁했던 아이들이 있었는데, 중간에서 내가 빼앗다시피 대신 읽어야 했었다. 이러한 순간 항상 교사의 고민이 존재하는 것 같다.

내무반 식당에 주먹밥 체험을 미리 신청해 놓았었고, 아이들에게는 점심을 주먹밥으로 대신한다고 말해두었다. 부족하다 하더라도 불만은 없는 거라고 말했다. 주먹밥을 만들어 간단히 먹고, 그곳에서 '동호'에게 줄 글귀를 준비하는 시간을 가졌다. 국화를 시들지 않을 조화로 준비했고 국화 한 송이마다 노란 리본을 달아 리본에 동호에게 줄 글귀를 적게 했다. 그 시간이 역시 좋았던 것 같다. 국화 한 송이씩 손에 들고 아이들은 5 · 18 묘역으로 이동하였다.

추모탑 앞에서 묵념의 시간을 가졌는데, 핸드폰에 저장해둔 '임을 위한 행진곡'을 틀어주고 이에 맞춰 묵념을 하도록 했다. 고요한 적막 속에 노래가 울려 퍼질 때 아무리 말썽쟁이 아이라 해도 숙연한 기분이 되고, 나이가 있는 어른들이라면 가슴이 먹먹해질 수밖에 없는 순간이었다. '임을 위한 행진곡'은 당시 자괴감과 패배의식에 갇혀있던 사람들을 처음 빛 속으로 나오게 했던 곡이라고 들었다. 윤상원과 박기순의 영혼결혼식을 위해 만들었다는 노래. 이 노래의 마력은 불러본 사람은 알 것이다. 저절로 눈물이 나올 수밖에 없고 주먹을 쥐게 만드는 노래. 그 노래를 박근혜 정권은 금지했었다.

동호의 묘비를 찾는 일은 결국 내 능력을 벗어나는 일이었다. 묘비에 있는 사진, 생몰연대, 묘비 뒷면에 적힌 사연, 다른 묘비와의 관계 등을 참고하여 '내가 찾은 동호의 묘비'를 그림과 글로 구성해보라고 했다. 당시 아이들의 자료집을 다 나누어주고 따로 받아두지 않는 바람에 여기에 인용을 하려고 보니 전혀 없어 아쉽기만 하다. 〈소년이 온다〉 독후감들도 문집으로 남겨 놓지 않아서 여기에 올릴 수가 없게 됐다.

묘역을 돌아보는 일은 뒷면의 비문을 읽어보는 것만으로도, 가늠할 수 없는 한 사람 한 사람 삶의 무게로 하여 몇 번이고 눈물짓게 한다.

> '종필아, 살아남은 자로서 부끄럽지 않도록 열심히 살아갈게. 너의 숭고한 정신 이 땅의 민주화에 길이 빛나리라. 천국에서 다시 만나자. 너를 죽도록 사랑하는 형과 누나가.'

> '기현! 네가 떠나던 오월이 이렇게 푸르렀는지 비석 위 햇살은 거짓말처럼 내려온다. 그 순진한 입술 위로 터져 나온 붉은 혈은 언제쯤… 언제쯤이나 멈출 수 있을까. 너의 못다 핀 젊음이 네 묘지 앞 민들레로 살아난 듯 싶구나.'

> '참뜻을 펼치다 산화한 내 아들아! 편히 잠들거라.'

> '우리가 헤어진 지 어느덧 17년이 지나건만 아직도 억울함과 원망의 눈길이 우리 곁을 떠나지 않고 서성거리는구나!'

> '가는 이 말이 없고 사는 이 번뇌로 만신창이가 되었다. 나 또한 지쳐 쉬고 싶구나.'

'우리의 마음에 눈물을 주고 나의 가슴엔 한을 남긴 이승의 못다 이룬 서러운 인연 가족이라는 이름으로 우리 다시 만나리.'

'열다섯 살 너의 죽음이 조국의 자유와 민주를 위한 값진 것이었음을 우리 모두 기쁘게 생각한다.'

아침부터 추적추적 내리던 비는 5·18 묘역에서 그쳐 있었고, 오후 담양 가사문학 기행지 환벽당에서는 청정한 하늘과 상쾌한 바람으로 바뀌어 있었다. 고등학교에서 쉽게 누릴 수 없는 평화와 여유의 시간이 얼마나 귀했는지 모른다. 그때 생각했었다. 오전의 '광주'와 오후의 '가사문학'은 많이 다르구나. 가사문학 속에는 '양반'의 풍류와 여유가 있었다. 왜 그날 그 대조를 그렇게 강하게 느꼈는지 조금씩 억울하기까지 했는지, 모르겠다.

62년생 윤순애, 63년생 유재성, 64년생 양희태, 65년생 이기환, 망월동 구묘역에 적혀있는 중학생이거나 고등학생이었을 행방불명자 이름이었다. 이중에도 '동호'가 있을지도 '정대'가 있을지도 '정미누나'가 있을지도 모르겠다.

당시 가족과 친지들은 처참하게 훼손된 주검을 손수레에 싣고 와 이곳에 묻었고, 연고자가 나타나지 않거나 5월 27일 도청 함락 때 희생된 주검은 청소차에 실려와 묻혔다고 한다. 군사반란집단은 묘를 파내게 하는 등 묘지 자체를 없애려 획책하는 일이 있었고, 1997년 새로운 5·18묘지가 완성되면서 여기 망월동 묘역의 영령들은 치욕의 17년을 뒤로 하고 새 묘역으로 이장되고, 망월동 묘역 또한 그대로 가치를 보존하고 있다고 했다.

망월동 묘역은 신묘역과는 다른 역사의 무게가 있고, 학생들 기행에서 꼭 넣고 싶은 곳이기도 하다. 이곳엔 김남주 시인의 묘가 있어 김남주 문학기행 때면 이곳에서 김남주 '노래'와 '함께 가자 우리 이 길을'을 부르기도 했었다. 그리고 정읍 아이들이라면 최덕수 열사의 묘도 특별하다.

2017년 5 · 18 기념식에서 문재인 대통령의 기념사를 잊을 수가 없다. '다른 거 좀 못하더라도 이해해 드릴랍니다. 국민의 자존감을 이리 살려주시니, 너무도 감사한 마음에.'라는 어느 누군가의 댓글, 나 역시 딱 그 마음이었다. 그런데 그 이후 박래군님의 인터뷰 기사를 보고 또 한 번 뭉클했었다.

> 문재인 대통령이 '5 · 18 정신을 헌법전문에 담겠다'며 '임을 위한 행진곡'은 '5 · 18민주화 운동의 정신 자체'라고 말하길래, '광주시민들에게 정말 큰 선물을 주는구나' 생각했다.
>
> 그런데 동생 이름을… '박관현', '표정두', '조성만', 그리고 '박래전' 하고 부르는데 충격이었다. 공식 석상에서 동생 이름이 불린 게 처음이었다. 진짜 울컥하고 울음이 날 뻔했다.
>
> 그리고는 집에 돌아왔는데, 문득 덕수와 덕수 어머니가 생각났다. 조성만 열사가 5월 15일 투신했고, 최덕수 열사가 5월 18일 분신했다. 그리고 최덕수 열사의 영향을 받은 래전이가 6월 4일 분신했다. 유가족들 중에서도 덕수 어머니가 유독 살갑게 대해주신 것도 래전이와 덕수의 연결성 때문이었다. '덕수 어머니도 아들의 이름이 호명되는 것을 바라셨을 텐데…'라는 생각이 들었다.
>
> 1988년 당시 '광주'를 외치며 유명을 달리한 이가 모두 12명이다. 원

래 문 대통령이 열사 12명의 이름을 모두 부르려 했으나, 시간 관계상 최종 원고에서는 열사 4명만 포함됐다고 했다.

— 박래군, 문재인 대통령이 내 동생 이름을 불렀을 때

내가 고등학교 2학년이던 10 · 26 때 나는 조선일보의 기사를 보며 슬퍼했었고, 고등학교 3학년이던 5 · 18 때 열심히 대입준비도 안하면서 광주를 전혀 몰랐으며, 대학교에 들어가서는 나 자신도 내 주위도 전혀 광주를 이야기하지 않는 수준의 대학교 시절을 보냈었다. 교직 1년차 6 · 29 때 교감의 빨갱이 발언을 자연스럽게 받아들였다. 전교협 분위기가 학교를 휩쓸 무렵 나는 뭔가의 탈출을 꿈꾸며 풍물과 탈춤을 배운답시고 발을 들였고, 그때부터였던 것 같다. 역사에 대해 생각하기 시작하고 광주의 분노를 이해하고 동학의 정신을 제대로 생각하기 시작한 것은.

'광주에 대한 분노'를 '분신'으로 넘어서야했던 그들의 마음을 나는 이제야 조금씩 이해할 수 있을 듯하다. 그들의 분신은 거창한 것도 추상적인 것도 아니었으며 오직 그들 삶 자체였던 것이다. 그리고 중요한 것은, 그 수많은 아까운 젊음들을 무참히 사라지게 만들었던 세력들을 정말 용서할 수는 없다는 것이다. 감히 멋대로 용서한답시고 했던 대통령들도 정말 용서가 안 된다. '화해'는 그렇게 쓰는 말이 아니었다.

얼핏 그들은 인간이 아닌 것처럼 보였다. 그것은 한 무리의 가축이거나 혹은 벌레 같았다. 자존심도 체면도 빼앗겨버린 채 다만 공포만으로 허옇게 질려 이리 뒹굴고 저리 나자빠지기를 되풀이하고 있는 그것들의 몰골은 추하고 비굴해보였다. 병사들은 그 볼품없고 추해빠진 몸뚱이를

향해 마치 장난처럼 군홧발로 걷어차고, 짓이기고 또 진압봉을 휘둘러 댔다.

— 임철우, 봄날

이 장면은 그냥 나 자신의 일 같았다. 내가 그 자리에 있었다면 그렇게 벌레 같았겠지. 살면서 내가 '벌레 같던 순간'이 아예 없는 사람이 있을까. 그것을 견뎌낼 수 없는 극한의 한계에 부닥쳤을 때 인간은 어떤 모습을 보여줄 것인가. 벌레가 아닌 인간의 이름을 찾아 그 이름을 불러주는 것, 나는 그것을 '윤상원의 새벽'이 의미하는 것이라고 생각했다.

[2018. 6. 12.]

섬진강

자연에 대한 그리움과 농촌의 희망 찾기

시인의 아름다운 고향에 감탄했고, 고향의 강을 시에서 살려내는 시인의 능력이 부러웠고, 시인을 길러낸 어머니의 언어들을 존경했다. 문학기행을 계획하면 가장 먼저 섬진강 진뫼마을이 떠올랐고, 실제로 가장 많이 학생들과 갔던 곳이 김용택 시인의 마을이었다. ('섬진강' 중에서)

시골의 한적한 명봉도서관은 소리에 예민한 공간이다. 책장 넘기는 소리, 가만가만 발자국 소리, 창밖의 바람과 낙엽 날리는 소리, 또로롱 새소리, 완벽한 침묵의 공간이 주는 부담을 조금씩 이완시키면서 공부하는 마음을 편안히 잡아주는 소리들이 있다. 나의 키보드 두드리는 소리도 그러할 것이라고 나는 생각했다. 그 외의 소리들을 나는 견딜 수 없었다. 색색의 볼펜을 번갈아 쓰며 책상에 던지는 소리, 글씨 쓰며 바닥을 긁어대는 소리, 지우개로 털어대고 먼지를 후우 불어대는 소리, 물병 여닫을 때마다 찍찍 금속성의 소리, 책을 탁 놓고 책걸상 삐그덕 하는 소리……. 그런데 어느 순간 나는 알았던 것 같다. 나의 키보드 소리도, 내가 거슬려 견딜 수 없었던 그러한 소리의 대열에 설 수 있다는 것을. 어쩔 수 없이 나는 이 글을 손글씨로 써야 했다.

섬진강 하면 떠오르는 김용택 시인의 경우도 나는 그럴지 모르겠다. 시인의 아름다운 고향에 감탄했고, 고향의 강을 시에서 살려내는 시인의 능력이 부러웠고, 시인을 길러낸 어머니의 언어들을 존경했다. 문학기행을 계획하면 가장 먼저 섬진강 진뫼마을이 떠올랐고, 실제로 가장 많이 학생들과 갔던 곳이 김용택 시인의 마을이었다. 이후에 시인의 마을이 어떻게 보전되어질까 하는 상상도 아름다웠다. 시인에게 내 마음의 소리는 항상 긍정으로 전달될 것이라고 생각했다.

2018년 10월 29일, 섬진강 문학답사의 마무리는 그 진뫼마을이었다. 상당히 오랜 세월이 흘렀기에 어느 부분 변화를 예측하긴 했지만, 그 변화를 포용하기가 수월하지는 않았다. 어쩌면 산다는 것은 변화를 감당하고 이겨내는 일이 아닐까, 요즘 생각한다. 장구목의 인공다리와 포장된 길을 보면서부터 내 머릿속은 헝클어졌는데, 천담에서 진뫼마을까지 걸으면서 그 길의 인위적인 변화가 썩 좋지는 않았지만, 그래도 걷는다는 것은 마음을 전환시키는 신비한 힘이 있었다.

시인의 어머니는 아직 계실까, 문학관이 만들어졌다는 말이 있던데 그 사이 어떤 변화가 있었을까, 미리 양해 구하지 못했기에 살짝만 지나가자, 했었다. 만일 문학관이 들어섰다면 그것은 공적인 건물이니 들어가 볼 수 있을 것이다. 정말 행운이 있다면 김용택 시인이 마을에 와 있을 수 있고, 시인과의 우연한 만남을 기대할 수도 있을 것이었다.

정말 행운처럼 시인은 만났지만, 불행히도 나의 인사는 어색하게 흩어져버렸고, 어렵게 건넨 질문에 대한 시인의 답에는 담긴 마음이 없었다. 쭈빗하니 서있는 나를 의식하지 않은 채 시인은 어느 공간으로 들어가 버렸다. 강물을 바라보는 집 '관란헌觀瀾軒'은 글로 돌아오는 집 '회문재回文齋'로 바뀌어 있었고, 시인의 어머니가 가꾸던 정겹던 고향집은 내게 타향집의 이미지가 되었다. 이미 캄캄한데, 나는 덕치초등학교와 마암분교를 도장 찍듯이 하고 정읍으로 돌아왔다.

[1999년 태인여중 문학기행, 진뫼마을에서]

나는 지금 이 마을에서 가장 오래 사셨다는 할아버지의 옛 이야기를 뒤에서 엿듣고 있다. "이제 다 그전 말이지." 하는 할아버지의 말씀 속에 마을을 다시 둘러보게 된다. 마을에 바싹 다가앉은 산자락과, 그 산을 감아 흐르는 시원한 섬진강 자락의 물소리, 용택이 아저씨가 나고 자랐다는 그 마당 한켠에 앉은 나, 마당 가득한 채송화꽃, 부엌엔 박꽃같이 늙으신 어머니 마음이 말할 수 없이 고마웠다. 시인은 우리에게 이걸 보여주려 했구나. 이 모습, 아무 꾸밈없는 이 아름다운 마을과 산과 들을 보고 가라 하셨나보다.

그러나 나는 지금 이 아름다운 동네를 보고도 가슴 한구석이 아프다. 시인 어머니의 작달막하시면서도 곧은 잔허리를 바라보노라니, 큰 키에 굽은 허리로 병원 검사실에 가신 나의 엄마가 슬퍼서였다. 용택이 아저씨는 아실랑가, 이 마음.

— 심은희, 진뫼마을에서

지금 나는 김용택 시인의 진뫼마을에 와 있다. 어미의 젖더미같이 부드럽고 포근한 산으로 둘러싸인 마을을 갑자기 물고기가 뛰어오를 것 같은 파아란 섬진강 줄기가 휘어싸며 흐르고 있는 곳. 그것만으로도 나는 충분히 포근했고, 김용택 시인이 〈섬진강〉이라는 아름다운 시를 쓸 수 있었던 이유를 알 것만 같았다.

김용택 시인의 어머님 집을 방문했다. 방문하기 전 김용택 시인의 이야기를 들었을 때 시인이 하도 어머님에 대해, 어머님을 아주 다정하고 아름답게 말씀하시길래 마을을 방문하기 전부터 나는 어머님이 궁금했다.

대문을 통해 집안으로 들어서는 순간 나의 눈길을 끈 것은 마당 가득 피어있는 채송화였다. 빨강! 노랑! 파랑! 그리고 옆에 한가득 정을 품고 계신 어머님! 갑자기 그 얘기가 생각난다. 김용택 시인의 어머님은 마당에 뜨거운 물 한 바가지 뿌릴 때도 땅 속의 작은 생명들을 생각하시고는 뿌리시기 전 "뜨거운 물 나간다, 눈 감아라!"라고 말씀하시고 뿌리셨다는 이야기.

아마도 이런 어머님의 사랑에 마당의 채송화들이 각자 제 색을 맘껏 자랑할 수 있도록 예쁘게 잘 컸나보다. 꽃들은 사랑 그 하나만으로도 배불리 클 수 있었던 것 같다.

– 조유미, 유미가 진뫼마을에 갔을 때

[2006년 정읍지회 문학기행, 요강바위에서]

〈섬진강 기행(김훈)〉, 〈창우야 다희야 내일도 학교에 오너라(김용택)〉 등 교과서에 실린 글들의 줄기를 따라서 임실을 지나 고창을 가는 기행이 시작되기도 전에 기뻤다. 바로 〈칼의 노래〉 저자인 김훈 선생님이 지나간 길을 간다는 생각 때문이었다.

장구목, 여우치, 마암분교 등 교과서의 그 장소를 본다는 생각에 어제는 잠을 설쳤다. 정읍시청에서 출발한 버스에서 처음으로 하차한 곳은 마암분교였다. 교과서의 느목에서 기념 촬영도 하고 학교 곳곳을 둘러보았다. 강변길을 지나 다음으로 하차한 곳은 김용택 시인의 생가였다. 김용택 시인의 서재와 마당이 소박해서, 모르고 왔다면 유명인사의 집이라는 것을 몰랐을 것이다. 시인이 말하는 '천국의 길'을 지나갈 때는 시골에 살아도 나쁘지 않다고 생각했다. 구담마을의 아름다운 풍경은 정말 영화를 찍었던 장면이라는 게 믿어졌다. 김훈 선생님이 자전거를 들고 건넜던 개울에서 신발을 놓쳐 옷을 버렸지만 버스가 아닌 발을 택해 걸어온 것에 대한 후회는 없다. 산과 강의 정기를 흠뻑 맞으며 입체 교과서를 보았다. (배영중 방성환)

솔직히 나는 이 기행을 배우러 온 것은 아니다. 여자아이들이 온다고 해서 한 번 와본 것인데 생각 이상으로 재미있었고 놀다보니깐 여자들은 눈에 보이지도 않았다. 처음에는 마암분교에 들러서 요강바위에 왔는데 신기하고 다음번에도 이런 기회가 있다면 꼭 다시 오고 싶다. (배영중 김총명)

〈섬진강 기행(김훈)〉을 읽고 어떻게 생겼는지 궁금했었다. 기대했었는데 기대 이상으로 신기하게 생겼다. 이런 바위를 훔쳐가 팔려 했다니. 요강바위 속으로 선생님이 들어가는 걸 보니 크다는 걸 느꼈다. 나중에 기회가 되면 요강바위 보러 다시 한 번 와봐야겠다. 요강바위 주변에도 파인 바위가 많았다. 이렇게 파인 바위들도 요강바위처럼 파일 수 있을지 궁금하다. 마을의 바위 하나를 지키려고 12가구에서 500만 원이나 되는 돈을 모으다니 이 마을 사람들이 요강바위를 사랑하는 마음을 느낄 수 있었다. (배영중 김다니엘)

섬진강에 와서 김용택 시인의 집에 들러서 그분의 공부방도 보고 또 단체로 물수제비를 하게 된 것도 재미있었다. 섬진강에 기행을 왔으면 섬진강을 직접 건너야지 차를 타고 굽이굽이 돌아오는 것은 내가 온 목적과 맞지 않는 것 같아서, 직접 신발과 양말을 벗고 건넜더니 섬진강의 부드러운 물이 나의 발을 휘감았다. 이곳에 온 것을 반기는 것처럼 풀들도 허리를 굽히며 나에게 인사를 하는 것 같이 보였다. (호남중 김현진)

내가 김용택 시인을 처음 만난 것은, 시 창작 강의 수강생으로서였다. 학생들 글쓰기 지도의 방법을 배우려고 했고, 시인과의 문학기행이 있던 날에는 학생을 데리고 같이 참여하기도 했다. 섬진강에서 배를 탔던 인상 깊던 기억은 지금도 잊히지 않는데, 김용택 시인이 마을사람을 잘 알기에 가능한 일이었을 것이다. 무주 적상산에서 진행된 여름시인학교에 학생들과 참여해서 시인의 강의를 듣기도 했다. 한 번은 태인여중 아이들과 여름방학 독서교실에서, 한 번은 해리중 아이들과 독서교실에서, 정읍지회 주관의 놀토 문학기행에서, 염길중 선생의 협조 요청으로 신태인 왕신여중 아이들과, 아마도 열 번은 김용택 시인의 마을에 갔을 것이다.

왕신여중 아이들은 염길중 선생님을 잘 따르는 아이들이었던 것 같다. 영화 촬영지인 구담마을에서는 조별로 아이들을 원형으로 서게 하고 '손꼬아풀기' 게임을 했는데, 어찌나 생기발랄하고 자기 선생님과 친하게 굴던지 살짝 부럽기도 했었다. 마암분교에서는 마암분교 이창희 시를 노래로 한 〈예쁘지 않은 꽃은 없다〉를 따라 부르게 했는데, 장소도 적절했고 아이들의 정서에도 잘 맞았고 짧아서 외우기도 좋고 문학기행의 의미로도 퍽 좋았다. "꽃은 참 예쁘다, 풀꽃도 예쁘다, 이꽃 저꽃, 저꽃 이꽃, 예쁘지 않은 꽃은 없다." 그때 장난스럽던 아이들의 표정이 떠오르는 것 같다. 요강바위에서 쓴 글은 돌아오는 길에 좋은 작품을 뽑아 상품을 주는 것으로 그날을 정리했었다. 아이들과 친한 선생님이 동행하고, 진행은 모르는 선생님이 하고, 그러한 방법도 좋았던 것 같다.

길치인 나는 같은 곳을 몇 번째 가더라도 길 도우미가 반드시 필요했는데, 예를 들어 해리중 독서교실 때는 남편은 기본으로 가고, 박래흥 선생님을 요청하면 박래철 선생님까지 오고 그런 식이었다. 박래철 선생님의 경우 사회과로 개인블로그에 꾸준히 전문적인 기행 자료를 올리고 있는데, 김용택 섬진강 기행 자료도 올린 것을 보았다. 나의 존재감을 확인해보는 것이랄까 가끔 다음이나 네이버에 내 이름을 검색어로 쳐보는 경우가 있다. 국어교사모임 활동을 할 때는 상당히 많은 자료가 떴지만, 활동이 끊긴 뒤로는 흔적이 없었다. 그 와중에 남은 것이 해리중 문학기행이었는데, 객관화된 나의 모습을 보는 것은 낯설기도 했다.

기록은 퍽 중요한 것 같다. 올해 문학캠프와 문학기행 정리 작업을 하면서 나의 기억은 너무나도 흩어지고 빈약하다는 것을 깨닫고 있다. 학생들이 문집에 남긴 글이 없었으면 나는 아무 작업도 못했을 것이다. 학생들의 자료를 찾기 위해 온 방과 책꽂이를 다 뒤지기를 몇 번을 했는지 모르겠다. 그렇게 글을 찾으면 천만금의 보물을 얻은 것 같았고, 포장되지 않은 살아있는 글을 읽으며 그때의 풍경들이 새록새록 떠올랐고, 때로는 너무 그리워 가슴 아플 때도 있었다. 이렇게 정리한 나의 글들이 또 다시 시간이 지난 훗날 내게 소중한 보물이 될 수도 있을 것이다. 욕심이 없다면 거짓말인데, 나의 글을 누군가가 읽고 소중한 보물이 되는 이가 하나둘 생겨날 수 있다면 좋겠다.

내가 참여하거나 진행한 섬진강문학기행은 여러 번이었지만 정읍국어교사모임 주관 문학캠프 초대작가로 김용택 시인과 함께 했던 적은 없었다. 그 때문이었겠지만 정읍을 떠나있던 내게 염길중 선생님이 작가 섭외 협조를 구했던 적이 있었다. 내가 왜 김용택 시인을 잘 알고 있을 것이라고 생각했는지 모르겠다. 소심한 나는 작가에게 구구절절 메일을 먼저 보내는 스타일인데, 시인이 메일 수신을 안 하는 것을 보고 어쩔 수 없이 전화기를 들었을 것이다. 그때 나는 전혀 예상치 못하게 '전교조 교사'로서 꾸지람을 들어야 했다. 나의 긍지가 다른 이에게 비난이 될 수 있다는 것을, 그러한 순간들이 때때로 나를 흔들 수 있다는 것을, 그때 아프게 깨달았던 것 같다.

시인이 덕치초등학교에 근무할 때, 전교생 70명이던 태인여중 아이들을 데리고 그 학교에 가서 시인을 만나고 시인 강의를 듣고 학생들 작품

평까지 듣고 했던 소중한 기억은 언제나 남아 있다. 그때는 사례도 어떻게 했냐면, 지금 생각하면 민망하지만, 그 학교 아이들에게 줄 학용품 한 상자를 준비하는 정도였다. 진뫼마을 강물에서 다슬기 잡고 놀다가 신발을 잃어버린 학생에게 시인 어머니가 신발을 주기도 했고, 몇 년 만에 가도 시인 어머니는 정읍에서 온 우리를 기억하곤 했었다.

김용택 섬진강을 정리하면서 관련 책들을 최대한 다시 읽고 새로 읽고 해야겠지만, 솔직히 고백하건데 이번에 제대로 못했다. 자꾸만 사적인 장애물이 끼어들곤 해서 작품을 작품으로 읽기 어려웠기 때문이다. 결국 학생들과 했던 활동 중심으로 가닥을 잡았고, 이번 답사 정리도 그 연장선에서 생각하기로 했다.

나는 현장체험을 중요시하는 편인데, 예를 들어 마암분교에 가면 교과서에 있는 글 배경 사진을 늑목에서 연출해보게 하고, 학교의 협조를 구해 교실에 들어가 앉아 이야기 나누는 시간을 갖기도 했다. 진뫼마을에서 천담마을까지 태인여중 아이들과 걸었던 기억이 있는데, 그때 충격이었던 것이 비온 뒤 떠내려 온 수많은 비닐봉지들이 여기저기 나무에 걸려있던 풍경이었다. 다시 한 번 2018년 답사를 가면서도 내심 더 악화된 그 풍경을 보게 될까봐 긴장했었다. 다행인지 모르겠지만 강과 나와의 거리가 멀어서 그런 풍경은 볼 수 없었고, 강변길은 더 넓게 포장되었고, 옆에 마련된 벤치와 함께 중간중간 '섬진강' 시비가 서 있었다.

하늘의 혜택이라고 해도 좋을 섬진강 문학길, 영혼을 담은 정말 아름다운 문학길로 태어났으면 좋겠다. 하나의 시비를 제작하는 것은 결코 업자의 단순한 작업이 아니라 그 작가와 작품을 지극히 사랑하는 전문 예술가가 작업한 결과물이어야 할 것이다. 관에서 단기 홍보용으로 설치한 분위기라면 아주 많이 속상할 것 같다.

2018년 10월 29일 답사일 새벽에 가을비가 내렸다. 답사 길엔 비가 없을 거라고 나는 낙관하면서 길을 떠났었다. 올해 난 동진강을 먼저 공부했고, 남한강을 공부했으며, 이제 섬진강 차례였는데, 섬진강 하면 떠오르는 것은 언제나 김용택 시인이었고 시인의 마을이었다. 그러다보니 정작 '섬진강'에 대하여는, 아는 것이 없다는 것도 의식하지 못할 만큼 섬진강을 몰랐던 것 같다. 나는 한자의 뜻을 모르고도 강 이름 중에서 '섬진강'의 어감이 가장 문학적이라고 생각했었다. 김용택 시인은 그 섬진강을 선점한 것이라고 생각하면 부럽기도 했다.

정읍 시내를 떠나 산내면으로 접어들면서부터 나는 완전 황홀경이었다. 하동 평사리 가는 길이 떠올랐는데, 마음의 평안과 외경심의 합류 물줄기가 쏴아 가슴으로 밀려들던 기분이었다. 선녀의 가없는 옷자락처럼 하늘로 오를 날개깃처럼 넓고 깊은 산자락의 풍경이 눈앞에 펼쳐졌다. 와아 와아, 나는 그러면서 갔다. 운주산이라 했다. 비온 뒤 자욱한 물안개가 봉우리 봉우리마다 피어올랐고 저 편 너머에서는 또 명징한 가을 하늘이 몽글몽글한 구름과 함께 눈이 부셨다.

섬진강 문학답사에서 첫 목적지는 섬진강 발원지 데미샘이었다. 한 번도 가본 적이 없는 곳에 가본다는 것만으로도 나는 설레었는데, 산내면에서의 풍경이 그 설렘을 더했던 셈이었다. 정읍에 살면서도 나는 너무 정읍을 모른다는 생각을 했다. 작정하고 정읍을 답사해봐야겠다는 생각이 들었다. 어릴 때면 할머니를 따라 산외 고모님 댁에 자주 갔었는데, 버스에서 내리면서부터 콸콸 쏟아지는 강물소리는 고모님 댁 대문에 들어설 때까지 귓바퀴에 붙어 따라왔었다. '산내'는 그 '산외'보다 당연히 더 깊을 터였다. 박성우 시인의 집필처를 찾아가본다고 얼핏 와봤던 산내면이긴 했지만 처음 만나는 기분이었다. 관광 상품일 뿐이라고 의도적으로 외면했던 구절초축제에 대해서도 다시 생각해보자, 생각했다.

산내면의 많은 마을들이 수몰되었고 고모님 댁이 있던 산외면의 종산리도 원래는 산내면이었는데 산외면으로 편입되었다는 것을 알았다. 학교에서 교직원 나들이 때 와보곤 했던 옥정호는 구절초축제가 그러했듯 내겐 관광 상품의 이미지였는데, 그 깊은 이야기를 읽기에는 아직 나는 많이 모자란 것 같다. 포장 이미지에 갇혀 본질을 놓칠 수도 있지만, 모든 것을 처음부터 그 틀에 넣고 더 보려고 하지 않는 시야의 옹졸함도 문제가 있다는 생각을 했다.

옥정호에서 모아진 섬진강은 동진강에 물줄기를 나누어주는데, 드넓은 호남평야를 착취하기 위한 일제의 수로개발 때문이라고 했다. 동진강과 나눌 만큼 섬진강이 깊다는 의미도 될 수 있을 것이다. 그 강의 발원지가 데미샘인데, 천상데미에 있기 때문에 데미샘 이름을 가졌다고 했다. '천상으로 올라가는 봉우리'라는 뜻을 가진 산봉우리 이름도 예쁘고, 전라도사투리인 '데미'라는 이름도 참 앙증맞고 신비감을 준다.

데미샘으로 가는 가을 길에서 본 원반마을은 정말 아름다웠다. 냇물 옆으로 아름드리 느티나무들이 줄지어 있는 풍경은 이색적이고도 고풍스러웠으며, 범람에 대비하기 위해 쌓은 돌둑은 일부러 조경을 위해 꾸민 것처럼 섬세하고 예뻤다. 산자락에 들어섰을 때, 가을산이 이렇게 좋다는 것을 처음 알았다. 마음은 하늘로 붕붕 떠올라 있는 것 같았고, 내딛는 발걸음은 땅을 딛고 있는 것 같지 않았다. 제주도 갔을 때 가보지 못하여 무척 아쉬움으로 남았던 사려니숲길 이덕구 산전이 떠오른 것은 왜인지 모르겠다. 굉장히 넓고 깊은 산인데 들어와 보면 이렇게 분지 같은 곳이 따뜻하게 자리하고 있기 때문이었을까.

휴양림이 조성된 곳까지 차로 이동해서 그곳에서부터 데미샘으로 가는 길을 걸었는데, 아주 간단하게 생각했지만 데미샘은 쉽게 샘을 보여주지 않았다. 바람 탓이었을지 누군가의 장난이었을지 '데미샘'과 '오계치'를 나누는 이정표가 훼손되어 있었는데, 땅에 떨어진 채 가리키고 있는 '데미샘' 방향으로 길을 잡았다가 한참 가보고야 잘못되었음을 알고 다시 길을 잡아야 했다. 덕분에 데미샘에서 시간을 많이 잡아먹었지만, 생애 처음의 유일의 경험이라 생각하고 보면 그 시간이 전혀 아깝지는 않았다. 종교인들이 성지 순례길에 나선 기분이었다. 어느 정도냐면 데미샘이 점점 다가오면서 나는 그 앞에 경건하게 큰절이라도 올리고 싶은 마음이었다.

데미샘에서 그 다음 목적지는 섬진강이 바다와 만나는 포구였다. 가면서 나는 김용택 〈섬진강〉 연작시를 읽었다. 집중 못할 때 읽기 방법이 손글씨로 옮기거나 입으로 낭송하거나 두 방법이 있는데, 나는 차 안에서 낭송의 방법을 쓴 것이다. 남편은 중간 중간 멈추게 했는데, 눈 들어 풍경을 보라는 이유에서였다. 그러면 나는 말했다. 시가 자연의 아름다움을 따르지 못하는군. 하지만 시는 읽어야 해.

가는 길에는 은행나무 가로수가 독특하게 아름답던 성수면이 있었고, 강둑 공사로 가려진 하동 평사리를 지났고, 동학농민군들이 처형된 장소인 음습한 하동송림을 지났으며, 하동포구 조형물이 있는 곳에서는 인증사진을 찍기도 했다. 남편은 일부러 섬진강 옛길을 내게 보여주고자 했는데, 그 길에서 본 조개섬은 아슬하게 드러난 물길을 건너 그 신비로운 곳으로 들어가 보고 싶은 풍경이었다. '농산물직판장'이라는 표지판의 이미지는 좋았지만, 들어가 봐야 속도 알 수 있을 것이다. 배알도에서는 공장지대를 보기보다는, 아득한 키높이의 포플러나무들을 보며 어린 시절의 향수에 잠깐 젖어보았고, 섬진강 끝자락에서는 바다와 만나는 '하동포구' 사진을 담기 위해 나름 공을 들였다.

그러니까 섬진강 발원지에서부터 섬진강 하구까지 내려갔다가, 다시 하구에서 섬진강 상류로 올라온 셈이었다. 올라오면서는 보성강과 섬진강이 합수되는 압록에 들렀는데, 대학교 때 기차 타고 압록에 왔던 기억이 어렴풋이 떠올랐고, 비둘기호를 타면 맨 뒷칸 열린 곳에 서서 기차 뒤로 펼쳐지던 진달래숲을 보며 아득히 생각에 잠기던 아름다운 시절이 떠올랐다. 그 많던 진달래들은 다 어디로 숨었을지. '압록'이라는 이름이 '압록강'과 같네 그렇게 생각하는 게 내 수준이었는데, 이번에야 그 원래 이름이 '합록'이고 보성강과 섬진강의 합수머리인 곳이기 때문이라는 것도 알았다.

섬진강 하면 으레 김용택 시인을 먼저 떠올리고 먼저 그곳을 찾았지만, 이번 답사에서는 김용택 시인이 맨 마지막이 되었다. 김용택 시를 알기 위해서 나는 더 많은 책을 더 여러 번 읽어야 할 것이다. 아직 김용택 시를 수업에서 가르쳐본 적은 없다. 고등학교 과정에 오래 있지 않았기 때문일지 모르겠다. 요강바위를 가기 위해 강물을 맨발로 건너고 요강바위에서 글쓰기 시간을 가졌던 소중한 체험의 기억, '데미샘'이나 '데미샘 가는 길'에서도 그러한 체험의 기억을 만들어볼 수 있지 않을까, 잠깐 욕심을 가져보기도 했다.

오늘 우리 집엔 태양광이 설치된 날인데, 원자력과 태양광의 대결구도로 생각될 만큼 일반인을 불편하게 하는 자본현실에서 우습게도 나는 꽤 긴장하고 있다. 환경을 사랑하는 현명한 선택이라고 먼 훗날까지 자신 있게 말할 수 있다면 마음이 놓일 것이다. 사라진 자연에 대한 그리움과 희망이 보이지 않는 농촌의 현실, 그 출구를 알지 못하여 추상적인 말만 나열하면서 사실은 그 당사자도 많이 아프다는 걸 안다. 나도 그런 사람일 것이다. 농촌 지역에서 김용택 시인과 같은 위치가 그래서 중요하다고 생각한다. 지역에 기반을 두고 지역의 가치를 높이는 작가의 존재, 섬진강 강마을에서 김용택 시인의 존재가 그렇게 순수하게 아름다웠으면 좋겠다.

[2018. 11. 05.]

태백산맥

태백산맥문학관에 전시된 문학캠프 문집

그 이근숙님이 '정읍의 아이들'도 사랑했구나 생각한 것은 태백산맥문학관에 전시된 문학캠프 문집을 발견했을 때였다. 정읍국어교사모임에서 진행했던 문학캠프 중에서 가장 잊을 수 없고 가장 좋았던 문학캠프는 '태백산맥'이었다. 그래서였겠지만 정읍지회 단위에서, 개별적인 학교 단위에서, 나는 꽤 여러 번 태백산맥문학기행을 진행했었다. *('태백산맥' 중에서)*

내가 아끼는 사진이 하나 있었다. 내게 이런 시절이 있었나 싶게 풋풋한 기분이 들게 하는 사진이었다. 생애 첫 수학여행을 와서 너무도 근사한 장면에 부닥치고는 순간 말을 잃은 표정들인 것 같았다. 일주문을 지나 대웅전으로 올라가는 길, 수국 꽃무리가 청초하게 눈부셨고 그러한 풍경을 바라보는 표정들이 또 하나의 꽃무리 같았다. 나는 왜 그렇게 환하게 웃었는지 모르겠다. 이재호 선생님은 허리에 손을 짚고 어허 하는 표정이었고, 서허왕 선생님은 카메라 삼각대를 제쳐놓고 풍경에 빠진 표정이었으며, 찬향이는 한손에 펜을 한손에 자료집을 들고 이걸 어떻게 쓴담 하며 천진하게 웃고 있었다. 대화를 나누는 아이, 고개 숙여 아래를 보는 아이, 자료집을 올려들고 있는 아이, 그 뒤편으로는 화려한 공포 장식 밑으로 '고청량산해천사古淸凉山海川寺'라는 고풍스러운 현판 글씨가 보였다.

청량산은 조계산의 옛 이름, 해천사는 선암사의 옛 이름이다. 화재 때문에 지어졌던 이름이 다시 선암사로 바뀐 그 절의 대웅전에서, 우리는 2002여름문학캠프를 시작했었다. 우리들 대부분 대웅전 법당에 앉아보는 것도 처음이었는데, 스님은 문학기행의 취지를 받아들여 산과 절, 작가와 작품에 관련해서 알기 쉽게 설명해주었다. 물에 비친 모습과 함께 보름달을 이루는 아름다운 승선교를 이야기했고, 같은 산에 있으되 송광사와 기질이 다른 선암사를 이야기했고, 선암사의 공비스님으로 유학을 갔던 실력파 스님이었던 작가의 부친을 이야기했다. 작가가 이 절에서 태어나 자랐고 6 · 25 때 빨치산이 활동했던 곳이니 작품 속에 영향을 주었을 거라고 했다.

2018년 여름에 나는 다시 그곳을 답사했는데, 작가의 생가터를 이번에는 꼭 찾아보겠다고 작정했었다. 이렇게 저렇게 찾아봐도 모르겠고 결국 그 앞의 찻집에서 도움을 받았다. 남자 스님은 아주 부정적인 반응이었다. 거기서 많은 스님들이 살았지 조정래만 살았느냐 하면서 지금은 대나무가 우거져서 찾을 것도 없다고 했다. 같이 있던 찻집 보살님은 그래도 친절하게 오른쪽으로 돌아서 개울을 건너가면 그 집터가 있노라고 설명해주었다.

개울 옆으로 대나무 숲과 돌 축대가 있었으며 무너진 지붕의 흔적도 있고 살림살이 도구가 있기도 해서, 이곳에서 대처승들이 살림하며 절까지 출퇴근했던 곳이구나 하는 것은 쉽게 짐작할 수 있었다. 생가가 정확히 어느 지점인지 확신할 수는 없었지만, 4살까지 작가가 살았던 이곳은 전생의 기억인 것처럼 꿈인 것처럼 작가에게 큰 영향을 끼쳤을 것이다. 작가는 순천에 살며 여순 사건을 겪었고, 논산에 살며 6 · 25를 겪었으며, 초등학교 4학년부터 6학년까지 벌교에 살았다고 한다. 그 어린 시절에 극심한 공포들을 체험했고, 벌교에 와서야 아름다운 풍광에 야뇨증이 치유되고 공부보다는 동네사랑방을 돌며 숱한 이야기 바다에 빠져 행복했다고 한다.

소설 〈태백산맥〉에서 염상진 아버지 염무칠이 숯장사를 위해 왔던 조계산 숯막을 찾아보고 싶었지만 무리였고, 하대치 일행이 풀꿀풀꾹 신호를 하며 접선했던 사리탑 자리도 확실히 자신할 수가 없었다. 지금의 사리탑 자리로 생각해서, 지금까지 내가 진행했던 몇 번 문학기행에서도 그렇게 위치를 정해 설명하곤 했었다. 그런데 빨치산들이 접선하기엔 너무 개방된 입구라서 훨씬 안쪽에 또 사리탑 자리가 있지 않나 생각도 들었고, 전나무숲이 우거졌다고 했는데 전나무와 삼나무와 편백나무를 나는 구분하기 어려웠다. 그럴 때 나는 '소설의 허구성'을 단서로 아이들에게 이야기할 수밖에 없을 것 같다.

작가란 우리 같은 평범한 존재들에겐, 더구나 중고등학생들에겐 멀고 먼 존재일 때가 많다. 우리 정읍국어교사모임에 발을 들여준 작가는 그래서 고마울 수밖에 없는데, 조정래 작가는 역시 먼 존재인 경우였다. 2002년 이전 어느 해인가 개인적으로 〈태백산맥〉 독후감대회에 작품을 응모한 적이 있었다. 상품이 작가와 함께하는 문학기행이었던 것 같다. 될 줄 알았는데 시원스럽게 떨어졌다. 그 독후감을 쓰기 위해 나는 애를 썼고 그래도 잘 썼다고 생각했는데 영 아니었던 모양이다. 그래서 더 아쉬웠던 것 같다. 2002년 문학캠프 때는 성사될 줄 알았는데 결국 안 되었고, 위승환 면장님이(보성군 복내면) 작가를 대신하여 시간을 내주었다.

위승환 면장님은 이근술이라는 닉네임을 사용했는데, 내가 〈태백산맥〉 자료를 찾다가 발견한 웹사이트를 통해 알게 된 분이었다. 여름방학 문학캠프를 준비하기 위하여 3월초 교사들의 사전답사가 진행되었는데 그때부터 문학캠프 정리까지 많은 도움을 신세져야 했다. 3월초 아직 겨울의 찬 기운이 남아있던 그 무렵의 답사는 우리들에게 무척 인상적이었던 것 같다. 초봄의 매화가 그렇게 매운 아름다움인지 처음 보았다. 평소에 불만이었던 지천으로 널린 벚꽃의 헤벌어진 느낌과는 격이 달라서 더 좋았던 것 같다. 어느 산자락에 앉아 이근술님이 〈태백산맥〉의 첫 장부터 암기하며 읊어내던 그 순간에는, 그의 〈태백산맥〉 사랑에 압도될 수밖에 없었다.

그 이근술님이 '정읍의 아이들'도 사랑했구나 생각한 것은 태백산맥 문학관에 전시된 문학캠프 문집을 발견했을 때였다. 정읍국어교사모임에서 진행했던 문학캠프 중에서 가장 잊을 수 없고 가장 좋았던 문학캠프는 '태백산맥'이었다. 그래서였겠지만 정읍지회 단위에서, 개별적인 학교 단위에서, 나는 꽤 여러 번 태백산맥문학기행을 진행했었다. 그때마다 나름대로의 답사가 필요했고, 한 번은 혼자 대중교통을 이용하여 문학관에 갔을 때였을 것이다. 옅은 하늘색과 잿빛 산줄기 무늬로 된 표지, 찬향이의 시 제목을 표제로 한 '마음을 잇는 고리' 문집이 거기에 있었다. 요청한 적도 없는데 나의 수고가 인정받았을 때의 자부심 같은 기분이 거기에 있었다.

다른 지역 국어교사모임에서 정읍국어교사모임 자료를 사용한 적이 있었는데, 미리 알지 못했음이 다소 서운하기도 했지만 그때도 기분은 뿌듯했다. 벌교 주민들 자체적인 기행 안내 시스템이 있고 2002년 때도 벌교주부교실 박복순 회장님이 안내를 맡아주었는데, 그 과정을 녹취해서 글로 옮기는 작업을 했었다. 현장감을 살리고 싶어서였는데 기대했던 대로 효과는 좋았다. 바람부터 시작해서, 비가 오면 옷이 비에 홀딱 젖고, 해가 쨍쨍 나면 그새 옷이 마르고, 다시 비가 오면 젖고, 다시 해가 뜨면 마르고, 그렇게 진행한 벌교 기행이었으니 누군들 기억에 남지 않겠는가.

[2002여름문학캠프, 벌교 문학기행]

〈진트재〉

날씨가 그렇죠? 바람이 아주 심합니다. 진트재 이곳에서부터 시작하겠습니다. 여기를 경계로 해서 순천과 벌교가 나누어지고 있어요. 벌교는 모두 불교 지명으로 이루어졌어요. 이 진트재가 진토재입니다. 진토재 밖으로 순천은 전부가 속세이고, 벌교는 부처님 품안입니다. 왜 부처님 품안인가 제가 간단히 설명하자면, 지금 앞에 아파트가 있고 탑 세워진 왼쪽 편 봉우리 거기가 부용산입니다. 탑 뒤쪽 그 산 뒤가 금화산으로 부처님을 상징하지요. 금화산 오른 쪽 보이죠. 그 산이 수석제자 가섭존자를 칭합니다.

오른손 편이 제석산 남쪽 자락입니다. 이곳에서 군용열차를 하대치와 안창민이 습격하고 군수품과 무기를 빼돌려 제석산 자락으로 넘어가지 않았나 생각합니다.

반란군이 이곳으로 들어오게 되죠. 14연대 반란군 일부가 순천으로, 순천에서 벌교로 오는데 이 진트재를 넘어옵니다. 14연대를 진압하기 위해 광주에서 4연대가 진압하러 오는데, 진압할 수 없으니까 군산에서 12연대와 10연대가 들어오게 됩니다. 어디서 진압하게 되느냐, 보성에서 재를 넘어오는데 기럭재, 열갓재, 그 재에서 진압을 하게 됩니다. 14연대는 산으로 들어가게 되죠.

벌교의 특이성에 대해서 이야기할게요. 이 이야기는 벌교 사람으로서 부끄러운 이야기일 수 있지만, 벌교는 세계 기네스북에 오를만한 사건 3가지가 있어요. 첫째 벌교 소방서가 불이 나버렸어요. 소방서에 불난 것으로 유일할 것입니다. 또, 외서댁이 빠져 죽은 옆에 가보면 군부대가 있어요. 벌교의 주먹 세 사람이 이 부대를 장악을 해버렸어요. 예전의 무시무시한 이야기죠. 그리고 여기 진트재 아래 기차가 다니는 터널 이야깁니다. 에그니스 태풍으로 진트재 길이 유실된 적이 있습니다. 벌교 사람들이 기어이 들어가겠다고 우기는 바람에 버스 운전수가 기차가 다니는 이 터널을 통해서 버스를 몰아 들어와요. 나중에 문제가 제기되었지만 법 조항이 없다하여 벌을 받지 않았다고 해요. 그런 희대의 사건들은, 벌교의 주먹의 역사와 흡사한 거라 생각해요.

〈현부잣집과 소화네집〉

여기 아래가 소화가 정하섭을 숨겨준 현부잣집입니다. 제석산 자락을 넘어오면서 정하섭은 소화가 자기를 어떻게 인정하나 안하나 생각하며 오죠. 거점을 마련하기 위해 소화네집을 두드립니다. 소화가 아름답게 표현이 되죠. 나름대로 여러분이 아름답게 상상해 보세요.

소화네집에 많은 사람들이 방문하죠. 들몰댁이 시어버지 한풀이 굿을 해주기 위해 길남이하고 종남이를 데리고 도래등을 넘어 소화네집에 옵니다. 소화가 마음을 써주고 들몰댁은 굿수발을 합니다. 먹는 게 너무 없다보니까 아이들을 데리고 그런 일로 먹고 사는 거죠.

여러분, 집이 다 스러져 가죠? 건축물이 우리 전통 양식은 아닙니다. 우리 건축물에는 솟을대문 위에 '누'가 없어요. 여러분이 보기에도 위에 뭔가, '누'가 있죠? 거기에 앉아 중도방죽 벌판을 내려다보며 농사짓는 모습을 살피고 소작인들을 감시하고 관리하는 거예요.

처마 밑에 희끗희끗한 게 서까래에 보이는데 벚꽃문양이에요. 하나하나가 아주 손을 많이 들인 걸 알 수 있어요. 나무 기둥도 정으로 다

쪼아서 만든 거고, 벽돌은 일본에서 가져온 건데, 안에 가면 일제 강점기 때 가져와 깐 타일을 볼 수 있어요. 이런 것들을 보면 벽돌들이 다 정교하고 단단하고 공업적이구요. 이런 거 하나하나, 문짝 하나하나가 다 부를 상징하는 거죠. 처갓집과 화장실과는 멀어야 한다고 우리는 말하는데, 건물 안에 보면 목욕탕과 화장실을 갖추고 있습니다. 현부잣집 원 주인은 정미소를 가진 박사윤 씨인데, 그분은 그때 당시에 화차가 있었대요.

안에 들어가면 소화가 아침밥 해주고 제각에 숨겨주고 그런 곳이 있어요. 이게 지금 쓰러져가요. 여러분들이 조심해서 살펴보도록 하세요. 정원에 큰 나무를 세워버리면 기세를 눌러버리기 때문에 되도록 작은 정원수를 마당에 심는 게 좋다, 그럽니다. 옆문 있죠. 옆문으로 정하섭과 소화가 들어왔죠. 자, 어느 방으로 갔나 보세요.

〈중도방죽, 철다리〉

여기가 중도 방죽입니다. 저기 슬라브집이 중도(中島 나카시마)의 집입니다. 2년 전 나카시마 후손들이 다녀간 적이 있었습니다.

덕순이하고 광조하고 몸져 누운 어머니 죽산댁에게 줄 게를 잡으러 이 길을 가는데 광조가 이 방죽길을 보고 '엄마 한숨맹키로 길다' 그러죠.

어, 철다리 위로 기차가 가고 있습니다. 철다리 위에, 염상구하고 땅벌하고 누가 먼저 떨어질까요? 땅벌이 먼저 떨어지죠. 가운데만큼 염상구와 땅벌이 서있는데 그 밑에는 그 졸개들이 있어요. 밑에서 염상구 졸개들이 와 이겼다, 소리를 치네요.

처음에 염상구하고 땅벌하고 주먹으로 싸우죠. 칼로 싸우고, 이제 여기에서 이기고, 극장 기득권, 상점가 상납권, 그런 모든 것들은 염상구 속으로 들어가게 됩니다.

다시 중도 방죽 이야기를 합니다. 우리의 농민들이나 민초들이 여기서 노역하면서 병신이 되고 죽은 사람도 있고 그랬습니다. 바다를 막아 만든 그 한 뙈기 땅을 얻어 부치려고 그 고생을 한 거예요.

어떻게 막았냐 하면, 돌이 지금 이 깊이보다 두 배나 더 깊이 들어가 있어요. 뻘 속으로 들어가 있어요. 흙을 쳐서 도굿대질을 해서 돌을 박는 거예요. 돌을 가져오고 뻘밭에 돌을 지고 가는 것은 산으로 지고 가는 것보다 더 힘이 든답니다. 그 조금 땅 얻어 부치려고 그랬어요. 하판석 영감도 그 노역을 했지요.

앞에 산 하나 보이죠? 첨산입니다. 고흥의 수문장 첨산, 사람들이 감히 오르지 못할 신령스런 산, 아무 산줄기도 거느리지 않고 우뚝 서 있는 산이죠.

〈홍교〉

여기가 홍교입니다. 소설에 보면 설을 쇠라고 이곳에 쌀가마니를 쌓아 놓습니다. 지금은 설날이 아니라 쌀이 없네요. 여기쯤에 놓고 김범우 보고 처리해달라 합니다.

다리 보고 계시죠. 영조 4년 건립된 다리인데, 다리 모양이 아치형입니다. 무지개 홍자를 써서 홍교라고 그러죠.

선암사 승선교가 1경간, 둥그스름한 것을 경간이라고 합니다. 2경간으로는 창경궁 금천교, 3경간으로 벌교 홍교다리가 유일하게 있습니다. 정말 아름다운 무지개다리죠. 새 다리는 작년에 건립된 다리입니다. 실은 벌교에서는 아름다운 다리로 남겨주고 싶다, 아치형으로 하자 그랬는데, 문화재 관리국에서는 평교로 하자, 그랬습니다. 고집스런 문화재 관리국은 절대 안 된다 해서 서로가 양보한 다리가 저겁니다. 평교도 아니고 홍교도 아닌 국적 없는 다리, 언젠가는 없어져야 할 다리, 평석교 아니면 홍교로 다시 복원해야 합니다.

밑에 보면 뭐가 나와 있죠. 뿍 잡아당기면 다리가 허물어진답니다. 용머리 잡아당기면 폭삭 다리가 내려앉는다고 해요. 예전에 여기 뗏목다리가 있었어요. 저쪽이 곡식 수납고, 저쪽 낙안벌에서 나오는 쌀을 거기다 놔뒀다가 뗏목다리로 수송을 했어요. 소화다리, 부용교, 철다리가 없을 때 이쪽이 유일한 교통이었습니다. 모든 상권이 여기 형성되어 있었지요. 이곳을 기점으로 이쪽은 낙안벌 제일 끝에 있는 갯마을이었지요. 이 위쪽은 지주들이 살았던 고읍과 낙안들입니다. 들몰, 들 가운데 있다는 뜻이죠. 그곳에는 소작인들이 드문드문 살고 이를 관리하는 마름이 있고 그랬어요.

이곳 홍교 다리에는 건립된 유래가 있어요. 아주 늦게 자식을 본 부모가 하루는 애하고 섰는데, 지나가던 스님이 혀를 끌끌 차는 거예요. 엄마가 스님에게 왜 그러시냐고 해도 천기누설이라고 안 가르쳐 줍니다. 애원을 하니까 말하기를, 호식을 당할 상호다, 그러는 겁니다. 자식을 살리기 위해서는 벌교에서 멀리 떠나보내라, 그래서 어머니는 스님 손에 꼬맹이를 보냈어요. 어머니는 뗏목다리에서 아들을 기다렸어요. 죽을 때까지 자식을 보지 못하고 죽었어요. 스님을 따라간 그 아들은 큰스님이 되셨대요. 호랑이를 이길만한 스님이 되어 벌교에 오니 어머님은 안 계시고, 어머니의 애절한 마음을 기리기 위해 선암사 스님들이 이 다리를 건립했다, 하는 이야깁니다.

〈김범우집〉

김범우집으로 갑니다. 여기 마루에서 김사용 노인이 대통을 탕탕 두드리면서, 소작인들을 세우고 뭐해라 뭐해라 이야기를 했겠지요. 김범우가 학도병으로 돌아와서 쉬었던 방이 아마 왼쪽 방이 될겁니다.

천석꾼 부자로, 왼쪽 편에 커다란 창고가 있어요. 이쪽으로 낙안벌 고읍들에서 소작인들이 일하는 모습을 볼 수 있는 것이죠. 밖에서 보기엔 성 같은 담이 안에서 보면 나즈막해요. 밖에선 안을 들여다 볼 수 없어도 안에선 밖을 훤히 바라볼 수 있는 것이죠.

이쪽은 사랑채였답니다. 이쪽은 자식들, 이쪽은 머슴들이 사용하고, 대가족제도의 표본 건축으로 볼 수 있지요. 현부잣집과 거의 비슷한 시기에 지어진 것 같아요. 벌교는 농사만 짓는 지주도 있지만 상업과 농업을 겸했던 지주 부자들이 많았어요.

이집 주인이 구두쇠라고 하죠. 벌교의 유명한 여덟 사람에 대한 노래를 지었대요. 꼽꼽하다 김병오(이집 주인), 활달하다 박사윤(현부잣집), 인심 좋다 채중현(채동선 부친)…… 은행을 경영하고 땅도 많은, 벌교에는 그런 지주들이 많았습니다. 그 무렵 지어진 건축 양식이 몇 군데가 있어요.

김범우집에 어떤 일들이 이루어졌는가 소설 내용을 상기하면서 돌아보세요. 그리고 저기 보면 고읍들과 낙안벌을 바라볼 수 있는 곳에 돼지막이 있어요. 친환경적으로, 여기에서 나오는 오물을 전부 돼지를 먹였던 거죠.

〈벌교 공원〉

부용산 공원에 올라왔습니다. 비가 계속 내리고 있네요. 소설 속에서 벌교지구 계엄사령관이었던 심재모는 청년단 뒤쪽으로 높게 자리 잡고 있는 이 공원에 종합지휘소를 꾸미고 M1 고지라고 이름을 지었던 곳이죠.

이쪽, 제가 가리키는 왼손편 이곳이 예전에 일제 신사가 있던 곳입니다. 일본 황국의 안녕과 황실의 번영을 기원했던 곳이죠. 동쪽 해 뜨는 곳을 바라보며 이곳에서 참배를 했습니다.

그리고 오른쪽 저쪽에 보이시죠? 뒤에 초가집같이 생긴 비, 채동선 선생님 노래비가 거기에 있습니다. '고향(정지용 시)' 해금 조치 이후 그 악보가 그려져 있을 것입니다. 한 번 구경해보시구요. 이 앞에 있는 충혼탑에서 조금만 걸어가면 박기동 선생님 시비가 있어요.

여러분들이 아까 소화다리에 대해서 제대로 설명을 못 들었죠? 소화다리 그냥 와버려서. 저 앞에 아파트 앞에 소화다리 있죠? 다리 두 개 있죠? 사람이 다니는 곳이 소화다리예요. 소화다리! 소화다리는 제가 아까 설명했던 1931년 일제강점기 소화 6년에 건립된 다리로, 무당 소화의 이름을 빌린 게 아니라, 친일의 상징으로 그런 목적으로 불려졌던 것 같아요. 지금도 벌교에서는 소화다리라고 해요. 원 명칭은 부용교입니다.

이제 여러분이 가시겠지만 벌교북국민학교에서 인민재판이 이루어지죠. 그래서 그 인민재판에 김사용 영감도 불리어 가게 되죠. 염상진이가 김범우 보고 피하라고 하면서, 아버님은 괜찮을 거라고 그랬죠. 자기들의 인민재판에 이루어지는 공정성과 신중성을 자랑하듯이 김사용 영감을 인민재판에 세우죠. 그런 인민재판이 이루어지고 거기서 손가락총을 맞은 사람들은 저 소화다리에 전부 줄줄이 서는 거예요.

예전에는 난간이 없었어요. 지금은 옆에 라인이 되어 있죠. 근데 예전에는 그게 없고 아까 홍교 다리처럼 민자였어요. 평석교면서 민자였어요. 그래서 막힘이 없었죠. 그대로 세워놓고 총으로 쏘면 바로 밑으로 떨어졌대요. 여기는 밀물과 썰물이 교차하는 곳이거든요, 벌교는. 지금 물이 들어오고 있는 것 같지요? 그러면은 거기에 그 총살을 당해서 쓰러졌던 사람들이 피를 많이 흘리겠죠? 그 핏물이 얼마나 많이 흘렀는지 쭉 썰물일 때 따라내려 갔다가 밀물일 때 그 핏물이 얼마나 많이 흘렀는지 다시 따라 올라오고.

여순 반란 사건 당시 우리가 개미잡아 죽이는 것처럼 총살을 했대요. 그 여순 반란 사건 당시에 사람 죽이는 게 몸서리가 쳐져서 6 · 25 때는 정작 사람을 죽이지 않았다고 그래요. 이쪽에서 죽이면 저쪽에서 복수해서 죽이고 또 죽이고, 여순반란사건 당시 벌교에서는 아주 몇 백 명이 죽었다고 해요.

그리고 갈대 보이죠? 소화다리 옆으로. 강가로, 갈대 보이시죠! 안창민이가 이쪽 북국민학교 뒤에 이 산자락에서 총을 맞고 이 산 밑에요 마을에서 총을 맞고 저쪽 철다리 아까 보였죠? 그쪽으로 피해서 철교 있는 데로 내려와 가지고 안창민이가 이쪽 밑에 자애병원으로 가요. 자애병원까지, 소화다리 왼손편 강가로 기어서 뻘밭으로 기어서 오지요. 자애병원으로 들어가서 치료를 받지요. 그런 곳입니다.

그리고 이제 설명은 그렇게 하고 저기 가서 보면 들몰이 있어요. 들몰과 고읍들과 낙안벌이 보이거든요. 조정래 선생님은 어떻게 표현했냐면 여자의 자궁안 같기도 하다 항아리 모양 같다. 그랬죠.

예전에 여기가 도읍지가 될 뻔했대요. 그 가운데 산이 하나 있거든요. 내려오는 전설에 의하면 엄마가 애기를 걸리고 가고, 산이 옆에서 팔딱 팔딱 뛰는 거예요. 산이 한 번 뛰면 그만큼 땅이 넓어진대요. 자꾸 넓어져서 저 땅이 자꾸 넓어지는데, 애기가 가다가 엄마 업어줘, 업어달라고 막 보채니까, 애기산도 가니까 너도 걸어가자 그러니까, 안된다고 막 칭얼거려서 엄마 등에 딱 업히는 순간 그 애기산도 딱 멈추는 거예요. 그래서 더 이상 땅이 넓혀지지 않았대요. 여기가 도읍지가 될 뻔 했는데, 그 산이 여기까지 왔으면 그만큼 땅이 넓어져서 도읍지가 생겼을 텐데 멈춰버려서 못했다. 그런 전설이 있어요.

그리고 여러분들이 박기동 선생님 시비 쪽으로 갈 건데, 박기동 선생님은 일본 관서대학 영문과를 졸업하시고 한국에 와서는 벌교남국민학교, 벌교상고에 근무하셨답니다. 동생이 꽃다운 나이에 폐결핵으로 죽었어요. 그래서 쓴 시가 '부용산'인데 여기에 '엄마야 누나야'를 작곡하기도 한 안성현 선생님이 노래를 작곡했어요. 노래 배웠죠? 같이 불러보기로 해요.

> 부용산 오리길에 잔디만 푸르러 푸르러/ 솔밭 사이사이로 회오리 바람 타고/ 간다는 말 한마디 없이 너는 가고 말았구나/ 피어나지 못한 채 병든 장미는 시들어지고/ 부용산 산허리엔 하늘만 푸르러 푸르러
>
> — 박기동, 부용산

박기동 선생님이 6월 15일경에 오셨다 가셨어요. 안성현 선생님이 월북을 했다 해서 박기동 선생님도 좌경시인으로 몰리기도 했어요. 계속 감시를 당하셨어요. 도저히 못살겠다고 82년쯤인가 호주로 이민을 가셨어요. 99년도 그러니까 50년 만에 이 노래가 불리어지게 되고, 50년 만에 2절이 다시 쓰여지게 되죠.

이 노래를 빨치산들이 산속에서 숨죽여서 불렀다고 합니다. 날씨가

비가 오고 이래서 저도 여러분들한테 더해주고 싶은 말들이 너무 많은데 우리가 얼른 내려가는 게 좋겠죠?

〈벌교 거리〉

걸어가면서 이야기합니다. 여기가 금융조합입니다. 송성일 아버지 송기묵이 금융조합장 했던 곳이죠. 일제 강점기 그대로 남아있는 적산 가옥입니다. 그 다음 조합장이 유주상이죠? 밑으로 내려갑니다. 2층 건물 보이죠? 왼손편 3층 건물 거기가 양정갑이 경영하던 광주상회, 됫박을 눈금을 속여서 부를 축적하죠.

반듯이 내려갑니다. 학교로 갑니다. 우리보고 시위하는 것 같다고 하네요. 우익인사들이 거리를 쓸고 있어요. 나도 그런 생각을 했는데.

여기가 남도여관, 임만수의 경찰토벌대가 주둔하고 있다가 심재모한테 쫓겨나 저기 선착장으로 창고로 옮기죠. 현오봉이 집 남도여관입니다. 2층에 다다미가 그대로 있어요.

바로 옆에 있는 여기는 남국민학교, 양효석이가 육군사관학교 번쩍번쩍한 계급장을 달고서 기차역에 내려서, 여기서 열병식을 하죠. 정현동은 정하섭 때문에 위원장이 되어 어물쩡하니 한턱 내죠.

남국민학교 밑에 왼편에 정현동이 술도가가 있습니다. 정말 정현동이 살았던 건 아닌데, 그때 당시 정씨가 살았던 곳인데, 소설에서 빌려서 썼다고 가족들이 대단히 반대하고 그랬지요. 실제로 술도가가 있었어요. 제일회관 옆에 대창기계상회, 저기가 윤영춘이 경영하던 솥공장, 염상구가 윤옥자와 결혼을 해 처가 덕을 보죠. 왼손편 그린뮤직, 왕자사진관, 그곳이 남원장입니다. 경월이라는 기생이 임만수한테 중간 역할로 쌀 10가마를 받죠?

자, 이제 밥 먹으러 갑니다. 벌교역으로 가서 정리하면 좋겠는데, 밥이 준비되었답니다.

벌교역은 염상진의 잘린 머리를 전시했던 곳이죠. 어쩔줄 모르고 통곡하는 호산댁과 죽산댁에게 염상구가 형의 머리를 거두게 합니다. 악한인 줄 알았던 그가 마지막엔 경찰들에게 호통을 치죠. 살아서 빨갱이지 죽어서도 빨갱이냐 그럽니다.

〈율어초등학교〉

박복순 회장님은 가셨고, 여기는 우리가 백일장을 실시하기 위해서 온 오늘 마지막 장소 율어초등학교입니다. 교감 선생님으로부터 율어에 대한 설명을 들었는데 소설과 관련하여 설명을 하자면, 여러분이 차를 타고 들어오면서 참 깊다는 것을 느끼셨을 텐데, 빙 둘러 산으로 싸여 있는 이곳 율어는 천연의 요새로 나옵니다. 염상진 좌익 사람들이 오랫동안 해방구로 점령해서 있었던 곳이죠.

소설 속에서 다른 곳의 소작농들은 농사를 지으면 반타작이라 해서 5할을 지주에게 바쳤는데, 이곳 농민들은 2할만 세금으로 내고 8할을 가졌다고 그래요. 칠동댁인가, 며느리를 율어에 있는 아들의 씨를 받기 위해 심재모와 염상진의 양해 하에 율어로 들여보내는 이야기도 나오는 곳입니다. 이 초등학교에 사람들을 모아놓고 염상진이 연설을 하는 곳으로도 나오지요. 또 이근술이 위험지구인데도 이곳 율어지서장을 자원해서 오고 예비검속 때도 양민들을 죽이는 일을 거부하죠.

자, 나름대로 소설 배경을 생각해보시고, 함께 글쓰기 시간을 갖도록 하겠습니다.

그리고 마지막 프로그램이 지곡마을에서 한광석 염장님이 진행한 쪽 염색이었다. 그 시절 민중들은 모시옷보다 삼베옷을 더 많이 입었고 이근술님이 근무하는 복내가 삼베의 주산지라는 것, 5권 90 페이지쯤에 여자들의 밭일과 복내 지방의 길쌈 얘기가 나온다는 것, 소화가 피신해 있다가 복내 장터에서 경찰에 붙잡혀 가는 것이 그려지는데 옛 사람들이 입었던 의상과 여러 가지 색깔의 염색을 설명하면 좋을 것, 이는 이근술님이 조언해준 내용들이었다. 외서댁 이야기에서도 치자 염색 관련 부분을 뽑아낼 수 있었다.

> 치자꽃은 희고 작았다. 어찌 보면 소복한 청상 같은 꽃이었다. 그런 춥고 외로운 느낌의 꽃에서 어떻게 황홍빛 물감이 풀리는 열매가 맺히는지 모를 일이었다. 그녀는 치자꽃을 좋아하기보다 어쩌면 그 열매인 치자를 더 좋아했는지도 모른다. 잘 마른 치자를 반으로 쪼개 물에 띄우면 누에실처럼 풀려나가는 황홍빛 물감. 그 물감을 따라 피워 올렸던 부끄럽고도 가슴 두근거리던 꿈. 결 좋은 모시를 담그면 올올이 물드는 그 곱디고운 황홍빛 저고리에 남빛 치마를 받쳐입고 친정나들이를 하고자 했다.
>
> — 조정래, 태백산맥 3권

마지막 날 마지막 프로그램이었던 천연염색은 날씨부터 극적이었다. 비 때문에 포기할 것이냐 걱정을 했지만 엽서쓰기와 순서를 바꾸어 맨 끝으로 미루었고, 지곡마을에 도착할 무렵부터 하늘은 말짱하게 개었다. 쪽물 들인 옷을 입은 한광석 염장님의 말솜씨는 우리들 2박 3일의 긴장을 풀어주기에 충분하였고, 줄에 널린 쪽빛, 홍화빛, 치자빛 옷들이 푸른 하늘 아래 너무 눈이 부셨다. 한 아이가 말한다. 하늘이 너무 예쁘다. 나는 말한다. 그렇게 말하는 네가 더 예쁘구나.

[2002여름문학캠프 일정]

7월 25일

출발 전까지 홈페이지에 독후감 올리기 → 버스 안 자기 소개 → 선암사 → 숙소(보성군 미력수련원) → 노래로 듣는 역사 이야기(전북대 노래패) → '태백산맥' 이근술님과의 만남 → 독서골든벨 → 촌극 준비

7월 26일

벌교 문학기행(박복순님 안내) → 율어 백일장 → 촌극발표회 → 공동체 놀이마당

7월 27일

작가에게 엽서 쓰기 → 쪽 염색(지곡리) → 버스 안 소감 발표 → 도착 후 홈페이지에 소감글 올리기

가장 좋았던 문학캠프가 '태백산맥'이라고 했지만 가장 고생했던 문학캠프 또한 '태백산맥'이었다. 숙소를 정하는 것부터가 고민이었는데 보성군 지역에 마땅한 숙소를 발견할 수가 없었다. 모둠 활동을 해야하고 공동체 시간을 가져야하는 성격 때문에 그만한 공간을 구비해야했지만, 보성과 벌교 지역에는 여관 급 정도밖에 없었다. 겨우 '미력수련원'을 찾아내서 가보았는데, 낡고 허름하다 생각했지만, 남학생들은 몰아

넣더라도 2층 침대가 여학생들 취향에 근접할 것 같기도 하고, 강당이 그래도 있고, 청소하고 침구 정비할 것을 약속 받고 아쉬운 대로 계약을 했었다. 사실 1박은 작품 배경지인 '남도여관'에서 해볼까 하고 시도해 보긴 했지만 답은 '불가'였기 때문에, 2박을 다 미력수련원에서 하기로 결정했다.

그런데 정작 당일 문학캠프 때, 나는 아이들과 똑같이 충격을 받을 수밖에 없었다. 사전답사와 실제 당일은 종종 그렇게 불일치할 때가 있다. 이곳에서 어떻게 끼어 잘 것이며 어디서 편하게 씻을 것이며, 울고 싶었다. 하지만 책임을 져야 하는 지도교사의 입장에서는 투정하는 기색을 내비칠 수도 없는 일이다. '호산댁의 마음'을 생각했던 것 같다. 죽기보다 힘든 삶일지라도 광조와 덕순이를 만나러 갈 때의 후련함이 있지 않았던가.

입소식을 할 때는, '태백산맥 속에 나오는 이름 없이 죽어간 많은 사람들을 생각하며, 그 무대 속에 들어와 짧지만 힘든 체험을 하고자 이 자리에 선 우리들을 위하여' 묵념을 하자고 했다. 고백하건대 그것은 기막힌 자기 합리화였다. 우리 모둠장인 정훈이는 불쑥 불쑥 "누가 이 태백산맥을 제안하신 거예요?" 질문을 던져놓고 사라지는데, 그때마다 나는 찔렸던 것 같다. 그러더니 그 아이는 다녀온 소감글에서 '인터넷 주문한 책을 기다리고 있다'고 했다.

노래로 듣는 역사이야기는, 안치환이나 김원준을 꿈꾸기도 했었지만 무리였으므로 포기하고, 전북대 노래패의 공연을 의뢰했었다. 아이들의 반응은 반반이었던 것 같다. 아이들이 가장 좋아하고 몰두했던 것은 촌극 발표였다. 모둠마다 차이는 있지만 캠프 전에 준비가 필요했고 연습을 하는 모둠도 있었다. 첫날밤에도 밤늦게까지 열성으로 준비하는 모둠들이 있었다. 〈태백산맥〉이 모두 10권이라는 것에 착안해서 10모둠으로 편성하여 각 모둠 번호에 해당하는 권을 맡아 대본을 작성하고 준비하고 발표하게 했다.

1모둠, 쫓겨가는 그들

여순 사건이 종결되면서 하대치가 아버지를 하직하고 집을 떠나는 장면을 보여주고, 안창민 일행들과 접선하여 조계산으로 집결하는 대목을 연기함. '풀쑥 풀쑥', '끼룩끼룩', 접선 신호를 재미있게 살림.

2모둠, 대결

토벌대장 임만수와 경찰서장 남인태가 빨갱이 잔당 처리 문제를 두고 신경전을 벌이고 청년단장 염상구가 가세하는 상황을 연기함.

3모둠, 병원 사건

부상당한 안창민을 치료하면서 자애병원 전명환 원장이 연락한 이지숙이 잡혀 고문을 받고, 전명환 원장의 좌익 은닉과 도주 협조의 죄목을 벗기고자 김범우가 노력하는 장면을 연기함.

4모둠, 악덕지주 때려잡기

강동기, 마삼수, 노덕보, 김복동이 악덕지주 서운상을 해하는 장면을 현대적이고 코믹하게 그림.

5모둠, 외서댁의 비극

외서댁이 저수지에 빠져 죽으려 했다는 사실을 알게 된 강동식의 분노가 폭발하는 장면과, 최익승이 서민영을 이용하려다 오히려 역습을 당하는 장면을 연기함.

6모둠, 니만 사람이냐?

농지개혁을 피하기 위해 멀쩡한 논을 염전을 만들려다가 정현동이 성난 소작인들에게 살해당하는 장면을 연기함.

7모둠, 그들만의 전쟁

6·25가 터지자 산에 있던 구빨치들이 벌교로 돌아오고, 인천상륙작전으로 인천이 불바다가 되는 속에서 이학송, 손승호, 김범우가 나누는 대화, 다시 산으로 들어가야 하는 하대치 일행의 모습, 길남이와 종남이의 아버지에 대한 애틋함 등을 연기함.

8모둠, 국군의 통비분자 색출 조사

빨치산들은 산으로 들어갔는데 양효석 군대가 아무 죄 없는 민간인들을 통비분자라는 죄목으로 학살하는 신원면에서의 상황을 보여줌.

9모둠, 할미꽃

호산댁이 작은아들 눈을 피해가며 손주 광조와 덕순이 먹을 것을 나르고 하다가, 며느리에게 들켜 길거리에서 봉변을 당하는 장면을 연기함.

10모둠, 나도 아부지처럼 훌륭한 사람이 될라요

자폭으로 최후를 마감한 염상진과 대원들의 잘린 머리가 벌교역에 걸리는데, 염상구의 등장으로 시신을 수습하는 장면과, 한 장수 노인의 내레이션과, 광조의 아버지를 향한 외침 등을 연기함.

소설의 내용이 비속어와 폭력적인 장면이 많이 나오는데 아이들은 이를 재치있고 재미있게 순화하여 처리하였고, 나름대로 복장을 준비해 왔기 때문에 연극적인 요소가 살아날 수 있었다. 등장인물 이름을 크게 종이에 쓴 이름표의 역할도 보는 이들의 이해를 도왔다. 한 권씩 장면을 뽑아 연기하는 촌극 발표를 보면서, 10권을 모두 읽지 않은 학생들도 전 과정의 흐름을 자연스럽게 파악할 수 있었다. 마이크 시설이 그리 좋지는 않았지만, 열정적인 분위기가 이를 압도하였기 때문에 전혀 문제가 되지 않았던 것 같다.

가장 박수를 많이 받은 모둠이 9모둠이었는데, 호산댁을 맡은 아이가 남학생이었고 연기가 탁월했다. 모둠 지도 교사는 김영순 선생님이었는데, 주연의 재능을 살리고 모둠원들의 몰입을 도와주는 최고의 역할을 해주었다. 전국 〈혼불〉 독후감 공모에서 상을 받았던 선생님인데, 밤새 열심히 쓰다보니 창문이 희뿌옇게 밝아오더라는, 신미라 선생님이 전하는 말을 듣고 내가 좀 질투 아닌 질투도 했던 선생님이었다.

호산댁에게

안녕하십니까?

오늘은 시원하게 비가 내리네요.

하지만 그 속에 잠들고 있는 외로움과 우울함은 무엇일까요? 지금도 무거운 빗자락이 당신을 찬양이라도 하듯 제 가슴 속으로 깊이깊이 스며듭니다.

서로의 엇갈린 운명을 짊어진 두 아들을 보며 얼마나 걱정스러웠을까요?

저는 책을 읽으며 당신의 이런 모성애를 느낄 수 있었습니다. 이미 늙어버린, 까칠까칠한 고목나무 같은 당신의 마음이 저에게 하나하나와 닿은 이유는 무엇일까요? 당신의 그런 마음 하나 하나가 〈태백산맥〉이라는 10권짜리 대하소설을 부드럽게 조율했다는 사실을 뒤늦게 깨달았습니다.

아들을 떠나보내야 했던 그 고통스러움, 11권을 다시 이어 쓴다고 한들 모진 그 아픔이 회복될 수 있을까요? 제가 작은 도움이라도 줬으면 하는 마음까지 간절합니다.

오늘 당신을 위한 연극을 준비했습니다. 조금이라도 맺혔던 한이 풀렸으면 하는 바람입니다.

그럼 안녕히 계십시오.

2002. 7. 26. 당신을 추모하는 학생 올림

— 이현림(배영중3) 백일장 글

염상진, 적이 아닌 동지에게

힘이 없는 나라였기에 당할 수밖에 없었던 우리. 힘이 없는 우리였기에 서로에게 총을 겨눌 수밖에 없었던 우리. 당신의 나라를 반세기가 지난 최근까지도 동반자가 아닌 적이라는 대상으로 생각하고 있었던 나였습니다.

빨갱이라고 하는 평면적인 인물로만 당신을 바라보았습니다. 〈태백산맥〉을 읽기 전에는 그랬습니다. 그러나 이제 생각을 고쳤습니다. 당신은 인간이었습니다. 인간적인 아름다운 모습도 가지고 있었습니다. 이념이라는 허물 때문에 빨치산은 피도 눈물도 없는 무자비한 사람들인 줄만 알고 있었습니다. 조정래 작가 덕분에 다시 보게 되어 다행입니다.

당신이 가신지 벌써 반세기가 지났습니다. 반세기라는 기나긴 세월 속에 당신의 삶은 가려져 있었고, 우리는 당신의 이야기를 꺼내려고 하지 않았습니다. 진실(혹은 역사)은 감춰져 있을 뿐이지 사라지지 않는다는 것을 익히 들어 알고 있습니다. 단적인 예로 요즘 속속 밝혀지고 있는 정치 비리들이 있습니다. 아픈 역사라 할지라도 감추지 않고 조정래 작가처럼 용기 있게 밝혀내는 것이 조국의 발전에 있어 가장 중요한 일이라고 생각합니다. 즉, 역사에 대한 재인식이 필요합니다. 재인식을 하여 다시는 대한민국이라는 아름다운 나라에서 다툼이 없었으면 좋겠습니다.

당신과 저는 비록 동반자는 아니었지만 가까운 미래에 통일된 조국에서는 이전과 같은 비극이 없기를 바랍니다.

통일된 조국을 열망하며 대한민국의 홍민우가 올립니다.

— 홍민우(배영중3), 백일장 글

이현림이 바로 호산댁을 연기한 학생인데, 이 아이는 백일장에서도 호산댁에게 보내는 편지글을 썼다. 캠프 후 소감글에서도 자신의 꿈이 배우이고 촌극 프로그램 때문에 문학캠프에 접근했지만 덕분에 문학캠프를 좋아할 수 있었노라고 썼다. 홍민우는 굉장히 개구쟁이 스타일이었던 것 같다. 자칭 배영의 희망이라고 외쳤으며, 숙소의 열악한 환경을 오히려 즐겁게 표현했고, 글에서는 상당히 진지하기도 하고 관념적인 표현도 잘했던 아이였다. 분명 홍민우의 소감글을 재미있게 읽었던 것 같은데 문집에는 아쉽게도 안 보였다.

빨치산 체험 같았던 숙소, 빗속을 다녔던 벌교 기행, 마지막 장식 프로그램으로 근사했던 쪽 염색 등의 소감글들이 홈페이지에 올라왔고, 하나의 글이 올라올 때마다 댓글들이 요란하게 달렸다. 교사도 놓쳤던 부분의 발견이 있다면, 이승복 동상에 대한 표현이었다.

아, 우리가 머물렀던 처소는 예사롭지 않던 분위기부터 feel이 왔다. 그 음침하고 막막하기만 했던 분위기! '혹시나'가 '역시나'가 되어버린 그런 곳이었다. 그렇지만, 역지사지로 체험을 해본 것도 큰 추억이 아닐까 싶다. 배영고의 희망 홍민우군의 말처럼 세계 희귀종 박물관이었는데 앞으로 못 보니 아쉽다는 말이 오늘에서야 웃음거리가 아닌 동감의 마음이다. (왕신여중3 김가은)

숙소 도착. 기대했던 것이 와르르~ 무너졌다. 에어컨이 있을 줄 알았던, 깨끗할 줄 알았던, 화장실 정도는 방에 하나씩 있을 줄 알았건만 방에서는 개구리와 벌레들이 우글우글거렸다. 화장실과 샤워장은 아예 개구리집이었다. 이런 곳에서 이틀을 자고나니 집이 얼마나 좋은지. 집이 너무 그리웠다. (정일여중3 백소연)

얼마나 좋은 곳일까 생각과 함께 차에서 내렸다. 폐교 같은 분위기와 금방이라도 무너질 듯한 건물은 앞으로의 여행의 심각성과 고난을 예감하게 했다. '노래패 산하'의 노래를 들으며 우리의 암담했던 역사를 알게 되고 재미있는 노래를 들으며 분위기는 더욱 고조되었다. 분위기가 무르익어갈 쯤에 끝나서 아쉬웠지만, 역사의식을 갖고 노래를 부르는 대학생들이 있다는 사실에 미팅 다니며 논다고 생각하던 대학생의 이미지가 사라졌다. (정읍중3 이태윤)

시대적 상황과 벌교의 여러 곳들을 이용하여 그려낸 소설이기에 소설과 관련된 장소들을 찾을 때마다 각각의 인물들이 떠올랐다.

철교다리 아래에는 중도방죽이 있었다. 어려워하는 사람들의 기분을 조금이라도 느껴보고자 자진해서 그 긴 길을 걸었던 이지숙과, 계장이 먹고 싶다는 아픈 죽산댁에게 게장을 만들어주려고 게를 잡으러 가는 덕순이와 광조 남매의 뒷모습이 보이는 듯했다. 그 길 바로 옆에는 우리나라에서 많은 소작농을 부렸었던 일본인의 집도 있었다.

처음으로 소설무대가 현존하고 있는 곳이 많다는 것을 원망했다. 어느 샌가 일본인 지주의 고문을 받고 있는 농민들의 소리가 들려오고 그 모습이 자연스레 그려지고 있었다. 그때 마침 내리는 비는 농민들이 눈물인 듯 싶었다. (태인여중3 오정진)

소설에 나오는 여러 곳을 답사하는 것도 재미있었다. 첫째 날은 더위, 둘째 날은 비, 셋째 날만 온전했지만, 그래도 좋았다. 소설에 나와 있는 곳을 볼 수 있었다는 것 자체가 나는 신기했었다. 지금 나는 노란색 치잣물을 들인 티셔츠를 입고 있다. 셋째 날 우리가 직접 염색한 티셔츠다. 얼마나 색이 예쁜지 모른다. 쪽물이나 홍화보다 훨씬 예쁘다. (정읍여중2 안선주)

둘째 날이라 우리 모둠원들과 조금이라도 놀고 싶었지만 다들 피곤했는지 잠이 들었고, 나랑 윤정이는 잠이 안와서 운동할 셈으로 1숙소 앞에서 5숙소 앞까지 계속 왕복 운동을 했다. 결과는 17번 왕복을 한 뒤, 선생님의 한마디로 잠을 잤다는 것이다. 운동을 하다가 잠시 운동장을 보러 간 적이 있다. 그런데 운동장에서 유난히 반공 이승복 동상만 왜 그리 밝게 보였는지. 갑자기 그 동상을 보고 꺄악 소리 지르면서 뛰어와 버렸다. 폐교된 학교라서 왠지 담력체험을 하는 느낌이 들 정도였다. (정일여중2 조찬향)

우리는 율어초등학교로 이동했다. 그곳의 이승복 어린이의 동상은 내게 꽤나 충격을 줬다. 〈태백산맥〉의 배경지에 남한의 세뇌적 자본주의 산물인 그 동상이 있다는 것 말이다. 이승복 어린이의 죽음이 들려지는 대로 사실이라면 이것은 공산주의와 자본주의의 차이에 대해 제대로 모르는 아이에게조차 반공의 세뇌를 가했다는 증거인데 이것을 자랑스러이 동상으로 만들었으니 말이다. ……… 마지막 날, 가방을 정리하면서 여러 감정이 교차했다. 그리도 싫었던 이 방이, 출발하기도 전인데 어찌나 그리워졌는지 모른다. 첫째 날에 불평했던 것이 괜히 떠올라 낯을 붉히기도 했다. 이곳에서의 촌극을 비롯한 수많은 추억들이 대조되어 내 눈앞에 아른거린 까닭이다. (배영고1 이재훈)

작가와의 만남은 이루어지지 못했지만, 이근술님과의 대화록을 여기에 적어두어야겠다. 마지막 날 작가에게 썼던 엽서글과, 작가의 전체 답장도 이어서 적어두어야겠다. 사전과제 독후감은 이야기가 중복되는 것 같아 빼기로 한다. 독서골든벨에서 태인여중 3학년 오정진이 1등을 했는데, 전권을 다 읽었을 뿐 아니라 이해도도 높았다. 같은 학교 1학년 송미정이 2등을 했는데, '도전' 정신을 가지고 〈태백산맥〉 10권 읽기를 시작했으나 문학캠프 전까지 다 읽지 못하고 캠프 후까지 다 읽었다는 아이였다. 비 때문에 아팠던 조혜정은 캠프 후 엽서글을 썼고 나는 같이 모아서 작가에게 보내는 걸로 했었다. 김동조는 유일한 고3이라는 이유로 유명세 아닌 유명세를 탔지만, 그 아이를 바라보는 교사의 마음은 정말 뿌듯함이었다.

[2002여름문학캠프, 이근술님과의 대화록]

〈사회자〉

오늘 〈태백산맥〉 이야기를 진행해주실 위승환 면장님 소개합니다. 홈페이지에는 면장님 닉네임이 이근술님으로 올라옵니다. 이근술 기억하지요? 남들 맡기 싫어하는 위험지구인 율어 지서장을 자원하고, 예비검속 때 양민들을 살려주었다는 이유로 경찰복을 벗고, 튀밥장수를 하다가 서민영을 만나, 길남이 종남이 같은 어려운 아이들을 모아 가르치는 야학 선생님으로 일하게 되지요. 좋은 말씀 같이 듣도록 하겠습니다.

〈이근술〉

여러분들 앞에서 문학 이야기를 하고 작가와 소설을 이야기한다는 것 자체가 사실은 외람된 이야기일 수밖에 없지만, 단 한 가지 제가 여기 살고 있다는 것을 가지고 이런 이야기를 하게 된 것을 영광으로 생각합니다. 조정래 선생님과 전생에 무슨 인연이었기에 지금까지 이렇게 하고 있는 것인지는 잘 모르겠습니다.

제가 소설을 읽은 것은 1994년 10월이었습니다. 그때는 한국자유총연맹, 한국참전인연맹 이런 단체들이 작가를 명예훼손으로, 소설 〈태백산맥〉을 이적 표현물로 서울지방검찰청에 각각 고발했던 시기였습니다. 그래서 도대체 어떻게 생겨먹은 소설이길래 온나라를 이렇게 떠들썩하게 하는가. 그런 호기심에서 처음에 읽게 되었습니다.

첫머리를 열면서 저는 이렇게 문장이 유려한 소설이 있었는가 하면서 소설에 빠져들기 시작했습니다.

'언제 떠올랐는지 모를 그믐달이 동녘 하늘에 비스듬히 걸려 있었다. 밤마다 스스로의 몸을 조금씩 조금씩 깎아내고 있는 그믐 달빛은 스산하게 흐렸다. 달빛은 어둠을 제대로 사르지 못했고, 어둠은 달빛을 마음대로 물리치지 못하고 있었다. 그런 달빛과 어둠은 서로를 반반씩 섞어 묽은 안개가 자욱히 퍼진 것 같은 미명을 만들어내고 있었다. 그 아슴푸레함 속으로 바닷물이 실려 있는 포구와 햇솜 같은 흰 꽃의 무리를 이루고 있는 갈대밭이 아득히 멀었다. 바닷가를 따라 이어지고 있는 긴 방죽 위의 길은 휘끄무레한 자취를 이끌며 뻗어나가고 있었다. 그 끝머리에 읍내가 잠들어 있었다. 읍내 너머의 들녘이나 동네는 켜켜이 싸인 묽은 어둠의 장막에 가려 자취가 없었다.'

저는 사실 그 첫머리에 반했어요. 그런데 웬걸, 내가 살고 있는 지역에서 이야기가 전개되고 있었던 거예요. 그러니까 예를 들어서 정하섭이가 제석산 자락을 타고 소화네 집에 오는데, 아, 어느 자락으로 내려왔겠다 머릿속에 그려지는 거예요. 얼마나 실감이 나요.

염상진이 저쪽, 선근교쪽에서 벌교 시가지 방향으로 총질을 하니까, 계엄군과 토벌대는 대항을 하죠. 싸우지 않고 총만 쏩니다. 이때 하대치가 고읍 뒷산에서 이렇게 내려와 봉림 부잣집을 털어서 홍교에 쌀 싸놓는 장면이 묘사가 되죠. 김범우가 전봇대에 올라가 사람들에게 진정하라고 하는 장면이 나오죠. 실제 거기에 전주 두 개가 있는데, 어떤 전주에 올라갔을까, 마치 사실처럼 받아 들였던 것입니다.

소설 〈태백산맥〉을 남보다 훨씬 실감나게 읽었었지만, 저는 그때까지만 해도 벌교에 그렇게 많은 소설 무대가 살아 있는 줄 몰랐었습니다. 벌교에는 하루 두 차례씩 바닷물이 들고나고 작품 속의 다리들, 건물들이 다 있어요. 예를 들어 벌교남국민학교, 북국민학교, 소화다리, 철다리, 벌교역, 남도여관, 솔공장, 김범우집, 현부잣집, 이런 있는 것들을 발전시켰으면 좋겠다 생각을 한 거죠. 그래서 그 이듬해 95년 가을에 '조정래 대하소설 태백산맥 무대의 답사 문화권 방안 개발'이라는 8쪽 계획서를 만들었어요.

제가 당시 군청 계장이었는데, 위에 가서 이야기해도 다들 빨갱이 쳐다보듯 하는 거예요. 그때만 해도 안기부, 국가보안법, 이런 것들이 서슬 시퍼런 시절이어서 그런 문제 이야기한다는 것 자체가 예민하게 받아들여졌지요. 그들 보기에 정신 나간 놈이었죠. 저는 상당히 실망을 하면서도 이러지도 저러지도 못하고 그것을 서랍에 넣어놓았습니다.

그런데 KBS2 TV '그곳에 가고 싶다'라는 프로그램이 있었어요. 그때 당시 작가의 고향이나 작품의 무대를 보여주는 프로그램이었는데, 그것을 촬영하러 조정래 선생님이 벌교를 오신다는 거예요. 그래서 광주에서 벌교까지 쫓아 내려와 가지고 남국민학교에서 조정래 선생님을 만나 벌교 이야기를 했습니다. 그런데 위아래 훑어보기만 하더니 전화번호만 주시고 "또 봅시다"하고 그냥 가버리시는 거예요. 나중에 들어보니까, 공무원이라는 게, 작가가 고발되어 검찰에 불려 다니고 그런 지경인데, 제 정신이냐 의구심이 들었던 모양이에요.

그 뒤로 프랑스, 이태리, 스위스 같은 서유럽의 여러 나라, 인도네시아, 태국, 일본 등을 몇 차례 다니며 소설 무대를 찾아가보게 되고 그랬지요. 하나같이 특정한 소설 무대만으로 그게 전부 다인 것처럼 보여주고 있었습니다. 예를 들어 에밀리 브론테의 〈폭풍의 언덕〉에 나오는 폐허가 된 돌담집을 보존하고 있었고, 나쓰메 소우세끼의 소설 무대는 일본의 구마모토에 있는데 소설에 나오는 찻집과 여관을 만들어놓고 있었어요. 독일의 하이델부르크에 가면 괴테가 16년간 사색하며 걸었던 '철학자의 길'이라고 복원해놓았고, 영국의 윌리엄 워즈워드의 길이 있는데 워즈워드가 걸으면서 주옥같은 시상을 떠올렸던 그 길을 만들어서 사람들이 걷게 하고 있어요.

우리나라 문학 작품의 무대를 가보면 지극히 단편적입니다. 강원도 평창군 봉평면에 가보면 이효석 〈메밀꽃 필 무렵〉 배경으로 물레방앗간을 만들고, 충주댁 집을 복원하고 있어요. 박경리 토지 공원이 있는데, 5천평 땅에 평사리와 용정을 축소 배치하고 박경리가 〈토지〉를 집필했던 그 집을 보존하는 정도이고, 하동군 악양면 평사리에 가보면 〈토지〉에 나오는 최참판집이 있는데 그 구중궁궐 같은 집이 텅 비어 있어요. 정지용 생가 오두막 초가에 가보면 사립문이 잠겨 있어요. 김영랑 생가의 안채, 사랑채 모두 빈 집인데 밀랍 인형을 넣어놓고, 마루에도 오르지 못하게 하는 등 전부 이런 식입니다.

그런데 소설 〈태백산맥〉이 허구로 꾸며졌지만 작가가 지명을 실명으로 사용함으로써 벌교 곳곳에 무대가 널려 있습니다. 이건 세계에 유례가 없는 일이고 이런 것들이 이념에 얽매여 보존하지 못하는 탓에 하나 둘 사라져 가는 것이 가슴 아픈 일이죠.

그래서 조정래 선생님과 그 이후 전화로 편지로 연락하면서 꾸준히 관계 유지해왔습니다. 만나고 직접 설명 듣고 작가가 해준 메모를 보존하고 나름대로 카메라를 메고 곳곳을 다니며 사진을 찍고 그랬죠. 벌교에 수많은 사람들이 찾아오는데 내일 가서 보면 알지만, 혼자 와서 돌아보면 도저히 한군데도 가보지 못할 정도입니다. 안내가 안 되어 있어요. 지금도 안내판 하나 못 세우고 있는 형편입니다. 〈태백산맥〉을 읽고 감동을 느낀 독자들이, 현장에서 다시 감동을 느끼겠다고 사람들이 오는 것인데 그냥 되돌아갈밖에 없는 것 아닙니까.

터키의 오르한 파묵이라는 작가는 〈새로운 인생〉이라는 그의 책에서 '나는 어느 날 한 권의 책을 읽었다. 그리고 내 인생이 바뀌었다.' 이렇게 이야기했습니다. 사실 〈태백산맥〉을 읽고 제 인생이 바뀌진 않았지만 생각이 크게 달라졌습니다. 곧 우리 민족을 생각하게 되었고 이념 문제를 생각하게 되었고, 또 전통문화에 대해서 생각하게 되고 우리 전라도 말에 대해서 생각하게 되었지요. 다른 작가도 전라도 말을 많이 썼지만, 어떤 작가들도 조정래만큼 살아있는 그리고 생동감 있는 전라도 말을 쓴 사람은 없었다는 평가입니다.

1996년에 제가 '조정래 대하소설 태백산맥 테마파크 조성 계획'을 수립하기 시작했습니다. 당시 군수께서 해보자 해서였어요. 96년 가을에 광주에 있던 기자가 벌교 기행 기사를 쓰겠다고 안내를 해달라고 연락이 왔어요. 그 기자와 같이 벌교 곳곳을 돌아다니면서 내가 생각했던 것들을 다 말했지요. 구체적으로 살아있는 문학공원을 만들자는 것인데, 빨치산 전적지 세우려 하는 것이라는 식으로 말하는 사람들이 있고, 의견 차를 줄이지 못해서 아무것도 못하고 있다는 이야기를 했지요. 기자는 돌아가서 당초의 기행기사는 쓰지 않고, '소설 태백산맥 문학공원을 조성하고자 하는 주장이 현직 공무원에게서 제기되어 관심을 끌고 있다.'라는 내용으로 소설무대 소화다리 사진과 함께 상당히 크게 보도했어요. 다른 신문에서 이것을 인용해서 보도하고 그러니까, 당시 군수가 '해도 되는 것'으로 생각하게 된 거죠.

프로젝트 수행할 팀을 만들어라 그래요. 저는 이름도 거창하게 '조정래 대하소설 태백산맥 테마파크 조성 프로젝트 팀' 이렇게 길게 이름을 붙였습니다. 자료를 모으고 준비하는 과정에서 성급한 언론들이 어떻게 되어 가는가 묻게 되고 앞서 보도를 하게 되고, 경향신문에서 '빨치산

무대 그대로 복원'이라는 부제로 달아서 기사를 내보내게 되죠.

서울에서 그걸 보고 우익인사들이 청와대에 이야기하고 당시 문 아무개 민정수석비서관이 검찰과 안기부에 조사하라 하고, 97년 여름에 보따리 싸 짊어지고 저는 검찰로 안기부로 조사 받으러 다녔습니다. 저는 그때 정말 지하실에 끌려가 고문당하는 줄 알았습니다.

98년에 남해안 관광벨트 조성 계획 이야기를 전해 듣고, 군수를 모시고 저희는 서울로 쫓아 올라갔습니다. 조정래 선생님께 〈태백산맥〉 10질만 사인해서 보내주십시오. 해가지고 양손에 두질씩, 네 질을 들고 문화관광부로, 기획예산처로, 용역회사 도시연을 찾아가고 그래서, 결국 정부 계획에 '조정래 소설 태백산맥 문학공원 조성 계획'이 반영되고 작년부터 국비가 지원되어 내려오게 된 겁니다. 그런데 이 지역에서의 갈등 때문에 아직까지 안내판 하나 못 세우고 있는 것입니다.

조정래 소설은 그냥 소설이 아닙니다. 어디까지가 실체가 있는 진실인지, 어디까지가 소설적인 허구인지 모를 지경입니다.

2000년 6월초 광주의 한 신문에 큰 제목의 기사가 실렸어요. '6·25 때 미군이 세균전 감행?'이라는 제목으로 사회면에 상당히 크게 나온 적이 있습니다. 내용은 '화순군 백아산 지구 주민이 증언하기를 6·25 때 미군 정찰기가 백아산 주변을 몇 바퀴 선회하고 무등산 쪽으로 날아가면서 하얀 물체를 뿌렸는데, 그 이후 사람들이 괴질에 걸렸다.' 그래서 미군이 우리나라에서 6·25 때 세균전을 실험했던 것 아니냐. 사람들이 의구심을, 적어도 그 기자는 가지고 있었던 거죠.

그런데 〈태백산맥〉을 보면 조원제가 나오지요? 문화부 중대장으로 나와요. 〈태백산맥〉 8권에 나오는데, 미군 정찰기가 백아산 지구에서 무등산 쪽으로 날아가면서 하얀 물체를 뿌렸는데 그로부터 사람들이 재귀열에 걸렸다고 나와요. 조원제는 병에 안 걸리게 하려고 옷을 빨아 입게 하고 물을 끓여먹게 하고 그래서, 조원제 부대에서는 재귀열에 걸린 사람이 한 사람도 안 나오지요. 조원제란 사람이 누구냐, 광주 조선대학교 경제학 교수로 계시다가 몇 해 전에 타계하신 박현채 교수가 소설 속에 형상화된 것이라고 합니다.

〈태백산맥〉에서 진실과 허구가 어떻게 구분되는가는 작가 본인만 알 뿐입니다. 아마 그런 것은 〈태백산맥〉 뒷이야기로 나올 때가 있을 것입니다. 이 시대에 〈태백산맥〉, 〈아리랑〉, 〈한강〉을 읽을 수 있는 것은 사실 독자로서 행복한 것입니다. 몰랐던 과거를 상상해볼 수 있으니까요. 물론 사실이란 이야기는 아닙니다. 어떤 면에서 보면 타임머신을 타고 소설 속으로 들어온 겁니다. 그렇게 생각하시면 돼요.

시대적인 배경으로 보면 〈아리랑〉이 먼저죠. 1890년에 김제 만경에 일제가 들어와 수탈을 일삼게 되고, 여기에 빌붙은 친일파 무리가 같은 민족을 발뒤꿈치로 짓밟는 이야기가 〈아리랑〉에 쓰여져 있지 않습니까.

〈태백산맥〉은 1948년, 그러니까 일제강점에 이은 6 · 25가 소위 민족분단을 고착화시켰고 그 아픈 비극의 시원이 되는 것을, 작가는 1948년 10월 19일 일어난 여순사건에서 잡고 있는 겁니다. 여순지역에서 14연대 반란이 일어나죠. 제주에서 남한 단독정부 수립을 반대하는 4 · 3항쟁이 있었는데, 14연대가 진압병력으로 가게 됩니다. 그런데 같은 민족에게 총부리를 겨눌 수 없다면서 좌익사상을 가진 일부 병사들이 반란을 일으킨 거죠. 여순사건으로부터 빨치산 대토벌이 마무리되기까지 민족 질곡의 이야기, 6년에 걸친 긴 이야기, 그것이 〈태백산맥〉입니다.

그리고 〈한강〉은 1959년 우리의 경제발전 즉 한강의 기적을 다룬 것인데, 경제발전이란 위정자 몇 사람이나 몇몇 기업인들이 이루어 놓은 것이 아니다, 그런 이야기를 하고 있죠. 서독에 파견된 광부와 간호사, 월남전 파병 군인들, 사우디아라비아에 파견된 근로자, 우리나라 공장의 근로자, 그런 모든 사람들의 힘이다, 〈한강〉 속에서 그렇게 이야기하는 것이죠.

구로공단 청계천 피복공장에서는 사람들이 숫제 기어 다니면서 일했어요. 창고 만들려면 땅이 필요하니까 창고 안 만들고 공장 안에 창고를 내는데 다름 아니라 선반을 만들어 그 위에 물건을 쌓고 사람들은 그 밑을 기어 다니면서 일을 했어요. 선생님이나 우리 같은 공무원 봉급에서 5%씩 의무적으로 국민저축으로 떼어내 기업에 인심 썼어요. 그 당시 기업주들 땅 짚고 헤엄치기였을 수 있는데 그런 이야기들이 〈한강〉에 있습니다.

〈아리랑〉에서는 우리 민족을 두 조각 쪼개놓은 그런 이념이란 게 어떻게 생겨났는가를 이야기하고 있고, 〈태백산맥〉에서는 통일로 가기 위해서는 빨치산도 똑같은 인간 우리 민족이다, 통일로 가기 위해서는 민족의 동질성 회복하는 것이 우선이라고 이야기하고 있는 겁니다.

〈한강〉에서는 강하게 일제 청산의 잘못을 말하고 있죠. 지금도 친일파는 잘 살고 독립군 자손은 못살고 그런 것을 볼 수 있습니다. 우리 보성만 해도 똑같은 이야기가 있어요. 보성군 겸백면 출신 애국지사 박문용 열사가 있는데 그분은 면사무소 근무하면서 세금 걷은 것이랑 정부 예산이랑 가지고 만주로 가서 독립운동에 가담했습니다. 그런데 독립군의 입장에서 독립운동도 친일 입장에서 보면 돈을 훔쳐 달아난 도둑입니다. 남은 젊은 부인이 자식 데리고 얼마나 어려웠겠습니까. 그 자식은 지금 의정부에서 개인택시를 하는데, 그것도 보훈가족으로 등록되어 개인택시 면허가 남보다 앞 순위로 나온 덕택입니다. 부인을 감시했던 친일모리배는 재산 덕택에 자식을 좋은 학교 보내고 아주 잘 살고 있습니다.

요즘 말 많은 어떤 정치인도 그런 경우죠. 그 아버지가 특임검사였다고 해요. 시험 봐서 된 검사가 아니라 정부에서 특별히 임명한 공안 검사인데, 독립운동가, 민족주의자들을 닥달했던 바로 그런 검사죠. 왜 그런 문제가 생겼냐면, 1945년 광복을 찾고 48년 정부가 수립되기까지 3년 미군정이 실시되는데 그때 경험 있는 사람이 필요하다는 구실로 친일파를 쓰게 되고 그래서 경찰서 급사가 돈줄 쓰고 서장 되고 그랬던 경우가 생겼습니다.

일본 육사 나와서 만주 관동군에서 독립군에 총질했던 사람이 대통령을 하고 그게 우리나랍니다. 또 일본 사람 밑에서 훈육주임하던 사람이 다시 학교 선생님을 하게 되고, 일본 사람들이 만들어놓은 역사를 그대로 가르치고, 그래서 언어에서나 행정체제가 일본식이 유지되는 것입니다. 숭례문을 남대문, 종묘를 비원, 창경궁을 원숭이나 키우는 동물원이 있는 창경원이라고 이야기하는 것도 그런 까닭이지요.

책이란 한 번 읽고 말 책이 있고 두고두고 읽어야 할 책이 있는데, 〈태백산맥〉은 바로 두고두고 읽을 그러한 책입니다. 여러분이 역사를 바로 아는 게 좋겠다. 바로 아는 방편이 〈아리랑〉, 〈태백산맥〉 그리고 〈한강〉을 읽는 것이다. 그렇게 말하고 싶습니다.

1모둠 질문과 답

왕신여고 1학년 정인숙입니다. 〈태백산맥〉과 〈아리랑〉의 배경 사상이 어떻게 다른지 〈아리랑〉에 대해 어떻게 생각하시는지 다시 한 번 말씀해주십시오.

〈아리랑〉의 사상적 배경은 공산주의 이념의 태동입니다. 〈태백산맥〉은 우리 민중들에게 공산주의 이념이 어떻게 작용되고 영향을 미쳤는가 하는 것이죠. 1937년에 스탈린이 러시아 내의 우리 민족을 중앙아시아 쪽으로 추방하는데, 그래서 우즈베키스탄, 카자흐스탄 같은 나라에 지금도 살고 있는데, 그런 이야기까지 〈아리랑〉에 담고 있지요.

2모둠 질문과 답

배영중 3학년 홍민우입니다. 〈태백산맥〉 관광파크를 조성한다고 하셨는데 정부에서 안하고 민간업체에서 하는 것은 없나요?

민간업체에서는 투자하면 그만큼 건지려고 하는 것 있잖습니까. 찾아오는 사람에게 자그마한 기념될 수 있는 것, 손쉽게 면티 기념품 하나 현부잣집이나 회정리 교회 입장료, 이런 게 있을 것인데, 투자한 것만큼 회수가 어렵다 생각해서 나서지 않는 것이지요.

그래서 민간에서 하지 못하는 부분은 공공에서 투자하는 겁니다. 그것도 예산이 확보되어 있지만, 작년 4억 6천, 금년 9억 3천 4백, 이념의 사슬에 물려서 한 푼도 투자하지 못하고 있는 게 현실입니다.

3모둠 질문과 답

배영고 1학년 도상민입니다. 갑오동학농민혁명이나 빨치산 활동이 전라도 지역에서 일어난 것이 우연이 아니라고 보는데 그 이유를 무엇이라고 생각하시는지?

빨치산이라 하면 두 종류가 있어요. 하나는 관제 빨갱이로, 친일 경찰이 미군정 때 다시 권력의 자리에 서면서 일제강점기에 눈에 가시로 여겼던 독립운동가, 민족주의자들을 빨갱이로 몰아버립니다. 그 사람들이 설 자리가 없어 산에로 들어간 경우가 있습니다.

둘째로 자기 발로 걸어 들어간 사람들이 있습니다. 손승호, 안창민, 이지숙, 염상진 등과 같이 사회주의, 공산주의 사상을 알고 스스로 들어선 지식인들이 있고, 그들의 영향을 받아 좋은 세상을 꿈꾸며 따라 들어간 하대치, 외서댁, 강동기, 강동식 등과 같은 사람이 있습니다. 민족주의자가 빨갱이로 몰리는 경우는, 소설 속에서 김범우를 생각해볼 수 있지요.

동학 때 그 똑똑한 사람 많이 죽었고, 역사가 한 세상 마감하고 또 한 세상 새로 돌아오려면 얼마나 많은 사람들이 또 희생을 치를 것인가, 또 얼마나 기다려야 그 사람들이 커서 사람 노릇 할 것인가, 동학 때 죽고, 이번 난리 때 또 죽고, 나는 죽지 않고 살아 누구하고 이야기할 사람 있을 거나 하는, 한 장수 노인의 이야기가 나오지요.

동학이나 빨치산 공통적으로 농민의 문제가 중요하게 작용하고 있습니다. 당시 우리나라는 농업국가였고 특히 전라도에 농민들이 많기 때문에 전라도가 배경이 될 수밖에 없었던 거죠.

4모둠 질문과 답

배영고 1학년 이재훈입니다. 〈태백산맥〉이 빨치산을 미화 또는 영웅화시켰다는 생각이 드는데, 어떻게 생각하시는지요.

그 부분이 바로 이적표현물이라는 논란의 대상이 되는 부분이죠. 당시 우익의 입장을 손바닥이라 칩시다. 지금까지 손바닥의 이야기만 했지요. 이제는 적어도 그 사람도 사람이라는 이야기, 손등 쪽을 보고 이야기하는 거예요. 반대쪽에서 보면 손등만 이야기하는 것 같죠? 손바닥 그렇게만 이야기하던 것을 손등 쪽을 보고 이야기하는 겁니다. 빨치산이 많이 안 알려져 있고 그쪽 이야기를 집중적으로 다루다 보니까 그것이 나중에 논란의 대상이 되는 그런 것이지, 굳이 빨치산을 미화시키는 것은 아니다, 저는 그렇게 이해합니다.

5모둠 질문과 답

배영고 1학년 이찬형입니다. 닉네임이 이근술인 특별한 이유라도 있는지요.

이근술이가 소설에서 그렇게 나오잖아요. 싱겁디 싱거운 사람, 놀려도 웃고, 저도 키가 크고 싱겁게 생겼잖아요. 밥이 나와요, 돈이 나와요, 태백산맥문학공원 조성하자는 것이. 그걸 8년째 들여다보고 있는 게 이근술 같은 인물에 다름없지 않나요?

6모둠 질문과 답

배영고 1학년 이성준입니다. 〈태백산맥〉의 많은 인물이 있는데, 그 당시 우리나라 발전에 가장 이상적인 인물이 누구라고 생각하십니까.

글쎄, 거기까지 생각 안 해봤는데요. 〈태백산맥〉의 인물은 몇몇 부류로 나눌 수 있습니다. 자기 욕심만 채우려는 친일파 인물들은 청산의 대상이겠죠. 심재모같이 양심적인 사람들, 김범우같이 양심 갖고 있으면서도 자기 색깔 드러내지 않는 사람, 서민영처럼 묵묵히 다음 세대를 위해서 준비하는 사람, 전명환 원장처럼 직업인으로서 사명감을 가진 사람, 김사용처럼 지역민의 지지를 받는 사람, 그런 정의감 있는 사람들이 있었기에 이 사회가 지탱되는 것은 아니겠는가, 생각합니다.

7모둠 질문과 답

정읍고 3학년 김동조입니다. 〈태맥산맥〉을 읽어보면 면소재지에 불과했던 벌교가 군청 소재지 보성보다 발전했다고 하는데 지금은 어떤지요?

지금도 과거와 비슷합니다. 보성과 벌교는 30여㎞ 떨어져 있습니다. 보성 군청 소재지가 보성읍에 있고 벌교는 군청 소재지가 아닙니다. 그런데 벌교가 보성보다 4년 앞서 읍으로 승격합니다. 1914년 이전에 벌교는 이름이 없습니다. 고상면 고하면 남상면 남하면 순천시 동초면, 다섯 개 면이 합해져서 1914년 행정구역 개편 때 일제 강점 때 벌교면이 생깁니다. 1937년 보성보다 네 해 앞서 벌교읍으로 승격된 거죠. 1942년에 보성읍이 승격되었어요.

벌교가 그렇게 클 수밖에 없었던 것은 광주 쪽에서 수탈한 물자를 목포나 영산포로 물류비용을 적게 들여 실어내 여수로 모으고, 부산이나 여수에서 일본으로 실어내는 뱃길을 생각했던 거예요. 일본 사람들이 그랬는데, 벌교를 집중 개발함으로써 벌교에서 여수까지 반나절이면 가니까, 목포에서 부산까지 가는 뱃길을 반으로 줄일 수 있었던 거죠.

벌교는 군청 소재지가 아니면서 세무서가 있고 주재소가 있는 경찰서가 있었던 것은, 수탈 물자가 모이는 그런 집산지가 된 때문일 겁니다. 창고에 넣고 배에 싣고 기차에 싣고 하는 일들이 많았고, 일 하면 돈이 생기고, 돈이 돌아다니니까 사람들이 모이고, 돈 냄새 맡고 염상구 같은 주먹패들이 모여든 거죠.

또 이런 게 소설 어디에 나오느냐. 소설에서 김사용 노인이 죽었을 때 봉림 언덕배기에서 염상진과 김범준이 안개 걷히기 기다리면서 바라보는 장면이 나오지요. "봄안개가 차면 봄 안개가 차는 대로, 가을 안개가 차면 가을 안개가 차는 대로 낙안벌은 고읍들과 이어지며 그지없이 수려한 풍취를 이루어내고 있었다. 이곳이 벌교의 안 풍광이라면, 포구와 중도들판이 이루어내는 풍취는 벌교의 바깥 풍광이었다. 겉과 속, 안과 밖의 풍광을 서로 다르게 지닌 벌교라는 이 땅에 사람들은 그 언제부터 목숨줄을 대고 살기 시작했던 것일까. 오래고 먼 옛날 사람들이 믿었던 것은 바깥의 갯가가 아니라 안쪽의 들판이었을 것이다. 야산 굽이들을 감돌 때마다 펼쳐져, 안으로 들어갈수록 넓어지는 신비스러운 들판을 반기고 믿어 삶의 터를 일구었을 것이다."

실제 그렇습니다. 이게 벌교의 역사죠. 1914년 이전 일본이 들어와 벌교 집중 개발 전까지 벌교는 벌교라는 이름이 없었고, 낙안벌 끝에 매달린 작은 포구에 불과했습니다. 내일 벌교 공원 현충탑 뒤편에서 벌교 시가지를 내려다보면 확연히 알 수 있을 것입니다.

홍교를 중심으로 봉림 안쪽으로 고읍, 금산, 옥산 낙안 금전산 밑으로 이어지는 것이 낙안벌로, 항아리처럼 생긴 벌교의 안쪽 풍경은 전형적인 농촌이죠. 홍교를 중심으로 아래쪽으로 경찰서, 세무서, 솥 공장, 금융조합, 식산은행, 차부, 기차역이 있어서 개화된 도시 모습을 보여주지요. 이렇게 벌교가 홍교를 중심으로 해서 2중적 구조를 보이는 겁니다.

8모둠 질문과 답

정읍고등학교 1학년 김남일입니다. 면장님이 생각하시는 조정래 작가에 대해서 말씀해주십시오.

제가 아는 조정래 선생님은 심지가 곧고 의지가 강한 분이죠. 그러니까 20년 동안 32권의 글을 쓸 수 있었던 거죠. 여러분 생각하기에 〈태백산맥〉이 한 권도 아니고 10권인데 어떻게 다 읽느냐 그렇게 생각하는 사람도 있죠. 여러분이 읽기도 어려운 그 소설을 1983년부터 87년까지 썼고 10권의 소설로 나온 것이 89년이죠. 원고지 16,500매, 등장 인물만 해도 272명, 이름도 다 못 외웁니다. 그 인물이 전혀 중복되지를 않아요. 그런 의지가 있었기에 더 방대한 〈아리랑〉을 쓰죠. 쓰기 전에 현장 취재, 자료 수집해가지고, 그것을 바탕으로 소설을 씁니다.

1970년 이전 작가 데뷔 이전부터 연초 완간한 〈한강〉에 이르기까지, 민족과 민중의 삶 중심으로 하는 이야기, 특히 억압 받고 천대 받는 사람들의 아픔 속에서 역사를 찾아보려고 애썼던, 그런 민족의식이 강한 분이죠. 그래서 여러분께 감히 말씀드릴 수 있는 것은 작가가 그런 곧은 의지로 왜 그런 글을 썼겠는가 한 번 생각해보고 그리고 〈아리랑〉에서 〈태백산맥〉, 〈한강〉까지 32권을 모두 읽어보시라 권합니다.

9모둠 질문과 답

태인여중 1학년 송미정입니다. 이전에 선암사에 다녀왔습니다. 소설 속에서 법일 스님이 작가의 아버지 모델이라고 하는데 그것에 대해서 알고 싶습니다.

법일 스님이 작가가 자신의 아버지를 형상화한 것인가에 대해서는 일부 작가에게서 이야기 들은 적이 있습니다. 작가의 아버지 조종현은 일본인들이 종교를 황국화 시키기 위해 만든 시범적인 대처승이었죠. 선암사에서 부주지로 일합니다. 절에 사탑이라는 게 있습니다. 절을 유지 관리하게 위해 만석지기 농사를 짓는데 그중 상당히 많은 논들이 소작농들에게 배분됩니다. 그것 때문에 주지승과 싸우고 절에서 나옵니다. 그리고 여순사건 무렵에 벌교상고에서 국어교사를 합니다. 그러다가 6·25 끝나고 서울 보성고에서 국어교사로 근무하고, 나중에 시조시인으로 전업을 합니다. 대학 강단에 계시다가 몇 해 전 돌아가셨습니다.

10모둠 질문과 답

풍남중학교 3학년 김병하입니다. 소설 속에 나오는 실제 인물이 있다면 누가 있는지 그 모델이 있는지 그것에 대해서 이야기해주십시오.

아까도 이야기했지만, 어디까지가 실제적 인물의 형상화이고 어디까지가 가공의 인물이고 하는 것은 모릅니다. 소설을 재미있게 읽는 것은 타임머신을 타고 소설 속에 들어와 있다, 이렇게 생각하시는 게 좋을 것 같습니다.

〈마무리〉

질문 외에 제가 한 가지 더 이야기하겠습니다. 오정진 학생이 소설을 완독하고 독후감을 제 사이트 게시판에 올렸는데 제가 그 글을 다른 두 군데 올렸습니다. 틀린 부분을 수정한 것이 있는데, 염상진의 목이 걸린 곳이 벌교 경찰서가 아니라 벌교역 광장입니다. 작가의 이야기를 빌자면 못된 짓을 일삼는 염상구를 끝까지 놔둔 이유가, 독자를 재미있게 하기 위해서, 또 마지막 나중에 딱 한 번 써먹기 위해서였다고 합니다. 언제냐면 저 목 떼내려 라고 할 때, “살아서나 빨갱이제 죽어서도 빨갱이여 저것 빨리 못 띠네?” 그러죠? 그 어머니 호산댁이 “그려, 그려, 저것이 사람되얏네이, 하먼, 그래야제, 느그 성인디……” 그리고 죽산댁은 어쩝니까? 더 서럽게 울죠. 그때 한 번 써먹기 위해 염상구를 작가는 그렇게 오랫동안 살려 놓은 것이죠. 철다리 결투에서도 이기게 하고 그러죠.

그리고 저도 필사해본 경험이 있습니다만, 200자 원고지에 소설 〈태백산맥〉을 또박또박 옮겨쓰고 있는 사람들이 있습니다. 왜냐, 작가의 고뇌를 느껴보고 싶다, 그렇게 하고 있는 사람들이 있습니다. 먼저 작가의 아들과 며느리가 옮겨 쓰고 있고, 제가 아는 독자들이 서너 명 옮겨 쓰고 있습니다. 작가의 원고가 만 육천오백 매, 쌓으면 우리 키보다 큽니다. 작가는 ‘벌교에 문학관이 만들어지면 그 필사한 원고들을 자신의 원고와 나란히 전시하겠다’ 그렇게 계획하고 있습니다. 문학관이 세워지면 꼭 한 번 오십시오.

[작가에게 엽서 쓰기]

안녕하세요. 저는 태인여중 1학년 조혜정이라고 합니다. 문학캠프 둘째 날에 비가 내렸는데 그 비를 맞고서 제가 아팠습니다. 아팠다는 건 핑계에 지나지 않지만 그 일로 인해서 엽서 쓰는 일이 미뤄졌습니다. 처음 간 문학캠프라서 모두 잘해볼려고 마음먹었습니다. 그런데 일이 뜻대로 되지 않아서 조금 속상했습니다. 다 제 불찰이긴 하지만요. 〈태백산맥〉을 읽으면서 우리나라의 아픈 역사를 다시 느끼고 배우게 되었습니다. 저도 처음엔 좌익이 나쁜 것인 줄만 알았습니다. 그러나 좌익도 어쩔 수 없는 선택이었으리라 생각하곤 한답니다. 지금까지도 우익이었던 사람들이 살 수 있다는 것에 대해 의문이 듭니다. 죄 없는 민족을 죽여 놓고 염치도 없이 잘사는 사람들과 또 그렇게 해주는 정부가 밉습니다. '사람 아래 사람 없고 사람 위에 사람 없다'는 말도 있는데, 지주들은 왜 그렇게 비양심적인 걸까요?

그리고 좌익도 여러 가지 문제점이 있다고 생각합니다. 사상 하나 가지고 죽기까지 각오하고 싸운 것과 당을 전적으로 믿는 것, 좋은 것일 수도 있지만, 전 그렇게 생각이 안 드네요. 어쩌면 제가 잘못 생각하고 있을지도 모르지만, 지금으로썬 그런 생각뿐입니다. 선생님의 책이 영화로도 되고 문학캠프에까지 동참하는 시간이 되었는데도 아직까지 통일이 이루어지지 않고 있습니다. 정말 이런 말 하고 싶진 않지만, 통일이 될 수 있을까요? 말이 또 이상한 데로 빠져버렸네요. 언젠간 고쳐야죠. 오래 걸리겠지만요. 이번 여름은 유난히 더운 것 같아요. 그럼 선생님 몸 건강히 계시고 좋은 작품 써주시길 기대하겠습니다. 다음에 또 기회가 된다면 선생님 꼭 한 번 뵙고 싶네요. 하루 빨리 통일이 되었으면 좋겠습니다.

2002. 7. 27. 조혜정 올림

안녕하세요. 저는 정읍고등학교에 다니는 김동조라고 합니다. 제가 고 3이라는 것도 잊고 이렇게 '태백산맥문학캠프'에 참여한다는 것이, 남들 보기에는 걱정스러운가 봅니다.

고3이라는 부담감에, 저 스스로도 걱정을 많이 했구요. 하지만, 벌교 구석구석을 돌아다니고, 소설 속 배경을 하나하나 느껴보니 〈태백산맥〉의 감동이 다시 밀려오는 것 같았습니다. 그리고 내가 오길 잘했구나 싶었습니다.

제게 민족이라는 단어가 더 가슴깊이 다가오게 만들어주신 선생님께 정말 감사드립니다. 제 가치관에까지 영향을 주셨구요.

이제 수능이 100일 남았네요. 〈태백산맥〉을 읽은 그 마음으로 다가올 수능도 자신있게 치를려구요. 그럼, 앞으로도 좋은 작품 많이 보여주시구요. 항상 건강하십시오.

2002. 7. 27. 김동조 올림

[작가의 전체 답장]

숨 막히는 폭염을 무릅써가며 2박 3일 동안 태백산맥 무대를 답사했다니, 참 놀랍습니다. 더구나 그 일원들이 중1부터 고3까지의 학생들이었다는 사실에 한층 더 놀라게 됩니다. 그리고 문학캠프의 일환으로 학생들이 정성스럽게 써 보내준 엽서들은 더없이 정답고 따스한 정을 느끼게 해주었습니다. 그 마음, 마음들을 소홀히 할 수 없어 '전체 답장'을 쓰고 있습니다.

학생들의 편지는 제각기 개성적인 문장과 함께 그 내용들이 다양합니다. 그런데, 그러면서도 몇 가지 공통점이 있었습니다.

첫째, 이번 캠프에서 작가를 직접 만날 수 있을 줄 알았는데 그렇지 못해 서운하고 아쉬웠다.

둘째, 소설의 무대가 현실 속에 그대로 있다는 것이 신기하기 그지없고, 소설이 더욱 실감나게 느껴지는데, 그런 현장이 잘 보존되지 못하고 무너지거나 망가지고 있다는 것이 안타깝고 걱정스러웠다.

셋째, 소설 10권이 너무 길어 미처 다 읽지 못하고 캠프에 참가했는데 현장을 둘러보고 나니 나머지를 어서 빨리 읽어야 되겠다는 의욕이 생겼다. 그리고 〈태백산맥〉 만이 아니라 〈아리랑〉과 〈한강〉도 꼭 읽을 작정이다. 대충 이 세 가지로 요약할 수 있지 않을까 합니다.

첫 번째 문제에 대해서는 저도 미안하고 아쉽게 생각하고 있습니다. 캠프를 준비하면서 벌써 몇 개월 전에 홍숙정 선생님께서 편지로, 그리고 전화로 저자가 학생들과 동참해주기를 간청했었습니다. 그런데 참으로 미안하게도 그 바람에 응할 도리가 없었습니다. 왜냐하면 저는 긴 소설을 쓰느라고 오랜 기간 동안 사회생활과 격리 상태에 있었기 때문에 소설을 끝내게 되자 그동안 미루어왔던 여러 큰일들이 밀어닥치기 시작했습니다. 〈아리랑〉이 번역되는 일 때문에 유럽을 다녀온 것도 그 중 하나였습니다. 여러분들이 벌교를 답사하고 있을 때 저는 새로운 소재를 찾아 유럽 여러 나라를 돌고 있었습니다. 여러분들이 글을 쓴 작가를 직접 만나고 싶어 하는 마음과, 만나지 못한 서운함과 아쉬움을 잘 이해합니다. 그러나 작가는 한 사람이고 독자들은 수없이 많다는 것을 넓게 이해해주시기를 바랍니다. 언젠가 때가 되면 문득 만날 수 있을 것입니다.

지난 2000년 9월 29일에 〈아리랑〉의 무대인 김제 벽골제에 아리랑 문학비가 세워졌습니다. 그런데 김제시에서는 올해 10월말이나 11월초에 다시 아리랑 문학관을 개관할 예정입니다. 그때 자연스럽게 여러분을 만날 수 있을 것입니다. 정읍은 김제에서 가깝지 않습니까. 그 개관식에 전국의 여러 독자들도 참석하게 될 것입니다.

여러분들이 안타깝게 걱정한 두 번째 문제는 혹시 위승환 면장님께서 언급하지 않았나 모르겠습니다. 보성군과 벌교읍에서는 이미 6, 7년 전에 〈태백산맥〉 무대 문학공원화를 시도했었습니다. 그러나 일부 6·25 피해자 가족들의 반대로 그 사업은 좌초되었습니다. 그리고 여러 차례 논의를 거쳐 모두 이해하는 마음을 갖게 되고, 드디어 올해 9월부터 그 사업을 시작할 예정이라고 합니다. 그 사업이 순조롭게 진행되면 여러분들과 여러 독자들이 갖는 안타까움은 해소될 것입니다. 여러분들께서 관심 있게 지켜보아주시기 바랍니다.

세 번째, 여러분들의 결의를 작가로서 고맙게 생각합니다. 〈태백산맥〉, 〈아리랑〉, 〈한강〉을 다 합치면 32권입니다. 공부에 쫓겨야 하는 여러분들에게는 너무 과중한 분량일지도 모릅니다. 그러나 틈틈이 읽어 나아가면 잠을 빼앗긴 의미를 찾게 되지 않을까 싶습니다. 저는 그 책들을 쓰는데 20년이 걸렸습니다. 왜 작가가 20년 세월에 걸쳐 그 긴 이야기들을 썼는지 여러분들이 소설을 찬찬히 읽고 나면 이해하게 될 것입니다. 그 소설들을 다 읽고 난 다음 여러분들의 느낌을 다시 글로 받기를 기대하고 있습니다. 그때는 '전체 답장'이 아니라 개개인에게 답장을 쓰겠습니다.

그리고 제가 여러분들을 현장에서 직접 만나지 못한 죄를 사과하는 뜻으로 엽서를 보낸 여러분들의 이름을 적어 저의 싸인을 해서 홍숙정 선생님 앞으로 보낼 것을 약속합니다.

아무쪼록 모두 건강하시고 학업에 열중하기를 바랍니다.

2002. 8. 3. 정읍의 학생들에게, 조정래

소설 〈태백산맥〉이 10권의 대하소설이고 학생들이 쉽게 소화하기에 어려운 분량이고 내용인 것이 사실이다. 하지만 태인여중 아이들에게 소설을 읽혔을 때 세 아이가 무리 없이 소화하고 있었다. 캠프 후까지 그 아이들은 전권을 다 읽을 수 있었다. 〈만화 태백산맥〉이 나온 건 그 이후였던 것 같다. 도서실에서 만화책은 항상 인기이고 〈만화 태백산맥〉도 단연 인기였다. 2002년 문학캠프 이후에도 하루 일정의 '태백산맥 문학기행'을 진행했었는데, 그 아이들은 소설 아닌 만화를 읽은 아이들이 많았다. 만화의 내용도 나쁘지 않았다고 생각했는데, 이제 주문하려고 보니 절판된 걸로 나와서 좀 아쉬웠다.

2018년 올해 이 글을 쓰면서 나는 〈청소년 태백산맥〉을 구입하여 전권을 읽어보았다. 아이들에게 읽히기에, 사실 어른들로서도, 야한 부분이 과하게 많다는 염려를 항상 했었는데, 청소년 소설에는 그 부분들이 다 빠져 있었다. 정하섭과 소화와의 혈연관계는 묻어두었고, 줄거리상 빠져도 될 듯한 풍경 묘사나 미군정 비판 부분이나 정치적인 비판들이 빠지기도 했다. 그러한 부분들이 빠져도 그닥 서운한 것은 없었지만, 정지용 시 '향수' 부분이 빠져버린 것은 많이 서운했다. 한편의 시를 어떻게 그렇게 멋있게 살려낼 수 있는지, 내가 가장 감탄했던 부분이었기 때문일 것이다. 〈청소년 태백산맥〉을 다 읽을 정도의 아이라면 원본 〈태백산맥〉도 무리 없이 읽지 않을까 생각이 들었다.

올해 나는 원본 〈태백산맥〉을 네 번째 읽었다. 그런데 읽을 때마다 새로 읽는 기분이다. 올해는 이 글을 정리하기 위해 〈청소년 태백산맥〉을 먼저 읽고, 원본 〈태백산맥〉은 메모하면서 읽었다. 이 글을 정리하면서 자료 인용으로 쓰려했던 것인데, 나도 모르게 곳곳을 옮겨 적고 있었고, 끝 부분은 다 옮겨 적고 있었다.

〈태백산맥〉을 처음 읽을 때 나는 6 · 25 부분을 잘 파악할 수가 없어서 안갯속을 헤매는 기분이었다. 심하게 말하면 작가가 능력이 없어서 대충 얼버무렸다고 느꼈다. 학교 다닐 때 배운 대로라면 평온한 시절을 느닷없이 깨고 북한이 1950년 6월 25일 불법 남침한 것인데, 그 '느닷없이'가 도무지 보이지 않아서 답답했던 것이다. 1945년에 해방되었는데 5년 후 남북전쟁이라니 그 5년 사이에 도대체 무슨 일이 일어났던 것인지, 무식하게도 나는 참 모르고 살았다. 두 번째 읽을 때 좀 감이 왔고, 세 번째 읽을 때 주제를 파악할 수 있었던 것 같다. 아니, 그때까지도

난 이 소설이 좌익을 아름답게 그린 소설이라고만 생각했었다.

올해 네 번째 읽고, 〈황홀한 글감옥(조정래)〉을 읽고, 〈태백산맥 문학기행(한만수)〉을 읽고, 〈태백산맥 다시 읽기(권영민)〉를 읽었다. 작가는 사회주의와 자본주사회의 대결에서 사회주의는 실패했다고 말하고 있었다. 사회주의가 실패하고 제시되는 것은 '인간이 중심 되는' 세상이었다. 하지만, 자본주의도 실패했지 않은가? 한쪽에서 기아로 죽는 사람이 넘치건 말건 한쪽에서는 과잉 생산된 물건들을 버려야 하는 체제, 지구의 환경을 재앙으로 몰고 가는 끔찍한 체제, 그럼에도 실패를 선언하지 않는 오만한 체제, 나는 정말 자본주의를 좋게만 볼 수 없다는 것이 어쩔 수없이 솔직한 심정이다.

〈사진여행(조정래)〉을 펼쳐들었을 때는 상당히 당황했다. 나이든 노인네가 자기 과시를 위하여 사적인 사진들을 나열하고 있는 책이 아닌가, 이러한 작가였나 그런 실망 같은 기분이었다. 다행히 다시 세부적으로 읽어보니 좋은 부분들이 있고, 그중에 김남주 페이지에서는 감동도 있었다. "성님, 나 꼭 나슬라요" 하는 시인의 말은 울림이었다. '너무 순정해서 서러운 이름 시인 김남주. 세상이 아무리 변하고, 세월이 아무리 흐른다 한들 어찌 그를 잊을 수 있을까.' 하는 조정래 작가의 말도 그러했다.

내가 처음 태백산맥문학기행을 갔던 것은 2002년 이전의 1998년 여름이었다. 태인여중 글모임 아이들과 함께였고 다른 주제와 엮어서였는데, 그 아이들은 책을 제대로 읽지 않았고 오히려 어찌보면 교사인 나의 욕심이 앞섰을지 모르겠다. 아이들도 나도 선암사가 처음이었는데, 절이 어떤 고독한 성채 같은 곳이 아니라 아기자기한 공동체 마을 같은 분위기가 무척 신선했던 것 같다. 조롱박으로 샘물을 떠먹으며 아이들은 조그만조그만 수다를 떨었고, 사계절 꽃이 끊이지 않는다는데 어떤 꽃이 있을까 찾아보기도 했다. 스님들의 수행처라기보다 살림집들이 모여 있는 것 같은 그곳에는 예쁜 우체통도 있었다. 정호승 시를 떠올려볼 수 있는 '해우소'에 들어가 보는 것은 즐거운 놀이였다. 작가가 이곳에서 태어났고 소설의 배경이 되고 있으며 아버지가 대처승이었다는 것, 이 절의 스님들은 대처승으로 이 절이 태고종의 본산이라는 정도까지 설명했었다.

그리고 벌교의 소화다리를 걸으며 당시의 상황을 이야기했으며, 벌교 장터를 돌아보고 꼬막 한 됫박을 사서 숙소에 들어가 삶아서 맛있게들 먹었다. 그때는 '작품 속 꼬막'에 대한 인상이 무척 강렬했고, 소화가 무쳐낸 꼬막을 꼭 먹어보고 싶고, 꼬막을 캐는 아낙들의 뻘밭 풍경을 꼭 보고 싶었었다. 하지만 꼬막은 차가운 11월에 캔다는데 우리가 갔던 때는 여름이었기에 뻘밭 풍경은 상상에 그쳐야 했다. 아무 양념도 없었어도 삶은 꼬막은 간간하고 쫄깃하고 맛이 있었다.

개별적인 수준으로 진행하는 태백산맥문학기행은 부족한 부분이 많았기에, 정읍지역 중고등학교가 연대하여 진행하는 태백산맥문학캠프는 나로선 많은 도움이 되고 새로운 부분들이 많았다. 작가 또는 강사를 섭외하는 일에서도 정읍국어교사모임의 이름을 쓰는 것이 큰 힘을 발휘할 수 있었다.

2005년 10월에는 정읍지회 주관으로 당시 토요휴업일 프로그램으로 태백산맥문학기행을 가기도 했었다. 정읍국어교사모임 주관 행사와는 성격이나 분위기도 상당히 달라서 아이들은 훨씬 시끄럽고 노는 것을 좋아했다. 특히 중학생들 시끄러운 것에는 고등학교 선생들이 고개를 흔들 정도였는데, 태인여중 아이들도 그러했다. 김범우집을 가보았고 소화다리를 걸어보았고 현부잣집의 누각에 올라가서 들녘을 내려다보는 특별한 감상을 하기도 했다. 그때는 그렇게 누각에 올라가볼 수 있었고 그렇게 찍은 사진이 남아있다.

이때 특별한 손님으로 동행하신 분이 장기수 유영쇠 할아버지였다. 무슨 말씀을 하시는 것도 사양한 채 아이들과 같이 다니고 아이들과 어울려 사진을 찍고 그랬다. 나 역시 감히 어려워 대화를 해보지 못했던 것 같다. 2018년 지금에야 나는 그분의 존재를 생각하는 일을 했다. 소설 〈태백산맥〉 속에 나오는 수많은 빨치산들, 살아남은 그들은 전향하지 않았다면 이 땅의 장기수로 남았을 것이고 그중 한분이 유영쇠 할아버지로 존재하는 것이다. 나는 열심히 그분의 사진을 찾기 시작했다. 회복할 수 없는 자료들이라고 단념하면서도 항상 억울하고 그랬었는데, 생각해보니 태인여중 폐교 후 만들었던 '다음카페'에 사진이 올라 있다는 것을 떠올렸다. 유영쇠 할아버지와 학교별로 찍은 사진이었다. 사진 속의 모습을 보는 순간 왜 그렇게 눈물이 핑 돌았는지 모르겠다. 나도 이렇게 맑고 깨끗한 모습으로 늙었으면 좋겠다고 생각했던 것 같다.

1928년 김제에서 출생한 유영쇠 할아버지는 1950년 6 · 25 후 입산하여 유격대 활동을 했고 1954년에 체포되어 1983년에 출옥했다. 장기수 송환이 이루어지고 있을 때 그는 북쪽으로 갈지 남쪽에 있을지 많이 고민했다고 한다. '북한 사회의 이해'라는 대학교 강의를 열심히 수강하고, 힘들게 살았으나 매사에 적극적이고 낙천적이라는 그는, 아무 피붙이도 없으나 통일운동이 더 필요할 남쪽에 남기로 결정했고, 유해는 북쪽으로 갈 것을 희망했다고 한다. 2년 전에 저 세상으로 떠났으니 어디로 갔을지, 하지만 이 땅이, 그의 영혼이 북쪽에 가고 싶다고 갈 수 있는 곳은 아니었을 것 같다.

그 여운을 나는 접지 못하고 푸른영상에서 제작한 다큐멘타리 '송환'을 다운 받아서 기진하다시피 하면서도 새벽까지 다 보았다. 첫 화면부터 제작자의 내레이션과 자막으로 심오한 흡인력이 있었다. "세상을 떠난 아버지와 통일을 위해 긴 옥고를 치르신 모든 장기수 선생님들에게 이 작품을 바친다. 반공주의자였던 아버지가 이 작품을 보셨다면 무척 화를 내셨을 것이다. 장기수 선생님들도 썩 만족하시진 않을 것 같다." 인상적인 자막이었고, 제작자의 수고가 얼마나 컸을지 짐작이 가는 일이었다.

장기수 그들의 표정은 강인하면서도 소년 같은 천진성을 지니고 있었다. 동지가 묻힌 무덤 앞에서, 이 땅은 썩을 대로 썩었다고 분노하면서도 '그래도 이 땅은 우리 땅'이라며 우리 땅에서 편히 쉬시라 말할 때의 인상은 강렬했다. 전향 공작 중 사망한 장기수들의 이름과 옥중 사망한 장기수들의 이름이 자막으로 나올 때는 먹먹했다. 남한의 감옥살이가 30년 40년을 있어도 죽지 않고 살아남을 수 있다는 것에 북한 사람들은 어리벙벙했다는 말이 우습고 아이러니했다. 수십 년 고난을 버텨내고 끝끝내 승리한 그들을 영웅으로 열렬히 환영하는 것은 또 다른 면이었다.

정말 모르겠다. 북한에는 장기수가 없고 참혹한 탄압에 진작에 다 죽었을지. 북한에서 잡힌 그들도, 남한에서 잡힌 빨치산들처럼 죽어도 사상을 포기하지 않겠다고 버텼을지. 솔직한 내 생각으로는, 고향으로 돌아가고 싶은 마음은 절실하겠지만 사상을 내세워 목숨을 걸지는 않았을 것 같다.

'송환' 제작자는 말하고 있었다. 장기수 그들이 끝끝내 버틸 수 있었던 힘은 전향 공작의 폭력성 자체였고, 거기에서 저항의 정당성과 힘을 얻었을 거라고. 장기수들은 말하고 있었다. 인간의 존엄을 건드릴 때는 오기가 발동했으며, 나보다 못한 사람한테 굴복할 수는 없었노라고.

1992년 봄 동구권이 무너지자 그 많은 혁명가들이 뿔뿔이 흩어졌던 시절, 장기수들의 존재는 무슨 일을 해서가 아니라 존재 그 자체로 이 남한 땅에서 90년대 변혁운동의 힘과 희망이 되었노라고, 내레이션은 말하고 있었다.

이인모 노인을 시작으로 많은 장기수들이 송환되는데, 남한에서 인연을 맺었던 젊은이들이 그들을 보내면서 펑펑 눈물을 쏟는 모습은 또 하나의 이산가족의 비극으로 보였다. "가는 게 문제가 아니라, 갔다가 오고, 왔다가 가고, 이런 문제가 해결돼야죠." 한 장기수의 말이 오래까지 마음속에 남았다.

이인모 노인이 북으로 간다고 했을 때, 나의 아버지는 그렇게 말씀하셨다. 당연히 보내줘야지. 태인여중에 있을 때 은사님이던 교감선생님은 그렇게 말씀하셨다. 빨치산들 만나보면 우리와 하나도 다를 게 없는 사람들이라고, 정말 놀기도 잘하고 노래도 잘하고 우스갯소리도 잘하는 사람들이라고. 그 시절을 사신 분들이 그렇게 말씀하셨다.

은사님이던 젊은 교장선생님은, 북으로 합치든 남으로 합치든 국민들에게는 아무 상관이 없는 거고 결국은 남과 북의 권력자들에게 문제인 거라고, 대단히 급진적인 말씀을 하셨다. 그분은 그럼에도 나를 많이 탄압하셨다. 학교통신을 만들 때면 '노동'이라는 단어 하나만 나와도 수정을 압박했고 내가 관여한 사소한 것들에 감시의 눈길을 거두지 않았었다.

나의 아버지와, 나의 은사님이던 교감 선생님과, 젊은데도 교장이었던 선생님과, 그분들의 말씀들을 떠올리면서 작품 속의 많은 인물들을 생각했다. 모두들 알고는 있었던 것이다. 민족이 얼마나 중요한 존재인지, 권력의 속성이 진실을 감출 수는 있으나 사라지게 할 수는 없다는 것을. 자연스러운 인간의 본성을 일그러뜨리는 이 땅의 역사가 얼마나 못나고 비극적인 것인지를.

태인여중이 폐교되고, 정읍국어교사모임에서 주관하는 문학캠프가 중단된 뒤에도, 개인적으로 고창 지역의 중학교에서 두 차례 태백산맥 문학기행을 추진했었다. 전 작품을 읽기에 학생들 그것도 중학생들에게 어렵다는 것은 알지만, 만화책을 읽히는 수준으로 해서라도 일을 진행했었다. 사실 다른 문학기행에 비해 쉬운 부분이 있다면, '태백산맥문학기행'은 구체적으로 볼 수 있는 배경지가 분명하다는 것이었다.

그 아이들은 도서실에서 책 읽는 것을 좋아했다. 새 책이 오면 그 자리에 앉아 독서삼매경이었고, 독서시간을 주면 숨소리 하나 없이 조용했다. 책 읽는 시간을 학과 공부 시간보다 더 힘들어하고 십 분도 집중하기 힘들어하는 요 근래 아이들과 무엇이 다른지를 잘 모르겠다. 내가 나이 들어가면서 아이들과 소통을 잘 못하고 인기가 없고 장악하는 힘이 그나마 사라진 것인지, 요즘은 가끔 혼자 심각해지기도 한다.

2009년 해리중학교 문학기행에서는 토요일에 두 학년 26명을 나 혼자 데리고 갔는데, 현부잣집 옆에 있는 식당에서 '소화가 차려주는 꼬막정식'을 먹었다. 중학생이니 가격을 낮춰줄 수 없을까 했지만 중학생은 어른보다 더 먹는다고 주인은 걱정이었다. 정말로 아이들은 엄청 먹었다. 철교다리에서 기차가 지나는 걸 볼 수 있었던 것은 행운이었던 것 같다. 그 아이들은 밖으로 나오니 고삐 풀린 망아지처럼, 토요휴업일이니 더 그랬겠지만, 내 말을 안 듣고 남자애 둘은 주먹싸움 직전까지 가고 그랬었다. 그래도 태백산맥문학관에서 소감문 쓰기 시간은 배경과 분위기 때문인지 진지해서 좋았다.

2011년 성내중학교 문학기행에서는 겨울방학 때 1, 2학년 전체인 16명을 데리고 다른 두 선생님과 함께 1박 2일로 갔었다. 그것도 기차 타고 버스 타고 갔다. 특별했던 것은 선암사 템플스테이를 했다는 점이다. 절에서는 외따로 떨어진 암자 하나를 통째로 우리에게 주었는데, 겨우 문턱으로 방의 경계를 만들고 있던 그 하나의 방에서 남자들은 이쪽 여자들은 저쪽 하는 식으로 1박을 진행했었다. 밤에 밖에 나가면 멧돼지가 출몰한다는 말을 듣고 아이들은 밖에 나갈 생각도 하지 않았다.

1박을 한다는 것은 프로그램이 기행에서 멈추지 않고 활동 중심으로 갈 수 있다는 점에서 좋다고 할 수 있다. 16명 아이들 중에서 〈태백산맥〉 10권을 다 읽은 아이는 한 명이었고, 다른 아이들은 한두 권 읽거나, 만화책으로 다 읽거나 그러한 수준이었다. 그때 〈청소년 태백산맥〉이 있었다면 도움을 많이 받았을 것 같다. 아이들은 밤늦게까지 토론을 하고 독서퀴즈를 했다. 아이들이 조금이라도 덜 헛짓하게 하기 위해서 나름 준비를 많이 하기도 했지만, 아이들은 딴짓 안하고 열심히 해주었다.

템플스테이를 무척 신비하다고 생각했고 꼭 해보고 싶었었다. 하지만 문학기행이 목적이었기 때문에 절의 분위기에 맞출 수는 없었고, 아침의 '발우공양' 하나만 참여했다. 발우란 스님들의 그릇을 뜻하는데 밥그릇, 국그릇, 청수그릇, 찬그릇의 네 가지로 작은 그릇이 큰 그릇 안으로 들어간다. 경건하게 그릇을 받아놓고 경건하게 밥을 먹는 것은 좋았는데, 마지막 남은 음식을 한데모아 물로 씻어 남김없이 먹어야 한다는 것에서 아이들은 기겁을 했다. 항상 그러는 것 아니고 한 번 그렇게 해보는 것도 교육적이고 훌륭하다고 생각했는데, 아이들에겐 그것이 무척 고역스러운 일이었던 것 같다.

해리중 때도 성내중 문학기행 때도 그 이전과 다르게 벌교의 작품 무대 설명 표지가 정비되어 있었고 문학관이 정비되어 있었다. 위승환 면장님의 노고가 드디어 빛을 본 셈이니 축하할 일이었다. 성내중 문학기행에서는 문학관에서의 값진 시간이 무엇이 좋을까 고심하다가, 위승환 면장님의 작은 강연을 부탁했었다. 쉽고 간결하게 이야기를 잘 정리해 주어서 귀에 쏙쏙 들어왔다. 문학관에서 작가와 작품에 대한 이야기를 듣는 경험은 귀하고 값진 것이었다. 조정래 작가와의 만남은 아직까지 언감생심이었다.

2018년 7월 25일, 나는 네 번째로 읽기 시작한 '태백산맥'을 5권까지 마친 상태에서 작품 배경 답사를 가기로 했다. 〈청소년 태백산맥〉 10권을 읽느라고 늦어졌고 거기다 더 늦출 수가 없었기에, 뒤의 5권은 다녀와서 더 실감나게 읽겠다고 위안했다. 살인적인 더위 속에 무리 아니냐는 생각도 안든 것은 아니었으나, 2002년의 문학캠프가 바로 그 한여름이었고, 그 시점과 연결시키기 위한 욕심이 있기에 주저할 필요는 없었다.

[2018년 답사 일정]

정읍 → 주릿재 → 율어초등학교(1930년 개교) → 미력수련원(현 용정중학교) → 진트재 터널 → 중도방죽 → 철다리, 선착장 → 문학관 → 소화네집, 현부잣집 → 제석산 산길 → 김범우집 → 홍교, 소화다리 → 벌교역 → 남도여관 → 부용정 → 선암사 → 정읍

내가 가장 중점을 두고 생각한 곳은 '제석산'이었다. 김범준이 멀리서 아버지의 상여 행렬을 바라보며 절을 올리던 그 자리를 찾아보고 싶었다. 벌교기행은 여러 번 갔지만 제석산은 올라가보지 않았고, '그 자리'를 찾는다는 것이 나 혼자만의 낭만인 것만 같아서 늘 속으로만 꿈꾸었던 터였다. 문학관 바로 옆에 '조정래 등산길' 표지석이 있었고 그곳에서부터 시작해서 김범우집까지 가기로 했다. 정하섭과 소화가 드나들었을 현부잣집 쪽문을 옆으로 보며 제석산으로 들어서는 순간 만나는 숲의 풍경은, 소설 속으로 진입하는 듯 고요하고 신비로운 분위기였다.

조정래 등산길 코스가 정확히 어디어디를 말하는 것인지는 잘 모르겠다. 김범우집에서부터 상여가 움직였을 테니 그곳까지 가는 길 어딘가에 멈추어서 상상의 시간을 가져보는 것도 좋겠다 생각했다. 김범준을 호위하기 위해 염상진 소대가 따라나섰고, 그들의 움직임이 노출되면 안 되는 곳일 거고 낙안벌과 읍내가 내려다보이는 제석산 어느 산자락일 거였다. 딱 여기다 싶은 곳은 찾지 못하였지만, 부족한 부분은 상상으로 채우면서 가지고 간 7권 그 부분을 남편을 학생 삼아 간추려 이야기해보았다. 정지용 '향수' 부분은 노래로 하고 싶었지만 한 연밖에 못했다.

선산으로 향하는 장례행렬을 기다리는 김범준과 염상진, 상여소리가 들리고 '향수' 첫째 연이 깔리면서, 김범준은 일본유학 생활 시절 민족을 자각하고 무장독립투쟁을 최우선으로 하는 비밀조직에 가담하던 시기를 회상한다. 그리고 일경에 쫓겨 만주로 떠날 때 "장부로서 나설 만 헌 길"이라는 말로 아들을 지지해주던 아버지를 떠올리며 '향수' 둘째 연이 펼쳐진다. 힘들게 찾아갔으나 임정에 대해 실망하고, 중국에서 김범준은 공산당 조직과 연결된다.

군사학교에 가기 전 국내 임무를 위해 잠입했을 때, "인자 니가 나 혼자 자식이 아닌데 재산이라고 나 혼자 재산이겄느냐" 하며 거액의 급전을 마련해주던 아버지를 회상하며, '향수' 셋째 연이 들려온다. 군관학교를 졸업하고 장교가 되어 상해로 가는 아들을 삼년 만에 보면서 "그려, 아조 실허게 변혔구나. 장헌 일이여" 라는 말로 지지해주며, 예견하고 준비해두었던 큰돈을 건네주던 아버지를 회상하며 '향수' 넷째 연이 에코음처럼 들려온다.

그로부터 이십육 년 만에 인민군 장교로 돌아온 아들이 담아준 담배통의 담배를 흐뭇한 얼굴로 빠시면서도, 아들의 선택을 걱정하듯 "니가 시방 허고 있는 작심도 장한 것으로 생각해야 허겄냐" 마지막 질문을 남기셨던 아버지의 모습을 회상하며 '향수' 마지막 연이 깔린다.

조국 땅의 독립에 대한 확신보다 컸던 조국 땅의 혁명에 대한 확신, 그 확신의 어디에 착오가 있었던 것일까, 김범준은 생각하고 또 생각했다고 했다. 그 모습 자체가 더 설명이 필요 없는 이 땅의 비감한 수난사였고 통한의 민족사였던 인민군 장교 김범준. 불행히도 김범준과 같은 존재는 지금 분단의 역사에서 독립운동가로 인정받지 못하고 있다. 어디에 착오가 있는 것일까? 생각하고 생각해본들 답은 요원한 일이다.

"그래, 땅을 빌려 쓰면 사용료는 얼마를 어떤 방법으로 낼 심산인가?" 어릴 때부터 '우리 상진이'라고 부르며 귀애하던 김사용 어른의 음성을 염상진은 듣고 있었다. 인민재판의 충격 후 자기가 그 어른에게서 완전히 버려졌다고 생각했으나, 자신은 결코 그 어른을 버릴 수가 없으며, 김사용 어른은 버린다고 버려지는 분이 아니라고 했다.

올해 벌교에 갔을 때 전체적으로 '태백산맥문학길'이 정비되어 있어서 감회가 새롭기도 했는데, '제석산 조문하던 곳'도 마련했으면 어떨까 생각도 해보았다. 문학캠프 한 프로그램으로 한다면 김범준과 염상진, 염상진의 소대원들, 이렇게 설정하고 노래와 연기 또는 글쓰기 등의 시간을 가져보는 것도 괜찮을 것 같다. 정지용 시 '향수'가 발표된 연도가 1927년인데, 김범준이 그 시를 뇌며 압록강을 건넜던 연도가 1924년으로 나오는 것에 대해 어떻게 생각할까, 이야기를 나누게 해도 좋을 것 같다.

어떻든 '향수' 노래는 정말 우리 한국인의 정서를 울리는 가사와 곡을 가졌다. 이 노래를 들려주면 아련한 향수에 젖는 표정을 보이던 아이들이 있었다. 수업 시간에 같이 부르던 아이들이 있었다. 그런데 언제부턴가, 언제적 노래냐며 외면하는 아이들이 많아졌다. 급격하게 변해가고 있는 아이들 앞에서 교사로서 실망하거나 무력감에 빠질 때가 있는 것도 사실이다. 하지만 김범준의 '끝없이 순결한 혁명 실천 정신'을 무기로 삼는다면, 이 험난한 교사 생활도 감당할 수 있지 않을까, 그런 생각을 해보았다.

2002년 학생 소감글에서 보았던 '이승복 동상'은 2018년에 갔을 때는 수련원이 아닌 율어초등학교에서 볼 수 있었다. 율어로 가는 길목에 작품 속 염상진의 무덤이 있다고 했고, 작가는 율어로 가는 주릿재 정상에 문학관이 서는 것을 가장 좋다고 생각했다고 한다. 대신 지금 그곳에는 문학비가 서있다. 나로선 율어도 몇 번째 가보는 곳이지만 이런 곳이 있구나 싶게 늘 신비하다. 여전히 건재하는 '이승복 동상'은 이념의 대립이 있던 현장의 상징일지도 모르겠다.

2018년 답사에서 굳이 2002년 숙소였던 곳을 가보느냐 할 수도 있겠지만, 나는 가보고 싶었다. 그곳이 아니면 그때의 문학캠프가 온전히 살아나올 수 없기 때문이었다. 나는 폐허가 된 곳을 기대했을지도 모르겠다. 하지만 그곳은 대안학교로 바뀌어 있었다. 공사 중이어서 좀 삭막했지만, 캠프 때 숙소였을 자리에는 조류장이 있었고, 뒷산이나 앞산은 그대로였지만, 강당 건물은 신식이었으며 운동장 한쪽에는 수영장과 보트까지 갖추고 있었다. 이승복 동상은 없었다. 대안학교로 바뀐, 사라진 태인여중을 잠깐 생각했던 것 같다.

'진트재 터널'은 처음 가본 곳이면서 가장 인상에 남는 곳이었다. 2002년 문학캠프 때 기행이 '진트재에서 율어까지'였고, 처음 시작하는 진트재는 엄청난 바람으로 우리를 맞아주던 곳이었다. 그때는 내려가 보지 않아서 '터널'을 실감하지 못했었는데, 이번에는 사잇길을 찾아 밑으로 내려가 보고 터널 안까지 들어가 보기도 했다. 마침 기차가 지나가면 더 실감이었을 것이다. 하대치와 안창민 일행은 이 터널 앞에 바위를 굴려놓고 기차를 세운 뒤 순천에서 오는 군용열차를 습격해서 군수품과 무기를 탈취한다. 지형과 터널을 직접 보면 정말 그럴 수 있겠다 고개가 끄덕여진다. 작가의 사실 취재와 생동감 있는 상상력에 감탄할 수밖에 없었다.

예전의 기억을 살려 중도방죽을 걸어 철다리까지 가보자 했지만, 작품 속 이지숙처럼 중도방죽을 걸어 선수머리까지 갔다 오자 했지만, 너무 햇볕이 힘들고 시간 부족으로 그렇게는 못했다. 새로운 수확이 있다면, '태백산맥 문학기행길'이 정비되어 있다는 것을 알게 된 것이다. 중도방죽을 따라 펼쳐진 갈대밭 사이로 나무다리가 설치되어 있었고 바닷물과 민물이 만나는 물속엔 커다란 물고기들이 유유히 헤엄치고 있었다. 뻘 속에선 작은 생물들이 쉼없이 팔딱이고 있었다. 어릴 때의 아들들을 생각했다. 이런데 데려오면 신기해서 어쩔 줄을 모르던 왕성한 호기심과 활동력. 그러한 모습을 회복하고자 하는 것이 '교육'의 길인지도 모르겠다.

'태백산맥 문학기행길'이 문화체육관광부가 실시한 2012년 이야기가 있는 문화생태탐방로 10선에 선정됐다고 하니, 나로서는 정보가 무척 늦은 셈이긴 하다. 남도여관이 실제 이름인 보성여관으로 개관하고 있다는 것도 처음 알았다. 땡볕의 제석산 등산까지 너무 지친 와중에 보성여관의 찻집은 반가운 휴식처였다. 중고등학생들인 듯한 기행팀이 와있었고 주인은 주문받은 차를 나르느라 정신이 없었다. 나는 '술도가'가 바라다 뵈는 창가의 자리에 앉아 '아이스 아메리카노'를 마셨다. 이 잠깐의 휴식이 참 행복하다고 생각했던 것 같다. 의외로 안에는 여러 공간이 구비되어 있었고 7개 방의 숙박동도 갖추고 있었으며 2층 다다미방은 버스 한 대 인원 정도는 프로그램을 진행할 수 있을 것 같았다. 간단한 전시물들도 많았고 간단한 영상 시설도 갖추고 있었다.

문제는 돌아서 나와서는 왠지 개운하지가 않았다는 점이다. 남도여관이라면 작품 속 심재모가 "지금이 어느 때라고, 반란 세력을 진압하고 민심을 수습해야할 임무를 띤 토벌대가 여관잠을 자고 여관밥을 먹어?" 했던 곳이다. 옮겨 기거했던 선착장 창고라면 몰라도 이곳이 부각될 배경지일까 회의도 들었고, 군산처럼 일본 색 짙은 거리를 조성하여 문화유적지라고 하는 것에도 회의가 들었다. 그런 생각이 들 만큼 벌교거리가 일본 색으로 치장된 느낌을 받았다. 어쩔 수 없는 자본주의 시스템 아닌가 생각도 들었다. 벚꽃 일색이 마음에 안 들고 일본 색 짙은 거리가 마음에 안들 수는 있지만, 그것이 '장사'하는 수단으로는 딱 맞아떨어진다는 점이다.

소화다리, 횡갯다리, 철다리를 다 건너보아야겠지만, 그것을 한꺼번에 해결해볼까 하는 욕심을 가지고 부용정 정상에 올랐다. '부용산' 노래가 빨치산 노래라고 벌교기행에 오면 꼭 듣는데, 작품 속에서는 나오지 않는 이 노래를 왜 꼭 말하는 것일까, 작품 속의 빨치산들이 어떻게 이 노래를 알고 불렀다는 말인가, 의아했었다. 그런데 이번에 좀 가닥이 잡혔다. 벌교 출신 박기동이 쓴 시를 안성현이 작곡한 노래가 1948년 공연에서 공개되면서 보성과 벌교까지 노래가 퍼졌는데, 여순사건으로 빨치산이 된 사람들이 이 노래를 즐겨 불렀기 때문에 금지곡이 되었다는 것이다. 요절한 누이동생을 부용산에 묻고 내려오며 슬픔을 노래한 이 곡의 정서가, 고향에 돌아갈 수 없는 빨치산들의 정서와 닮았다는 것이 신기하면서도 잘 이해가 된다.

부용산에는 이 고장이 자랑하는 채동선 비가 있고 부용산 노래비가 있으며, 작품 속 심재모가 종합지휘소를 차렸다는 고지가 여기에 있다. 고지에 오르면 벌교읍내가 환히 내려다보일 테지만 나무에 가려 잘 보이지 않았고, 오히려 현충탑이 있는 중간지점에서 더 잘 보였다. 제석산이 보이고 낙안벌이 보이고 소화다리, 횡갯다리, 철다리가 다 보였다. 심재모 지휘소가 있다면 전망이 수월하도록 나무를 잘랐을 테니 부용정 자리에서도 잘 보였을지 모르겠다.

태백산맥문학관은 문학캠프 문집이 그 자리에 그대로인가 확인만 했다. 입장권이 유료이고 자판기를 통해 표를 끊는 것이 좋은 것인지는 잘 모르겠지만 이미지 차원에서 플러스는 아닐 것 같았고, 입구의 안내자 역시 전문인의 이미지가 있는 게 좋지 않을까 생각했다. 문학관 관장은 내부 문제로 공석이라고 했다.

가장 실망한 곳은 김범우집이었는데, 2002년에 갔을 때는 사람이 사는 자취가 있고 작가가 어린 시절 자주 와서 놀았을법한 방도 번듯하게 있었고, 하인들이 우러러보도록 자리 잡은 계단 위의 본채와 마루, 정원의 꽃과 나무들이 있었다. 뒤안에는 친환경의 돼지막이 있었고 담장 너머로 낙안벌과 들몰 들녘이 보이는지 깨금발을 딛고 바라보곤 했었다. 안에서 보면 낮은 담장이 밖에서 보면 성처럼 높고, 담쟁이가 담장의 세월과 연륜을 더해주는 듯했다. 그 후에 갔을 때도 좀 바래긴 했어도 크게 다르진 않았었다. 그런데 2018년도에 본 김범우집은 버려진 집 같았다. 다른 곳들은 다 말끔하게 정비되고 있는 이 시점에 이상하기도 했고, 들어오는 길의 멋대가리없이 쳐발라놓은 시멘트 길은 꼭 급조된 주차장 같아서 보기 흉했다.

제석산자락을 걸어서 넘어왔기 때문에 다시 차 있는 곳으로 가기 위해서는 택시를 불러야 했는데, 택시 운전사는 여러 정보를 우리에게 들려주었다. 김범우집의 소유주가 집값을 올려 받기 위해 버티고 있는 거라는 말을 했다. 그리고 〈태백산맥〉의 주인공이 누구라고 생각하느냐고 물어왔다. 나는 '민중'이거나 '김범우'일거라고 대답했지만, 그는 '염상구'라고 대답했다. 신뢰도를 확실히 하려는 것인지 그는 작가에게 들은 말이라고 했다. 그렇겠다는 생각도 들었다. 택시를 타보면 기사님들은 그렇게 정보가 많고 깨인 사고를 가지고 있다는 느낌을 자주 받는다.

이 자본주의 사회에 무사히 살아날 수 있는 사람은 염상구 같은 사람일 것이고, 그래도 형이나 가족에 대한 긍정성을 잊지 않을 사람으로 변화할 것 같아서 주인공일 수 있겠다는 생각이 들었던 것 같다. 돌아와서 자료들을 다시 보니 그렇게 주장하는 이야기들이 분명 있었다. 그렇게 생각하면 작가의 의도가 빨치산 미화가 아니라는 것이 확실해지는 셈이다. 주인공이 누구냐, 마지막 장면의 여섯 사람 중에 이름이 있는 사람이라는 말도 있었다. 하대치는 확실히 알겠고 또 하나는 누구일지 알 수가 없다. 외서댁도 있을 텐데 그건 이름은 아니다.

처음 내가 이 책의 독후감을 쓸 때 가장 감동적인 대목이 하대치가 별을 가슴에 담는 장면이라고 썼는데, 그것은 지금도 마찬가지이다. 어쩌면 이 땅의 장기수로 남아 있지 않을까 생각했다. 이 책이 이적표현물로 의혹을 받는 부분이, 김범우가 포로교환에서 위장 반공포로로 투항하는 부분, 박헌영 숙청을 정당화하는 듯한 발언, 하대치 일행이 마지막까지 투쟁을 다짐하는 부분 들이라고 한다. 사회주의의 승리를 표현하는 게 아니냐는 논리이다. 작가는 다른 논리를 마련하고 있었고 '이념' 대신 '인간'을 이야기하고 있었다.

여기서 작품 속의 조원제를 떠올린다. 18세 소년이지만 대단히 머리가 좋고 인간적이어 신임과 사랑을 받는 인물이다. 조원제보다 어린 인물은 17세 천점바구인데, 나이가 어리다는 것은 어른들의 부모 마음을 건드리는 근원적인 요소가 있는 것 같다. 천점바구의 네 개나 되는 별명 중 염상진처럼 되는 게 꿈이라서 붙여졌던 '새끼대장'은 구빨치들이 불러주었던 애칭인데, 그들이 다 죽고 불러줄 사람이 없을 때의 천점바구의 마음은 애틋했다. 조원제 역시 영웅 칭호를 가진 이태식의 절대적인 애정과 신뢰를 받는다.

"여그다 붙들어놔도 남는 것은 죽음일 뿐이다. 그려, 그리 똑똑헌 것으로나, 그 시퍼런 나이로나 시방 죽기로는 너무 아깝다. 가서, 무신 수럴 써서라도 죽지 말고 살아나그라. 그려서 그 존 머리, 그 씬 뚝심으로 우리 죽은 담에라도 찰지고 끈끈허게 투쟁허는 것이여. 샘얼 짚이짚이 팜스로 찔기게 투쟁혀나가는 것이 니가 헐 일이고, 그 일얼 잘 혀야 우리가 먼첨 죽는 뜻도 되살려지는 것잉께. 그려, 가그라. 가서, 니 목심 닿는 디꺼정 삼스로 니가 맡은 역사투쟁얼 허는 겨."

조원제를 산에서 내려 보내며 이태식이 혼자 하는 말이다. 조원제는 임무를 시작하기도 전에 잡히지만, 아버지가 같이 잡힌 사람과 아들 둘을 돈으로 빼낸다. 아버지의 말이 너무 멋있었다. "일없다. 니가 입산헌 담부텀 이 애비가 헌 투쟁이 먼지 아냐. 요런 날에 대비혀서 정신없이 돈 모툰 일이었다." 조원제가 잡혔다는 것을 아버지에게 알린 것은, 보고도 외면한 집안 아저씨가 아닌 조원제의 전력까지 알고 있는 박 형사였다는 점은, 우리사회의 어떤 '희망'처럼 보여서 좋았다.

조원제는 죽지 않고 나와서 어떻게 살아갔을까. 잡히는 순간까지 재빨리 머리를 회전하는 그의 모습은 듬직했던 것 같다. 그런데, 그 모습이 현실 속의 경제학자 '박현채'였다. 작가가 조원제의 모델로 삼았다는 실존 인물인 것이다. 나는 이날까지 박현채라는 존재를 몰랐고, 이제야 자료를 찾아보면서 많이 감탄했다. 내가 모르는 훌륭한 삶들이 이렇게 있구나, 그런 생각을 하는 순간이다. 나는 정말 모르고 살았구나, 그런 생각.

그가 끝내 공식화하지 않았던 과거를 말한 것은 87년 소설가 조정래를 만나서였다고 한다. "여기 있어도 죽고 가도 죽으니까 차라리 너하고 싶은 대로 해라." 그렇게 말하는 어머니 앞에 무릎 꿇고 절하고 산으로 갔다는 박현채, 그는 남한 사회에서 농업문제 전문가로 자리 잡았으나, 인혁당 사건으로 안정이 파괴되면서 80년대까지 재야평론가로 생활고 속에 살아야 했다. 이미 학계와 사회, 모두에서 존경받는 학자였지만, 89년 쉰다섯에서야 생애 처음 정식 교수로 임명된 그는 학자 활동을 하는 내내 늘 감시의 대상이었다고 한다. 글쓰기가 곧 투쟁이었던 그는, 연일 과로 상태에서 뇌졸중으로 쓰러져 95년 아까운 61살의 나이로 세상을 떠났다. 쓰러져 의식이 없는 상태에서도 안기부에서는 그것이 거짓이 아닌지 사찰을 나왔다고 하니, 기가 막힐 일이었다.

> 인혁당에 연루된 60년대부터 그는 평생 북한과 거리를 두어야 한다는 의식이 확실했다. 분단 상황에서 북한과 관련되면 곧 모든 명분을 잃는다는 것을 인식했기 때문이었다. 대신 박현채는 민족경제라는 틀을 통해 남북한이 평화롭게 공존할 길을 모색했다. 이것이 분단시대, 대립하는 남과 북 사이에서 박현채가 제시한 제3의 길이었다. 지치지 않고 써나간 글은 그의 학문적 업적을 위한 것이 아니라, 현실을 변화시킬 이론적 무기였다.
>
> …………
>
> 살아온 삶 자체가 분단 시대의 상징이었고, 그로 인해 분단에 묶여 살아야 했던 학자 박현채. 그의 치열했던 삶은 이렇게 남았다. "민중적인 것이 곧 민족적인 것이다." 열심히 일하는 이들이 행복하고 민족이 하나 되는 세상……. 그것이 학자 박현채가 꿈꾼 세상이었고 또한 그것은 우리 사회가 한 번도 가지 않을 길이었다.
>
> — kbs 인물현대사 38회(2004. 5.)

남한 사회에서 살아야 할, 박현채의 북한에 대한 인식과 조정래의 인식이, 비슷하지 않을까 생각해보았다. 분단의 열쇠를 이념이 아닌 농민문제에서 찾는다는 점도 그렇다. 그리고 아무리 검찰이 이적성 잣대로 잡으려 한다 해도, 박현채나 조정래의 머리를 따라올 것 같지는 않다. 둘이 만나서 얼마나 좋았을까 상상이 됐고, 둘이 같이 지리산 답사길을 다니던 모습이 지리산 풍경처럼 떠올랐다. 조정래를 알아보고 모델을 자원한 박현채, 박현채를 존경하고 소설 속에 그의 자서전처럼 담아낸 조정래, 그러한 만남은 생애 최고의 행복일 것 같다.

소설 〈태백산맥〉의 감동적인 인물과 요소들을 다 열거하기로 하면 끝도 없겠지만, 나는 손승호와 하대치를 말하고 싶고, 길남이와 광조, 빨치산의 아내와 빨치산의 어머니를 생각해보고 싶다.

외서댁보다도 죽산댁이 더 감동이 있었는데, "쌈이야 끝나봐야 누가 이겼는지 아는 법잉께, 깨끔허니 이겨갖고 와서 큰소리럴 쳐도 치든지" 하며 염상진 부인 자리를 무색하게 하는 말로 자식들을 지키는 본능적인 대처를 하는 부분이라든가, 염상진의 잘린 머리를 찾기 위해 포효를 하고 시동생의 역할을 재빨리 인지해내는 부분들이 인상적이었다. 호산댁의 애달픔이야 뭐라 표현하기 어렵지만, 과수원댁의 애달픔이 그보다 더했던 것 같다. 형의 밀고로 동생이 죽고 그 어머니 과수원댁은 목을 매고, 남은 형은 남한사회의 연좌제 끈을 끊고 출세했을까? 형을 배반했고, 18년 대통령까지 지낸, 그는 출세한 것일까?

길남이네와 광조네 아이들이 나오는 부분은 늘 애틋했고 미소가 지어졌다. 조정래가 손주들을 위해 동화를 쓴다 해도 좋은 작품들이 나올 것 같다. 덕순이에게 행패를 부리는 아이들과 싸우고, 달려온 담임이 "그래, 그놈들이 나쁜 놈들이다. 다 잊어버려라." 했던 말은, "산사람이 되고 싶어 된 사람이 어디 있겠느냐. 그런 사람들 자식이라고 차별하지 말고 사이좋게 지내라." 했던 조정래 어린 시절 담임이 했다는 말과 겹쳐지기도 했다. 작가가 5학년 때 전교생이 동원되어 벌교읍사무소로 '빨치산 시체 구경'을 갔다는데, '광조나 덕순이' 같은 아이들이 어떠했을지 상상조차 어렵다. 한 번 잡혀갔다 온 뒤 어벙이가 되어 있던 가난한 길남이, 그러한 아이들을 가르치도록 서민영이 이근술 같은 사람의 역할을 만들어낸다는 부분은 참 좋았다.

길남이 아버지 하대치는 〈태백산맥〉의 주인공이라고 해도 좋을 것이다. "지가 할아부지헌테 받은 이름얼 지 손자눔헌테 넴게줄라고라. 요 말을 죽기 전에 아들헌테 전허고 죽을랑마요. 대장님, 우리넌 아직 심이 남아 있구만요. 끝꺼정 용맹시럽게 싸울 팅께 걱정 마시씨요." 하대치가 염상진 무덤 앞에서 맹세하는 말이다. 동학의 선봉에 섰고 '쇠포리맹키로 징허고징헌 눔덜' 양반에게 맞아죽은 아버지가 남긴 이름이 '대치大治'였다. 천점바구를 지극히 아끼고 그의 죽음을 슬퍼했던 하대치는, 염상진을 존경하고 절대적으로 신뢰하는 빨치산 대장이었다. 그 이름을 받는 길남이의 아들은, 남한사회에서 어떠한 인물로 성장할까. '봉화가 타오르고 함성이 울리고 있는 가슴에다 별들을 옮겨 심는' 하대치 할아버지의 영혼이 손주를 든든하게 지켜주었으면 좋겠다.

손승호는 내가 교사라는 점에서, 글쓰기를 선망한다는 점에서, 어쩔 수없이 끌리곤 했던 인물이었다. 그는 남국민학교 교사였고, 사회주의에 대하여 회의를 보였다가 다시 돌아가는 인물인데, 그 열쇠는 항상 '인간 중심'에 있었다. 손승호에게 글을 배웠고 죽는 순간까지 손승호에게 고마움을 표현했던 솥뚜껑, '빨치산 생활로 굳은살이 박인 발바닥'을 보이고 싶어 할 만큼 손승호는 솥뚜껑을 끊임없이 그리워했다. 그가 '지리산을 관찰'하는 부분을 읽으며, 나도 지리산에 꼭 가봐야겠다는 생각을 했는데, 그처럼 내가 글을 쓸 자신은 없다. '구체적인 자각으로 죽음을 끌어안았기 때문'에 죽음으로 이어진 길이 두렵지 않던 손승호였는데, 나로서는 참 허망하게 그는 죽어버렸다.

> 지리산은 아흔아홉 골짜기를 열어 8만이 넘는 빨치산들을 받아들였고, 끝내는 그들을 영원히 품에 잠들게 했다. 세계의 현대사에서 그 유례가 없는 죽음의 의미를 캐려고 나는 열 번이 넘게 그 고산준령을 오르

내렸다. 나는 지리산의 적막 속에서 빨치산들의 열혈 투쟁을 본 것이 아니라 인간의 숭고한 정신을 느끼고는 했었다. 인간의 인간다운 세상을 향해 끝없이 몸부림치는 인간의 숭고함. 그 몸부림은 시대를 초월한 인류 역사의 불변의 과제였고, 현실적으로 어리석은 소수 인간들의 희생 위에서 인류의 역사는 발전되어 왔던 것이다. 그 숭고한 정신은 인간 긍정의 모태고, 소설의 영원한 테마다. 〈태백산맥〉 마지막 장면에서 하대치와 그의 동료들이 어둠 저 편으로 찾아가는 것도 사회주의를 넘어선 바로 그 인간다운 세상을 향한 발걸음이다.

— 조정래 사진여행 〈길〉

소설 〈태백산맥〉을 읽으며 나는 '화합의 장면' 두 곳을 뽑을 수 있었다. 하나는 여순사건 부분이고, 하나는 눈발 속에 천점바구 일행과 국방군 일행이 부닥친 장면이다. 나로선 힘들게 한 발견이니 여기에 적어두어야겠다. 제주 4 · 3에서 김익렬과 김달삼의 협상도 그러면 좋았을 텐데, 문상길 중위의 유언만 비극의 감동으로 남았다.

십오연대가 반란군과 대치한 곳은 솔티재였는데, 처음 얼마 동안은 전투를 하는 것 같더니, 우리끼리 싸워봤자 뭐 하느냐 어쩌느냐 하는 외침이 왔다갔다 하더니만 꼭 거짓말처럼 한 덩어리가 되더랍니다. 서로 어깨동무를 하고, 장난을 치고, 총을 하늘에다 대고 쏴대고, 너무 갑작스런 변화 앞에서 꼭 귀신에 홀린 기분이더랍니다. 군인들이 한 덩어리가 되고 보니 경찰은 우글거리는 적들 속에 서 있는 꼴이 되고 말았다는 거지요. 그 사실을 깨닫자 정신이 번쩍 들어 도망치기 시작했다는 겁니다.

— 조정래, 태백산맥 2권

"서로 쏘지도 못헐 총, 은제꺼정 요리 종그고 있을 것이요. 우리 담배나 한 대썩 갈라 피우고 서로 갈 길로 가는 것이 으쩌겄소?"

"그거 괜찮은 생각이오. 우리가 사적으로야 원수 진 일이 없으니까. 그런데, 그냥 헤어지지 담배까지 피울 건 없잖소. 누구 눈에 띌 수도 있고 말이오."

"서로가 마음 놓고 헤어질 수 있게 양쪽에서 한 사람씩 총을 거꾸로 해서 어깨에 엇갈리게 메도록 합시다."

"담배가 없소? 없으면 주겠소."

"주먼 고맙겄소."

"나 건빵이 한 봉다리 있는디, 묵을라요?"

"하먼이라. 있으먼 주씨요."

"잘들 가시오."

"몸덜 성허씨요."

― 조정래, 태백산맥 2권

1953년 7월 27일 휴전협정이 조인되었다. 1945년 해방된 이 땅에 미소 합의로 그어진 직선의 삼팔선은, 8년의 비극을 지나 꾸불꾸불한 곡선의 휴전선으로 변했다. 그럼 북으로 막히고 남에서는 살 수 없는 산사람들은? 이 질문 앞에 막막한 어둠이 막아섰다. 하지만 이제, 그 어둠을 〈태백산맥〉의 작가는 거두어내고자 필생의 힘을 다했다는 것을 조금은 알 것 같다.

"인민들이 겪은 그 이중적인 고생을 우리는 잊어서는 안 됩니다. 혁명은 적에게만 폭력인 것이지 인민에겐 끝없는 신뢰와 사랑이어야 합니다. 그건 우리가 약속을 실천하지 못한 대가로 인민들에게 받는 대접이니까 당연히 감수해야 합니다." 회의하는 동지에게 깨우침을 주던 김범준의 차분한 논리를 생각했다.

"나넌 새끼덜이야 다 즈그 묵을 것 타고난다는 옛말얼 믿고 잡으요. 그 말얼 믿고 맘 편허게 죽을 작정이요. 나가 지금꺼정 시물여섯 해럴 살었는디, 그중에서 입산투쟁험시로 산 삼년이 질로 존 세상이었소." 조원제부대의 유언발표회 같은 토론회를 생각했다. 휴전이 되는데 북쪽에서는 왜 우리에 대한 대책을 세우지 않느냐는 식의 발언이나, 당에 대해서 무슨 원망을 하는 내용의 발언 같은 것은 그들은 하지 않았다고 했다.

죽음을 앞두고도 웃을 수 있던 그들의 마음을, 농민이나 천민인 적이 없던 대부분의 우리들은 잘 이해할 수가 없다. 빨치산들보다 더 많이 죽어갔던 동학 때의 농민군들의 마음도 그러하다. 동학에 앞장섰던 할아버지, 일본의 착취에 저항했던 아버지, 빨치산으로 죽어가야 했던 아들, 여러 작품들을 읽으며 '농민과 농토'를 배경으로 그 흐름이 관통하는 것을 본다. 그리고 결국 작가는 자기가 가장 잘 아는 이야기를 쓴다는 것을, 그러한 작품이 감동을 만든다는 것을 알 것 같다. 작가는 벌교의 이야기를 정말 잘 살렸다.

"이런 꼴을 보자고 학병에 끌려가 살아남기 위해 발버둥친 것이 아니었고, 해방된 나라의 군인이 된 것이 아니었다."고 항변하던 심재모, "인자 나보고 경찰복 다시 입고 그 사람덜 때레잡으라는갑는디, 그 사람덜이 참말로 공산당이라고 생각허시요?"라고 항변하던 이근술, 그들의 존재도 작품 속에서 큰 감동이었지만, 좌익 사람들만큼 감동을 확보하지는 못한 것 같다. 이런 요소들 때문에 그 이적성 시비가 끊임없었을 터이다. 하지만 작가여서 좋은 점이 있다면 자기가 살지 못하는 삶을 허구로 대리만족할 수 있다는 것이라고 생각하는데, 이 땅의 정상적 사고를 가진 누구라 한들 우익 쪽의 인물을 어떻게 그 이상의 압도적인 감동으로 그려낼 수 있겠는가.

2018년 선암사에 수국은 없었다. 내가 여러 번 가서 신선한 감각이 무디어졌는지 절이 세월에 변화하였는지는 모르겠으나, 선암사는 예전과는 다른 모습으로 다가왔던 것 같다. 농민이나 기본출들은 '학습에서 날마다 배우는 모든 것이 새롭고 유익하여 졸음이 올 리가 없다'고 했는데, 지금 이 시대에 꼭 필요한 요소라고 생각했다. 선행학습의 역효과를 보이는 아이들, 현란한 속빈 체험들로 웬만해서는 탐구열의 눈을 빛내지 않는 우리들, 이번에 '선암사'에서 받은 느낌에 대해, 나는 나름대로 반성을 해보았다. 학이시습지 불역열호學而時習之 不亦悅乎.

딱 한 번 김사용이 공식 직함을 가졌던 건국준비위원회, 나중에 인민위원회가 되고 그 지도자 여운형이 암살된, 그 역사를 공부해봐야겠다. 여순사건의 실상을 공부해봐야 할 것 같다. 박현채가 쓴 〈민족경제론〉은 내 책으로 구입해서 꼭 읽어보고 싶다. 조정래가 쓴 〈아리랑〉과 〈한강〉을 다시 한 번 읽어봐야겠다. 그리고 정작 한 번도 가보지 않은 아리랑문학관을 가보고, 한강의 강변도 처음으로 한 번 서보고 싶다. 수국 꽃무리가 있던 사진 파일은 이제 찾을 수 없지만, 문집으로 남은 흔적을 버팀목 삼아 끊임없는 '새로움을 향한 웃음'과 '일상의 투쟁'을 생각하고 실천해보고 싶다.

[2018. 08. 09.]

평사리

박경리, 글쓰기 은사로 존경을 받는다는 것

뒷산의 고소성에 올라 평사리 들녘을 내려다 보았을 때는, 세상에 이런 좋은 곳이 있으랴, 감탄하고 감탄했다. 악양 들판 옆으로 섬진강이 흐르고 있었고, 그 어딘가에 나루터가 있을 것이었다. 들판 너머 지리산이 있고, 그 자락을 타고 구천이 숨어들었을 것이었다. ('평사리' 중에서)

1997년 전국환경글짓기대회에서 최우수상을 수상했던, 태인여중 학생 작품을 찾아 읽어본다. 상금도 꽤 되었을 것이다. 그 아이의 부모님이 무척 좋아했고, 교장은 액자로 만들어 학교 현관에 게시하자고까지 했지만, 지금의 나는 그 시절 동아리 문집에서 그 자취를 찾는다.

여름방학을 활용하여 내가 속한 글모임 그루터기에서는 2박 3일 문학기행을 다녀오게 되었다. 선생님과 7명의 선후배들이 함께 하는 여행이었다. 여러 문학가들의 생가, 시비, 작품 무대 등을 답사하면서 나름대로 문학의 향기를 느끼고, 자신의 글쓰기를 생각해보는 좋은 기회였다. 그중 가장 인상적이었던 곳은 셋째 날 경남 하동의 '토지마을'이었는데, 그것이 꼭 문학적인 이유 때문만은 아니었다.

그곳은 내가 자료조사를 맡았던 박경리의 〈토지〉라는 대하소설의 배경이 되는 마을이었다. 지리산 자락과 섬진강 줄기를 따라가다보면 신비롭게도 넓은 들판, 악양 들판이 나오게 된다. 그곳은 새둥지같이 푸른 산으로 둘러싸여있고, 논의 벼는 바다의 파도마냥 출렁이고, 마을길은 어디나 없이 깨끗하고 정겨웠다. 아쉬운 점은 〈토지〉를 드라마로 찍을 당시와는 마을 모습이 많이 달라졌다는 것이었지만, 최참판댁의 소재로 쓰였다는 조부잣집은 우리의 아쉬움을 달래주기에 충분하였다.

조부잣집은 말 그대로 양반집 저택이었다. 솟을대문과 높게 쌓인 담벼락이 집의 위엄을 한번에 느끼게 해주었다. 큰 대문의 문턱을 넘으며 으악 놀란 나! 마구 짖어대는 개를 겨우 피하며 들어서니 커다란 연못과 잔디와 꽃나무 등이 우리를 반겨 주었다. 안채를 비롯하여 여러 채의 건물이 있었고 문짝 하나하나가 정교하였다. 소변이 급하였던 나는 숨을 돌리기가 무섭게 화장실부터 찾았다. 주인 할아버지께선 무척 친절하게 한켠을 가리키며 안내해주셨다.

그곳은 재래식 변소라서 들어가기 전엔 겁이 났지만, 결과는 지금까지 나의 상식을 뛰어넘는 신선한 충격이었다. 재래식 변소라면 암모니아 같은 특유의 냄새와 파리, 모기 등 벌레 들이 잉잉거리며 헤집고 다니는 곳이라 생각되었기 때문이다.

그런데 이것은 예상 밖의 일이었다. 바닥과 벽은 갈색의 나무판으로 짜여 있었고, 이상하게, 정말 이상하게도 그 특유의 냄새는 날똥말똥이라도 해야 되는데, 냄새는커녕 쾌적한 환경을 조성하고 있는 거였다. 그것의 해답은 큰 자루 속의 '왕겨'였다. 변을 본 후 그곳에 바가지로 왕겨를 부어 냄새와 파리를 없앤 것이었다. 왕겨와 변이 잘 섞인 그것을 논과 밭의 거름으로 준다는 것을 알았을 때, 나는 나의 상식적인 판단을 다시 정리하여야 했다.

우리는 수세식 화장실이 간편하고 청결하다고 좋아들 한다. 재래식은 원시적이고 불결하다고 흉을 보곤 한다. 하지만 우리가 편리한 대가로 빠져나간 수세식 화장실의 오염된 물은 그대로 지하수로 스며들거나 강물로 흘러간다. 정화조 시설을 했다 해도 그것의 효과는 믿을 수 있을지 의문이다. 그러고 보면 매사에 외국 것에만 의존하고 옹호하려는 우리의 생각에는 문제가 있으며, 확실히 우리 것에도 시대에 맞는 좋은 것이 얼마든지 있을 거라는 생각이 들었다.

조부잣집에서 또 한 번의 놀람은 '퐁퐁' 대용의 재생비누에서였다. 우리는 문학기행에서 마지막 식사를 그 집에서 해먹게 되었는데, 설거지할 때 주인 할머니께서 퐁퐁 대신 자그마한 비누갑 같은 것을 주신 것이었다. 하얗고 부드러운 그것을 수세미에 묻혀 그릇을 닦았더니, 기름기가 걷히면서 제법 거품이 났다. 무심결에 그릇을 씻다 흘러내려가는 물을 보게 되었다. 거품은 얼마 흘러가지도 않아 없어지고 깨끗한 물만이 졸졸 흘러가는 것이었다. 그것은 잿물을 이용해서 만든 것이라고 하였다.

문학기행에서 체험한 환경에 대한 두 가지의 작은 경험은, 그 뒤 나의 생활과 나의 생각을 근본적으로 바꾸어주는 계기가 되었다. 물건 하나를 사더라도 재생이 가능한 포장인지를 살피게 되었고, 튀김 통닭을 사더라도 폐식용유를 재생비누로 만들어 서비스로 얹어주는 그런 집을 일부러라도 찾게 되었다.

지금까지 나는 솔직히 환경에 대하여 부정적인 생각이 강하였다. 도처에 넘쳐나는 쓰레기며 몰래 버린 폐기물, 오염되는 물과 땅과 하늘. 더 이상 회복이 가능할 것 같지가 않았다. 학교에서도 바람을 타고 심한 가스 냄새 같은 것이 몰려와 구토까지 일으켰던 적이 있었는데, 그 원인은 폐기물이었다 한다. 그 이야기를 들었을 때 나는 얼마나 화가 났던가.

하지만 난 다시금 생각해본다. 환경오염이 아무리 절망적으로 보인다 할지라도 여전히 숨은 곳곳에서는 환경을 지키는 파수꾼들이 있다는 것을……. 토지마을에서의 할아버지와 할머니, 재생 가능한 포장을 만들어 사용하는 사람들, 재생비누를 만들어 보급해주는 사람들, 환경운동에 앞장서는 사람들……. 나중에 안 것이지만, 〈토지〉의 작가 박경리 역시 환경운동에 앞서고 있는 원로작가라고 한다.

이번 2박 3일의 문학기행은 그야말로 소중한 나의 추억이 되었다. 아름다운 우리의 산과 강은 여전히 가녀린 숨을 쉬며 그 생명의 힘을 간직하고 있었다. 우리가 파수꾼이 되어 관심을 갖고 지켜주기만 한다면 우리의 산과 강은 다시 생생한 활기를 갖게 되리라 믿고 싶다.

이 글을 쓰는 순간 나의 마음속에는 조부잣집에서의 할아버지와 할머니 두 분의 모습이 환하게 떠오른다. 나랑 성씨도 같은데 손녀처럼 또 한 번 그곳에 놀러가면 안될까. 〈토지〉를 쓴 작가 박경리나 〈토지〉 배경 속의 할아버지와 할머니 뒤를 이어 나 역시 환경의 파수꾼 대열에 동참하리라 조용히 다짐해본다.

— 조유미(태인여중2), 환경의 파수꾼

1년 뒤 4월에 '섬진강기행'으로 다시 한 번 평사리를 찾았을 때, 평사리 들녘은 보랏빛 자운영꽃으로 물결치고 있었다. 이 기억은 또한 나의 것이 아니라 조유미 학생의 글에 남은 기억이다. 나는 제자에게 더부살이를 하고 있는 셈이다. 그로부터 20년 후 나는 그 평사리를 다시 찾았다. 2018년 계획된 일정에서 앞뒤 순서를 바꾸어 10월 22일에 평사리를 먼저 가기로 한 것은 평사리 황금 들녘이 사라지기 전에 가봐야겠다는 생각에서였다.

옛날 평사리에 갔을 때 내가 받았던 인상은, 구불구불 이어지는 돌담길이 정겹고 마을이 무척 맑고 깨끗하다는 느낌이었다. 우리는 조부잣집을 찾아 그곳에서 밥을 지어 먹었는데, 나는 그 옛날의 기억을 2018년 '최참판댁'에서 정확하게 잡아내고 싶었다.

'토지세트장'에 들어서자 바로 최참판댁이 먼저 눈에 뜨였고, 나는 의심의 여지없이 그곳이 옛날에 왔던 조부잣집이라고 생각했다. 감회가 새로웠다고 해야 할지, 세월이 지났어도 낡고 초라해지지 않은 '조부잣집'이 고마웠고, 그때의 기억과 〈토지〉 작품 속 배경을 떠올리며 집 곳곳을 돌아보았다. 집은 초라해지기는커녕 주인 서희가 돌아와 집을 가꾸고 있는 것만 같았다.

벌교 '김범우집'에 갔을 때 이미지와 정 반대였다. 지주의 집은 부리는 소작농들이 일하는 들판을 조망할 수 있는 권위적인 자리에 지어진다고 했고, 그런 점에서 둘 다 지주의 집이라는 조건은 비슷했지만, 규모나 현재 상태는 현격하게 달랐다. 최참판댁 누마루에 올라 앉아보았는데, 정말 이 집이 내 집이었으면 좋겠다는 욕심이 났다. 지리산이 보이고 악양 들판이 보였다. 내가 이곳을 의심의 여지없이 옛날에 왔던 조부잣집이라고 단정지을 수밖에 없었던 것은, 현대판 날림으로 지은 건물이 아닌 문화재의 고풍스러운 풍취를 간직하고 있었기 때문이다.

나는 답사에서 돌아와 이 글을 어떻게 정리할까 고심했고, 다른 때보다 너무 어렵다는 소용돌이에 빠져버렸다. 나는 20년 전에 이미 〈토지〉를 다 읽었음에도, 이 소설이 이토록 길고 긴 거대한 작품인 줄을 미처 몰랐다. 옛날의 기억을 떠올리자면, 귀녀가 죽기 전에야 사랑을 깨닫고 뉘우치는 장면, 월선이 여한이 없는 사랑을 안으며 죽음을 맞는 장면이 눈물 찡한 감동이었고, 그러한 부분 부분 뛰어난 장면들에 이끌려 작품의 끝까지 읽었던 것 같다. 역사적인 사건에 대한 서술이 나오고 대화가 나오면 대충 지나쳤던 것 같다. 교과서적이라고 생각했던 것 같다.

조정래 〈태백산맥〉 10권을 읽고 나서는, 이건 뭐지? 두 작품의 이 대조는 뭐지? 꽤 혼란스러웠던 것 같다. 그것은 '양반의 문학' 대 '평민의 문학'이라는 느낌의 대조적인 것이었고, 꼬집어 말할 수 없던 〈토지〉에 대한 나의 묘한 거부감 같은 것이 거기에 있었다는 것을 알았다.

2018년 10월 22일 답사를 가기 전부터 〈토지〉를 다시 읽기 시작해서 21권 마지막 장을 덮기까지 한 달 반 정도 걸린 것 같다. 학습연구년제 기간이었고 주제에 몰두해야하는 시기임에도 그렇게 오래 걸렸다. 1부 두 권에서 좀처럼 몰입하지 못하고 자꾸 겉돌아서 힘들었다. 나남출판사 21권의 책은 처음 보았을 때 너무 크기가 작아서 아주 빨리 읽어낼 것이라고 자신했는데, 실상이 그러했다. 어쩔 수 없이 중간중간 급한 다른 작업을 섞어 하면서 '토지 다시읽기'를 끝내야 했다. 25년 글감옥에 갇혀 〈토지〉를 썼던 작가와는 비교 자체가 불가겠지만, 나로서는 마지막 권을 덮는 순간 나도 '글감옥'에서 해방되는 기분이었다.

'토지 다시 읽기'가 끝나고, 이 글을 정리하기 위한 자료 준비를 하면서야 나는 최참판댁이 조부잣집이 아니라는 것을 발견했고, 오랫동안 그 혼란을 수습하노라 애를 써야 했다. 우선 최참판댁이 완전히 새로 지어진 집이라는 것이 이해가 안됐었다. 하동군에서는 2001년부터 토지문학제를 진행하고 있었고, 하동군청이 산자락의 거친 밭을 골라 6년 만에 완성한 곳이 토지마을이라고 하니, 최참판댁은 그야말로 현대 건축인 셈이었다. 그 정도의 규모로 예스러움을 살려 재현하려면 어마어마한 돈이 들었겠다 싶다. 제대로 이루어진 문화재 복원을 보기 어려웠던 것이 나의 지금까지 경험이었고 그러할 때면 마음은 그지없이 황량했는데, 최참판댁을 보며 이것은 무슨 차이 때문일까, 또 한 번 고민스러웠다.

좀처럼 대중 앞에 나서지 않고, 좀처럼 바깥나들이를 하지 않는, 〈토지〉를 쓰기 위해서도 '용정'에도 '평사리'에도 가본 적이 없다는 박경리 작가는, 〈토지〉 완간 후 처음 평사리에 왔을 때 한 말이 "지리산에게 미안하네요."였다고 한다. 지리산에게 미안하다는 것, 그 말의 의미가 무엇이었을까. 필경 자본주의 사회에서 훼손되고야 말, 관광지화 될 작품 속 배경에 대한 미안함은 아니었을지.

〈토지〉에 대한 나의 알 수 없는 거부감은 어쩌면 최서희에 대한 거부감일지 모르겠다. 윤보가 최참판댁 곳간을 부수고 양식을 빼낼 때 옆에서 든든한 지원자 노릇을 하던 어린 서희, 그러한 부분 묘사들은 신들림의 경지였고 인물이 생생하게 살아 있었고 감동이 있었다. 하지만 서희가 내뱉는 대사와 심정 표현들, "죽으면 무얼 해? 죽는다고 나라가 안 망하나? 충신이라는 말이나 듣자고 하는 수작이지. 그럴 바에야 왜 망하기 전에 손을 못 썼으까. 병신들 같으니라구. 초상난 것도 아니니 울지 말아라.", "나를 꼽추하고 혼인하라고? 그 더러운 병신하고?", '무슨 심산이 있어서 장연학이 찾아왔을 것이다. 그것은 그를 보는 순간 직감적으로 서희는 느끼고 있었지만 흥미가 없다기보다 지겹다는 생각을 했다. 회피하고 싶은 기분이기도 했다.' 이런 대목들에서는 정말로 심하게 거부감이 들었다.

그 도도한 양반 의식, '완벽한 미모'와 '거대한 토지'와, 그 재산을 몽땅 잃어도 거뜬히 다시 회복할 수 있는 '완벽한 두뇌'와 '상전으로 받들어주는 사람들'을 소유한 최서희, 그 인생이란 그가 친일파라 해도 누가 되지 않을 정도이다. 최서희는 옛날의 평사리에서도, 쫓겨 간 용정촌에서도, 다시 돌아온 평사리에서도, 한결같이 '가난한 이들을 먹여 살리는' 거대한 자본가이다. '토지'가 문서이고 소유의 개념이고 자본주의의 상징적인 개념이라면 서희를 통해 그 문제를 비판했어야 했을 텐데, 작품은 비판이라기보다는 찬양과 동조로 끝난 것 같다.

〈토지〉는 후반부로 가면서 문장이 장황해지고 노인 투의 회고식 서술이 많아지고 앞에서 보았던 표현들이 다시 등장하는 느낌도 많이 받았다. 과연 8·15 해방을 어떻게 그릴 것인가, 결말을 어떻게 멋있게 처리할 것인가, 조마조마한 마음으로 5부의 끝을 읽었지만, 결과는 솔직히 실망이었다. 자신을 휘감은 쇠사슬이 요란한 소리를 내며 땅에 떨어지는 것을 느끼는 서희, 읍내에 갔다가 돌아온 나루터 둑길에서 만세를 부르고 춤을 추며 걷는 장연학, 이 대미의 장식은 당혹스럽고 허망하였다. 친일조차 누가 되지 않을 것 같았던 서희, 차분한 지략으로 안팎의 일들을 관리하는 연학, 앞에서 보았던 인물상과는 너무 어울리지 않고 겉돌고 있는 묘사라는 생각이 들었다.

일제 강제 징용을 피해 지리산에 숨어든 사람들 이야기는, 〈토지〉 이후의 이야기를 예고하는 것일 텐데, 작가가 내놓은 분열상의 모습들은 읽는 독자의 마음을 너무 무겁게 했던 것 같다. 사회주의자로 찍힌 사람은 독립운동을 했다 해도 인정받지 못하는, 이 민족의 미래는 도대체 무엇이란 말인가, 그런 절망스러운 기분이었다. 그리고 남한사회에서 박경리 작가와 작품이 안정된 절대 지반을 형성하고, 때로는 문화권력으로까지 느껴지게 하는 힘이 무엇인지를 감히 생각해보았던 것 같다.

작품 전체를 관통하며 '동학'의 역사가 이야기되고 있지만, 나는 그것도 낯설었다. 나의 고향인 '태인'이 나올 때도 그러했고, '동학농민혁명'의 용어와는 다른 '동학혁명'의 용어가 쓰이는 것도 그러했다. 하동 송림에서 농민군들이 처형된 선혈이 아닌, 숱한 양반 아전들이 처형된 선혈로 묘사되는 것도 잘 이해가 가지 않았었다. 동학사상이 생명 사상으로 연결되고 〈토지〉의 사상으로 연결되는 것이 추상적이기만 해서 모습이 잘 잡히지 않았는데, 그것은 김지하 시인의 생명사상과 연결되면서도 그러하였다.

오직 한 편의 작품으로 25년의 오랜 집필 기간임에도 건재할 수 있었던 작가는 박경리 말고는 없을 것 같다. 하루가 다르게 변화하는 속도전으로 살고 있는 현대인들이, 1년도 길다 할 현대인들이, 어떻게 그토록 오랜 세월을 기립박수로 지지할 수 있었을까. 평사리에 박경리문학관이 있고, 원주 단구동에 박경리문학공원이 있고, 원주 흥업면 매지리에 토지문화관이 있고, 통영에 박경리기념관이 있고. 박경리 작가를 기리는 건물만 해도 이름 구분하기도 어렵게 네 곳이나 된다.

독자를 진정 배려하는 작가라면 한 작품을 21권이나(나남 출판) 되는 길이로는 쓰지 않았을 것만 같다. 기념 건물이 네 개까지 나오는 일도 없었을 것만 같다. 무엇보다도 청소년을 가르치는 국어교사의 입장으로서 소화하기란 한계를 느낀다. 〈토지〉가 이렇게 대중적으로 알려지게 한 힘은 TV 드라마의 영향도 컸을 것이다. 제대로 챙겨보지 않았어도 내가 기억하는 최서희 역만 해도 한혜숙, 최수지, 김현주, 셋이나 되고 아역의 신세경까지 하면 넷이나 된다. 소설의 장면과 함께 떠오르는 것은 그 역할을 맡은 배우의 얼굴이다. 김두수 역의 유해진이 그러했는데, 그가 사랑한 금녀가 그가 취조하던 앞에서 권총자살을 하는 것으로 김두수의 비극을 극대화하였던 장면이 잊히지 않는다. 소설에 비해 그것은 도덕적이고 강렬해서 소설 장면보다 더 기억에 남는다. 매회 제목이 붙여진 연재소설이었고, 이는 TV 연속극 드라마의 특성과도 잘 어울린다는 생각이 든다.

〈토지〉의 최참판댁이 평사리 농민들을 먹여 살리는 기둥이었듯이, 실재하는 평사리의 최참판댁 역시 평사리를 먹여 살리고 있는 셈이 될지, 모르겠다. 내가 평사리에 갔던 시각은 오후 좀 늦은 시각이었고, 월요일이었던 때문인지, 입장권 매표소도 문을 닫고 있었다. 관광지 분위기가 약했기 때문에 나로서는 퍽 좋았던 것 같다. 뒷산의 고소성에 올라 평사리 들녘을 내려다보았을 때는, 세상에 이런 좋은 곳이 있으랴, 감탄하고 감탄했다. 악양 들판 옆으로 섬진강이 흐르고 있었고, 그 어딘가에 나루터가 있을 것이었다. 들판 너머 지리산이 있고, 그 자락을 타고 구천이 숨어들었을 것이었다. 차를 타고 오면서는 높이 쌓은 강둑과 차단막 때문에 볼 수 없었던 풍경을 고소성에 올라 원 없이 볼 수 있었다. 마을 곳곳에는 감나무밭들이 많았는데, 수확하지 않은 주홍빛 감들이 가지가지 잔뜩 영글어 있었다. 길 위에 나락을 널어 말리고 있는 풍경도 귀하기만 했다.

보통의 작가라면 제대로 취재나 하고 책임감 있는 글을 썼느냐 비판도 받았을 법하건만, 박경리 작가의 '평사리'는 오히려 '낙점' 받는 형식이 된 것 같다. 그리고 관광 상품화와 잘 맞아 떨어진다. 내가 월요일에 갔음에도 사람들이 많았다는 것이 퍽 부럽기도 했다. 그렇지 않은 곳들이 많고, 그럴 때마다 씁쓸한 기분을 버릴 수 없었기 때문이다.

귀신에 홀린 듯이 열하루 만에 토지를 독파했고, 다시 석 달 동안 신들린 상태에서 컴퓨터 자판을 두들겼고, 그렇게 원고지 2천 5백장 분량의 글을 썼다는 최유천 교수의 '빅뱅이론과 생명사상으로 읽은 박경리의 〈토지〉'는 특이한 논리였던 것 같다. 하나하나의 별들이 반짝반짝 저마다 자신의 생명을 가지고 빛나고, 그 하나하나의 별들이 모여 거대한 은하를 이루며 온 우주로 퍼지는 것처럼, 〈토지〉 역시 초반에 정밀하게 전개되는 부분들이 후반에 가면서 거대한 은하의 흐름으로 느슨하게 확 퍼지면서 거대한 생명체로 탄생한다는, 그런 해석인 것 같았다. 내 입장에서 그렇게 해석하는 것이 무리는 없을 듯하고, 무엇보다 긍정적인 작품 읽기가 될 것 같았다.

〈토지〉 자료 찾아 읽기 끝판에서 나는 동영상 자료를 찾아보게 되었는데 잠깐 보면 될 것이라 생각했지만, 새벽 늦게까지 세 시간을 보게 됐었다. 〈토지〉 완간 10주년에 맞춰 토지문화관 잔디마당에서 여름밤 늦게까지 세 시간 반에 걸쳐 진행된 대담이었다. 통영의 문인들이 경청하고 있었고 대담자는 '배추를 보듬어 안으면 생명의 아우성이 들린다'는 작가의 말을 담아냈던 서울대 사회학과의 송호근 교수였다. 일흔 아홉의 노작가는 힘들어보였지만 혼신을 다해 말을 이어가고 있었고, 그의 인간적인 모습들을 느낄 수 있어서 좋았던 것 같다. 토지 후반부로 가면서 이야기의 올들이 많아져서 자신이 감당하기 어려웠노라고 고백하고 있었다. 후배작가가 해주었으면 좋겠느냐는 질문에는, 그때 소설이 존재할까요, 희망적이지 않은 대답을 했던 것 같다. 그 동영상을 다 보고서도 여전히 '생명사상'을 파악하기에는 어려웠지만, 환경에 대한 문제의식은 중요했던 것 같다.

태인여중에서 교직생활을 시작하던 첫해 국어 수업에서 나는 〈김약국의 딸들〉 이야기를 했었던 것 같다. 그때만 해도 초임교사라 그런지 아이들이 나를 많이 따랐고 수업집중도도 높았었다. 뭔가 이야깃거리를 항상 준비해야 할 것 같았고, 내가 이야기를 하면 아이들은 사소한 것에도 까르르 웃곤 했다. 〈김약국의 딸들〉에 흥미요소가 많고 다섯 딸들의 삶을 이야기하노라면 역시 부모님의 딸들인 아이들은 자연스럽게 자신의 삶을 생각할 수 있을 것이었다. 욕심이 많고 속물적인 면이 강한 첫째 용숙이, 지성을 갖춘 아들 노릇하는 둘째 용빈이, 뛰어난 외모와 본능적인 사랑으로 살인사건까지 일으키고 끝내 미쳐버리는 셋째 용란이, 남편의 사랑을 못 받고 비극적인 죽음을 맞는 착하고 신앙에 매달리던 넷째 용옥이, 사랑스럽고 귀여운 막내 용혜. 이 다섯 유형의 삶에서 어떤 삶이 가장 바람직할까? 둘째 용빈이의 삶이 아니겠니? 뭐 그런 식의 평범하고 도덕적인 결론을 만들려 했던 것 같다. 자진하는 김약국 어머니 이름이 내 이름과 같은 '숙정'이었다는 것도 적절한 양념이었고, 다섯 딸들의 '이름'은 각기 그 삶의 모습이나 성격과 자연스럽게 잘 어울린다는 점에서 작가는 정말 '이름'을 잘 짓는 것 같다고 했다.

어떻게 보면 그것은 이 작품이 내포한 다분히 통속소설적인 측면이었던 것 같다. 작가는 정말 인물을 잔인하도록 생생하게 만들어낸다. 용빈을 통해서 어린 용혜를 통해서 작가가 희망을 제시한다고 말할 수도 있겠지만, 이 작품의 분위기는 너무 어둡다. 도대체 작품에서 뭘 말하려고 하는 거지? 2018년 답사를 위해 이 작품을 다시 읽으면서 그런 생각도 했다. 통영에 대한 묘사가 아주 세밀하고, 학생들이 쉽게 읽을 수 있는 한 권의 책이라는 것, '문학기행'을 위한 도서로 최적이라는 생각도 함께 했다.

통영은 2016년에 가족여행으로 간 적이 있고, 그때 세병관과 박경리기념관과 작가의 묘소에 갔었다. 기념관에서부터 나는 강한 인상을 받았고, 뜨락의 조형물도 묘소로 올라가는 길도 묘소의 자리도 경건하고 아름다웠다. 내가 보았던 어떤 기념관보다 곳곳 세심한 애정이 깃들어 있었고, 내가 보았던 어떤 묘소보다 명당이었다. 앞으로 시원스레 한려수도가 내려다보이고 산자락에 비쳐드는 햇살은 세상 근심 다 덜어낼 것만 같던, 주변으로 잘 자란 나무와 벤치들이 당장이라도 학생들 데리고 오고 싶던 곳. 죽어서 흔적도 없는 삶들도 많으련만 이 작가는 참으로 부자이구나, 많이 부럽기도 했다.

꽤 많은 문학답사 경험을 가졌음에도 나는 월요일이면 기념관이 휴관할 수 있다는 생각을 놓쳤던 것 같다. 올해 답사에서도 당연히 기념관에 들어가 볼 생각이었는데 문이 닫혀 있었다. 운이 있었던지 마침 내부 작업 때문에 문이 열려있었는데, 멀리서 온 우리를 배려한 박경리기념관 양명규 관장은 기념관 설명 뿐 아니라 묘소까지 동행하며 작가 설명을 해주었다. 국어사전과 재봉틀과 소목장, 작가가 가장 아끼던 세 가지를 이야기해주었는데, 그러한 소품들이 기념관 건물 안에 격조 있게 배치되고 있었다. 처음 왔을 때도 그랬지만, 박경리가 쓴 시 작품에서 나는 강한 인상을 받았던 것 같다. 박경리 유고시집까지 사서 읽은 적이 있지만, 여느 시인들의 시와는 많이 달랐고 기교가 아닌 영혼의 깊은 소리가 들리는 것 같아서 좋았었다.

묘소에서 박경리기념관 관장은 여러 가지 이야기를 해주었다. 작가는 죽을 때까지 고향을 찾지 않을 만큼 고향에 대한 애증이 강하였는데, 어머니를 버리고 다른 가정을 꾸린 아버지를 용서하지 못하였을 거라는 이야기를 했다. 작가의 사후 어디에 묘지가 안장될 것인가. 그때 통영시장이 적극적으로 나서서 그의 유해를 고향인 통영으로 모셔왔다고 했다. 묘역에 철망을 둘러친 것은 멧돼지의 습격 때문인데, 관장은 아침 산책 때면 꼭 이곳에 와서 확인을 해야만 했다고 한다. 문학관 관장이라는 직책이 어떠한 자리여야 하는지 그를 보면서 알 수 있었고 그 애정이 아름다웠다.

2018년 문학답사에서는 세병관과 기념관과 묘소 외에 작가의 생가, 하동집, 서문고개, 명정샘, 서포루, 해저터널 등을 추가로 갔다.

> "동헌 뒤켠으로 빠지는 북문, 이것만이 유일한 육로다. 섬의 신세를 면한 길목이다. 토성골을 지나 붉은 황토길엔 장대고개를 넘어서 가을이면 통영의 지주들이 당나귀를 타고 고성으로 사천으로 추수를 거두러 가고, 봄이면 춘궁을 모면키 위하여 어촌의 아낙들이 마른 생선과 해초를 푸대에다 꾸려서 이고 곡식 도붓길을 떠나는 슬픈 고개다."
>
> "어두운 골목을 빠져나와 그들은 서문고개를 넘는다. 물 긷는 처녀, 각시들로 밤길은 어수선하였다. 보따리를 겨드랑이에 끼고 우죽우죽 따라가는 용란의 모습은 염소처럼 순하고 어질어 보인다. 용란이 친정으

로 올 때마다 이 고개를 울먹울먹 넘어가는 한실댁은 양지기만 같았다."

— 박경리, 김약국의 딸들

통영에는 고개들이 많았는데 내가 가본 것은 서문고개 정도였고, 작가의 생가와 하동집도 이 부근에 있었다. 관광지로 많이 알려서 '동피랑'은 익숙한 이름이었는데, 이곳이 '서피랑'이고 서피랑, 서문까꾸막, 서문고개가 비슷한 의미인 것 같았다. 서피랑 이야기터널부터 시작해서 작가의 생가를 찾아가는 길에는 작품 속의 글귀들이 표지석으로 벽화로 새겨져 있어서, 이곳으로 들어서는 순간 나도 모르게 문학작품 속으로 빨려 들어가는 기분이 들었다. 좁고 비탈진 마을길, 홀어머니와 무척 가난하게 살았을 거라는 느낌을 받았다.

어린 작가는 어머니가 일을 가곤 했던 '하동집'에 따라다니면서 많은 이야기들을 들었고, 그 이야기들은 작품 속의 풍부한 재료가 되었을 것이다. 현재 '하동집'은 한옥스테이로 안내되고 있었고, 원래는 기와집 4채로 된 갑부 집이었다고 한다. 하동 갑부와 결혼을 해서 하동집이라고 한다는데, 〈토지〉의 대지주 집도 이곳이 모델 재료가 될 수 있었을 것 같다. 내가 이곳을 노크해 들어갔을 때, 고운 여주인이 정원을 손질하고 있던 모습은 퍽 잔잔하고 평화롭고 인상적이었다. 십여 명 정도의 동아리 학생들과 와서 숙박체험이 가능하다는 정보를 얻을 수 있었다. 이곳에서 숙박을 하고 박경리 생가와 작품 배경지, 백석 시비를 문학기행지로 한다면 좋겠다고 생각했다.

통영 거리에서 '소목방' 간판을 보고 인상에 남았는데, 〈토지〉에서 보면 '죽음과의 오랜 실랑이 끝에 결국 죽음을 단행할 수 없었던 병수는 항구가 내려다보이는 통영 언덕빼기 초가로 된 일방에서 비로소 삶을 정착시켰던 것'으로 나온다. 송관수 딸 영선과 결혼한 피리를 잘 부는 김휘의 스승이 병수이기도 한데, 통영 가구의 전통과 장인정신을 작가는 작품 속에서도 애정을 다하여 그려내고 있었다.

'해저터널' 역시 〈토지〉와 〈김약국의 딸들〉에 공통적으로 등장하고 있다. 〈김약국의 딸들〉에서 한실댁과 윤씨 두 중늙은이가 불공을 드리기 위해 용화사를 찾아가는 길에 '해저턴넬'이 등장한다. 〈토지〉에서 저승으로 가는 길 같은 이 해저터널에서 유인실과 오가다가 사랑을 나누는 장면이 나온다. 이를 보고 노인네가 호통을 치는 것도 재미있었다.

통영과 미륵도 사이에는 평소에도 물이 빠지면 길이 생기는 곳이었고 다리가 있었다고 한다. 이곳에 일제 때 터널을 뚫어 미륵도 이주민들을 육지 안으로 편입하였다고 한다. 임진왜란 때 이순신 장군을 피해 섬으로 도망치려던 왜군들이 얼마나 다급했으면 맨손으로 수로를 파가면서 섬으로 숨어들었다는 전설 같은 이야기, 그 '판데목' 이야기도 소설 속에 꽤 여러 번 나온다. 이곳에 일제 때 해저터널을 건설한 것인데, 물 위로 길을 만들면 임진왜란 때 전사한 자기 조상들 영혼을 밟고 다니는 것이므로, 그 영혼들을 떠받들고 가게 하려고 터널을 물 아래에 만들었노라는, '잔인스러운' 이야기도 들었는데, 사실 여부를 떠나서 일제의 야만성으로는 충분히 그럴 법 하다는 생각이 들었다.

내가 〈토지〉에서 가장 좋았던 인물은 '윤보'였다. "의병은 왜눔을 몰아내자 카는 기고, 또 하나는 도적질 해묵고 나라 팔아 묵을라 카는 벼슬아치들을 치자 카는 긴데, 그거이 다 똑같은 긴데 와 동학은 나쁘다 카고 의병은 옳다 캅니까?" 그는 고루한 양반인 김훈장을 상대로 비판의 날을 세우면서도 능청스러운 대화로 티격태격 어울릴 줄 아는 사람이었다.

“어찌된 까닭인지 모르겄십니다마는, 마님 돌아가싰을 때 눈물을 많이 흘린 까닭인지 모르겄십니다마는 눈물 때문에 굶어 죽을 수는 없는 일이 겄고 또 굶어죽는다 카더라도 사유나 알아야 겄고 해서 소인이 이 댁 당주이신 애기씨께 여쭈어봤습지요.” 그는 조준구의 비리를 풍자 가득한 말솜씨로 조롱하고 서희의 힘을 빌어 곳간을 열어 제낀다.

“빌어묵을! 이놈의 윤보 팔자 고약하다. 작년 금년 송장 치우다가 볼일 다 보겄네.” 그는 호열자로 죽어가는 사람들을 외면하지 않고 그 시신들을 수습하는 궂은일들을 마다하지 않는다. “육신에 속아서 사람은 죽는다꼬 생각하는 기라요. 육신을 헌 옷같이 벗어부리믄 그만인데, 내사 마, 훨훨 날아서 가는기라요.” 그는 의병활동으로 일본군 총에 맞아 죽으면서도 그렇게 영혼이 자유로운 인물이었다.

가장 생생하게 살아 있던 인물은 ‘주갑이’였다. “전라도가 몽땅 고향이란 말씨. 어릴 적에는 울아부지 괴나리봇짐 위에 앉아서 울아부지 겨드랑에 손넣고 잤인께로 전라도 천지가 내 고향인 게라우.” 그의 대사는 이렇게 너무 예술적이다. “니 아부지 돌아가신 얘기를 한께 대성통곡, 내가 놀래서 말리니께 공노인께서도 눈을 꿈벅꿈벅하심서, 없는 상막 앞에서 곡하는 거니께 내비리두어라, 그기이 저놈의 인사가 치리는 절차라 하시더마. 그래 어제씨도 돌아가시고 했이니 홍이도 쉽게 만주로 올 것이다, 내가 그랬지. 그랬더니 통곡을 하던 그 사람 입이 함박이만큼 벌어지믄서, 그래서 또 공노인한테 준통을 묵고, 그 사람을 보고 있이믄 슬프고 서러분 것도 우시개겉이 생각이 되더마.” 한복이 표현하는 주갑의 모습은 너무 정다워 눈물이 날 정도다.

가장 인상 깊은 관계는 ‘거복과 한복 형제’였다. ‘그는 어머니의 장사를 지내준 사람을 잊지 못한다. 서 서방, 윤보, 영팔이, 용이, 한조, 그 다섯 사람의 모습은 마음속에 뚜렷이 새겨져 있었다. 어른이 되면 그들에게 은혜를 갚는다는 것이 늘 즐거운 공상이었다.' 한복은 부모의 비참한 죽음에서도 그렇게 맑은 영혼을 지킬 줄 아는 인물이다. 악독한 친일파로 군림하는 형의 존재를 혈연의 사랑으로 껴안으면서도, 독립운동을 위해 형의 지위를 활용하는 강직함도 겸비했다.

'옛날의 선비들은 악산을 안 볼라꼬 부채로 얼굴을 가리믄서 지나갔다 하더라마는 그런 생각 때문에 나라가 망한 기라. 안 본다고 해서 악산이 거기 없는 거는 아닌께. 악산도 이용하기 나름이제.' 이러한 논리가 〈토지〉에서 전체적으로 많이 보이는데, 이는 친일파를 위한 논리가 될 수도 있지만, 한복이가 거복이를 이용하면서도 종국에는 가족의 명분을 살리는 논리가 될 수도 있었다.

〈토지〉에서는 속담을 끌어오는 대사들도 많다. 속담이 들어가면 우리말 표현은 생동감에 넘치는 것 같다. 작가는 어떻게 그렇게 많은 속담들을 알아 적재적소에 쓸 줄 아는지 감탄스럽다. 지 숭은 뒤에 차고 남으 숭은 앞에 차네, 문전의 개가 목이 쉬겄다, 눈 먼 말이 요롱소리만 듣고 따라온다, 장마 도깨비 여울 건너가는 소리 헌다, 겨울을 잘 넘긴 중늙은이가 꽃샘바람에 얼어죽는다, 남편은 죽으믄 하늘의 별이 보이지만 자식은 하늘의 별이 안 보인다. 이러한 속담의 뜻을 아이들이 찾게 하는 것도 좋을 것 같다.

주막을 하는 영산댁이 송관수를 만나자 반가워하며 하는 표현이 "저승 가면 자네 모친 보고 헐 이야그도 생겼다"고 말한다. 죽음에 대한 그 인식이 멋있었다. "사람 못 보고 워찌 산디야? 오는 사람보고 가는 사람

보고 날아가는 까마귀보고도 내 술 한잔 먹고 가라 하고 저븐디, 아무 욕심 없어야. 돈 벌라고 이짓 허는 것 아니여.” 이런 말에서는 ‘주막’의 아름다운 가치를 느낄 수 있었는데, 오늘날 숙박업소도 그러한 주막의 역할을 하면 좋을 걸 하는 생각이 들었다.

“제발 좀 까불지 마라. 옴마 손을 놓고 혼자 뛰든지, 니가 그라믄 옴마는 보따리 이고 밭구덕에 나자빠질 기다.” 홍이와 주고받는 월선의 이런 사투리 대사 특히 ‘옴마’라는 말은 어찌 그리 정겹던지, 〈청소년 토지〉에서는 ‘옴마’를 ‘어머니’로 쓰고 있어서 맛이 떨어졌던 것 같다.

〈토지〉에서 아쉬운 것은 제대로 독립운동을 그리지 못하고 있다는 느낌이었다. 과연 어떠한 활동을 할까 기대를 하고 집중해서 읽다보면 나도 모르게 과정은 지나버리고 벌써 회고 단계에 와 있는 식이다. 일본 이름들이 질펀하게 깔리고 일본어들이 예사로 넘나들고 유인실이 오가다와 사랑을 나누고 이러한 장면들은 솔직히 상당히 거부감이 많이 들었다. 길상이 무슨 독립운동을 하기는 했나 이것도 모호하고, 〈토지〉에서 어떤 독립운동가를 보여주고 싶었던가 묻고도 싶었다.

홍이의 결혼식에서 불길한 징조들이 강렬해서 복선인가 했지만 아무것도 없었고, 홍이의 딸 상의 학교에서 전시 갑작스러운 동원 장면이 정신대를 떠올리게 불길하고 강렬했지만 역시 그 뒤는 없었던 것 같다. 또 다른 작가의 의도가 있는 것일까 생각도 했지만, 그 의도를 파악하지는 못하였다.

고등학교 수업에서 김학철 소설 〈격정시대〉 부분과 조선의용군 추모가 관련하여 수업한 적이 있었다. “사나운 비바람이 치는 길가에/ 다 못 가고 쓰러지는 너의 뜻을/ 이어서 이룰 것을 맹세하노니/ 진리의 그늘

밑에 길이길이 잠들어라/ 불멸의 영령" 우리말을 모르면서도, 전해오는 우리말 노래를 선명히 기억하여 부르는 동포의 맑은 목소리는 눈물이 났다. 〈토지〉에서 다루는 용정촌의 모습이 그러했으면 좋았을 것이다. 김학철은 1942년 항일전쟁의 최전방인 타이항산맥에서 싸우다가 체포된 조선의용군 마지막 분대장이라고 한다. 죽은 의용군들을 추모하는 노래를 그가 작사했고 그 노래가 지금도 불리어지고 있다고 했다. 나는 〈토지〉를 덮으며 그들이 떠올랐다. 일본이 일으킨 광폭한 전쟁의 막바지에 항일전쟁의 대열에 동참했던 독립운동가를 그릴 수는 없었을까. 그랬다면 〈토지〉의 결말이 그렇게 허망하지는 않았을 거라는 생각이 들었다.

나는 이 글을 쓰면서 많이 힘들었던 것 같다. 한 작가에 대해 주제를 잡고 일을 시작할 때 그 일이 글이든 문학기행이든 그 작가를 좋아하고 푹 빠지지 않으면 어려운 일이라고 생각하기 때문이다. 자꾸 내 안에서는 모가 있는 말들이 튀어나오고 있었다. 여러 자료들을 찾아 읽으면서 꼭 적어두고 싶은 구절들을 모았는데, 줄이고 줄여 셋을 남기게 됐다.

먼저 안 좋은 기억으로 월간중앙 인터뷰 기사(2008. 3. 9.)였는데, '건국 60주년'이라는 타이틀과 이를 수용하는 듯한 작가 인터뷰 흐름도 문제가 있다고 느꼈지만, 청소년기를 지나 스물이 넘도록 한글을 몰랐다는 것은 꽤 충격이었다. 오장환 시인 같은 경우 초등학교 때 한글로 쓴 동시가 실린 책이 있었는데, 나는 그 기억을 떠올렸을 정도다.

— 국내 작가 중에는 영향을 받았다거나 좋아하는 작가나 작품이 없나요?

"미안한 말이지만 나는 한국문학에 대해서는 거의 몰라요. 거의 읽은 것이 없거든요."

— 일부러 안 읽으셨나요?

"해방될 때까지는 한글을 몰랐어요. 일제 강점기 때 한글을 금지했기 때문에. 우리가 아주 첨예한 시대를 살았지."

— 한글을 읽기 시작한 것은 그럼 해방 이후인가요?

"그렇죠."

— 〈토지〉에 쓰인 수많은 토속적 단어와 표현을 생각하면 한글을 스무 살이 넘어서야 읽기 시작하셨다는 것이 믿기지 않네요.

"완전히 생짜죠. 어디 책에서 가져온 것이 아니라 내 생활 주변에서 가져온 것이거든. 내가 한글로 글을 쓴 것이 거의 서른 살이 다 돼서입니다. 그런데 글자란 것은 하나의 중계 역할을 하는 것이지, 그 사실 자체는 아니거든요. 내가 글을 쓰려고 했을 때 일본어와 한글은 별 차이가 없었어요. 굳이 도움이 됐던 것을 찾자면, 내가 시골 태생이라는 것, 그것도 이순신이 나온 통영에서 태어나 자랐다는 것, 또 민란이 수도 없이 일어난 진주에서 공부했다는 것이지. 이 두 도시가 다 반골이고, 일본에 저항했던 곳이거든. 그 영향이 굉장히 크죠."

— 오효림, 〈월간중앙〉 건국 60주년 '한국의 상징' 릴레이 인터뷰

두 번째로 나는 박경리 작가와 신경숙 작가에게서 어딘가 닮았다는 느낌을 떠올리곤 했는데 그 이유를 말하라고 하면 표현은 못할 것 같다. 신경숙 작가의 산문집에서 보았던 글도 기억이 났다. 후배 작가들에게 박경리의 위치가 절대적인 위상임을 새삼 생각해보았다.

선생님께서 그려낸 평사리 사람들이 끌어안고 사는 삶 속엔 온 인생

이 다 있는 것 같았습니다. 한 사람의 성격을 설정하면 그 사람으로 하여 그 성격으로 할 수 있는 온갖 일을 설득력 있게 다 시키시는 통에 악인도 이해를 했고, 비정함도 이해를 했으며, 어쩔 수 없는 운명의 어긋남이 정체불명의 힘으로 삶 속에 자리 잡고 있음도 감지했습니다. 작가가 되기를 그저 꿈으로만 간직하고 있던 때, 토지 속의 그들은 한 사람도 그냥 지나가지 않고 제 마음 속에 속속 배어들며 별이 되었지요.

그리고 지난 늦봄과 여름.

이젠 저 또한 작가가 되어 〈토지〉를 다시 정독하게 되었습니다. 〈토지〉를 음악극으로 만드는데 어떻게 제가 대본을 쓰게 되는 일로 엮여 유월에 원주에서 선생님을 처음 뵈었지요. 저는 그만 말문이 막혀 저만큼 앉아 계시는 선생님을 바라만 봤습니다. 그때 선생님께서 동학 접주 김개남에 대해 말씀하셨죠. 저한테뿐 아니라 후배들이 오면 선생님은 김개남에 대한 이야기를 많이 하시는 것 같았어요. 누가 좀 김개남에 대해 자세히 써주었으면 좋겠다고, 그는 종교적이기보다는 혁명적인 냄새가 강하게 풍기는 중요한 인물이라고, 전봉준은 서울로 끌려왔으나 김개남은 서울로 이송도 안 되고 전주에서 효수 당했는데 그건 전봉준보다 김개남이 더 강한 위험인물이어서였다 하시면서 혁명가로서의 김개남을 러시아의 네차예프와 비교해가며 말씀하시다가 그저 가만히 앉아 있는 저를 향해 "니가 좀 김개남에 대해 써보려나?" 하셔서 제 가슴을 덜컥 내려앉게 하셨어요.

— 신경숙, 실컷 흠모할 분이 계시니

세 번째로 국어교사로서 가장 효용가치가 있을 것인데, 세칭 '좌파'라는 유시민이 〈토지〉에 대하여 평가하고 있는 글이었다. '하필이면 조선일보'에 글을 쓰고 인터뷰를 해서 '악의적'으로 편집되고 이용당하는 것만 같은, 노작가와 사위인 김지하 시인과 딸인 김영주 토지문화관 관장의 이야기들에서 너무 내 마음에 상처를 입었는데, 유시민 글은 위안이 되었던 것 같다.

> 처음에는 재미로 〈토지〉를 읽었다. 그런데 읽고 보니 재미만 있는 게 아니라 마음도 울리는 소설이었다. 인상 깊었던 대목을 다시 보고 싶어서 한 번 더 읽었다. 그런데 처음 읽었을 때 무심히 지나쳤던 것들이 새삼스럽게 다가왔다. 용이가 만주를 다녀온 월선과 재회하는 장면, 두 사람이 사별하는 대목은 읽을 때마다 눈물이 났다. 또 읽으면 다른 게 더 보일까 싶어서 한 번 더 읽었다. 벌렁 누우면 양 손가락 끝이 벽에 닿는 0.7평짜리 독방에서 책 읽는 것 말고는 할 일이 없던 때였기에 1부와 2부를 다섯 번 읽게 되었다. 그 직후 사흘 동안 〈항소이유서〉를 썼다. 문득 그런 생각을 했다. '어쩐지 내 글이 달라진 것 같아!'
>
> 황석영 선생의 〈장길산〉과 미하일 숄로호프의 〈고요한 돈 강〉, 조정래 선생의 〈태백산맥〉, 시몬 드 보부아르의 〈레 망다랭〉, 안톤 체호프의 단편소설집을 그런 식으로 되풀이해 읽었다. 하지만 어느 것도 〈토지〉만큼 좋지 않았다. 나는 〈토지〉를 우리말 어휘와 문장의 보물 창고라고 생각한다. 누구나 원하는 만큼 꺼내 써도 되는, 아무리 퍼내도 마르지 않는 보물 창고. 내게 〈토지〉는 그런 책이다. 나는 박경리 선생을 만난 적이 없다. 사진과 영상으로만 보았다. 경남 통영 토지문학관 위편 언덕에 있는 묘소에 뒤늦은 인사를 드렸을 뿐이다. 그렇지만 나는 언론인 리영희 선생과 함께 박경리 선생을 글쓰기의 은사로 여긴다.
>
> – 유시민, 유시민의 글쓰기 특강

개인적인 기억으로는 큰아들 녀석이 초등학교를 졸업할 무렵 〈청소년 토지〉 12권을 읽힌 적이 있다. 힘들어 힘들어하는 녀석을 다그치다시피 하여 끝까지 마무리하게 했는데, 곁에서 보는 남편은 그런 나를 무척 못마땅해 하며 차라리 〈태백산맥〉을 읽히면 좋았지, 그렇게 말했었다. 장장 스물여덟 살이 되어버린 녀석에게 그때의 기억을 물었다. 가장 멋있던 인물은 길상이, 가장 기억에 남는 장면은 서희가 돈과 양심 중 하나를 가져가라니까 오천 원이라도 챙겨가는 조준구가 나오던 장면, 가장 슬펐던 것은 월선이 죽을 때, 그리고 덧붙인 말은 '읽으며 힘들긴 했고 아무리 좋은 거라도 결국 자기 혼자 해야 하는 거라 지금 읽으면 더 재밌게 읽을 수 있을 것 같다'고 했다.

중고등학생들에게 〈토지〉를 어떻게 읽혀야 할까는 꽤 고민스러운 것 같다. 원본은 도저히 불가능일 것 같고 〈청소년 토지〉를 읽히면 가능할까 하여 우선 가까운 아들 녀석에게 물었던 셈이었다. 〈만화 토지〉는 아이들 반응도 그랬고 나 자신부터 도무지 읽히지를 않고 복잡해서 포기했었다. 동학농민혁명이 실패하면서 국운이 기울고 최서희와 평사리 사람들이 고국산천을 등지고 떠나기까지 평사리가 무대인 〈토지〉 1부, 간도 땅에서 거부가 된 최서희와 외지 정착에 어려움을 겪는 농민들과 독립운동가들 이야기가 펼쳐지는 〈토지〉 2부, 이렇게 해서 좁게 생각하면 1부까지, 좀 더 넓히면 1부와 2부를 읽게 하면 어떨까 싶다.

〈청소년 토지〉 12권을 읽히는 것은 중학생 정도면 무리가 없겠지만, 원본보다 좋은 선택일지는 좀 더 이야기 나누어보고 고민을 해보아야 할 것 같다. 고등학교 문학교과서에 〈토지〉의 '월선이 죽는 장면'이 실려 있는데, 수업하면서 많이 애먹었던 기억이 난다. 요즘 아이들에게는 너무 옛날 이야기였던 데다가 전체 흐름을 잡다보니 그 장면의 감동을 살리기 어려웠고, 이 아이들에게는 드라마에 대한 기억도 없어서 더 어려웠던 것 같다.

작가는 간결해야한다고 생각하는데, 제1회 박경리문학상을 수상한 최인훈 작가의 말은 함축적이어서 좋았다. 「고 박경리 선생과의 인연에 대해선 "1960년 '광장'의 출판기념회 때 본 게 마지막인 것 같다. 개인적인 왕래는 없었다"면서 "그분의 작품을 읽었지만 지금 와서 내가 새삼 평가할 부분은 없는 것 같다"며 말을 아꼈다.」고 했다.

내가 이 글에서 이렇게 말이 길었던 것도 '작가'의 경지가 못되어 그런지 모르겠다. 혹여 질시하여 자꾸 깎아내리고 싶은 심리가 평범한 일반인인 내게도 있었는지 모르겠지만, 박경리 작가와 그의 딸 김영주와 그의 사위 김지하 시인의 말들이 자꾸 연결되어 떠오르는 것을 도무지 어찌할 수 없었다. 그렇다 해도 '늙어서 더욱 존경 받는 사람'을 만들어 낼 수 있는 이 사회가 되었으면 하는 간절한 소망을 가져본다. 김지하 '타는 목마름으로' 시와 김광석의 노래가 실린 짤막한 광주 동영상, 5 · 18이면 수업 시작 때 학생들과 함께 보았던 그 떨림의 기억과 함께.

[2018. 12. 31.]

김천 태화리

문태준 시를 체험해보기 위한 노력

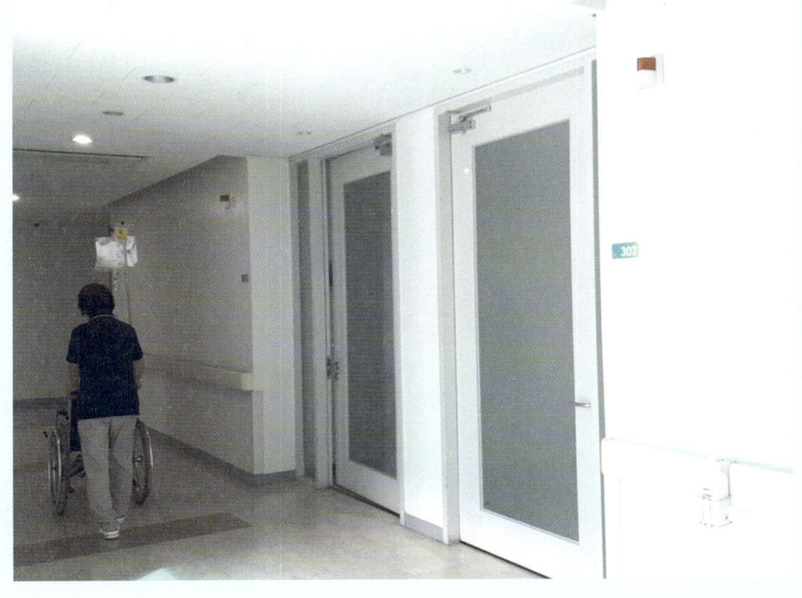

의료원은 그러니까 개인 운영이 아니라 국가 운영이고 비용도 저렴하다는 점이 병원과 달랐다. 하지만 당시 메르스 사태가 심각했기 때문에, 나로서는 학생들이 그 안에 들어가는 것 자체가 우려가 되었다. 그 근처를 돌고 돌다 선택한 곳이 의료원이 내려다보이는 벽화마을 언덕이었다. ('김천 태화리' 중에서)

평상이 있는 국숫집에 갔다
붐비는 국숫집은 삼거리 슈퍼 같다
평상에 마주 앉은 사람들
세월 넘어온 친정 오빠를 서로 만난 것 같다
국수가 찬물에 헹궈져 건져 올려지는 동안
쯧쯧쯧쯧 쯧쯧쯧쯧,
손이 손을 잡는 말
눈이 눈을 쓸어 주는 말
병실에서 온 사람도 있다
식당 일을 손 놓고 온 사람도 있다
사람들은 평상에만 마주 앉아도
마주 앉은 사람보다 먼저 더 서럽다
세상에 이런 짧은 말이 있어서
세상에 이런 깊은 말이 있어서
국수가 찬물에 헹궈져 건져 올려지는 동안
쯧쯧쯧쯧 쯧쯧쯧쯧,
큰 푸조나무 아래 우리는
모처럼 평상에 마주 앉아서

— 문태준, 평상이 있는 국숫집

사는 일은

밥처럼 물리지 않는 것이라지만
때로는 허름한 식당에서
어머니 같은 여자가 끓여주는
국수가 먹고 싶다

삶의 모서리에 마음을 다치고
길거리에 나서면
고향 장거리 길로
소 팔고 돌아오듯
뒷모습이 허전한 사람들과
국수가 먹고 싶다

세상은 큰 잔칫집 같아도
어느 곳에선가
늘 울고 싶은 사람들이 있어

마을의 문들은 닫히고
어둠이 허기 같은 저녁
눈물자국 때문에
속이 훤히 들여다보이는 사람들과
따뜻한 국수가 먹고 싶다

— 이상국, 국수가 먹고 싶다

내 사는 동네 관광단지 저 위쪽
국수집 하나 있다

어느 날 어중간한 저녁 한 끼를 때우려고 찾았다가
한 분 손님을 위해 한 그릇을
삶아줄 순 없다고 하는 바람에
손님이 더 올 때까지 기다려야만 한 일이 있었다
도리 없이 기다려도 손님이 오지 않자
앞으로는 꼭 짝을 맞춰 오라면서
특별히 나에게만 1인분을 삶아 내주겠단다
자신들의 편의를 위하여
한 사람은 손님으로도 생각하지 않는다니
부아가 치올랐으나
혼자서 국수를 먹었다 멀건히
얘기 나눌 그 누구도 없이
국수그릇만 쳐다보며 면발만 후루룩 쫓기듯 먹다보니
이 집 주인이 의도치 않았는지는 모르지만
사람의 먹고 사는 이치를 알 것도 같았다
어쩔 수 없는 경우가 없을 리야 없겠지만
국수를 먹더라도 마주할 저 쪽은 있어야겠더라는 것이다
다른 그 무엇을 할 때보다
먹을 때 혼자인 것처럼 외로운 일이 있을까
빚 안 갚는 그 자식이라도 데리고 와서
후루룩거리며 함께 먹고 볼 일인 것이다
니나 내나의 외로움을 한자리에 앉혀놓고 먹으면
국수도 성찬일 수 있겠다
옳다 국수는 혼자서는 안된다

— 복효근, 혼자서는 안 되는 국수집

창비 고등학교 문학교과서에 박성우 시(나는 연두)와 문태준 시(평상이 있는 국숫집)가 실려 있는데, 정읍고등학교 국어과에서는 2015여름문학기행을 교과서의 작가로 하자고 이야기하고 있었다. 나는 먼저 박성우 시인 섭외를 시도했었다. 고창 성내중학교에 있을 때 자신의 후배라고 하던 선생에게서 시인의 연락처를 받아둔 것도 있었고, 같은 정읍 지역이니 수월하게 성사될 거라고 기대도 했었다. 하지만 생각처럼 되지 않았는데, 시인은 오로지 작품을 쓰기 위해 대학 교수직을 떠나 고향의 집필처에 박혀 있다고 했고, 같은 정읍지역일지라도 안되겠다고, 미안하다고 했다.

고배를 마신 후 다시 문태준 시인 섭외를 시도하는데, 전혀 모르는 작가이고 모르는 지역이고, 난감했었다. 출판사를 통해 메일 주소를 받아서 먼저 메일을 보냈는데, 예상외로 즉시 시인이 전화를 해왔다. 사실 이런 경우는 처음이었고, 그 친절이 고마우면서도 미안하기도 했다. 시인은 어떻게 학생활동을 할 것인지 물었고, 김천 지역에 오면 어디어디를 함께 가면 좋겠다는 조언도 했다. 자료집을 만들면서도 어떤 시를 넣어달라는 부탁을 하기도 했고, 나는 또 학생 글을 봐달라는 부탁을 하기도 했다.

그렇게 문태준 시인이 결정되었는데, 문제는 교과서에 실린 〈평상이 있는 국숫집〉 배경지가 담양이라는 점이었다. 담양과 김천 두 곳을 하루에 소화한다는 것은 불가능이었다. 고민 끝에 영상시를 생각해보기로 했고, 자료집에는 국수 관련 시들을 모아 올리고 학생들이 비교 감상하게 했다. 광주 무등산에 오르는 도중 어느 음식점 앞에 걸린 '국수' 시를 보고 찡한 감동을 받은 적이 있다. '눈물자국 때문에/ 속이 훤히 들여다보이는 사람들'이 나 같은 사람일지 모르겠다고 생각했었는지 모르겠다. 아, '국수'라는 음식이 이렇게 시적일 수 있는 것이구나.

2018년 한글날 답사길에서, 남편은 복효근의 시가 가장 좋다고 했다. 혼자서 말고 여럿이 어울리고 여럿이 먹는 걸 좋아하는 성격인데, 그러한 일상을 시로 기막히게 잡아냈다고 '빚 안 갚는 그 자식이라도 데리고 와서' 이런 구절은 참 재미있다고, 시를 자꾸 또 읽어보라고 했다. 나는 그 옆에서, 국수 헹구는 소리이기도 하고 연민의 소리이기도 한 '쯧쯧쯧쯧 쯧쯧쯧쯧'에 대해서 반복해서 설명하고는, 절묘하지 않느냐고 강조했다. 하지만 아무래도 남편은 학생들보다 이해력이 떨어졌던 것 같다.

2015년 당시 나는 〈평상이 있는 국숫집〉 영상시를 해결하기 위하여 무진 고민을 했었다. 교사로서 가장 좋은 선택은 학생들이 활동하게 하는 것이 원칙이었다. 하지만 고딩들은 공부할 시간이 더 중요한데 내 욕심만 요구할 수도 없는 일이었다. 학교에서 대충 도구를 활용하여 사진자료를 만들어볼까 하다가 그도 포기하고, 나 홀로 카메라를 들고 담양길을 떠났다. 천변에 평상이 줄지어 있었고 손님들이 앉아 있었고, 가게에서는 국수를 삶고 있었다. 국수 삶는 장면을 찍어도 되겠느냐고 양해를 구한 다음, 찬물에 헹굴 때 나는 '쯧쯧쯧쯧 쯧쯧쯧쯧' 소리를 담을려고 시도했다. 처음에는 곱게 화장한 젊은 처자였는데, 이미지가 영 아니라는 생각이 들었다. 나이 좀 든 아주머니로 교대가 되었는데 다행이라 생각하며 열심히 그 장면들을 찍었다. 국수를 건지고 헹구고 소쿠리를 털고 하는 모습들을 보는 것도 참 시원했다. 시인은 이 장면을 본 것일까 생각했다.

돌아와서 그 사진들과 이전의 문학기행 사진들을 결합하여 5분 정도 길이의 영상시를 만들었다. 이런 작업이 가능했던 것은 김천에 가서 이 영상을 보여줄 수 있다는 전제가 있어야 하는 일이다. 그것은 김천 연화지 옆에 있는 '국수多' 때문에 가능한 일이었다. 국수를 먹을 수 있는 곳이 있을까 찾다가 이곳을 들어갔는데, 내 눈에 뜨인 것은 앞에 있는 스크린이었고, 주인에게 물으니 사용이 가능하다고 했었다. 그 '국수多'는 2018년에는 없었다. 이곳이야 하면서 들어갔는데 스크린이 보이지 않아 이상하다 했는데 주인도 바뀌고 음식 메뉴도 바뀌어 있었다. 아쉽게 차만 한잔 마시고 나올 수밖에 없었다.

[2015년 여름문학기행 학생 소감글]

문태준 시인과 함께하는 문학기행. 감상문을 쓰면서 돌이켜 생각해보니 힘들기도 했지만 참 재미있었던 것 같다. 차에서 문제를 풀 때 책보고 푸는 것인 줄 알고 계속 보고 풀다가 책보고 풀면 안 된다고 했을 때 조원과 웃었던 것, 벽화마을에서 벽화에 낙서가 하나도 없는 것을 보고 놀랐던 것, '국수多'에서 〈평상이 있는 국숫집〉 시영상을 보았던 것, 뒤에 빈 테이블에 있던 치킨과 튀김을 남는 건 줄 알고 옆 테이블 친구들과 나눠먹었다가 알고 보니 선생님들 자리였던 것을 알고 양심의 가책을 느꼈던 것, 시인과 마을을 돌아다니며 마을 곳곳에 숨은 신기한 풍경을 많이 봤던 것, 연등이 직지사에 가는 길에 시들어버린 것을 보고 어이없어 했던 것, 약수를 마시고 배탈 났던 것, 홍숙정 선생님이 노래 부르셨던 것 등 지금 생각해보면 웃음이 나온다. (정읍고1 정은창)

동네 위로 올라가니 김천 시내가 다 보이는 것 같았다. 저 멀리로는 경부고속도로 다리가 보이고 아래에는 주택들이 밀집되어 있었다. 정읍에서 그런 장소는 보지 못한 것 같다. 그 풍경이 지금도 생생하게 지나간다. 만약 밤에 그곳을 다시 간다면 정말 멋진 풍경을 볼 수 있을 것 같았다. 선생님이 간략한 설명을 하셨다. 그리고 선생님은 김천의료원을 가리켰다. 〈가재미〉 시에 나오는 그 김천의료원이었다. 시를 읽으면서 산소마스크를 쓰고 암투병중인 그녀가 누군지 궁금했었다. 사랑하는 사람일줄 알았는데 사실은 큰어머니라서 예상하지 못한 결과였다. 태영이의 〈가재미〉 시 낭독이 끝나고 동네를 내려갔다. 동네는 무척 인상적이었고 벽화의 그림과 내용들은 마음을 편안하게 해주었다. 내려오면서 급하게 풍경 몇 컷을 찍으면서 내려왔다.

점심을 먹으러 가는데, 생각해보니 〈평상에 있는 국숫집〉이라는 시가 있었는데 이거 뭔가 국수를 먹을 것 같은 기분이었다. 선생님은 뭔가 시에서 매치시키는 것을 좋아하는 것 같다고 생각했다. 국수를 먹기 전 스크린에서 노래(강산에, 넌 할 수 있어)와 함께 내가 찍은 사진 몇 컷이 흘러갔다. 지난 2년 동안 찍은 사진들이었다. 내 사진을 보면서 느낀 것이 있다면 내 사진은 변하지 않았다는 것이다. 지난 2년 동안 변한 것이 없었다. 더 이상의 발전이 없고 과거에서 멈춰있었다. 난 여기 있는데 사진은 작년에 있는 느낌이 들었다. 내가 내 사진에 만족을 해서 그럴 것이다. 내 사진에 만족을 하면 안 되는 것인데 나는 내 사진에 만족을 해버린 것이다. 만약 여기서 내가 내 사진에 만족을 하면 더 이상의 발전이 불가능하다는 것이 머리에 순간 스윽 지나갔다.

여태까지 살면서 한 번도 시인을 보지 못했는데 태화리로 이동을 해서 문태준 시인을 봤다. 문학기행에서 시인을 만난다는 것이 정말 어렵지만 시인이 사는 마을을 시인과 함께 돌아본다는 것이 정말 대단한 것 같았다. 시인의 고향, 자기 시의 원천인 고향을 시인이 직접 소개를 해준다는 것은 시인에 대해 알 수 있는 기회인 것이다. 시인은 마을을 돌아다니며 세세한 것 하나까지 다 알려줬다. 이곳은 예전에 빨래터였고 이건 무슨 꽃이며 저건 무슨 나무고 이게 호두가 된다는 등 시인은 마을의 많은 것들을 알려주었다. 사진을 찍으면서 시인을 한번 봤는데 시인은 우리가 흘리는 땀의 2배를 흘리고 있는 것 같았다. 정말 우리는 땀을 뻘뻘 흘리며 길을 걸었다. 시인은 마을에 2개의 굴이 있다고 했는데, 정말 굴이 있을까 싶었는데 정말 굴이 있었다. 원래는 산을 넘어서 논까지 갔지만 기찻길 공사를 하면서 아래에 굴을 뚫었다고 설명을 해주셨다. 굴 한쪽으로는 물이 흐르고 있었다. 저 위에 저수지가 있다고 했다. 태화리에는 저수지가 2개나 있고 둘다 굴을 통과해야 갈 수 있다는 것이다.

저수지에서 시인이 설명을 했다. 예전에 이 저수지에서 수영을 하면서 놀고, 소풍도 오고, 죽을 뻔도 했으며, 저수지에서 사람이 자살한 사건도 있다고 하였다. 태화리는 윗마을과 아랫마을로 이루어져 있다. 시인은 윗마을에 사람이 많이 살았었고 나중에는 아랫마을로 사람이 많이 갔다고 했다. 시인은 윗마을에서 아랫마을로 이사를 갔었다. 우리는 아랫마을에서 저수지를 보고 윗마을로 이동을 했다. 이동을 하면서 시인이 예전에 살던 곳도 볼 수 있었고 부자가 살던 집도 볼 수 있었다. 그리고 2번째 굴에 도착했다. 2번째 굴은 저수지까지는 올라가지 않았다. 대신 다른, 좀 더 높은 곳으로 올라가서 기찻길을 봤다. 기차역에서 기차는 봤지만 자연에서 기찻길은 처음 보았다. 새로운 경험이었다. 시인이 기차가 지나는 것을 보고 내려가자고 했다. 그래서 최대한 선로 가까이에 다가가 셔터 속도를 빠르게 하고 대기하고 있었다. 하지만 오래도록 기차는 오지 않았기 때문에 우리는 아쉬운 발길을 돌려야 했다. (정읍고2 김석호)

은창이는 2학년에 올라와 내가 수업했던 아이들 중에서 가장 질문이 많은 아이였다. 수업이 끝나면 다음 시간 시작종이 치도록 곁에 와서 질문을 했고, 야간자율학습 시간에도 곧잘 질문하러 교무실에 오곤 했는데, 그 질문들에 대답하기란 결코 쉬운 일이 아니었다. 전혀 생각하지 못한 부분들을 건드리는데 때로 감탄하고 때로 너무하다 하기도 하면서 교사는 진땀을 빼야 했다. 하지만 그러고 가면 이상하게도 나는 뿌듯했던 것 같다. 넘치는 아이를 제대로 끌어주지 못하는 것이 미안하기도 했다.

석호는 사진을 진로로 정하고 있는 아이였는데 늘 자신의 카메라를 가지고 다녔다. 학교 행사 때면 그 애의 사진이 많이 쓰일 수밖에 없었고, 교사가 요구하기도 하고 학생이 알아서 움직이는 경우도 많았다. 문학기행의 경우 내가 먼저 도움을 구했는데, 석호는 그렇잖아도 가고 싶었다고 말했다. 문학기행 자료집을 만들어 배부했고, 빈칸을 채우고 소감들을 채우고 해서 제출하도록 했는데, 석호의 글이 가장 구체적이고 성실했다. '사진'이 '문학'과 다르지 않고 그 둘의 결합이 매력적이라는 생각도 했다. 그 아이에게도 나는 빚진 부분이 많은 셈이다. 졸업한 후 내 쪽에서 제대로 연락하지 않은 것도 생각하면 미안하다.

〈가재미〉 배경지인 김천의료원에 대해서도 나는 고민이 많았던 것 같다. 배경지를 구체적으로 알긴 했지만 그곳에 가도 좋은지는 자신이 없었다. 병원 측에 사정을 말하고 병실 안으로는 안 들어가고 접수처 앞 공간에 앉아 있다 가는 것으로 하겠다고 허락을 받았다. 의료원이 내가 보아오던 병원과는 많이 분위기가 달랐고 가운데 정원 같은 공간이 있는 것도 퍽 좋아보였다. 의료원은 그러니까 개인 운영이 아니라 국가 운영이고 비용도 저렴하다는 점이 병원과 달랐다. 하지만 당시 메르스 사태가 심각했기 때문에, 나로서는 학생들이 그 안에 들어가는 것 자체가 우려가 되었다. 그 근처를 돌고 돌다 선택한 곳이 의료원이 내려다보이는 벽화마을 언덕이었다. 언덕 아래 김천 시내가 훤히 내려다보이던 것이며, 태영이가 시 낭독을 하던 것이며, 아이들이 벽화길을 따라 줄지어 내려가던 것이며, 지금도 그 풍경이 아련하다.

[학생들이 처음 〈가재미〉 시를 읽고 느낀 점]

김천의료원 6인실 302호에 산소마스크를 쓰고 암투병 중인 그녀가 누워 있다
바닥에 바짝 엎드린 가재미처럼 그녀가 누워 있다
나는 그녀의 옆에 나란히 한 마리 가재미로 눕는다
가재미가 가재미에게 눈길을 건네자 그녀가 울컥 눈물을 쏟아낸다
한쪽 눈이 다른 쪽으로 옮아 붙은 야윈 그녀가 운다
그녀는 죽음만을 보고 있고 나는 그녀가 살아온 파랑 같은 날들을 보고 있다
좌우를 흔들며 살던 그녀의 물속 삶을 나는 떠올린다
그녀의 오솔길이며 그 길에 돋아나던 대낮의 뻐꾸기 소리며
가늘은 국수를 삶던 저녁이며 흙담조차 없었던 그녀 누대의 가계를 떠올린다
두 다리는 서서히 멀어져 가랑이지고
폭설을 견디지 못하는 나뭇가지처럼 등뼈가 구부정해지던 그 겨울 어느 날을 생각한다
그녀의 숨소리가 느릅나무 껍질처럼 점점 거칠어진다
나는 그녀가 죽음 바깥의 세상을 이제 볼 수 없다는 것을 안다
한쪽 눈이 다른 쪽 눈으로 캄캄하게 쏠려버렸다는 것을 안다
나는 다만 좌우를 흔들며 헤엄쳐 가 그녀의 물속에 나란히 눕는다
산소호흡기로 들이마신 물을 마른 내 몸 위에 그녀가 가만히 적셔준다

— 문태준 〈가재미〉 시 전문

일단 이 시의 '그녀'는 작가의 어머니라고 생각한다. 처음에는 작가의 아내일 수도 있다고 생각했지만, 시를 다 읽고 나니 아무래도 어머니

같은 느낌이 든다. 내가 문태준 작가에 대해서는 잘 모르지만 실제로 편찮으신 어머니를 보고 아픈 마음에 이 시를 쓴 것 같다. 어렸을 적에 어머니가 돌봐주신 것을 이제는 세월이 지나고 이 '나'가 어머니를 돌봐드리는 것 같다. 그리고 어머니도 자신도 가재미라고 표현한 것은 어머니의 처지를 공감하기 위해서 그렇게 표현한 것 같다. 나 또한 지금은 어머니의 돌봄 아래서 자라고 있지만 언젠가는 작가와 똑같은 상황이 찾아올 것이다. 모두에게 찾아올 것이다. 물론 생각하고 싶은 내용은 아니다. 하지만 피할 수 없다. 그런 상황이 찾아오면 정성을 다해서 어머니를 돌봐드려야겠다. (박승리)

암투병 중인 그녀가 시 중간 부분에 나오는 것처럼 매우 힘들고 고단했던 것 같고, '한쪽 눈이 다른 쪽으로 옮아 붙은 야윈 그녀가 운다' 부분은 한쪽 눈에 있던 눈물이 다른 쪽으로 흐른다고 표현한 거 같은데 이 부분이 가장 인상 깊었다. 그리고 마지막 네 문장이 진짜 정말 매우 서글프게 느껴졌고 앞부분을 빼고 보아도 같은 심정일 것이다. (박선종)

여기서 '그녀'는 화자의 애인인지, 어머니인지, 누이인지 모른다. 다만, 남자에게 여자는 소중한 존재인 것은 확실하다. (류태영)

바닥에서 살아가는 가재미. 암 투병 중인 환자에 빗댈 만큼 납작하다. 왜 창조주는 가재미를 그렇게도 납작하게 만들었을까. (김현호)

제목을 읽고 나서 바로 든 생각은 가재미가 과연 어떤 '가재미'일까이다. 이 시에서 가재미는 '바라보는 이'고 '알아주는 이'라고 생각이 든다. 죽음밖에 보이지 않는 그녀의 삶을 알아주는 이 없어 독자에게 그녀의 힘들고 서러운 삶을 알려주는 것이다. 그러나 가재미는 그녀의 옆에서 누워 함께 해주며, 마지막 순간까지 함께 해준다. 표현론적 관점으로 본다면 '그녀'는 지인일 수 있겠다. 어쨌든, '죽음'이라는 단어가 와 닿고 그 죽음을 함께 바라봐주는 '가재미'의 모습에 미묘하고, 슬픈 감정이 든다. (오호석)

저는 이 시를 미리 한번 읽어보았습니다. 이 시를 읽고 단 한 가지 생각만 들었습니다. 바로 저희 할머니입니다. 아직 할머니는 정정하십니다. 그런데 할머니께서 잦은 근육통으로 아파하실 때마다 정말 잘못되기라도 하지 않을까 하며 가슴이 아팠습니다. 이 시를 읽고 저에게 잘해주시던 할머니가 떠올랐고, 할머니가 더 아프시기 전에 더 잘해드려야겠다는 생각이 들게 한 시였습니다. (김형주)

이 시에서는 의인법을 활용해 암 투병 중인 그녀의 상황을 묘사했다. '폭설을 견디지 못해 구부정해진 나무처럼'은 그녀가 병을 이기지 못하고 죽어간다는 것을 보여주고, '그녀가 죽음 바깥의 세상을 이제 볼 수 없다는 것'은 죽음 바깥의 세상인 삶의 세상을 볼 수 없다는 것, 곧 죽는다는 것을 말한다. 이 시는 글의 구조가 시처럼 되어 있지가 않아서 조금 낯설었다. (손강현)

암 투병 중인 그녀가 누워있는 모습을 가재미로 표현하여서 딱딱한 모습을 풀어준 것 같아 인상 깊었고 그녀의 물속 삶이란 걸 보니 그녀는 해녀였을까라는 생각이 든다. 그리고 그녀를 느릅나무 껍질, 나뭇가지처럼 색다른 느낌을 줘 이 시가 흥미가 있어지는 것 같다. 나는 이 시가 암 투병 중인 그녀의 괴로운 삶을 부드럽게 표현한 것 같다. (이도현)

한 여인의 죽음을 가재미라는 힘없는 생선에 비유하여 죽음을 표현하였다. 한 여인은 자신의 죽음에 대한 두려움 앞에 있고 이러한 것을 가재미의 쏠린 눈에 비유한 것 같다. 이 시에 나온 '나'는 그녀에 대한 추억을 되새기며 그녀를 다시 못 볼 것 같다 암시하는 것 같다. (최우진)

아무것도 못하고 가만히 누워 있는 것을 누워 있는 생선 가재미라고 비유하면서, 그녀가 죽을 위기에 처했고 나 또한 그렇다라는 것 같다. 화자의 입장에서 그녀는 동병상련이고 살날이 얼마 남지 않았다는 슬픈 현실인 것 같다. (송승영)

싱징적인 시어를 통해 시간이 흘러가는 것을 잘 표현하고, 악화되는 그녀의 건강을 비유적으로 슬프게 잘 표현한 것 같다. 또 '나'를 객관화하여 가재미로 표현하여 '그녀'를 관찰하는 시점이 비극적이기도 하고 참신하다. (정윤호)

시인이 어머니 다음으로 좋아하는 사람이 큰어머니라고 했고, 그 큰어머니의 죽음을 지켜보면서 쓴 시들이 꽤 있는 것을 읽었다. 〈가재미〉는 큰어머니가 입원해 있을 때 쓴 시인데, 죽음에 대한 연민을 어쩌면 그렇게 따뜻하게 그려냈는지 어떻게 가재미를 떠올려 그려낼 수 있었는지, 나는 정말 많이 감탄했다. 아이들에게는 그 배경 설명 없이 자유롭게 시에 대한 감상을 써보게 했고, 자료집에 넣어 시인도 읽어볼 수 있었다.

시인의 마을 태화리는 시인이 직접 안내했는데, 시인이 직접 안내한다는 것, 이것은 내가 기대하지 못한 귀하고 귀한 기회였다. 학생들의 문학기행 비용은 학교에서 받은 시청 지원 예산 중 국어과활동비로 충당하는데, 학생들에게 책 한 권은 꼭 사도록 했다. 참가한다는 약속을 번복하는 일이 없게 하는 의미도 있고, 자기 책을 읽고 작가의 사인을 받을 수 있다는 의미도 있었다. 그렇게 사게 한 시집은 ≪가재미≫였고, 다른 시집의 시들을 자료집에 여러 편 실어 같이 읽도록 했다. 시인이 자료집에 싣도록 따로 요청한 시는 〈태화리 도둑골〉, 〈비 지나가는 저수지〉, 〈굴을 지나면서〉, 〈태화리에서1〉, 〈태화리에서2〉, 다섯 편이었다.

시인의 할아버지가 태어났었고 아버지가 태어났고 시인이 태어난 '생가'는 지금 작은 포도밭으로 바뀌었고, 예전에 살던 집터에 부모님이 사실 수 있게 새로 지은 집이 '문정헌'이라고 했다. '문정헌'을 설계한 김태윤 건축가의 글을 읽었는데, 예술가의 글이라 그런지 글이 시처럼 어렵고 상징적이어 애먹었다. 시 〈태화리에서 1〉를 읽고 시와 건축의 공감대를 느꼈다고 했다. 인터넷으로 본 문정헌 사진은 대단히 환상적이었지만, 내가 실제 보는 풍경은 또 달랐던 것 같다. 처음 보면 전체적으로 수평형의 가벽이 눈에 띄는데, 보는 이의 시선을 자연스럽게 주변 경관과 이어지도록 하는 설계라고 한다. 건물 안에는 들어가 보지 못했는데, 거실의 천창을 통해 확산되는 은은한 빛, 투명한 유리창 너머로 마당의 잔디를 따라 뒤곁의 나무 한 그루를 바라보게 되는 공간의 수평적 확장, 수평형의 가벽과 사철나무 담장과 '툇마루'를 지나 먼 산자락에 시선이 머무르게 하는 자연적인 구성이 특색인 것 같았다. 나는 담양의 소쇄원이 생각났는데, 인공의 벽을 두는 일이 없이 자연의 풍경이 그대로 집의 정원이 되게 하는 우리의 전통적인 건축미를 떠올렸다. 하지만 나의 감각으로는, 문정헌은 농촌의 풍경 속에서 그 크기와 직선들로 다소 어색하게 다가왔던 것 같다.

2005여름문학기행에서 쨍쨍한 여름날은 상상 이상이어서 시인도 교사와 학생들도 무진 고생을 해야 했다. 가만있어도 땀이 흐르는 날씨에 시인은 우리를 이끌고 태화리 마을 구석구석까지 안내하면서 친절하게 설명하였다. 나는 한 마디라도 담아보려고 나름 많은 노력을 했지만, 시인의 목소리가 크지 않았고 녹취도 잘 안되었고 내 기억력이 못나서, 제대로 결과물을 만들 수가 없었다. 지금 생각해도 너무 아쉬운 일이었다. 바람 살랑이는 가을날에, 성능 좋은 마이크를 준비해서, 꼭 한 번 더 기회를 만들어보고 싶지만, 아쉬움은 아쉬운 자리에서 접어야하는지도 모르겠다.

그래도 석호는 시인의 가까이에서 가장 구체적으로 듣고 정리한 아이였던 것 같다. 닫힌 아주 작은 마을인 줄 알았는데, 시인을 따라 그 마을 안으로 들어갔을 때 나는 정말 신비감과 경외심을 느꼈다. 안에 그렇게도 깊은 풍경들을 감추고 있을 줄은 몰랐다. 굴을 지날 때는 으스스할 만큼 서늘하고 캄캄하고 길었고, 저수지에서 멀리 재실이 보이는 곳에는 물안개가 피어오르고 있었다. 그 저수지에서도 시인은 아이들이 시를 읽게 했는데 '비 지나가는 저수지'였다. 어느 공간에 도달하니 탁 트인 철길이 나타났을 때는 많이 감탄했다. 상당히 오랫동안 그 철길에서 있었을 것이다. 기차는 좀체로 나타나지 않아서 조바심을 했지만, 계속 이동하던 중간의 그 휴식은 참 달콤했고, 시인도 아이들도 여유를 가지고 이야기를 나누면서 의미 있는 시간을 가질 수 있었다.

문정헌에 돌아와서 시인은 학생들의 글에 대하여 간단히 평가해주었고 각자 시집에 사인을 해주었고 시를 잘 쓴 아이에게는 격려도 해주었다. 하지만 그 잘쓴 아이가 문제였던 것 같다. 다른 아이들과 워낙 차별화가 되는 수준 있는 시들을 그 아이는 써내곤 했는데, 아무래도 그 아이 누나의 시였던 것 같다. 자기 딴에 진로에 대하여 많은 고민을 하고 누나만큼 따라가지 못하는 것에 고민은 있었을 것이지만, 그런 아이를 제대로 지도했는가 하는 것은 아직도 씁쓸함으로 남아있다.

창비 학급문집 공모 사업이 있는데, 국어과 문집도 포함하기 때문에 나는 여기에 응모한 적이 있었다. 그렇게 모아진 학생들 글 중에서 좋은 작품들을 모아 창비에서는 또 한 권의 청소년 작품집을 펴낸다. 내가 왜 여기서 이 말을 하느냐면, 거기에 뽑힌 시가 그 아이의 시는 아니었기 때문이다. 청소년들이 쉽고 재미있게 받아들일 글을 뽑았을 것인데, 교사가 학생들의 글쓰기 지도의 기준을 어떻게 마련하고 어떻게 적용할 것인지는, 늘 고민해야할 문제인 것 같다.

내 겨드랑이 사이에
날개가 돋았다

뽑으려고 해보았다
아프다, 안 뽑힌다

내 유년기의 상징은
굳센 의지를 갖고 있다

고난과 역경을 이기고
꿋꿋하게 버티고 있다

이겨내야 하는 일들
힘들다고 아프다고
거부하는 나는

내 겨털이라도

본받아야겠다

— 서민경(정읍고2), 날개

태화리에서 시인과 시인의 부모님의 친절을 뒤로 하고 아쉽게 작별한 우리들은, 다음 장소로 직지사에 갔다. 직지사는 시인이 옛날에도 소풍으로 많이 갔던 곳이고 지금의 문학기행에서도 직지사를 포함하여 많이 가는 것 같다. 그리고 문태준 시인은 불교방송 PD일을 하고 있다고 했는데, 불교 신자일 수 있겠고, 그래서 나는 그 흐름에서 '연등'도 생각하고 '연꽃'도 생각하고 '직지사'에 가기로 하고 그랬던 것 같다.

그때 나는 일행과 사전답사를 다녀왔었지만, 빠뜨린 부분에 대한 걱정되는 마음에 일과 중에 불쑥 혼자 버스 타고 택시 타고 하면서 김천에 한 번 더 갔었다. '국수多'에서 아무래도 국수만으로 부족할 듯하여 다른 추가할 메뉴를 시식해보았고, 직지사에서 무엇을 할 수 있을까 경내를 돌아보았는데, 그때 보았던 직지사는 무척 아름답고 편안한 풍경이었다. 그런데 정작 문학기행 당일에는 아니었다. 이러한 불일치는 종종 발생하는데, 어쩔 수 없이 '운명'으로 받아들인다는 결론 말고는 없는 것 같다. 직지사에 대한 스님의 설명은 아이들을 힘들게 했는데, 이러한 시간이 어떻게 되느냐에 따라 그 문학기행의 이미지 성패가 좌우되기도 한다. 아마 스님이 산뜻하게 설명하고 안내했다면 아이들은 정말 좋은 추억을 간직하였을 것이지만, 돌아와서도 나는 두고두고 여름날의 힘들었음에 대한 불평을 감내해야 했다.

직지사 입구에 정완영 문학관이 있는데, 내가 학교 다닐 때는 국정교과서에 정완영 시조 〈조국〉이 실려 있고 배웠기 때문에 익숙하지만, 지금 아이들은 달랐다. 문학관에 들어가긴 했지만 사실 문학관 관람이 목적은 아니었고, 세미나실을 빌려서 쓰는 것이 목적이었다. 직지사도 문학관도 그냥 간 것이 아니라 이리저리 물어서 협조공문을 보내야 했었고, 당일에 문학관에서는 '연등'을 만들고 그 연등에 '시조'를 쓰는 활동을 했다. 그 연등을 들고 탑돌이를 할 생각이었는데, 남자애들이 멋쩍어할 그 활동을 실제 하지는 않았다. 그 연등은 생각보다 예뻐서 지금도 내 책상에 놓여 있는데, 그 연등을 만드는 동안 아이들의 작은 수다와 적절한 고요 역시 참 예뻤던 것 같다.

돌아와서 좀 시일이 흐른 뒤였는데, 교육청에 100대과제 뭔가를 제출해야할 업무가 생겼었다. 담당자가 동료 국어교사였는데, 그 선생님은 '문학기행'을 주제로 잡았다. 누구나 다 하는 문학기행을 써서 어떻게 상을 받겠느냐 말을 들으면서도 했던 모양인데, 이런 학생활동에서 거의 늘 외면과 침묵을 보내던 그 선생님이 그렇게까지 세심하고 바라보고 관찰하고 있었다는 것을 알고는 많이 놀랐던 기억이 난다. 그리고 그 선생님이 쓴 글은 참 잘 쓴 글이었다. '홍 선생'에 대하여 '정읍고의 보물'이라고 표현해서 더 그랬을지 모르겠다. 생각해보면 나는 동료들과 마음 열고 일을 했었나 반성도 했다.

그 선생님이 쓴 글로 통과되는 것은 아니어서, 어떻게든 수업활동과 연계시킨 자료가 필요했는데, 다분히 의도적인 연출이지만 나는 아이들 보충 자율학습 시간에 들어가 문태준 시 관련 문제지를 주고 풀게 했다. 교과서에 실린 〈평상이 있는 국숫집〉 말고도, 수능 관련 문제에 문태준 시가 나온 것이 〈가재미〉와 〈맨발〉 두 편이나 되었다.

〈평상이 있는 국숫집〉은, "뼈가 굳어 가는 병에 걸린 그녀는/ 무허가 지압집 3층 계단을 오르며/ 자꾸만 나를 쳐다봤다// 세상에서 가장 무거운 신발을 신고/ 한 칸씩 계단을 오르는 그녀는 어디 가서 밥 먹고 오라고/ 숟가락을 입에 대는 시늉을 했다" 정용주 시 〈밥〉과 엮어서 학교 문제로 냈었다.

문제1. 〈평상이 있는 국숫집〉과 〈밥〉 두 시의 화자가 대화를 나눈다면 가장 부적절한 것은?

① 평: 힘들어 보여요. 여기 시원한 평상에 앉아 국수 한 그릇 얼른 먹어요.

② 밥: 그래요. 그녀가 지압집 계단을 올라가면서 자꾸만 저더러 밥 먹고 오라네요. 뼈가 굳어가는 무서운 병이거든요.

③ 평: 쯧쯧쯧쯧, 그런 몸으로 계단을 오리내리기는 또 얼마나 힘드실까. 좋은 병원에 가야할 텐데…….

④ 밥: 여기 평상에 앉으니, 그녀가 제게 밥을 먹고 오라는 말 들을 때 기분과 비슷합니다.

⑤ 평: 이곳은 항상 단골손님들이 모이는 곳이라서 친정 오빠처럼 편하고 기댈 수 있으니까요.

수능 관련 문제로 〈가재미〉와 조지훈 〈동물원의 오후〉와 백석 〈명태〉 세 편의 시를 엮어 읽고 묻는 세 문제가 있었는데, 그중 제시된 비평글에 근거하여 〈가재미〉 시의 해석을 묻는 문제가 있었다.

문제2. 〈가재미〉 시를 해석한 내용으로 적절하지 않은 것은?

① 바짝 엎드려 죽음만을 응시하는 '그녀'의 모습에서 한쪽으로 눈이 쏠린 '가재미'의 모습을 연상하고 있다.

② 자신도 '그녀' 옆에 '한 마리 가재미'가 되어 누움으로써, 화자는 '그녀'의 고통을 자기화하고 있다.

③ '등뼈가 구부정해지던'은 삶의 무게를 온몸으로 감당해 내느라 고단한 그녀의 지난 삶을 의미하는 것이다.

④ '그녀가 살아온 파랑 같은 날들'을 떠올리는 화자의 태도는 죽어가는 '그녀'에 대한 사랑의 또 다른 표현이다.

⑤ '그녀의 숨소리'를 '느릅나무 껍질'처럼 거칠게 느끼는 것은 화자가 '그녀'의 죽음 앞에서 두려움을 느끼기 때문이다.

역시 수능 관련 문제로, (가) 박목월 〈가정〉, (나) 박재삼 〈대관령 근처〉와 (다) 문태준 〈맨발〉 세 편을 엮어 읽고 묻는 세 개의 문제가 있었는데 그중 두 문제의 부분을 간추려보면 이렇다.

문제3. ㉠~㉤에 대한 설명으로 적절하지 않은 것은?

③ ㉢죽은 부처가 슬피 우는 제자를 위해 관 밖으로 잠깐 발을 내밀어 보이듯이 맨발을 내밀어 보이고 있다 : 대상의 모습을 비유적으로 형상화하고 있다.

④ ㉣내가 조문하듯 그 맨발을 건드리자 : 대상에 대한 연민의 감정을 나타낸다.

⑤ ㉤최초의 궁리인 듯 가장 오래하는 궁리인 듯 천천히 발을 거두어 갔다 : 대상에 인격을 부여하여 비극성을 드러낸다.

문제4. (가)~(다)에 대한 설명으로 가장 적절한 것은?

① (가)와 (나)에는 부정적 현실을 극복하는 모습이 나타나 있다.

② (가)와 (다)의 시적 공간은 시간의 흐름에 따라 변화하고 있다.
③ (나)와 (다)에는 대상에 대한 관찰과 그에 대한 상념이 드러나 있다.
④ (가)~(다)에는 모두 과거의 삶에 대한 회상과 그리움이 드러나 있다.
⑤ (가)~(다)에는 모두 화자가 바람직하게 여기는 삶의 모습이 표현되어 있다.

이런 식으로 7문제를 아이들에게 주고 풀어보게 하고 점수를 주고, 그것을 학생 활동 자료의 일부로 첨부했었다. 문학기행 자료집에 들어 있었던 문제들이지만 아이들은 그때 어렵고 시간이 없다는 식으로 대부분 아이들이 그냥 넘어갔기 때문에, 문제를 다시 풀어보는 의미가 없는 것은 아니었다. 문제를 처음 보는 아이들도 많았다. 어떻든 아이들은 굉장히 긍정적이고 협조적이었다. 이러한 업무에 학생을 동원한다는 식으로 불평불만을 들을법하건만 아이들은 전혀 그렇지가 않아서 고맙고도 미안했었다. 덕분에 백만 원의 상금을 받긴 했지만 다른 과와 나누어 별 흔적은 없었을 것이다.

나는 작년에 정읍고등학교에서 떠났고, 올해는 학습연구년제로 이 작업을 하고 있는 것인데, 2018년 답사는 시인에게 양해를 구하지는 않았다. 시골마을에 들어가면서 양해를 구하지 않는 일이 예의에 맞을까 우려도 했었지만, 조용히 다녀오겠다는 생각으로 조용히 갔다. 2015년에도 시인에게 실수 아닌 실수를 한 일이 있어서 더 조심스러웠는지 모르겠다. 2015년 당시 내가 인터넷 검색을 하면서 느낀 것이 문태준 시인에 대하여 지자체에서 많은 후원을 해주고 있나보다 하는 것이었다. 내가 왜 그랬는지 모르겠지만, 문정헌도 시에서 지원한 건축이라고 생각했던 것 같다. 연화지 안내나 직지사 안내 문학관 안내 등을 알아볼 때 김천시에서는, 서류 중심 일처리라든가 자기 영역이 아니면 넘긴다든가 해서 나를 상당히 힘들게 했는데, 문태준 시인의 마을 입구에 '시인과 화가의 마을' 표지라든가 '문태준 시인의 고향' 표지라든가 하는 것도 아마 시에서 관리를 하고 있기 때문이라고 생각했던 것 같다. 이외수 작가의 경우를 떠올렸을지 모르겠다.

그런 잘못된 판단으로 하여, 나는 '포도마을'에 가서 무더움을 상큼하게 해줄 '포도 한송이'를 꿈꾸었던 것 같다. 시인은 처음부터 내게 조언들을 많이 건네 왔건만, 나는 '포도'에 대하여 서로 잘 연계되어 문제없으리라 생각하며 인터넷에서 찾은 마을의 농원에 개인적으로 시인 모르게 부탁을 했었다. 이 때문에 시인은 무척 화가 났다. 학생들 문학기행도 깨질법한 상황이었지만, 다행히 농원 측에서 취소를 받아주었고, 시인은 학생들을 위하여 덮고 넘어가주었다. 문학기행을 해보면 그러한 경우가 종종 발생하는 것 같다. 작가는 농촌 또는 소외 지역을 배경으로 작품을 쓰고, 독자들은 그 공간으로 생각 없이 때론 요란하게 들어가곤 한다. 나는 교사임에도, 몰지각한 독자가 되었던 셈이다.

나는 무슨 일을 할 때 의미부여를 많이 하는 스타일인데, 예를 들면 4·3이면 4·3 시를 읽히고, 5월이면 정읍 동학제 행사에 참여하고, 5·18 영상을 보고, 6·15 또는 8·15면 통일노래가사바꿔부르기 행사에 참여하고, '한글날'에 백일장을 하고, '학생의날'에 문학기행을 하고, 뭐 그런 식이었다. 수업을 우선으로 해야지 활동 중심이면 문제가 있지 않느냐, 그런 우려를 들을 법도 했지만, 결국 수업도 자기 스타일대로 하는 것이었다. 올해 문태준 시 답사도, 그래서 한글날로 잡았을 것이다. 그 쨍쨍한 여름날 놓쳤던 풍경들을, 학생들과 함께는 아니지만, 조용히 침잠하여 내 안으로 소화하여 오고 싶었다. 무르익은 가을은 아니지만 마을의 자연은 아름다울 것이라고 생각했다.

시인에게 양해를 구하는 대신, 나는 먼저 문정헌에 들러 시인의 부모님께 양해를 구했고, 마을에서 나오면서 감사 인사를 하고 나왔다. 부모님은 정정하셨고 인상이 좋았고, 툇마루에 앉아 호두를 깨주시기도 했다. 아들에 대한 자부심이 얼굴의 미소로 환히 넘쳐났다. 3년 전에도 보았지만, 빨간 고추를 널어 말리는 모습이 인상적이었고, 마당의 작은 시비가 앙증맞고 예뻤다. 작가의 생가 또는 고향집에 있는 시비는 맞춤옷처럼 참 잘 어울린다고 생각했다.

시인의 안내 없이 마을을 돌아본다는 것이 쉬운 일은 아니었던 것 같다. 저수지와 저수지로 가는 굴을 찾는 것도 쉽지는 않았고, 굴 앞에서는 굴이 너무 깊고 어둡고 물이 콸콸 흐르고 있어서 무섬증을 가져왔다. 저수지 물꼬를 열었나 생각했다. 하지만 비가 내리기도 했었고 이곳의 수량이 평소 많은 것 같았다. 어쩔 수 없이 빙 돌아서 무서운 개 앞을 지나서 저수지를 갔고 철길을 갔는데, 철길은 시인과 갔던 그 넓은 공간은 아니었던 것 같다. 오며 가며 등뒤로 기차 지나가는 소리는 몇 번 들었지만, 그 철길에서는 기차를 보지 못했다. 윗마을과 아랫마을의 공간개념을 내가 잘 파악하기는 어려웠다. 마을은 내가 본 이상으로 넓고 깊은데, 이번에도 나는 잘 알지는 못하고 왔던 것 같다.

3년 전에 왔을 때, 이러한 마을에서 시인이 날 수밖에 없겠다고 생각했었다. 이번에도 마찬가지였던 것 같다. 작가는 고향을 잘 가지고 태어나야 한다는 생각이랄까. 그리고 멋없는 나의 고향을 생각했다. 진정으로 알고 보면 나의 고향도 멋없는 고향은 아닐 것이라고 믿고 싶은 마음도, 사실은 있을 것이다.

철길까지 갔다가 돌아오면서는 또 굴 앞에서 멈출 수밖에 없었는데, 다른 트럭을 보니 등을 켜고 자연스럽게 오가는 것을 보고, 이게 바로 길을 알고 모르고의 차이인가보다 생각이 들었다. 문제는 우리는 걸어서 통과해야하는데 물길 위를 신발을 신고 가야하느냐 맨발로 가야 하느냐였다. 고심 끝에 남편은 맨발로 건넜고 나는 등에 업혀서 건넜다. 내 몸무게가 너무 가벼워 '맨발'의 노고가 조금은 덜하였을지 모르겠지만, 나는 여기서 문태준 시 〈맨발〉을 떠올렸다.

어물전 개조개 한 마리가 움막 같은 몸 바깥으로 맨발을 내밀어 보이고 있다
죽은 부처가 슬피 우는 제자를 위해 관 밖으로 잠깐 발을 내밀어 보이듯이 맨발을 내밀어보이고 있다
펄과 물속에 오래 담겨 있어 부르튼 맨발
내가 조문하듯 그 맨발을 건드리자 개조개는
최초의 궁리인 듯 가장 오래하는 궁리인 듯 천천히 발을 거두어갔다
저 속도로 시간도 길도 흘러왔을 것이다
누군가를 만나러 가고 또 헤어져서는 저렇게 천천히 돌아왔을 것이다
늘 맨발이었을 것이다
사랑을 잃고서는 새가 부리를 가슴에 묻고 밤을 견디듯이 맨발을 가슴에 묻고 슬픔을 견디었으리라
아 — 하고 집이 울 때
부르튼 맨발로 양식을 탁발하러 거리로 나왔을 것이다
맨발로 하루 종일 길거리에 나섰다가
가난의 냄새가 벌벌벌벌 풍기는 움막 같은 집으로 돌아오면

아— 하고 울던 것들이 배를 채워
저렇게 캄캄하게 울음도 멎었으리라

— 문태준, 맨발

라오스에서는 지금도 불교의 '탁발' 문화가 존재한다고 한다. 매일 아침 6시면 사찰에 종이 울리고, 스님들은 줄지어 차가운 도로 위를 맨발로 걸으며 '탁발'의 물결이 이어진다는 것이다. 부처님도 부처님 제자들도 오전에 탁발을 해 공양하고 오후에 불식을 실천했는데, 이는 수행의 방편이었고 하루 일곱 집 돌고도 양식을 얻지 못하면 하루 종일 굶어야 한다고 했다. 스님들이 탁발을 통해, 자기 자신을 낮추고 남을 높이는 마음인 '하심'과, 참는다는 뜻과 욕됨을 용서한다는 의미를 함께 내포한 '인욕'을 배웠다는 말에서, 나는 깊은 인상을 받았다. 내게 꼭 필요한 것이 바로 '하심과 인욕'이 아닐까 싶었던 것이다.

'탁발'에 대하여 알고 보니 〈맨발〉 시가 정말 마음속으로 다가왔다. 나는 사실 "아— 하고 집이 울 때" 이 부분이 가장 기막히는 표현이라고 생각했는데, 왜냐하면 개조개가 껍질을 열고 살을 내밀어 개펄 위를 움직여 가는 모습이 떠올랐고, 미세한 떨림으로 굴곡지는 "아~~~"가 시각과 청각의 이미지로 동시에 떠올랐기 때문이다. 그것을 또한, 움막의 가난한 가장과 아이들의 힘겨운 삶의 모습과 절묘하게 연결하여 표현했다는 것이 감탄스러웠다. 개조개의 움직임에 대한 세심한 관찰과, 불교의 수행에 대한 깊은 인식과, 가난한 삶에 대한 연민과, 그 조합이 〈맨발〉시를 완성한 것이다.

시인의 마을을 떠나면서는, 들어설 때도 가장 눈에 띄었던 포도나무를 사진에 담았다. 문태준 시를 보면 '포도나무'를 노래하는 시들이 많은 것을 본다.

> 오래된 포도밭에는 폐경한 여인들이 산다 지주목도 비와 바람에 삭아서 죽은 포도나무에 기댄다 녹슨 철사줄을 감아쥔 덩굴손, 살점 다 발라낸 뼈다귀 같다 여름이 솟았다 진 자리, 나무들이 더러 죽었다 죽은 나무를 건드리자 포도 알갱이들이 송이에서 빠져나온다 알은체하니 마르고 쭈그러진 유언들이 더듬더듬 흘러나오는 것이다 나무들은 그제야 죽음 쪽으로 돌아눕는다
>
> 마을엔 나무란 나무가 죄다 포도나무, 늙은 생애들뿐이다
>
> — 문태준, 포도나무들

농촌의 실상을 포도나무를 통하여 표현한 것일 수 있는 이 시가 나는 퍽 슬펐다. 마을에 포도나무는 많았고, 정말 뼈다귀 같은 줄기와 지주목과 말라버린 포도송이들이 보였고, 손으로 툭 건드려서 그의 유언들을 들어보고 싶었고, 그들이 편히 죽음을 향하도록 하고 싶었다. 이러한 마음이 나의 현실 실천과 괴리된 것이라면 어찌할 것인가, 이것은 나만의 문제는 아닐 것이고, 농촌을 노래하는 작가들의 문제이기도 할지 모르겠다.

[2018. 11. 08.]

향수

정지용을 닮은 오장환,
정지용과 다른 오장환

그 시비들이 대청호 호반에 배치되어 있는데, 시비의 시뿐 아니라 시비를 조각한 예술가의 솜씨 또한 돋보였고 시의 글씨들도 저마다 개성이 있었다. 커다란 암석을 가로 누이고 그것을 결로 쪼개어 그 결마다에 한 편의 시를 새겼으며, 시의 결 반대편에는 해설을 교차해 넣는 구조였다. 멀리서 보면 하나의 생명체처럼 보였고, 가까이 가서 보면 알을 깨고 탄생하는 예술꽃이었다. ('향수' 중에서)

[나의 '향수']

조정래 소설 〈태백산맥〉을 읽다보면, 정지용 시 '향수'가 등장하는 곳이 있다. 어쩌면 이토록 아름답게 시를 활용할 수 있을까 감탄했던 나는, 학생들과 동아리 문학기행을 다녀온 정리 글을 쓰기 위해 그 형식을 모방하기까지 했던 적이 있다. 20년 세월을 훌쩍 지나 다시 그 글을 읽어보니, 다소 억지스럽고 유치한 구석이 있기는 할망정, 참 재밌기만 하다. 이렇게 기록으로 남기지 않으면 '향수'에 빠지기도 힘들겠다는 생각을 요즘 많이 한다. 2018년 펑펑 눈 내리던 겨울날 나는 또 한 번 정지용과 오장환 문학답사를 다녀왔다. 그 정리 작업을 해야 하는 지금, 나는 겁 없이도 첫머리에 나의 20년 전 글을 놓기로 했다.

2박 3일의 문학기행, 우리가 처음 간 곳은 정지용 '향수'의 고장이었다. 우리나라 사람이라면 누구나 좋아하고 그 노래 몇 구절쯤 자연스럽게 흥얼거릴 줄 아는 시가 곧 '향수'일 것이다. 깊고 푸른 산자락과 맑고 섬세한 강줄기의 조화. 그 품속에 안겨드는 기분으로 우리는 옥천 읍내에 들어섰다. 산자락 밑 '정지용 생가'라는 표지판에 아, 여기구나, 가슴이 설레었건만, 정작 생가가 자리한 곳은 시멘트로 멋없이 발려진 개천과 청석교 바로 곁이었다. 삭막하게 문 잠겨진 그곳은 아무리 눈 씻고 보아도 '향수'의 숨결이 느껴지는 곳은 아니었다. 이 어이없는 부조화가 안겨준 실망감은 3일 동안 내내 서글픈 노랫가락이 되어 나를 시달리게 하였다. 정지용은 왜 그토록 절절한 심정으로 고향을 노래하였을까. 식민지 시대의 지식인으로서의 고뇌, 그리고 납북되어 폭격으로 죽어야 했던 분단의 비극까지도 예감하였던 것은 아니었을까. 40년 동안 정치적인 이유로 남한에서 외면당해왔던 그의 작품이 갑자기 그의 고향에 되살려지면서 빚어낸 것은 예술과 현실의 부조화였다.

넓은 벌 동쪽 끝으로
옛이야기 지줄대는 실개천이 휘돌아나가고,
얼룩백이 황소가
해설피 금빛 게으른 울음을 우는 곳,
— 그곳이 차마 꿈엔들 잊힐리야.

고유한 우리말 사용과 구성진 이야기 솜씨에 있어 그 누구도 따를 수 없었다는 벽초 홍명희. 금산 군수였던 그의 아버지는 1910년 한일합방의 수치 앞에 자결을 선택하였다 한다. 이에 충격을 받아 멀리 중국, 남양 등지를 방랑하였다는 그는 고향 괴산에서 3 · 1운동을 주도하였고, 이 때문에 고된 감옥살이를 하여야 했다. 실재한 민중의 인물이었던 임꺽정을 소설로 쓰기 시작하였지만, 또 한 번의 감옥살이와 연재하던 신문의 휴간 등으로 몇 번 중단되었고, 해방과 남북 분단으로 이 작품은 끝내 미완의 대작으로 남게 되었다. 남북협상을 위해 월북하였다가 끝내 월남하지 못한 그는, 북한에서 부수상의 지위에까지 오르는 등 정치적인 성공을 하였다 한다. 그 덕분에 남한에서는 40년 동안 그의 작품이 대접 받지 못하였다. 괴강과 제월대 자락에 들어앉은 그의 옛집은 쓸쓸해보였다. 이제 막 그의 작품이 우리 앞에 드러나긴 하였지만, 그는 잃어버린 아버지와 잃어버린 고향에 속울음을 우는 것 같기만 하다.

같은 일제 강점기에 살면서 행동하는 시인의 모습을 보여주었던 이육사. 그의 고향엔 '청포도' 시비가 그의 생가 터를 지키고 있었다. 입구의 도산서원에서부터 강과 밭 옆으로 깊숙이 자리한 그의 생가 터까지, 그곳엔 상당히 넓게 밭들이 펼쳐져 있었다. 이육사는 퇴계 이황의 후손이라 한다. 퇴계에서부터 이육사까지 도산면은 아직도 현대의 숨결을 거부한 채 옛 정신을 지키고 사는 마을 같았다. 끝내 광복을 못보고 감옥에서 죽어야 했던 그가 떠올린 고향은 어떤 모습이었을까. 이제 안동댐 건설로 생가 터엔 시비만 남아 비인 밭을 지키고 있다.

질화로엔 재가 식어지면
비인 밭에 밤바람 소리 말을 달리고,
엷은 졸음에 겨운 늙으신 아버지가
짚베개를 돋아 고이시는 곳,
— 그곳이 차마 꿈엔들 잊힐리야.

시인과 강은 떼려야 뗄 수 없는 관계인 듯 싶다. 신경림 시인의 생가와 작품 무대인 남한강 줄기를 답사하면서, 나는 정지용 시인의 마음이 그와 크게 다르지 않을 거라는 생각을 하였다. 그러나 정지용과는 달리 지금도 살아서 쉼 없이 활동하는 신경림의 작품 무대가 더 자연스럽고 실감 있게 다가오는 것도 사실이었다. 중원군 노은면 생가에서부터 그가 다녔다는 노은초등학교에 가보았다. 읍내까지 몇 십 리를 걸어서 다녔던 그 길이 그에겐 지울 수 없는 인상을 남겨 시로 쓰게 했다는 남한강 줄기, 그 길을 우리도 걸어보고 싶었다. 목계나루에서 본 강의 풍경을 적다가 선생님에게 들켜서 놀라고, 충주고등학교 시절 학교 공부가 맞지 않아 강가를 배회하였다는 그의 마음은 곧 맑은 시심이었을 것이다. 신세만 지고 끝내 빚을 갚지 못하고 저 세상으로 갔다는 두 동무의 이야기며, 끊임없이 우리 국토를 기행하며 살아있는 풍경들을 시로 담아낸다는 그의 시 정신은 우리를 감동시켰고 존경스러운 것이었다. 중원 땅에 시원스레 자리 잡은 칠층석탑. 주위엔 트인 하늘과 유유히 흘러가는 맑은 물줄기의 남한강. 어둑어둑해지는 그 풍경을 바라보며 우리의 마음은 마음껏 자유로워지고 있었다. 그가 쏜 시의 화살은 지금쯤 어디에 꽂혀 있을까.

흙에서 자란 내 마음
파아란 하늘빛이 그리워
함부로 쏜 화살을 찾으러
풀섶 이슬에 함추름 휘적시던 곳,

— 그곳이 차마 꿈엔들 잊힐 리야.

만해 한용운의 흔적은 곳곳에 남아 있다. 홍성의 생가, 설악산 백담사, 서울의 심우장, 이번에 우리가 갔던 사천 다솔사까지. 한용운은 어려서 결혼을 했고, 처자식을 둔 채 출가를 하였다 한다. 그가 처자식을 사랑하였는지 어떠하였는지는 모르겠다. 그 시절 대부분 애정 없이도 부모님의 뜻에 따라 결혼을 하였을 터이고 사랑보다는 정으로 살아갔을 테니 말이다. 단지 평생 괄괄한 성격으로 굽힘없이 독립운동과 시 쓰기로 일관하였던 그였기에, 그의 처는 무척 힘들게 살았을 것만 같다. 남북한 모두에서 평가를 받고 있는 작가로는 한용운, 김소월, 정지용 등이 들어간다 한다. 우리 민족의 정서와 가락으로 시를 썼기 때문일 것이다. 행동적인 그의 모습과는 달리 그의 시는 외면상 무척 온유하고 종교적으로 보인다. 난 한용운을 생각하면 자꾸 그의 숨은 아내가 생각난다. 그리고 그렇게 고생하고도 해방을 못 본 채 죽어야 했던 한용운의 삶이 비극적으로만 느껴진다.

> 전설바다에 춤추는 밤물결 같은
> 검은 귀밑머리 날리는 어린 누이와
> 아무렇지도 않고 예쁠 것도 없는
> 사철 발 벗은 아내가
> 따가운 햇살을 등에 지고 이삭 줍던 곳,
> — 그곳이 차마 꿈엔들 잊힐 리야.

우리가 마지막으로 갔던 곳은 박경리 〈토지〉의 무대인 경남 하동 평사리였다. 지리산과 섬진강 자락 옆에 비옥하고 넓은 평야를 펼치고 있는 이곳을 보고 작가는 무한한 상상력을 펼칠 수가 있었다고 한다. 과연 그렇겠다 싶었다. 내 시야로는 호남평야 못지않았다. 소설보다는 TV 드라마의 실제 무대로 쓰였던 이곳에서는 아직도 〈토지〉를 기억하는 사람이 많긴 하다. 그 당시를 회상하는 할머니의 짓무른 눈과 야윈 어깨를 보며 참 무상하다 생각까지 했다. “이제 볼 것도 없어. 다 뜯어버리고 개량해버리고 암 것도 없어. 이름만 토지마을이지.” 떠나는 우리가 못내 서운한 듯 바라보던 할머니의 모습에 오히려 내가 미안하였던 것은 왜였을까. 최참판댁의 소재로 쓰였던 이웃마을의 조부잣집은 그래도 넉넉하였다. 옛날엔 친척까지 모두가 만석꾼이었다는 조부잣집 내외는 자기 집이 소설의 소재로 쓰였다는 것을 잘 알고 있었다. 하루에도 두세 팀씩 자기 집을 찾아온다 하였다. 그런데도 조금도 귀찮은 기색이 없이 마치 친척이 찾아온 듯 스스럼없이 대해주어 고맙기만 했다. 그 넓은 집을 지키면서 농사를 지으며 살아가는 노부부. 그들은 이따금씩 잃어버린 옛날을 떠올리며 향수에 젖기도 할 것이다. 우리는 그곳에서 이 이야기 저 이야기 하다가 두 시간 이상 지나서야 아쉽게 그곳을 돌아섰다. 그 할머니들을 우리가 다시 볼 수 있을지 모르겠다. 내 귓가엔 다시금 '향수'의 노랫가락이 맴돌고 있었다. 가는 곳마다 산과 강과 정겨운 사람들이 있던 이번 2박 3일의 문학기행. 서투른 교사와 어린 일곱 제자들, 그를 지켜보던 또 한 사람. 미숙하고 아쉬운 것 투성이였지만 나의 어린 두 아이는 오래도록 그 모습들을 기억하리라. 가는 곳곳마다 내 지나간 제자들의 모습들이 지금 제자들의 모습에 겹치어 떠오르곤 하는 것처럼.

하늘에는 성근 별
알 수도 없는 모래성으로 발을 옮기고,
서리 까마귀 우지짖고 지나가는 초라한 지붕,
흐릿한 불빛에 돌아앉아 도란도란거리는 곳,
— 그곳이 차마 꿈엔들 잊힐 리야.

[2014년 겨울, 정읍고 문학기행의 추억]

그해 국어 수능 문제에 정지용 시 '조찬朝餐'과 오장환 시 '고향 앞에서'가 지문으로 출제되었다. 오장환 시는 난이도 높다는 B형 문제로 최두석 '낡은 집'과 엮어 묻는 문제였고, 정지용 시는 A형 문제로 이태준 수필 '파초'와 엮어 묻는 문제였다. 수능문제의 특성이 지식의 측정보다는 만만치 않은 자료 글 제시로 읽기 능력을 평가하는 측면이 있고, 이는 시대의 반영인 것 같다. 하지만 여기서는 편의상 간단하게 정지용 시와 오장환 시부분만 편집해보았다.

〈정지용 시 문제〉

해ㅅ살 피여
이윽한 후,

머흘 머흘
골을 옮기는 구름.

길경桔梗 꽃봉오리
흔들려 씻기우고.

차돌부리
죽순竹筍 돋듯.

물 소리에
이가 시리다.

앉음새 갈히여
양지 쪽에 쪼그리고,

서러운 새 되어
흰 밥알을 쫏다.

— 정지용, 「조찬朝餐」

문제1. 이 글을 읽고 잘못 말한 것은?

① 선경후정의 방식을 활용하여 시상을 전개하고 있군.

② 모든 연을 2행으로 구성하여 형태적 통일성을 추구하고 있군.

③ 제2연에서는 명사로 연을 마무리하여 사물의 정적인 모습을 강조하고 있군.

④ 제2연에서 제3연으로 전개되면서 화자의 시선이 원경에서 근경으로 이동하고 있군.

⑤ 제4연에서는 비유적 표현을 활용하여 사물에 동적인 이미지를 부여하고 있군.

문제2. 이 글을 읽고 잘못 말한 것은?

① 이 시에서 화자의 감각 경험이 정서를 자극하는 양상을 표현하고 있는 구절은 찾을 수 없군.

② 이 시에 제시된 서러움이라는 정서는 현실의 번뇌로 인해 초월의 어려움을 자각한 데서 비롯된 것으로 볼 수 있겠군.

③ 이 시의 화자는 '새'를 통해 자신의 서러운 처지를 드러내고 있군.
④ 이 시에서 '흰 밥알'은 자연 속에서도 떨쳐 버릴 수 없는 현실의 무게를 나타내는 대상이군.
⑤ 이 시에서 자연의 풍경 묘사는 화자가 지향하는 이상 세계를 보여 주고 있군.

〈오장환 시 문제〉

흙이 풀리는 내음새
강바람은
산짐승의 우는 소릴 불러
다 녹지 않은 얼음장 울멍울멍 떠내려간다.

진종일
나룻가에 서성거리다
행인의 손을 쥐면 따듯하리라.

고향 가차운 주막에 들러
누구와 함께 지난날의 꿈을 이야기하랴.
양귀비 끓여다 놓고
주인집 늙은이는 공연히 눈물지운다.

간간이 잰나비 우는 산기슭에는
아직도 무덤 속에 조상이 잠자고
설레는 바람이 가랑잎을 휩쓸어간다.

예제로 떠도는 장꾼들이여!
상고商賈하며 오가는 길에
혹여나 보셨나이까.

전나무 우거진 마을
집집마다 룩을 디디는 소리, 룩이 뜨는 내음새……

— 오장환, 「고향 앞에서」

문제1. 이 글을 읽고 잘못 말한 것은?

① 1연의 4행에서, 계절이 바뀌면서 얼음이 풀리는 강변 풍경을 시각적으로 묘사하고 있군.

② 3연의 2행에서, 꿈이 있던 시절을 함께 회상할 사람이 없는 아쉬움을 설의적으로 드러내고 있군.

③ 3연의 3행에서, 토속적인 음식을 끓여 먹으면서 두 사람은 힘든 현실을 위로하고 있군.

④ 4연의 1행에서, 고향의 쓸쓸한 분위기와 슬픈 상황을 나타내고 있지만 '잰나비'가 고향에 사는 동물인지는 찾아보아야겠군.

⑤ 5연의 3행에서, 장꾼에게 말하는 형식을 빌어 실상 고향 잃은 화자의 설움을 표현하고 있군.

문제2. 이 글을 읽고 잘못 말한 것은?

① 이 시의 화자는 낯선 행인에게서 친근감을 기대하고 있군.

② 이 시의 화자는 조상의 존재가 있는 공간을 화자의 뿌리가 되는 공간으로 회복하고 싶어하는군.

③ 주인집 늙은이의 슬픔에 공감하는 것을 보니, 화자는 타인과의 조화를 통해서 현실을 따뜻한 공간으로 만들어 귀향을 완성하려 하겠군.

④ 전나무가 울창하고 집집마다 술을 빚고 있는 모습으로 고향을 묘사한 것을 보니, 화자의 의식 속에서 고향은 평화로운 공간으로 기억되고 있겠군.

⑤ 고향을 앞에 두고도 고향 근처 주막에 머물고 있다는 점에서 화자의 귀향이 완성되었다고 보기 어렵겠군.

총 4문제인데, 정지용 시 두 번째 문제 답만 1번이고, 다른 세 문제의 답은 모두 3번이다. 이렇게 편집해놓고 보니 수능문제의 특성이 '읽기'의 측정이라고 했지만, 바탕의 지식이 있어야겠다는 생각이 든다. 아무튼 그 해 겨울 우리는 수능문제의 영향을 인정하면서 문학기행 주제를 정지용과 오장환의 시로 선택하였던 것 같다.

다소 파격적으로 자료집은 만들지 않았고 두 권의 책을 참가학생들에게 배부하여 읽게 했다. 편집된 자료집이 아닌 정말 책을 읽게 하고 싶었고, 특히 시를 읽어내는 연습을 했으면 했다. 그렇게 선택한 책은 〈정지용 시선집〉과 〈도종환의 오장환 시 깊이 읽기〉였다. 45인승 버스를 빌려 40명의 학생들과 5명의 국어교사들이 문학기행을 떠나는 것인데, 신청 인원에서 몇 명이 빠지다 보면 자연스럽게 버스 좌석이 모자라지는 않게 되었다.

[정지용 · 오장환 문학기행 일정]

출발 전 독후감 올리기 → 시집읽기 독서퀴즈(버스 안) → 오장환 시비 '고향 앞에서'(교사 설명) → 생가에서 모둠 사진 연출 → 문학관에서 모둠별 시낭송무언극 → 옥천 구읍 '대박집'(향토음식으로 점심) → 시인이 다녔던 학교, 시비, 시 벽화, 간판 거리 따라 걷기 → 실개천에서 〈조찬〉 시 찾기(교사 설명) → 생가에서 모둠 사진 연출 → 문학관에서 모둠별 '향수' 노래, 시화 엽서 쓰기 → 별자리 체험 → 문학기행 정리 퀴즈, 소감 말하기(버스 안) → 돌아와 '별' 양초 시화 제작

오장환 문학관 들어가는 길목에 '고향 앞에서' 시비가 있었고, 정지용 생가 옆으로 흐르는 실개천에 '조찬' 시가 있었다. 수능 문제였다는 데서 몰입도는 높았던 것 같다. 나부터가 그 시를 공부해야 했다. 혼자 공부하는 것과는 달라서 아이들에게 설명을 하려면 완전히 쉬운 말로 풀어낼 수 있어야 했으니까. 물론 학생들이 설명까지 하는 것이 최상인 줄은 알지만 그만큼 하지 못하면 학생들의 시 낭송 정도로도 좋았다.

'고향 앞에서' 시의 정서는 사실 나이 든 교사조차 정서를 읽어내기가 쉽지는 않았다. 고향 마을 앞에 나루가 어디 있다는 것이며 양귀비를 끓여먹는 것은 무슨 음식이고 무슨 의미인가 참 난감하였다. 그것은 '옛이야기 지줄대는 실개천'의 정서도 마찬가지였다. 지금은 이렇게 환경 탓에 수량이 줄어버렸지만, 옛날에는 물이 많았단다. 상상의 눈으로 볼 필요가 있겠지?

고향에 해준 것이 없어 차마 고향에 들어가지 못하고 나룻가에 서성

이다 돌아간다는, 신경숙 작가 때 들었던 그 인상적인 시 구절을 찾으려고 무지 애를 쓰다가 오장환 '고향 앞에서'를 보고 이 시가 맞나보다 했었다. 그런데 뭔가 아닌 거 같고, 다시 찾아보고 또 찾아보았다. 그 시는 서정주 '망향가'였다.

> 회갑되니 고향에 가 살고 싶지만/ 고향 위해 아무것도 하지 못한 나/ 고향마을 건너뵈는 나룻가에 와/ 해 어스럼 서성이다 되돌아가네// 고향으로 흐르는 물 장수강 강물/ 삼천리를 깁더 올라 언덕 솔밭에/ 눈썹달에 생각하네 요만큼이면/ 망향 초막 지어도 될 것이냐고……
>
> — 서정주, 망향가

오장환은 서정주 첫 시집을 자기 시집보다 먼저 만들어줄 정도로 두 사람은 절친한 친구였지만, 서정주가 친일로 돌아서자 그는 서정주와 절연했다고 한다. 그런데 내가 보기에 뒤에 쓴 '망향가'가 '고향 앞에서'의 이미지를 따온 것만 같고, 그 유명한 '귀촉도'도 오장환 시의 이미지를 차용한 것만 같다. 오장환이 만주에서 고생하는 친구 서정주에 대한 애틋한 마음을 시로 표현하였는데, 그 이후 같은 제목의 서정주 시가 나왔다. 그런데 〈도종환의 오장환 시 깊이 읽기〉에서는 서정주 시가 먼저고 오장환 시는 그에 답하는 시라고 설명이 나와 있다.

오장환 문학관 관람은 해설사 설명 없이 학생들 자율적으로 하면서 문제를 만들게 하였다. 버스 이동 시간에 그 문제를 발표하고 다른 학생들이 풀게 하는 식으로 하는 것인데, 기상천외한 문제도 나오고 지나치게 세밀한 문제도 나오지만 자기들이 만든 문제이다 보니 그 시간은 활기와 웃음이 넘치게 된다. 그러한 모습을 바라보는 교사들이야 그 이상

더 기분이 좋을 수는 없다. 문학관에 있는 세미나실을 빌려 모둠 활동을 했는데, 오장환 문학관에서는 '시낭송무언극'을 했다. 오장환 시를 선택하여, 모둠원 한 명이 시를 낭송하고 다른 모둠원들이 시에 맞는 동작을 표현하는 형식이다. 오장환 문학관 세미나실은 분위기도 좋았고 마이크 시설도 좋았다. 앞에 현수막도 걸고 제법 폼을 내보는데 아이들은 어렵고 긴 시보다는 짧은 시를 선택하는 쪽이었고 정말 천진난만한 동심으로 돌아가 시를 즐기는 것 같았다. 시 '정거장'이 기억에 남는데 '깜작, 깜작 등불'을 표현하는 것이며 '막차도 떠난 정거장에서 홀로 누군가 기다리는 할머니'를 표현하는 것이며, 역할을 맡은 아이들 모습이 어찌나 열심이면서도 귀엽던지.

정지용 문학관에서도 관람은 학생들 자율적으로 하게 하고 세미나실에서 모둠 활동을 하는 것으로 했다. 가기 전부터 예고를 해두었던 '향수' 노래 부르기를 먼저 하게 했는데, 사실 이동원과 박인수가 부르는 '향수'는 지금 아이들에게는 따라 하기 어려운 옛날 노래가 되어버린 것 같다. 하지만 아이들은 그대로 부르지 않는다. 랩으로 부르기도 하고 자기들이 아는 곡에 맞추어 편집하여 부르기도 한다. 교사에게 노래를 배우고 교사와 학생들 전체가 큰 목소리로 같이 부르면서 일체감을 느끼곤 하던 시절의 이야기가 어느덧 아주 옛날의 추억이 되어버린 것만 같다.

처음에는 가기 전에 양초시화 만들기를 하고 그러면서 문학적인 분위기를 조성하려고 했었다. 하지만 여유가 없었고, 오장환 문학관에 비치된 예쁜 엽서들을 활용하여 엽서 쓰기를 하려 했던 계획도 변경할 수밖에 없게 됐다. 결국 정지용 문학관에서는 양초시화의 사전 작업인 시화 작업을 하는 것으로 하였다. 역시 남자 아이들은 짧은 시를 선택하기 마련이고 그림이라야 간단한 색을 넣는 정도지만, 그 길지 않은 시간 보여주는 아이들의 정숙과 차분함은 감탄스러운 장면이라고 해야겠다. 숨 쉴 틈 없이 몰아대는 빡빡한 일정을 잠깐 멈춰 세운 이러한 시간, 교사들은 얼마나 기분이 정화되는지 모른다. 아이들 속에 어울려 같이 작업할 때의 기분은 정말 행복함이었다.

생존 작가가 아니었으므로 문학기행 프로그램을 좀 더 고심을 해야 했고 문학 외의 무엇인가를 포함하여 영역의 확대를 꾀하고도 싶었다. 그렇게 해서 생각해낸 것이 문학의 '별' 시들과 과학의 '별자리 체험'이었다. 천문대를 찾아보았고 정읍에서 충북 옥천과 보은, 그 사이에서 크게 벗어나지 않는 곳을 찾다가 선택한 곳이 대전시민천문대였다. 체험활동이 무엇이 없을까 고민했지만 초등학생 대상이 주인 것 같았고, 금요일과 토요일 늦은 저녁의 '시낭송 음악회와 별자리 체험' 프로그램은 시간상 선택할 수가 없는 상황이었다. 결국 어둡기 전에 정읍에 돌아와야 하는 우리에게 가능한, 가상별자리 체험에 참여하기로 했고 망원경 관찰을 추가하여 진행하기로 약속하였다.

내가 사전 답사를 갔을 때 가상별자리 체험은 나로서는 독특한 경험이었고 정말 좋았다. 누운 의자에 기대어 바라보는 둥근 천장이 검은 밤하늘이 되고, 그 암흑을 뚫고 무수한 별들이 내 가슴 속으로 밀려들어 왔다. 〈10대 별과 우주를 사색해야 하는 이유(이광식)〉 책이 떠올랐고, 그 이유를 알 수 있게 하는 시간이기도 했다. 무한의 시간과 죽음의 시간까지 사색해볼 수 있는 경험이었던 것 같다. 해설자의 멘트도 좋았는데, 내가 갔을 때 두 가족 정도밖에 없었고 어린이가 주인공이기도 해서 해설자는 어린이 눈높이에 맞추어 동화처럼 이야기를 진행하였다. 고등학교 문학기행이고 단체이고 보면 더 잘해줄 수 있겠지, 나는 믿고 꽤 기대를 했던 것 같다. 그래서 전화로 문의하고 홈페이지에 예약과 함께 부탁 글을 올렸다.

보은의 오장환 시인, 옥천의 정지용 시인을 찾아가는 고등학교 문학기행 팀이라는 것과, 천체투영관에서 학생들에게 설명하실 때 관련 멘트 조금이라도 해주시면 고맙겠다는 말을 적었다. 참고로 해주십사 하고 별 관련하여 세 편의 시를 함께 올렸는데, 한 편은 문학교과서에 실린 정지용의 시 〈별〉이었고, 두 편은 천진한 동심이 반짝이는 동시인 오장환 〈별〉과 정지용의 〈별똥〉이었다. 별을 노래하는 점에서 두 시인의 공통점이 느껴졌고 동시의 가치를 중요시한다는 점도 그러하였다.

결과는 기대 수준에 절대적으로 못 미쳤던 것 같다. 아이들은 정숙했으나, 해설자는 전혀 멘트가 없었다. 이러한 때 단 한두 마디 적절한 멘트가 아이들의 현장감을 살리는데 얼마나 효과가 큰지, 학생들과 활동해본 교사라면 잘 알 것이다. 그런데 그 해설자는 그걸 몰랐나보다. 별자리 체험이 끝나고 낮에 가능한 망원경 관찰을 진행하였지만 이 역시 한계가 있었다. 애초에 욕심이었음을 인정해야겠다. 1박을 해야 가능한 일이었고 과학과의 접목에 대하여 좀더 공부를 할 필요가 있었다.

돌아와서 양초 시화 만들기는 털털했어도 재미있었다. 양초는 완주 삼례에 있는 양초공장에 가서 주문하여 받아왔고, 크기는 시화로 만들 종이 크기에 맞추었다. 정지용 문학관에서 만들었던 시화를 활용하는 식으로 하였는데, 그려진 시화 종이를 양초에 두르고 다리미나 드라이기를 활용하여 열을 가하면 초가 녹으면서 시화종이가 초에 딱 붙게 된다. 빨리 하기에는 다리미가 좋았고 세밀히 하기에는 드라이기가 좋았는데, 털털한 남자아이들의 특성상 울퉁불퉁한 작품들도 많이 나왔던 것 같다. 함께 모인 자리, 시화양초에 불을 켜고 송년의 시간을 가지면 좋겠다고 생각했다.

그렇게는 못하였지만, 완성된 양초시화들을 책상위에 펼쳐놓고 불을 밝혔을 때 그 경건하고 뿌듯한 기분은 정말 오래도록 기억에 남겨두고 싶었다. 지금도 그 사진은 내 폰에 담겨있고, 그 사진을 볼 때면 그때 아이들의 모습과 그때 문학기행의 시들이 잊을 수 없는 별빛 같은 추억으로 떠오른다.

[2018년 겨울, 정지용과 오장환 다시 읽기]

2018년 학습연구년제, 나의 정지용과 오장환 문학답사는 어찌하다보니 하얗게 눈내리던 겨울날이었다. 〈낯선 익숙함을 찾아서(김명희)〉와 〈선생님과 함께하는 문학답사(창비)〉를 읽었고, 〈제비는 푸른 하늘 다 구경하고(김훈, 박래부)〉를 읽었다. 〈정지용 시 126편 다시 읽기(권영민)〉와 〈오장환 시 깊이 읽기(도종환)〉를 읽었다. 이 책들은 다시 읽어보는 책이었지만 다시 읽는다 해도 쉽지는 않았다. 정지용 평전과 오장환 평전을 구입하여 읽고 싶었지만 이는 너무 벅찰 것 같아 나중으로 미루었다.

〈낯선 익숙함을 찾아서〉는 김명희 선생님의 문학기행 30년 노하우가 담긴 책이었다. 다른 작가 편도 그렇지만 정지용 편은 정말 꼼꼼히 정리가 잘되어 있었다. 내가 정지용 문학기행을 처음 간 것은 1997년이었고 그때는 이 책을 몰랐고, 2014년 문학기행 때는 이 책을 읽었던 것 같다. 그리고 창비 출판사의 〈선생님과 함께하는 문학답사〉 책도 참고를 많이 했는데, 김성장 선생님이 쓴 정지용, 오장환 편은 다른 글들 속에서 탁월하게 좋았던 것 같다. 김명희 선생님이 꼼꼼히 안내한 정지용 시구의 간판거리는 매력적이었고, 김성장 선생님이 소개한 '해바라기씨' 시비는 아름다운 동심이었다.

〈제비는 푸른 하늘 다 구경하고〉에서 김훈이 쓴 정지용 글을 읽는 것은 무지 힘들었다. 한국의 모더니즘이, 현실로부터 단절된 표현의 자리 위에는 현실로부터의 자유를 확고하게 세우기는 어렵다는 역설을 저 자신의 그림자처럼 끌고 왔다고, 그러나 정지용은 말처럼 날렵하게 그 장애를 뛰어넘어간 탁월한 시인이라고, 그러한 평가인 것 같았다. 그의 글은 어쩌면 그렇게도 현란한지 볼 때마다 정말 사람을 기죽게 하는 재주가 있다.

[2018. 12. 27 문학답사]

정읍 → 회인초등학교 → 회인천 → '고향 앞에서' 시비 → 오장환 생가 → 오장환 문학관 → 수리티재 → 장계관광지(정지용 문학상 시비) → 옥천 구읍 간판거리 → 시화 벽화 → 실개천의 시들 → 지용 생가 → 지용 문학관 → '유리창' 시비 → '향수' 시비와 시인의 흉상 → 정읍

오장환은 회인초등학교에서 3학년까지 다녔다고 하는데, 작가에게 고향이 중요한 의미를 가지는 것과 마찬가지로 작가가 다닌 초등학교 또한 나는 의미가 크다고 생각하는 쪽이다. 회인면에서 먼저 간 곳이 회인초등학교였는데, 송정봉을 배경으로 자리한 작은 산골학교였다. 들어가는 마을길은 나무가 많고 예스러운 돌담길 이미지였다. 운동장에는

한창 눈이 내리고 있었고 화안한 얼굴의 어린이들이 뛰어놀고 있었다. 나도 모르게 카메라 셔터를 누르려는 순간, 나는 아이들과 함께 있던 교사의 제지를 받았다. "왜 우리 아이들을 찍으시는지 알 수 있을까요?" "오장환 시인이 다니던 학교를 찾아왔는데, 아이들 모습이 이뻐서요. 아직 찍은 건 아닙니다."

회인초등학교의 역사는 오래여서 100주년 기념비가 서있었고, 다른 곳에서 본 적이 없던 '타임캡슐 묻힌 곳'이라는 표지석이 있어 동화나라의 기분이 들었다. 오랜 역사 때문인지 역사관 건물이 따로 있었지만 문이 잠겨있고 들어가 보지는 못하였다. 시인의 생가는 바로 시야에 보일 정도의 거리여서, 학생들과 오더라도 걸어서 이동하는 것이 의미가 있을 것이라는 생각을 했다.

여전히 내게 '고향 앞에서' 시의 시상을 살리는 것은 크고도 어려운 과제일 것이다. 보은군 회인면은 자료를 조사해보니 상당히 산간 지역이었다. 내가 사는 정읍시에 비추어보자면 '산외면山外面'에 비교하여 '산내면山內面'에 해당하는 지리 형세였다. 금강 수계인 회인천이 500m 내외의 산지로 둘러싸인 산간 곡지를 관류하여 남쪽으로 흐르다 금강 본류와 합류한다. 또한 회인은, 피발령을 넘거나 수리티재를 넘어 다른 지역을 오가는 길목이 되는 곳이었다. 살기 어려운 산간오지였으나 사람이 모여 마을을 이루어 살 수 있었던 것은, 회인천 물줄기가 있기 때문이었을 것이다. 지금은 신작로 말고도 산허리를 잇는 고속도로가 하늘을 가르고 있어 마을 옛 분위기가 어렵긴 하겠지만, 학생들과 회인천을 따라 걸어보는 것이 나쁘진 않을 것이다.

여기서 하나 해두고 싶은 이야기는, 전국 어느 시골을 가도 마을 개천이 한결같이 회색 시멘트 발려진 네모상자가 되어 있는 것을 보아야

하는 괴로움이다. 그 색깔이 그렇게도 좋아서 '국민색'으로 만들자는 것인지. 백자 연꽃 연적을 만들 때 꽃잎 하나 살짝 변화 주는 것으로 작품을 완성하는 것처럼, 그런 전통미를 만들어보는 노력은 정말 불가능한 것인지, 지나가는 행인이라도 붙잡고 물어보고 싶은 마음이다.

얼음장이 왜 '울먹울멍' 떠내려갈까. 이 강 앞에 서서 차마 강을 건너지 못하고 서성이는 마음은 무엇일까. 우리는 어느 곳을 '주막'으로 생각하여 문을 열고 들어가 늙은 주인과 눈물 맺힌 꿈을 이야기해볼까. 산기슭에서는 어느 짐승 우는 소리가 들려올까. 전나무 우거진 마을 집집마다 누룩을 디디는 소리, 누룩이 뜨는 내음새…… 울컥 목메어 감겨드는 그 마음이, 시의 마지막 말줄임표에 눈물방울로 걸려 있지 않은가.

요즘 아이들이 그 정서를 어떻게 알겠느냐고 말할 수도 있겠지만, 모르기는 교사인 나도 크게 다르지는 않다. 하지만 낯선 풍경과 만나고 낯선 묘사를 접하는 것은 사람들이 좋아하는 '여행'과도 같은 것이다. 아, 이런 배경 이야기가 숨어 있었구나, 하나하나 알아가는 과정은 분명 배움의 즐거움일 것이다. 전통과 교감하고 새로운 문물까지도 예비하는 뿌듯한 마음이 생겨날 수 있을 것이다.

'양귀비 끓여다 먹는' 행위를 내가 어떻게 이해할 수 있었을 것인가. 그것을 진심 이해하게 된 것은 불과 얼마 전인데, 전상국 작가의 어린 시절 이야기를 읽으면서였다. 가슴앓이병으로 고생하는 할머니가 고통이 올 때마다 양귀비에 칼로 금을 내어 국자에 그 액을 조금씩 받아 끓여 마시곤 했다는 이야기였다. 그 시절 불행했던 할머니들의 삶이며 민간처방으로 양귀비를 길러 약으로 썼다는 이야기며 무척 새로운 앎이었던 것 같다. 이렇게 앎이 늦게 오는 사람은 학생들과 같이 배운다는 점에서 교사로선 유용한 자질이 될 수 있을지 모르겠다.

박형진 시인의 어린 시절 이야기를 읽으면서 '누룩 디디는 소리'도 알게 됐다. 시인의 어머니는 직접 농사지은 밀을 쪄서 술을 빚는다. 누룩틀에 보자기를 깔고 누룩을 채워 덮은 다음 깨끗한 하얀 버선 신은 발로 꾹꾹 '누룩을 디디는' 것을 잘해야 술이 성공할 수 있다. 술이 익을 때의 소리는 빗소리 같아서 아버지는 항아리에 귀를 대고 황홀한 표정이었고, 그렇게 빚어진 술은 절대 혼자 마시는 법이 없다고 했다. 나는 그런 풍경을 한번도 본 적이 없다. 자료 조사하면서 또 하나 알게 된 것은, 그러한 전통적인 술빚기가 일제강점기 때 강제 주세법으로 중단되었다는 불쾌한 역사적 진실이었다. 박형진 시인은 일제 때와는 상관이 없겠지만, 오장환 시인의 경우 사라진 고향의 모습에 말줄임표로 울먹이는 심정은 충분히 가능할 것도 같다.

오장환 시를 읽으면서, 어쩌면 그리도 마음에 꽉 들어차게 표현을 잘하는지 많이 감탄했다. 〈오장환 시 깊이 읽기〉를 쓴 도종환 시인은, 같은 지역의 작가이고 회인면 가까운 곳에서 요양을 하게 되었던 자신의 경험이 오장환 시를 연구하게 된 동기라고 하였다. 어느 날은 하루 종일 매달려서 겨우 시 한두 편을 읽고 정리하는 날도 있었다고 한다. 그러한 수고로움으로 하여 그가 맡아온 오장환 문학제의 전통이 빛나고 독자들이 누리는 감동이 배가되는 것일 터이다.

잘못된 전통적 인습을 비판하는 '성씨보', '정문'은 신선했고, 일제강점기 비참한 민중상을 표현한 시들은 너무 절절했다. "방바닥도 눅진눅진하고 배창자도 눅진눅진하여 공복은 헝겊 오라기처럼 꿔어져 나오고 와그르르 와그르르 숭얼거리며 뒷간 문턱을 드나들다 고이를 적셨다"고 표현하는 시 '우기'가 그러했고, 밤새워 싸운 양주가 "박이 딴딴히 굳고 나뭇잎새 우수수 떨어지던 날" 박속 끓여 마지막 양식을 하고 그 박으로 만든 새 바가지 꿰어들고 “썩어가는 추녀가 덮인 움막”을 작별하는 ‘모촌’ 시가 그러했다. “힘없이 웃으면서 차만 타면 북으로 간다고” 말하는 “송아지의 냄새가 나는 농군”이며, “철마구리 울듯 유리창을 쥐어뜯으며 몸부림치는 어린애”를 표현한 ‘북방 가는 길’은, 몇 권의 소설로도 어려운 식민지 이 땅의 실상에 대한 탁월한 묘사였다.

〈병든 서울〉은 다른 시인의 시들에서 볼 수 없었던 시대상의 적확한 표현들을 읽을 수 있어서 신선한 충격으로 다가왔다. “나라 없이 자라난 서른 해, 나는 고향까지 없었다”는 그 시대 젊은이의 자화상이 마음이 아팠다. 게다가 시의 화자는 병든 몸으로 병상에서 해방을 맞이하였고, 해방된 서울은 건강한 서울이 아니라 병든 서울이었다. “인민의 힘으로 되는 새 나라”를 외치던 그는 병든 몸으로 테러를 당하고 치료를 위해 선택한 이북은 그에게 월북자라는 금기의 딱지를 붙여주었다. “이 젊은 피를 옳은 데로 흐르게 하는 지도자”의 존재는 이 땅에 없고, “우리들의 지도자는 끝끝내 라디오를 들을 수 있는 곳에만 방송을 하는” 미친 존재였다.

군산제일고 교사였던 이광웅 시인은 월북 시인 오장환의 시집 〈병든 서울〉 필사본을 돌려보았다는 이유로, 1982년 오송회 간첩사건의 주범으로 조작되어 모진 고문과 감옥살이에 병을 얻었고 1992년 사망했다고 한다. 그를 잊지 않으려는 동지들이 군산 금강 하구둑에 ‘목숨 걸고’ 시비를 세웠다. “이 땅에서 좋은 선생이 되려거든 목숨을 걸고 교단에 서야 한다.”는 절규였다. 오장환 시인을 읽다가 이광웅 교사 시인을 읽게 되고 이광웅 이야기를 읽다가 신석정 시인의 제자사랑을 읽게 되고, 나의 이 공부는 가지치기에 가지치기를 더하다 보면 끝이 없을 때가 있다. 내가 모르고 살았던 그들의 삶을 만나면 나는 어쩔 수 없이 부끄럽고 어쩔 수 없이 눈물이 난다.

오장환문학관에는 임선빈 문학해설사가 상주하고 있었는데, 그의 시인에 대한 애정과 친절한 안내는 퍽 인상적이었다. 생가의 처마 밑 주렁주렁 곶감을 말리고 있는 풍경은 하얀 눈발 속에서 아름다운 풍경화였다. 생각해보면 예전에 왔을 때도 생가 처마 밑에는 곶감을 말리고 있었고, 나는 그것을 하나의 '소품' 같은 장치로만 생각했던 것 같다. 이번에는 그 곶감을 딱 두 개씩 빼먹을 수 있었는데, 곶감이 그렇게 맛있는 것인 줄 몰랐다. 귀한 경험인지라 더 그랬을 것이다.

전통식 부엌에는 장작이 쌓여있고 큰 가마솥이 걸려 있는데, 학생들이 체험학습을 신청해오면 가마솥에 옥수수나 감자나 고구마를 삶아낸다고 하였다. 오장환의 시와 어떻게 연결할 수 있겠느냐 물었더니, '내 생일' 시를 이야기했다. "두루루루/ 두루루루/ 가는 맷돌은/ 빈대떡 부치려고 가—는 매/ 내일은 내 생일/ 두루루루/ 두루루루/ 엄마는 한나절 맷돌을 간다." 내 생각엔 '다시 미당리'에서 "돌아온 자식의 상머리에는/ 지나치게 큰 냄비에 닭이 한 마리"도 괜찮을 것 같다.

방에 들어가 따뜻하게 둘러앉으면 금상첨화일 것을, 이 '생가 복원'의 건축 구조라는 것이 너무 비효율적이라는 이야기를 해설사는 했다. 가마솥에 먹거리를 찌며 불을 때도 그뿐, 그 불기운이 방구들을 덮이지 못하는 '탁상행정식' 구조라는 것이다. 이 나라에 세워진 문학관들과 복원된 생가들, 그들이 얼마나 개성과 애정과 효율성의 가치를 담고 있을지에 대한 답은, 결코 긍정적인 것은 아닌 것 같다. 자치단체들의 치적쌓기 경쟁 과열은, 문학예술조차 전국을 하나로 획일화하는 것만 같아 마음이 쓰리고 아프다.

문학관 관람에 대해서 다분히 부정적이었던 나였지만, 긍정적인 관점으로 전환하게 된 것도 오장환 문학관이었다. 나의 산만하고 까막까막 잊곤 하는 공부 내용을 복습하고 정리할 수 있게 해준다는 점에서 긍정성이 있었다. 오장환 시인은 서정주, 유치환과 함께 생명파 시인으로 불리기도 하고, 정지용, 김광균과 함께 모더니즘 시인으로 불리기도 한다. 하지만 구체적인 이 땅의 현실에 굳건한 발을 딛고 있다는 점에서 그들과 확연히 구별되는 시 세계를 보여준다. 침략 전쟁에 대한 고발, 봉건적 인습에 대한 고발, 식민지 근대도시에 대한 비판, 당대 농촌 현실에 대한 통찰 등 그는 진보적인 리얼리즘 시인이었다.

임선빈 해설사는 오장환 시인의 방황을 이해하는데 '서자' 해석은 잘못된 것이라는 말을 했다. 큰부인에게 아들이 없는 '서자'는 적자와 마찬가지였다는 것이다. 그리고 새로 발굴된 자료라고 하면서, 오장환이 초등학교 5학년 때 쓴 동시를 안내하고 설명해주었다. 일본왕 즉위축하 기념호 문집이라는데, 한글로 쓴 오장환 동시 옆에는 일본어로 쓴 박두진의 찬양시가 있어서 어쩔 수 없이 비교가 되고 있었다. 그들 둘다 안성초등학교 5학년이었다. 오장환의 동시 제목은 '밤'인데 어른이 쓴 동시가 아닌 어린이가 쓴 동시라는 점이 퍽 매력적이면서, 어른이 쓴 동시 못지않다는 생각을 했다.

깔큼이 밋헤 빤드리/ 빤드리 밋헤 털털이/ 털털이 밋헤 달콤이/ 다람쥐 먹지 말라고/ 깔큼이를 씨웟다네// 벌레가 들어올 제는/ 밋그러지라고서요/ 빤드리를 씨웟다네/ 벌어지가 털털이를/ 먹으면 털털하다네// 사람들이 먹으라고/ 달콤이를 씌웟다네/ 까기는 서럽지만은/ 그래도 맛은 좋다네/ 살문 밤은 노인 차지// 시어미 몰내 군밤을/ 이불 속에서 먹

으며/ 남보기 먹고 십게도/ 홍 달다 홍홍 달고나/ 군밤은 메누리 차지

— 오장환, 밤

오장환은 일제강점기에 절필하지도 않았고, 단 한 편의 친일시도 쓴 적이 없다. 그의 스승이던 정지용은 '이토[異土]'라는 친일 시 한 편을 남겼다. 그 시를 읽어보면 어디에 친일 요소가 있는지 잘 알 수 없게 속을 감추어 흐려놓는 표현들을 썼다. 나는 여기서도 정지용의 언어 능력과 성품을 생각했다. 문학을 하는 사람들의 특성이 그러한 측면이 있는 것 같다. 이념이나 구호가 앞서는 글이란 작품성을 인정받을 수 없고, 인간의 본성을 탐구하는 작업에 몰두하는 그들에게 고뇌와 방황은 자연스러울망정 단호함과 과격성은 자연스럽지 않을 것 같다. 자칫 언어 속으로 도피하는 행위가 될 수도 있다는 점에서 문학인의 시대 역할을 생각해보았다.

'국토'와 '인민'에 흥미가 없는 문학을 순수하다고 하는 것이라면 자신은 순수 시인을 표명한 적이 없노라고 정지용 시인은 말하고 있었다. 사춘기에 연애 대신 시를 썼고, 사춘기 훨씬 이후에는 일본 놈이 무서워서 산으로 바다로 회피하여 시를 썼을 뿐이라고 그는 고백하고 있었다. 그의 언어는 당대 현실에 대해 행동하는 모습을 보이지는 않았지만, 그 참혹한 시절에 언어만이 자기 존재 확인의 수단임을 잘 알았다. 그는 고유한 민족어와 정교한 서정시의 언어를 탐구하였고 절제된 표현을 썼다.

여기에서 나는 그의 시 '유리창'을 떠올렸다. 깊은 밤 시의 화자는 잠을 이루지 못한다. 유리창을 닦으며 입김을 불었다 지웠다, 창밖의 별빛은 눈물이 가득하다. 고운 폐혈관이 찢어진 채로 별의 세계로 파닥이며

날아간 산새는, 그의 죽은 어린 자식이었다. 자식을 잃은 불면의 고통을 이토록 절제된 시어로 노래할 수 있는 그의 시적 능력을 이 한 편의 시에서 유감없이 볼 수 있었다. 문장부호를 하나의 다듬어진 시어로 활용할 수 있다는 것도 그의 시에서 배웠다. "물먹은 별이, 반짝, 보석처럼 박힌다." 그는 자신의 눈물을 그렇게 표현하고 있었다.

중학교 국어수업에서 나는 아이들에게 시 암송과 간단한 감상 말하기 식으로 발표수업을 하곤 했었다. 몇 편의 시들을 제시하면서 이 시를 함께 넣곤 하였다. '호수'도 정말 아름다운 시인데, 아이들은 짧다는 이유로 선택해버리는 경우가 많았고, 그러면 나는 두 편을 암송하게도 했다.

고등학교 문학교과서에는 '별'이 실려 있었는데, 나는 이 수업을 학생들의 시낭송무언극 발표로 진행했었다. '유리창' 시와 유사한 부분이 있으면서도 좀 더 감정이 개입하고 종교적인 정서가 느껴지는 시였다. 시 구절을 동작으로 표현하기 위해서는 모둠원들끼리 토의가 필요하고 그러한 과정에서 시에 대한 교감과 이해도가 높아졌다. 국어공부에서는 말하기 언어, 쓰기 언어 못지않게 몸짓 언어가 중요하다고 생각한다. 그 때문에 선택하는 수업 방식이었고, 아이들은 진지함 이상의 재치와 순발력을 보여주기에 교사 주도의 수업보다 즐거웠다.

정지용 시 '향수'는 난해함을 가진 작품인 것 같다. 이 시에 먼저 감동하여 그의 시집을 읽게 되지만, '향수'는 다른 시들과는 많이 다른 특성을 보인다. 이 시에서 그리는 고향의 풍경이 곧 시인의 고향 풍경이라고 생각했고, 그의 '월북'과 함께 그것은 아주 비극적인 양상으로 내게 다가오곤 했었다. 하지만 이제야 정지용 시의 '고향'을, 우리 민족 원형의 고향이고 시적인 상징으로 생각하게 된 것 같다. 정지용 시인의 '향수'가

미국 시인 트럼블 스티크니 '추억'과 유사 부분이 있다는 비평을 읽고서, 이 시가 주는 난해함은 나에게 더 커진 것 같다. 하지만, 그의 고도의 시적 기교는 시공간을 초월한 것이 아닐지.

나로서는 '옛이야기 구절' 시가 더 정겹고 애틋하게 친근하게 다가오는 것 같다.

> 집 떠나가 배운 노래를/ 집 차저 오는 밤/ 논둑길에서 불럿노라.// 나가서도 고달프고/ 돌아와서도 고달펏노라/ 열네 살부터 나가서 고달펏노라// 나가서 얻어온 이야기를/ 닭이 울도락,/ 아버지께 닐으노니 — //기름불은 깜박이며 듯고,/ 어머니는 눈에 눈물이 고이신대로 듯고/ 니치대든 어린 누이 안긴데로 잠들며 듯고/ 웃방 문설주에는 그사람이 서서 듯고,// 큰 독 안에 실린 슬픈 물 가치/ 속살대는 이 시고을 밤은/ 차저 온 동네사람들처럼 도라서서 듯고,
>
> — 정지용, '옛이야기 구절' 시 부분

정지용 시 '폭포'는 고등학교 수능대비 문제에서 보고 공부를 했었고 공부를 하면서 시에 감탄했었다. 권영민 교수는, "시적 긴장을 정서적으로 지속시키기 위해 폭포가 떨어지는 주변의 정경을 마치 떨어지는 물줄기가 주인공이 되어 사방을 구경이라도 하듯 묘사한다"고 하였다. 거침없이 내리꽂는 폭포수를, 무서무서하며 기엄기엄 기며 내린다고 표현한다는 것이 너무 앙증맞은 동심의 표현으로 보였다. 정지용 시에 바다가 많이 등장하는데, 날랜 물의 속성을 표현하는 말들도 앙증맞고도 역동적이다. 흰 발톱, 재재거리며, 지구라는 연꽃잎 위에 돌돌 구르는 물방울, 푸른 도마뱀떼, 변죽을 둘러 손질하여 물기를 시쳤다, 말처럼 달

리는 바다, 쉿! 쉿! 쉿!

정지용 시는 읽는 사람도 많고 공부하는 사람도 많은 것 같다. 〈슬픈 기차〉도 인상적으로 읽었는데, '우리들의 기차'는 "느으릿 느―으릿 유월소 걸어가듯 걸어 간 단 다"로 표현되기도 하고, "헐레벌덕어리며 지나 간 단 다"로 표현되기도 한다. "잠재기 노래를 부르는 청만토 깃자락 마담 R은 가여운 입술을 여태껏 떨고 있다." 권영민 교수는 '기차여행의 과정을 그려낸, 차창 밖의 풍경을 그려낸 대목들은 뛰어난 감각적인 표현을 자랑'한다고 간단히 설명하고 있었다. 그런데 김뮤비 블로그 글을 검색하면서 시에 대한 또다른 깊이를 보았다. 일본의 풍경에서 다가오는 아련한 향수의 정서, 그러나 그를 거부하는 우리 민족의 정서, 그 묘한 이중 정서를 잘 포착해내고 있다고 생각했다. 친일이냐 아니냐는 그 한순간에 갈려버리는 것일지도 모르겠다. 정지용이 다녔다는 일본 도시샤 대학을 그의 모교라고 하고 그곳에 그의 시비를 세우는 것은 편안한 정서일지, 그도 나로서는 참 난해하기만 하다.

오장환 문학관만큼 정지용 문학관이 친절하지는 않았는데, 그것이 유명도나 인지도의 차이인 것 같기도 하고 더 권위를 가지는 존재이기 때문일까, 생각도 했다. 생가 역시 마루나 방에 들어서지 못하게 되어 있다. 입구에 앉은 사람이 해설사인지 아닌지는 알 수 없었지만, 나는 문학관을 나오면서 질문을 했고, 그는 막힘없이 대답을 해주었다. 남북이산가족 상봉 때, 북에 있던 삼남 구인 씨와 남에 있던 장남 구관 씨가 만났다고 했는데, 구인 씨는 그렇다면 아버지보다 먼저 북에 가있었던 것인가? 그것이 아니라 했다. 아버지가 갑자기 누군가에 끌려 사라지자 아버지를 찾으러 북에까지 갔고, 전쟁이 나고 삼팔선이 막히는 바람에 돌아올 수 없게 되었던 것이라고 했다. 이 땅에서 '월북'인가 '납북'인가는 목숨이 오갈 수 있는 중요한 문제였다. 남에 사는 구관 씨는 아버지가 월북 아닌 납북이라는 논리를 펴는 것 같았고, 북에 사는 구인 씨는 아버지가 납북 아닌 월북이라는 논리를 펴는 것 같았다. 나의 느낌이 그러했다. 무엇이 옳고 그르냐의 문제가 아닌, 당장 닥치는 현실과 삶의 문제였다. 그러한 이 땅의 역사가 참 서글펐다. 하지만, 북에서도 남에서도 인정받는 작가란 귀한 존재이고 정지용 시인은 그러한 존재라는 점에서, 그들은 행복한 가족일 것 같다.

금강 줄기를 막은 대청호 호반을 따라 조성된 정지용 문학상 시비들 풍경에 취할 수 있던 시간도 참 좋았다. 지용생가에서부터 장계관광지까지 '향수 30리길', 자료 조사를 통해서 볼 때 그 길은 무척 아름답고 환상적으로 다가온다. 실제 두 발로 걸어보고 싶은 욕심은 굴뚝같으나, 시간 때문에도 그렇게 해본 적이 없다. 2014문학기행을 위한 사전답사로 갔을 때도 장계관광지는 스산하고 삭막한 느낌으로 지나쳤다. 카페 프란스며 모던갤러리 등 건물과 간판 글씨는 생명력을 잃고 있었다. 2018년 이번 답사도 겨울이었지만, 몇 번의 경험이 있었고 공부도 좀 더 했고, 이번에는 아름답게 눈이 내렸다. 눈 내리는 호반을 걸었고, 그곳에는 정지용 문학상 시비들이 있었다.

1988년 정지용 시가 해금으로 풀렸고, 박두진 시인이 수상한 제1회 지용문학상 이후 매년 5월이면 유명시인의 시가 지용문학제와 함께 지용문학상 수상의 영광을 안는다. 그 시비들이 대청호 호반에 배치되어 있는데, 시비의 시뿐 아니라 시비를 조각한 예술가의 솜씨 또한 돋보였고 시의 글씨들도 저마다 개성이 있었다. 커다란 암석을 가로 누이고 그것을 결로 쪼개어 그 결마다에 한 편의 시를 새겼으며, 시의 결 반대 편에는 해설을 교차해 넣는 구조였다. 멀리서 보면 하나의 생명체처럼 보였고, 가까이 가서 보면 알을 깨고 탄생하는 예술꽃이었다. '백두산 천지(오탁번)'와 '승천(이수익)' 시비는 백두산의 알을 깨고 분출하는 것 같았다. 일부러 목소리 내어 읽어보았다. 속으로 읽는 것과 달라서 그것은 객관화되고 집중되는 효과가 있고, 학생들과 해보는 활동에 이 부분을 꼭 넣고 싶었다.

3회 수상작인 박정만 시인의 〈작은 연가〉가 눈에 띌 수밖에 없었는데, 정읍문학캠프 때 '정읍문학지도' 프로그램으로 다루었던 작가였기 때문이다. 한수산 필화사건에 얽혀 지은 죄도 없이 모진 고문으로 만신창이가 된 그는 치료할 수 없는 병으로 젊어서 죽었다. 그는 고문실 창문 너머 초등학교에서 아련히 들려오는 아이들 소리가 햇살 같아서 울었던 시인이었고, 아무것도 한 일이 없는데 전설이 되어버리는 자신을 부끄러워한 시인이었고, 죽기 전 20일 동안 소주 100병을 마시며 시 300편을 쓰는 신내림의 경지를 넘어간 시인이었다. 지용문학상 수상작인 〈작은 연가〉에서 그는 '꽃초롱 하나로 천리 밖까지 눈 밝히고 눈 밝히고 가야 하는' 어둠 속의 사랑을 노래하고 있었다. 모두 생존 작가인데 박정만 시인만 사후 수상 작가였다. 내장산 호숫가에 선 박정만 '산 아래 앉아' 시비를 떠올렸다. "메아리도 살지 않는 산 아래 앉아/ 그리운 이름 하나 불러봅니다/ 먼 산이 물소리에 녹을 때까지/ 입속말로 입속말로 불러봅니다// 내 귀가 산보다 깊어집니다"

정지용 시 구절을 활용한 간판이나 벽화들은 상당한 세월이 흐른 탓에 색이 바래기도 했고 산만하고 가벼워 보이지 않나 하는 느낌을 받았다. '서정시에 말 한 개 밉게 놓이는 것을 용서할 수 없던' 정지용 시인의 시 정신을 펼치는 것이라 한다면, 간판이나 벽화의 내용들도 간결하고 압축된 모습을 가질 필요가 있겠다는 생각을 했다. 옥천구읍에서 보는 간판은 좋긴 했지만, '얼룩백이 황소가 게으른 울음을 우는 곳'을 새긴 정육점 간판은 좀 잔인하다는 느낌으로 왔고, '곡식알이 거꾸로 떨어져도 싹은 반듯이 우로!'를 새긴 문정정미소는 현실 탓인지 미용실이 그 공간에 끼어들어 있었다. 생가로 들어가는 길의 '향수' 벽화는 새롭게 그려진 탓에 선명하고 아름다웠다. 실개천의 작은 시 판들도 긍정적으로 본다면 독자대중의 참여 측면에서 바람직한 것일지 모르겠다.

1988년 속리산 바위를 가져와 세웠다는 '향수' 시비와 시인의 흉상 앞에 서보는 것은 나로서는 특별한 기분이었다. 이 언덕에 서면 옥천읍이 환히 내려다보인다. 20년 전 문학기행 이곳에서 나의 한 제자는 '향수' 노래를 불렀다. 내가 못하는 '시'와 '노래'를 잘하던 아이였다. 내게 부족한 '엄마사랑'도 넘치던 아이여서 제자였지만 난 그애를 부러워하기도 했다. 시를 쓰는 마음과 자연스럽게 노래를 부르는 마음, 이것도 훈련이 필요한 것일지 모르겠다. 2018년 내 문학답사의 백미는 정지용 시인과 함께 눈을 맞는 풍경이었다. 이제 사람들은 이곳까지 잘 오지 않을 것이지만, 나는 이곳을 기억하고 학생들과 문학캠프에 활용하고 싶다.

아, 그리고 여기에 덧붙여 쓸 수밖에 없는 일인데, 육영수 생가에 대한 나의 부정적인 생각들이다. 2014정읍고문학기행 때도 그곳을 얼핏 보긴 했었다. 일부러 시선을 차단하여 아이들에게 언급조차 하지 않았지만, 그쪽 덕분에 옥천에 사람이 많이 온다는 것을 느꼈고, 마음에 좋지 않았다. 죽향초등학교는 정지용 시인의 모교이고 그곳에 가면 '해바라기씨' 동시가 새겨져 있는데, 어린이들에게 그보다 더 어울리는 시는 없겠다 싶게 아름다운 시였고 시비였다. 그런데 그 옆에 그보다 크게 육영수 기념비가 있다. 옛 교사가 문화재 건물로 보존되어있고 미리 신청을 해놓았던지라 안에 들어가 활동도 할 수 있어 좋았지만, 그곳에도 육영수 다녔던 학교라는 표지가 있다. 거기까지는 그렇다 치더라도, 이번에 처음 가본 육영수 생가는 충격이었다. 석빙고가 있고 연자방아가 있고 스케이트 타던 연못이 있고 연회를 벌이는 누각이 있고 사당이 있고 사당을 넘어서 옥천 들녘이 다 보이는 뒤뜰의 정자가 있고, 도무지 방은 몇 칸이나 되는지, 정말로 내 마음이 힘들었다. 좀 유치한 수준으로 말한다면, 땅 없이 사는 사람 얼마나 많은데, 똑같은 사람으로 태어나 이렇게 삶이 다르다는 것에, "아이고, 배 아파"였다. 학생들과 함께 가보는 것은 처음부터 내 생각에서 제외해두기로 했다.

[다시 문학캠프를 진행한다면]

나는 정지용의 동시가 참 좋다. 특히 '할아버지' 시에 감탄했는데, 자연 속에 녹아드는 농촌 삶의 모습이 어린이가 좋아할 요술처럼 표현되어 있었다. 그런데 이렇게 정지용의 동시를 말하면, 자연스럽게 오장환 동시가 떠오르고 윤동주 동시가 떠오른다. 정지용은 오장환 스승이었고, 윤동주 시인은 그를 흠모하고 동경했다. 그들은 '동시'의 정신세계도 닮아간 것만 같다. 내가 다시 문학캠프를 계획한다면, 꼭 그들의 동시를 함께 넣고 싶다.

할아버지가
담뱃대를 물고
들에 나가시니,
궂은 날도
곱게 개이고,

할아버지가
도롱이를 입고
들에 나가시니,
가문 날도
비가 오시네.

— 정지용, 할아버지(1927)

누나야, 편지를 쓴다.
뜨락에 살구나무 올라갔더니
웃수머리 둥구나무,
조—그만하게 보였다.
누나가 타고 간 붉은 가마는
둥구나무 샅으로 돌아갔지,
누나야, 노—랗게 익은
살구도 따먹지 않고
한나절 그리워했다.

— 오장환, 편지(1936)

빨래줄에 걸어논

요에다 그린 지도
지난 밤에 내 동생
오줌 싸 그린 지도

꿈에 가본 엄마 계신
별나라 지돈가?
돈 벌러간 아빠 계신
만주땅 지돈가?

— 윤동주, 오줌싸개 지도(1937)

나는 이 글쓰기를 준비하면서, 영화 '동주'를 보았다. 윤동주가 정지용 시인을 얼마나 흠모했으면, 일본 유학조차 그가 다녔던 교토의 도시샤대학이었다. 내성적인 윤동주와 활동가인 송몽규의 대조적인 모습을 영화에서는 무척 인상적으로 그리고 있었다. 세상을 바꿀 용기가 없어 문학 속에 숨는 것이야. 너야말로 시대의 조류 속에 몸을 숨기려 하는 썩어빠진 관습 아니겠니. 그들의 진지한 언쟁도 인상적이었고, 후쿠오카형무소에서 '생체실험주사'로 죽어가며 마지막 강요된 진술서를 받아들이는 정반대이면서도 같은 그들 모습도 인상적이었다. 송몽규는 "정말로 내가 이렇게 행동으로까지 못하고 죽는다는 것이 한스러워" 이 진술서에 서명을 하겠다고 했고, 윤동주는 "이런 세상에 태어나 시를 쓰고 시인이 되고자 했다는 게 너무 부끄럽고, 이렇게 행동을 못하고 몽규의 그림자처럼 따라다니기만 한 게 부끄러워" 서명을 못하겠다고 하였다. 그리고 그 둘은 나란히 저 죽음의 세상으로 갔다.

윤동주를 문학청년이라 말할 수 있으나 독립운동가라고 말하기는 어려울 것이다. 하지만 그의 시 정신은 맑고 또렷했다. "시도 자기 생각 펼치기에 부족하지 않으며, 사람들 마음속에 살아있는 진실을 드러낼 때 시는 힘을 얻는 거고, 그런 힘이 하나하나 모여 세상을 바꾸는 것"이라고 윤동주는 또렷하게 말하고 있었다.

오장환이나 윤동주에게 정지용의 존재가 그러했던 것처럼, 우리 교사들에게도 정지용은 롤모델이 될 수 있지 않을까 생각해보았다. 앞장서서 행동하는 교사의 모습을 보여줄 수 없었다 하더라도, 시대를 아파하고 부끄러워했던 마음과, 교단을 떠나지 않으면서 제자들의 재능을 찾아주고 지지해줄 수 있는 열정과, 능력을 위해 노력하는 교사 말이다. 그렇게 만난 제자들 중에는 스승에게 부족한 부분을 보완해주는 존재가 나올 수 있을 것이고, 그것이 교사의 보람이 될 수도 있을 것이다. 오장환의 삶에서 오장환의 시에서, 정지용을 닮은 모습도 있으나, 정지용과 다른 모습을 만나게 되면 나는 기분이 좋았다. 옥천과 보은, 멀지 않은 같은 지역에 자리한 두 시인이라는 점에서, 나는 문학기행의 주제를 두 시인을 묶어서 준비했었다. 마침 그 해 수능 문제에 두 시인이 나란히 나왔기 때문이기도 했지만 말이다.

'문학캠프'를 준비한다면, 그들은 생존 작가가 아니므로 초청작가로 불가능할 것이다. 그 시인의 시들을 사랑하는 현존 도종환 시인을 초청작가로 할 수도 있고, 오장환문학관에 상주하는 임선빈 문학해설사를 초청작가로 할 수도 있을 것이다.

오늘 나는 그 임선빈 문학해설사와 통화를 하였다. 질문하고 싶은 것들이 많아서였다. 그는 오장환문학관에서 10년 세월 일해 오면서, 외진 곳이지만 사람들이 더 찾아올 수 있게 애정을 다하는, 작가이기도 한 문학해설사였다. 일단 그는 고향이어서 애정을 다하는 것은 아니라 했다. '어머니 서울에 오시다'에서 "대궐 안의 윤비는 어디로 가시라고"의 윤비가 누구이고 무슨 의미가 있느냐 물었는데, 순종의 비이며 친일무리들은 마지막 남은 왕조의 그 상징성까지 모조리 말살하려 했던 거라고, 그래서 어머니는 "병든 것은 너뿐이 아니다. 온 서울이 병들었다"고 말하는 것이라 했다. '병든 서울'과 '어머니 서울에 오시다' 두 시를 함께 읽어보면 좋겠다고 했다.

오장환 시에 '항구'가 많이 등장하는데 실제로서보다 상징으로서 보아야 하느냐 물었는데, 실제로 오장환이 해외로 많이 넘나들었고 러시아어에도 능통했으며 다방면으로 재주가 많은 시인이라고 했다. 방황하는 모습도 많이 표현되는데, 서자의 개념보다는 '데카당스'의 개념으로 보면 좋겠다고 했다. 오장환 시에 보이는 '농사짓는 어머니'나 '고향'은 보은군 회인면만이 아니라 아버지의 고향이고 시인이 4학년 때 전학을 갔던 안성 지역을 생각해볼 수 있고 시 '다시 미당리'에서 미당리도 안성의 마을을 말하는 것 같다고 하였다.

해방 후 소련에서 냈다는 시집의 시들을 어떻게 보아야할까 물었는데, 박두진 시인을 이야기했다. 어린이들이 교장의 일본왕 즉위 찬양 훈화를 들어야 했을 것이고 1등 하던 그는 녹음된 레코드판 틀듯이 '어대전'을 썼을 거라고, 소련에서 치료받던 오장환 시인의 이념적인 시들도 그러한 차원에서 볼 수 있을 것이고 작품의 문학적인 가치를 찾을 수는 없는 것이라고 말하였다. 북으로 가기 이전 오장환의 문학을 이야기해야 할 것이고, 그 시절 오장환은 친구이던 이육사처럼 자신이 행동하지 못하는 것을 항상 부끄러워하던 시인이었노라고 말하였다. 이육사 시집을 내는 일도 오장환이 앞장섰다고 했다.

서정주 '귀촉도'시가 먼저이고 오장환 '귀촉도'는 그에 화답하는 시라고 도종환 시인의 책에서 말하고 있는데 잘못된 것이 아니냐는 질문에는, 도종환 시인의 말이 맞다고 했다. 자신이 잘못 알고 쓴 글이 있었는데 나중에 사실 확인하고 다시 바로잡은 글을 썼노라고 하였다. 그러니까 서정주가 어느 잡지에 '귀촉도'시를 먼저 발표했고, 당시 만주에서 고생하던 친구의 모습을 보며 오장환이 화답하는 시를 1941년 '춘추'에 발표한 것이라고 했다. 친일로 절연하게 된 서정주는 1943년 같은 지면에 다시 그 '귀촉도'를 발표한 것인데, 좋은 모습은 아닌 것 같다고 말하였다.

임선빈 문학해설사와의 통화는 상당히 길었고, 부족한 부분에 대해서는 확인하여 다시 전화를 해올 정도로 그는 열의가 있었다. 다음에는 학생들과 함께 뵐 수 있으면 좋겠다고 나는 말하였다. 내가 다시 문학캠프를 계획한다면 그와의 만남을 넣고 싶고, 고구마나 감자나 옥수수나 감이나 살구나 통닭이나 수수부꾸미 중에서 먹거리를 준비하여 '오장환의 고향'을 체험해보는 시간을 갖고 싶다. 이것도 임선빈 해설사와 통화하며 알게 된 것인데, 수수를 맷돌에 갈아 가루를 내서 부꾸미를 만들어 자식을 먹였던 것이고, 붉은 수수를 10살까지 먹여야 아이가 건강하게 산다는 당시의 풍습이었다고 했다.

나는 이 글을 쓰면서 '귀촉도' 시만 해도 앞에서 쓴 것과 뒤에서 쓰는 것이 다르게 되었다. 하지만 끊임없이 공부하고 수정할 수밖에 없는, 교사이지만 학생이 되기도 하는, 이러한 나의 입장을 그대로 여기에 남겨두고 싶다. 문학기행이 아닌 문학캠프를 생각한다면 숙소가 무엇보다 중요할 것인데, 옥천이나 보은에는 그러한 숙소가 없는 것 같다. 속리산에서 가능할 수 있을지 모르겠다. 보은에서 민박 식으로 숙소를 구할 수는 없을까 낭만적인 꿈도 꾸어보지만, 이것이 실현되기란 쉽지 않을 것 같다.

[정지용 · 오장환 문학캠프 계획]

출발 전 과제 수행(정지용 시집과 오장환 시집 읽기, 영화 동주 감상하기) → 정읍 → 소개하기 활동(버스 안) → 회인천, 회인초등학교, 시비, 생가 → 오장환문학관(모둠판 만들기와 질문지 작성, 작가와의 대화, 수수부꾸미 체험) → 1박(속리산) → 정지용문학상 시비(시 낭송, 동시 백일장) → 시 벽화, 실개천, 생가 → 정지용문학관(작가에게 편지 쓰기) → 정지용 시구가 있는 우체국에서 편지 보내기 → '향수' 시비에서 노래 부르기 → 가상 별자리 체험(천문대) → 토론하기(시의 역할, 월드카페 형식) → 공동체 놀이마당(시낭송무언극 외 모둠 발표 포함) → 2박(대전) → 독서골든벨 → 시상, 모둠별 소감 발표 → 시 노래, 소감글 쓰기(버스 안, 폰 음악과 문자 활용) → 정읍

[2019. 01. 19.]

임꺽정

홍명희, 몇 번쯤은 꿈꾸어보았던 북녘땅으로의 문학캠프

2018년 여름, 제월대의 강물은 그동안의 가뭄으로 메말라 있었지만 풍취는 여전했고, 강 너머로 상당히 너른 논들이 펼쳐져 있었다. 농부들이 일하고 있었는데, 그 모습이 더없이 반갑고 사진으로 담고 싶었지만 카메라 렌즈로 잡히지가 않았다. 그곳에서 나는 2016년 정읍고 문학기행 때 아이들과 함께 불렀던 임꺽정 노래를, 폰에 저장된 장사익 노래로 대신 들었다. ('임꺽정' 중에서)

올여름만큼 애타게 비를 기다려본 적이 없었던 것 같다. 숨 막히게 더웠고 이러다 죽을 수도 있겠다 싶었다. 2018년 여름, '전설 속의 족장'이라는 뜻을 가진 태풍 '솔릭'에 대한 예상경로에 온 국민이 잔뜩 긴장했으나 생각보다 태풍은 느렸고 피해는 크지 않았다. 태풍이 가고 오히려 태풍 때보다 더 많은 비가 내렸다. 비바람이 지나간 뒤의 하늘은 맑으면 맑은 대로 흐리면 흐린 대로 눈이 시리게 곱다. 지구의 환경이 악화되는 탓인지, 요즘은 이런 하늘이 고맙기만 하다.

정읍에서 옛날 도로를 따라서 태인으로 오다보면, 좌우로 나무들이 숲길에 들어서는 기분이 들게 녹음이 짙다. 자잘한 쌀튀밥 같은 꽃들을 매달고 한여름을 건너는 붉은 백일홍 나무들도 많이 만난다. 대각교 아래로 흐르는 동진강은 넘치는 수량으로 정말 강다운 강이 되었다. 강둑길에도 백일홍들이 많다. 사거리에서 명봉도서관 쪽으로 길을 잡으면 '수학정석길'이라는 길표지가 눈에 뜨인다. '수학정석' 책으로 유명한 홍성대 선생의 업적을 기념하고자 길 이름까지 낯설게 바꾸어버렸다.

태인면 명봉도서관, 내겐 당숙인 홍성대 선생 형제들이 선친의 뜻을 기리고자 세운 도서관이다. 나는 2018년 일 년 동안 이곳에 내 자리를 잡았다. 사람이 많지 않기에 고정적인 자리를 만들었다. 눈 들어 창밖을 보면 그곳에도 백일홍 꽃이 피었다. 밤새 내린 비가 그치고 바람이 강한데 솔바람 소리가 바다 내음처럼 다가온다. 여름 매미들이 아직도 째르릉 째르릉 요란한데, 가을로 가는 길목에서 귀뚜라미 소리가 유리벽을 울리는 메아리 같다. 새들도 많아 나무 여기저기 둥지를 지었는데, 한 번은 그 밑에 있다가 새의 공격을 받은 일도 있었다. 새들도 한껏 소리가 크다.

산책 삼아 조금 걸어본다는 것이 오늘은 그 풍경 속에 오래 갇혀버렸다. 내가 이름을 알겠는 건 고작해야 소나무 수준인데, 그 소나무도 보통의 소나무가 아니라 전문적인 솜씨로 전지해놓은 고가치의 소나무들이 많다. 처음 보는 우람한 침엽수도 몇 그루 있고, 향수를 부르게 하는 감나무와 대추나무, 석류나무도 있다. 벽을 휘감고 오르는 담쟁이덩굴은 건물을 고풍스럽게 만들고, 그 주위로 남천, 돌단풍, 시누대, 공조팝 등의 나무들이 도서관의 아름다운 정원을 만들고 있다. 봄꽃들은 줄기만 남겨둔 채다. 도서관 뒤쪽 길로 가면 귀한 무궁화 꽃들이 반갑고, 몇 그루 장미꽃이 화려하다. 좀 더 가면 많은 묘목들을 가꾸고 있는 묘목장이 숲길처럼 보인다. 오늘은 바람소리가 너무 좋다.

내가 이 정도의 재산을 모으고 이 정도의 건물을 세우고, 그것은 불가능임을 안다. 양귀자 소설가가 나이트클럽이 될 뻔한 홍지서림을 인수할 수 있었던 것은 그만큼 성공한 사람이었기 때문이다. 자신의 고향을 위해 뭔가 하고 싶어도 하지 못하여, 그 앞의 강을 건너지 못하고 되돌아오는 사람은 많을 것이다.

방금 전까지 〈황진이(홍석중)〉를 다 읽었다. 2년 전에 처음 읽었고, 이번이 두 번째다. 북한 최초로 남한의 만해문학상을 수상했던 이 작품은, 세련된 문체와 고풍스러운 이야기 투의 문장이 퍽 좋다. 할아버지 홍명희의 영향이 보이고, 북한의 딱딱한 이념성 따위는 전혀 느껴지지 않는다. “인간은 몇 해 살았는가가 중요한 것이 아니라 사람들의 추억 속에 얼마나 깊은 자욱을 남겼는가가 중요한 것이요, 그래서 죽음과 함께 비로소 삶이 시작된다는 의미심장한 말이 있는 것이다." 끝 부분의 이 문장이 딱 인상에 박혔다. 나는 내가 아는 죽음들을 생각했고, 나의 죽음을 생각해보았고, 홍명희의 죽음을 생각했다.

2018년 8월 26일, 나는 '홍명희와 임꺽정' 관련 문학답사를 다녀왔다. 그리고 나는 지금 명봉도서관에서 이 글을 쓰고 있다. 내가 바탕 자료로 삼고자 하는 활동은, 전주 일 년을 제외한다면 가장 최근에 진행했던 2016년 정읍고 학생들과의 문학기행이다. 하루 일정이었고 작가 만남이 없었기에 이 글은 그리 길지 않을 것이지만, 진행 순서와 별개로 내 나름의 감각과 이유로 하여 생애 첫 나의 책이 될 '학생과 함께하는 문학캠프' 1권의 끝 부분에 이 글을 꼭 배치하고 싶었다.

[2018년 8월 26일 답사 일정]

정읍 → 안성 칠장사 → 놋박재 고개 → 괴산 홍범식 고택 → 3 · 1 만세비 → 홍명희 문학비 → 제월대 → 홍범식 묘소 → 제월리 묘막 → 정읍

가장 먼저 간 곳이 안성 칠장사였다. 일곱 도둑을 교화시킨 현자의 전설이라든가 실제 존재하는 '임꺽정불'을 바탕으로, 홍명희는 조선의 정조로 가득한 '임꺽정' 소설을 창작하였다. 칠장사가 아름다운 것은 전설이 전설에 머무는 것이 아니라 홍명희의 문학작품이 있기 때문이라고, 나는 생각하고 싶었다.

"선생님이 돌아가셨단다, 하고 꺽정이가 목멘 소리하며 이봉학이와 박유복이를 돌아볼 때, 두 사람의 눈에서도 눈물이 흘러내렸다."

대장 임꺽정, 활 잘 쏘는 이봉학, 댓가지 창을 쓰는 박유복이, 돌팔매질의 배돌석이, 축지법을 쓰듯 발이 날랜 황천왕동이, 쇠도리깨 곽오주, 소금장수 길막봉이, 그들의 존경을 받아 불상까지 봉안하게 한 선생님이란, 작품 속의 '갖바치 병해대사'를 말한다.

각자의 기구한 사연들로 하여 '청석골'로 들어갈 수밖에 없었던 그들은 칠장사에서 일곱 의형제 결의를 맹세하였다. 그 칠장사는 지금 이 시대에서 와서도 사람들의 많은 공양을 받는 것 같다. 수능대박 또는 취업시험 대박 기원이 박문수 설화와 함께 소망의 길을 만들고 있는 것도 그렇고, 나 역시 그 영역에서 자유롭지 않았다. 공적인 영역 사이, 재빨리 나는 두 아들의 합격기원을 해두었다.

칠장사를 오가는 길의 놋박재 고개와 수곡마을을 확인하고 싶었는데, 황해도 청석골을 가보아야 할 것이지만 그 대신으로 상상해보고 싶기도 했다. 놋박재 고개는 정말 도둑이 나올법하게 숲이 깊었고, 수곡마을은 확인하지 못하였다. 안성 읍내로 향하는 장꾼과 짐꾼들이 넘어 다녔을 놋박재 고개에서, 학생들의 모둠활동을 시도해볼 수 있을까 생각해보았다. 아이들은 재미있어할 것이지만 재미와 함께 교훈성도 있어야 할 일이고, 버스 탑승 문제가 있을 것 같다.

다음 간 곳은 3 · 1 만세비와 홍범식 고택이었다. '홍명희' 이름이 금기로 되었던 세월 탓에 3 · 1 만세비에 홍명희 이름이 빠졌다는 자료를 읽었지만, 현재는 홍명희 이름이 들어가 있다. 3 · 1 만세비가 괴산장터 자리에 위치한 것은 적절하나, 2년 전에는 없던 마을정자가 만세비 후면이 아닌 전면을 가리고 들어서 있다는 것은 너무 감각이 없는 배치라고 생각했다.

고택 또한 홍명희보다 아버지 홍범식 이름으로 말해지고 있는데, 고택 옆에는 거대한 홍범식 추모비가 어색하게 공간을 차지하고 있다. 게다가 그보다 앞쪽으로 시샘하듯 나와 있는 표석은 황당하기까지 하다. 이 비를 세웠다는 유지들 이름을 새긴 표석이다. 고택 내부를 들어서면 행사 준비용 흔적들이 너무 많았고, 이 고택은 기껏 행사용인가 싶어 마음이 쓰디썼다.

나는 그곳에서, 태인 명봉도서관을 생각했던 것 같다. 왜 이곳은 그 정도로 꾸며지고 유지될 수 없는가, 모래 운동장같이 말고 사람의 손길이 머무는 정원이 될 수는 없는가, 하는 생각들이었다. 누군가의 죽음을 추억한다는 것이 사회 체제와 사상에 따라 어떻게 다른 모습이 되는가를 생각했다.

괴강에 뜬 별들 잊었을까/ 제월리 사람들에게 다 나누어 주고 간/ 끝이 안 보이던 땅쯤이야 잊었겠지만/ 손등만 한 야산도 형제끼리 칼부림 송사하는/ 남쪽 사람들 사는 곳쯤이야 잊었겠지만/ 느티나무 근처에 모여 살던 사람들이야 잊었을까/ 제월대에 앉아 쉬다 강물로 내려가/ 물소리와 함께 가던 밤바람이야 잊었을까/ 아아, 저 밤강물에 몸을 씻던 별들이야 차마 잊었을까

— 도종환, 벽초 생각

홍범식 고택은 홍명희가 태어나서 어린 시절 대가족 울타리 안에서 성장했던 생가이기도 한 곳이다. 홍범식이 한일합방 소식에 통탄하여 자결을 택한 뒤 가세는 기울어, 홍명희 가족은 이 대 저택을 처분하고 제월리에 있는 묘막으로 이사하여 어려운 생활을 하였다. 제월리 묘막에서 제월대까지 걸어서 이십분이면 갈 거리인데, 홍명희는 항일투쟁의 한계에 부닥치는 때면 이곳으로 내려와 은둔의 저항을 하기도 하였다.

제월대에 오르면 홍명희의 고뇌와 서글픔이 그려진다.

2018년 여름, 제월대의 강물은 그동안의 가뭄으로 메말라 있었지만 풍취는 여전했고, 강 너머로 상당히 너른 논들이 펼쳐져 있었다. 농부들이 일하고 있었는데, 그 모습이 더없이 반갑고 사진으로 담고 싶었지만 카메라 렌즈로 잡히지가 않았다. 그곳에서 나는 2016년 정읍고 문학기행 때 아이들과 함께 불렀던 임꺽정 노래를, 폰에 저장된 장사익 노래로 대신 들었다. 이 노래는 중독성이 있어서 쉽게 뇌리에서 떠나지를 않는다.

"이 나라 이 강산에 이 몸이 태어나/ 삼베옷 나물죽으로 이어온 목숨 기구하여라/ 고단한 세월 타고난 굴레는 벗을 길이 없어라/ 달은 기울고 별빛조차 희미한데/ 기다려도 기다려도 오지않는 세상/ 기다려도 기다려도 오지않는 세상/ 슬퍼말어라 티끌같은 세상/ 슬퍼말어라 이슬같은 인생/ 슬퍼말어라 티끌같은 세상/ 슬퍼말어라 이슬같은 인생/ 대장부 가는 길에 무슨 한이 있으랴"

이 노래를 2016년 문학기행 때 제월대에서 모둠별로 부르게 했었다. 내가 부르면 슬픈 노래이겠으나, 아이들이 부르는 노래는 흥겨운 노래였다. 5월의 제월대 풍경은 교사와 아이들 모두의 감탄을 자아낼 만큼 아름답고, 막힌 가슴이 뚫리는 시원함이었다. 2년 전의 천방지축 아이들이 없는 제월대에서, 들녘에서 일하는 농부들을 보고 있자니 홍명희 마음의 더 깊이까지 생각해볼 수 있었던 것 같다.

꿋꿋한 지사이자 민족적 작가였던 벽초의 흔적은 그가 월북한 뒤 알량한 정치적 이유로 한동안 역사에서 사라졌다. 그러나 그의 월북이 실패한 선택으로 평가되고 또한 근래 남북화해의 분위기가 확산되면서,

그의 문학적 자취도 점차 복원되고 있다.

— 김훈 · 박래부의 문학기행

명성 높은 이의 책에서 '홍명희'를 발견한 것은 반가웠지만, '그의 월북이 실패한 선택으로 평가'된다는 이 대목에서 나는 왈칵 화가 났었다. 그 험난한 시대를 살아간 사람의 삶과 죽음에 대하여 어떻게 '실패'라는 그러한 오만한 표현을 쓸 수가 있는 것일까. 남북 분단을 못 박고 남쪽을 선택한 사람의 명분은 훌륭하였는가. 성공한 남한 체제이기에 실패한 홍명희를 불쌍히 여겨 포용해준다는 식인데, 북에 남기를 선택하였고 북에서 산 20년 세월의 금단 영역이 풀리지 않는 이상 홍명희에 대한 평가는 절름발이 평가일 수밖에 없을 것이다.

2016년 5월 28일, 정읍고 40명 학생들과 4명의 국어교사가 함께한 토요일 문학기행의 과정은 이러했다. 일단 과감하게 한여름이 아닌 5월을 선택하였다. 학교 백일장에서도 관련 글제를 포함 시켰고, 국어수업과도 연계하였다. 문학기행은 희망자를 받았고, 학교가 쉬는 토요일 아침 일찍 출발하여 저녁 늦게 돌아오는 빡빡한 일정이지만 아이들은 적극적이었다. '학교생활기록부'에 기록된다는 현실은, 그 '형식'이 있기에 오히려 알찬 내용과 재미를 만들기도 한다.

[2016년 5월 28일 문학기행 일정]

학교에서 '임꺽정' 단원 토론 수업하기 → '임꺽정 의형제 편', '길 위의 인문학(고미숙)' 읽고 독후감 올리기 → 버스 안에서 읽은 내용에 대한 독서퀴즈 → 홍범식 고택 → 만세비 → 점심(천변 다래정) → 제월리 묘막

→ 홍명희 문학비 → 제월대 → 안성 칠장사(독서추적놀이) → 버스 안에서 '보물찾기' 시상하면서 정리 활동 → 돌아와서 워크북 완성하여 제출하기

토론수업은 두 시간 블록으로 공개수업이었는데, 아이들은 임꺽정이 공부하듯이 시끄러운 수다 판이었고 나는 그것을 요구하기도 했다. 교과서에는 의형제 '길막봉이' 편의 일부가 실려 있는데, 토론 수업은 의형제 편에 나오는 서림을 포함한 여덟 명에 맞춰 여덟 모둠으로 편성하였다. 교육청 인문학캠프에서 배웠던 형식을 빌어, 도서관에 여덟 탁자를 배치하고 여덟 개의 토론방을 만들었다. 먼저 자기 주제 모둠을 정리한 다음, 카페 형식으로 돌아다니며 두 번 더 주제를 선택하여 활동하도록 하였다. 세 주제가 끝나면 모둠장이 나와서 발표하는 것으로 정리하였다.

나는 문학기행과 연계하여, 아이들에게 길막봉이 편이 실린 〈임꺽정〉 5권과 〈청년 백수를 위한 길 위의 인문학(고미숙)〉 두 권의 책을 필수로 읽도록 했는데, 고미숙 작가의 책을 읽은 아이들은 완전 흥분을 해버렸다. 작가와 만났다면 어떤 '토론'이 벌어졌을까, 작가는 아이들을 어떻게 제압할 수 있을까, 많이 궁금하기도 했었다. 실제 작가 섭외를 추진했지만, 자동차를 쓰지 않는 주의인 작가는 시간을 우리 일정에 맞출 수가 없었다. 제월리 묘막에서 잠깐이라도 작가와의 시간을 가지고 싶었는데 결국 안 되었다.

[문학기행 사전과제 독후감]

처음 이 책을 봤을 때는, 길위의 인문학? 이상한 제목이네 라고 생각하면서 책을 읽기 시작했다. 책의 인트로를 읽을 때는 아, 이 책은 현실비판 책인가? 하는 생각이 들었는데, 계속 읽어가다 보니 이게 뭔 내용인가 하는 의문이 들기 시작했다. 임꺽정 책의 내용을 작가가 말해주고 그에 대한 작가의 생각이 나오는 형식이었는데, 이런 형식의 책은 처음 읽어서 그런가 되게 머릿속에 들어오질 않았다. 그래도 책은 다 읽고 나면 뭔가 느끼는 게 있으니깐 하고 꾹 참고 다 읽어 나갔다. 그런데 이게 웬일인지 도대체 머릿속에 남은 거라곤 작가의 주관적 생각과 임꺽정 책의 자극적이고 선정적인 내용 정도가 남아 버렸다. 아, 그래도 유복이의 감동적인 스토리는 기억이 난다.

본래 나의 책에 대한 생각은 '책은 다 읽고 나면 책의 내용을 조합해서 나만의 생각이나 느낌으로 결론짓는 것'이었는데 이 책은 달랐다. 이 책의 표지에는 '임꺽정의 눈으로 세상을 보다'라고 써있는 데 전혀 아닌 것 같다. '고미숙의 눈으로 세상을 보다'로 고쳐야 하지 않나 하는 생각이 든다. 만약 내가 비판적 사고를 평소에 가지고 있지 않았다면 이 책을 읽었을 때 남은 건 작가 고미숙의 현실을 바라보는 관점 그대로였을 것이다. 물론 이 작가가 이 책에 써 놓은 자기 생각 중 나도 동의하는 점이 몇몇 있다. 이 시대가 백수의 시대라는 점, 옛날에 비해 소통이 줄어 자기중심적 사회가 됐다는 점 그리고 특히 우정의 경제학 대목에서는 평소 경제에 관심이 많은 나에게는 좀 더 집중해서 책을 볼 수 있게 만드는 계기가 되었다.

이제 고미숙의 관점 비판을 시작해봐야겠다. 지금 21세기가 백수의 시대인 건 맞다. 하지만 우리 시대 대학생을 딱히 구체적인 근거도 없이 청년백수로 만든 점은 정말 뜯어 고쳐야 할 생각인 것 같다. 대학을 가기 위해 죽어라 공부하고 있는 나로서는(물론 죽진 않았다) 되게 마음에 들지 않았다. 취업하기 힘든 시대인 건 분명히 맞다. 우선 대학을 나왔을 때 취업률은 학과마다 다르긴 하지만 보통은 취업률이 30프로에서 높은 학과는 70프로 정도까지 된다. 이점에서 작가는 대학생을 청년백수로 부른 것을 사과해야 한다. 대학생뿐만 아니라 10대 아이들 그리고 자기 자식들을 대학에 보내기 위해 뼈빠지게 일하고 계시는 대한민국의 부모님들께.

두 번째로 얘기할 점은 우정의 경제학 부분이다. 이 부분에서 작가는 우정보다 돈을 중시하는 사람들을 만들어버린 자본주의 사회를 비판한다. 나도 자본주의 사회를 비판하는 입장이라 상당히 긍정적으로 읽고 있었다. 하지만 읽다보니 실현 불가능한 것이 있었다. 작가는 화폐적 경쟁으로 환원했던 삶을 우정의 힘으로 경제적 네트워크를 이룸으로써 자본에 대해 저항하고, 청년실업의 훌륭한 대안이라고 말한다. 근데 책을 더 읽어보면 작가는 우리 시대가 소통을 잘 하지 않는 시대라 말하는데 소통을 잘 하지 않으면 우정을 이루기 힘들다. 게다가 요즘같이 사람을 잘 믿지 않는 시대에는 정말로 친한 친구가 아니라면 친구 간 돈을 쓰는 걸 꺼려한다. 이렇기 때문에 자본주의를 비판할게 아니라 우리나라의 사회자체를 비판했어야 한다고 생각한다.

후…… 정말 이 책은 사람을 힘들게 만드는 책이다. 끊임없이 생각하게는 만드는데 그 생각이 잘 기억이 나지 않는다. 왜냐고? 책의 내용 하나하나가 생각을 하게 만드니깐 생각을 잘 정리할 수 있는 사람이 아니라면, 앞부분에서 생각했던 부분이 뒷부분을 읽으면서 생각한 내용 때문에 묻히거나 잊혀진다. 아무튼 이 책이 임꺽정 시리즈 10권을 압축해서 그러는 건지 모르겠지만 한 번 읽어 보고는 작가의 생각을 이해하기 힘든 책인 것 같다. 물론 임꺽정 10권을 읽지 않은 내가 작가의 생각을 비판하는 게 말이 안 될 수도 있다. 만약 고미숙 작가를 만나게 된다면 묻고 싶다. "21세기 청소년으로 살아보시겠습니까?"

— 최형욱(정읍고1), '길 위의 인문학'을 읽고

'임꺽정 - 의형제편2'는 학교에서 문학기행을 가기 전 홍숙정 선생님께 받은 책이다. 문학기행 자료집에 나와 있는 퀴즈가 있었는데 이 퀴즈를 풀려고 오늘하루 6시간을 쏟아서 다 읽었다. 정신은 피폐해지고 몸은 지쳐가지만 이 독후감을 써본다.

이 책은 홍명희 작가가 우리민족의 자긍심을 고취시키기 위해 지은 책이다. 조선의 정조와 생활모습을 그대로 담고자 한 작가의 노력이 이 책을 읽으면서 느껴졌다. 길막봉이/ 황천왕동이/ 배돌석이/ 이봉학이, 이 책에는 이렇게 네 파트로 나뉘어 이야기가 서로를 간섭하면서도 대부분 독립적으로 진행되어진다.

이 책에서 인상적인 부분은 임꺽정을 집에 재우는 것에 대해 불편하게 여기는 계향에게 봉학이가 건넨 말이었다.

"자네가 아이 적부터 언니 동생하구 지내던 동무가 있다구 하게. 그 동무가 시집을 잘 가서 숙부인이나 정부인을 바친 뒤에 자네가 찾아갔는데 자네를 기생이라구 소대하면 자네 맘이 어떻겠나. 괘씸할 테지. 아무리 염량을 보는 세상이라두 사람이 그 동무 같아서야 쓰겠나. 더구나 사내대장부가."

이 대화를 보고 나는 임꺽정과 봉학이의 끈끈한 의리를 느낄 수 있었다. 계향의 입장에서 보면, 괜찮은 직분을 가진 봉학이가 갑자기 패랭이를 걸친 꺽정이에게 "언니"하는 모습이 백성들에게 어떻게 보일지 알기에, 꺽정이를 그에게서 떨어뜨리고 싶어 했을 것이다. 하지만 그들에겐 다른 사람들의 시선보다는 의리가 중요했고 그것이 바로 그들을 끈끈하게 이어주는 매개체라고 생각했다.

또 재미있는 부분이 있었다. 귀신이 나오는 방에서 계향이가 봉학이를 놀래키려 갔다가 귀신이 있다는 말에 자기가 놀라 봉학이와 대화를 나누던 부분이었는데 이 부분이 고전은 재미없다는 편견을 깨뜨려준 부분인 것 같다. 그들의 대화에는 바로 앞에서 그들을 보는 듯한 생생함과 재미가 있었다. 귀신 때문에 사랑이 생긴다는 것도 신기한데 그 속을 들여다보면 더 가관이다. 계향이에게 '귀신은 원래 손이 차갑나?'라고 말하는 천연덕스럽게 행동하는 그의 모습에 웃음이 나왔다.

(문학기행 다녀와서 이어쓰기) 내가 문학기행 때 내가 찾은 보물쪽지 글귀에는 이렇게 적혀있었다. '좋은 친구란 좋은 사람들끼리의 만남이 아니라, 서로에게 아무것도 감추지 않는 만남이 좋은 친구다.' 임꺽정이란 책을 대변하는데 이 말보다 더 나은 말이 있을까? 비록 '좋은 사람'들은 아닐지라도 서로에게 '아무것도' 감추지 않는 그들의 모습이 감명 깊었다.

마지막으로 이 책을 읽기 전까진 고전에 대한 선입관이 있었다. 딱딱하고 지루한, 옛말들이 나열된 재미없는 책으로 말이다. 그러나 '임꺽정'을 읽고 난 뒤 생각이 바뀌었다. 우리가 살고 있는 시대와는 조금 다른. 다양한 경험들이 나의 오감을 자극시켰고 처음엔 의무감에 펼쳤던 책을 호기심으로 넘기면서 고전이란 재미없는 것이 아니며, 우리 조상들의 그 당시의 가치관과 생활 모습을 잘 알게 해주는 고마운 책이라는 것을 느꼈다. 좋았다.

— 김건(정읍고2), '임꺽정-의형제 편'을 읽고

가는 버스 안에서 진행된 독서퀴즈는 기간제로 와있는 사서교사에게 담당하도록 했는데, 젊음이 무기였을까, 아이들과 기막히게 호흡이 맞았고 교사 역시 천진하게 열성적이었다. 만세운동유적비에서의 만세 삼

창은 씩씩해서 좋았고, 동부리 고택에서 현지의 해설자는 연로하신 분으로 아이들이 듣기에 버거웠던 것 같다. 점심을 먹은 '다래정'의 주인은 변주섭 시인이었는데, 밥 먹기 전 시인의 간단한 괴산 설명은 굉장히 간결하고 인상적이었다. 점심 후 그 짧은 시간을, 아이들이 노는 것을 보고 나는 많이 감동했다. 휴대폰을 가지고 노는 것이 아니라, 앞강에서 물수제비뜨기를 하며 놀고 여유를 즐기며 놀았다.

제월리 묘막에서는 내가 설명을 맡았고 나는 온힘을 다하여 홍명희의 비극 역사를 설명했다. 설명의 문제점을 잘 아는 나는, 칠장사에서는 아이들에게 맡겼다. 칠장사 일정을 뒤에 배치한 까닭은 독서추적놀이 형태로 하려고 했기 때문이었다. 모둠별로 코스를 돌며 문제를 해결하게 했고, 마지막에 소망리본을 만들어 달게 했다. '보물찾기'란 책 속의 문장을 적은 쪽지를 숨겨놓고, 이것을 찾은 학생이 그 출처를 찾아 자신의 생각과 함께 말할 수 있으면 상품을 주는 방식이었다. 가는 길 버스에서 소감과 함께 정리활동이 될 수 있게 보물쪽지의 내용을 배치했다.

[독서추적놀이]

1. 철당간(정국샘) : 선생님 설명 듣기
2. 대웅전(소정샘) : 선생님께 설명하기
3. 극락전(최연전) : 연전이에게 임꺽정불 찾아 말하기
4. 나한전(김형주) : 형주에게 일곱도적 이야기하기
5. 혜소국사비(임태진) : 태진이에게 비에 대해 설명하기
6. 임꺽정 벽화 인증사진 : 숙정샘 폰으로 보내기

함께 1. 부도밭(혜순샘) : 소망리본 쓰기

함께 2. 박문수길(숙정샘) : 소망리본 달기, 보물찾기

결국 노는 학생도 노는 교사도 없게 됐다. 내가 맡은 박문수길은 상당한 노역이 필요한 코스였는데, 아이들이 소망리본을 쓰는 동안 그 야트막한 산에 올라 여기저기 보물을 숨기고, 소망리본을 달 줄을 나무 적당한 곳에 묶어두는 일이었다. 힘들었지만 내 역할로 작정하면 투정 없이 할 수밖에 없는데, 우스운 것은 한 아이가 소감문에 쓰기를 '홍숙정 선생님의 체력을 배워야겠다'고 썼다는 것이다.

문학기행 워크북은 기본 자료들을 담으면서 핵심 단어들을 빈 칸으로 하여 채우도록 하였다. "보름달은 밝아 어떤 녀석은/ (   )처럼 울부짖고 또 어떤 녀석은/ (   )처럼 해해대지만 이까짓/ 산 구석에 처박혀 발버둥친들 무엇하랴" 신경림 시 '농무' 빈칸 채우기 문제가 기억에 남는다. 의형제 편 독서퀴즈 문제들을 실었고, 〈임꺽정〉 뒷부분을 주고 그 뒷이야기를 써보도록 했다. 임꺽정 노래 악보를 넣었고, 맨 끝에는 소감문을 쓸 백지를 넣었다.

[임꺽정 뒷이야기 쓰기]

"도망질 하는 놈들을 굳이 찾고 싶으냐?"

잠자코 있어 무슨 생각을 하던 오가가 물었다.

"이 사태는 위험합니다. 두령님이 계신 곳에 혹 이방인이 찾아온다면 분명 자객……"

"그만하라!"

오가의 호통에 홍록이는 입을 다물었다.

"그렇게 쉽게 배반하지는 않을 것이다. 허나, 혹시 모르니 날이 밝고 꺽정에게 가자."

오가는 호롱불을 껐다.

날이 밝자마자 오가는 홍록이를 깨웠다.

"홍록아, 어서 일어나보거라! 무슨 소리가 나지 않느냐?"

문 밖의 풍경은 고요했으나 분명 이상한 기색이 들었다. 뒤이어 퍼지는 익숙하지만 기분 나쁜 냄새가 오가와 홍록이의 코끝에 스쳤다.

"이… 이 냄새는 피 냄새가 아닙니까!"

"확실히 그렇구나. 우선 움막에 남아있는 무기를 챙겨라! 뒤쪽으로 숨는다!"

오가와 홍록이는 이 빠진 검 한 자루씩 들고 뒷문으로 조용히 숨어 나왔다. 그때였다.

"저 놈들이다!"

갑자기 울리는 외침에 오가와 홍록이는 뒤를 돌아보았고, 그들 눈앞에 펼쳐진 광경은 참혹했다. 불타는 움막, 사방에서 들리는 함성소리. 그와 동시에 쏟아지는 화살. 그 화살에 홍록이는 피하지 못하고 그 자리에 쓰러졌고, 오가는 황급히 나무 뒤로 숨었다. 허나 그는 곧 잡히고 말았다. 관군의 우두머리는 그 자리에서 오가의 사형을 집행했다. 직접 칼을 든 수령.

"마지막으로 할 말은 무엇이냐?"

수령의 말에 오가는 피식 웃으며 말했다.

"세상을 바꿔보려 했으나 세상이 거부하는데 이를 어찌해야 한단 말인가. 마누라, 이제 그대 곁으로 가네."

그는 이 말을 마치고 혀를 깨물고 앞으로 쓰러졌다.

— 2학년 임태진이 쓴 뒷이야기

그러자 홍록이는 그저 사람 좋은 웃음을 웃더니 밖으로 나갔다.

'으휴…실없는 놈.' 그래도 오가는 자신을 가장 잘 받들어주는 홍록이가 밉지 않았다. 홍록이가 나가자 오가의 주변은 다시 조용해졌다. 스윽 스윽 바스락 바스락, 바람마저 없었더라면 자기의 심장 소리도 들릴 듯 하였다. 스윽 스윽 마누라가 생전에 치마를 끌며 걷던 모습이 눈앞에 훤하다. '참 고왔는디…' 술기운이 조금 물러나자 오가는 두리번거리며 술병을 찾았다. 넘어져 있는 술병이 보이자 으득으득 이를 갈며 "홍록이 찢어죽일 놈아! 신성한 술을 자빠뜨렸으면 얼른 가서 갖고 왔어야지! 알면서도 그냥 갔냐?" 고래고래 소리쳤다.

벌컥 문이 열리는 소리가 들리고 홍록이가 들어왔다. "아이구 죄송합니다. 지금 가서 따뜻하게 데운 술로다가 몇 병 갖고 오겠습니다."하고 나갔다. '불이 다 사위어서 못 데울 텐디…' 오가가 홍록이 걱정과 함께 데운 술 생각을 조금 하자, 나갔던 홍록이가 양쪽에 술병을 들고 돌아왔다. 데운 술을 먹을 수 있다는 생각에 오가는 금세 기분이 좋아졌다.

"자, 얼른 두 병 다 내놓거라." "일단 이거 먼저 드셔 보세요."하며 홍록이가 한 병을 오가에게 넘겼다. 술을 한 모금 마시고는"뭐여, 이거 찬 술인데?"라고 홍록이에게 따졌다. 퍽. 퍽. 퍽. 오가의 세상이 옆으로 기울었다. "내가 네 종이냐. 이 오가놈아." 곱게 한복을 차려입은 마누라가 오가의 머리에 손을 갖다 댔다.

열린 문틈으로 어느 한 졸개가 모두 봐버렸다. "이런 ××" 하더니 홍록이가 깨진 술병을 자신의 목으로 욱여넣었다. 상황을 목격한 졸개가 발빠른 발뚝이에게 가서는 상황을 말해주고 "너는 얼른 가서 대장님이랑 두령님들을 모시고 와야겠다. 상황이 상황인 만큼 쉬면서 가면 절대 안 될 것이여."라고 발뚝이를 보챘다.

밤낮을 쉬지 않고 달린 발뚝이가 자모산성에 도착을 했다. "거 누구냐?" "나 청석골 발뚝이인데 지금 청석골에서 난리가 났어. 나 얼른 꺽정

대장님을 봐야 하네."라고 말하며 성 안으로 들어갔다. 발뚝이는 곧장 임꺽정을 만나 일어난 일에 대해 말을 했다. 이에 분노한 임꺽정이 두령들만 데리고 나와 청석골로 향했다.

다시 밤낮을 쉬지 않고 달린 발뚝이와 임꺽정, 두령들은 청석골에 도착했다. 가장 빠른 황천왕동이가 앞서 가다가 갑자기 멈췄다. 그의 앞에는 오가의 머리가 걸려 있었다. 두개골이 깨지고 잘려 있는 목을 보니 제 아무리 백두산 원시림에서 야수를 사냥했었던 황천왕동이라도 구역질이 나왔다. '홍록이는 죽었다고 그랬는데 대체 어떤 놈이지…'라고 생각을 하던 순간 다리가 따뜻했다. 그 따뜻함은 가슴, 어깨, 목으로 이어져 왔다. 슉, 털썩.

임꺽정과 두령들, 발뚝이가 도착해서 본 청석골은 예전모습이 아니었다. 오가의 목과 황천왕동이의 다리가 그들을 맞았다. 무기를 꺼내 경계를 하려 했으나 이미 늦은 듯했다. 족히 백 명이 넘어보이는 관군이 불화살을 들고 꺽정 패거리를 겨누고 있었다. 꺽정이가 달려들었지만 불화살 앞에는 장사가 없었다. 청석골의 역사들이 불타고 있었다. 마지막으로 꺽정이가 무어라 했지만 두령들과 발뚝이의 비명 때문에 들을 수가 없었다. 대장과 두령들이 모두 죽은 꺽정이 패거리는 자모산성을 버리고 농민으로 돌아갔다.

— 3학년 류태영이 쓴 뒷이야기

[문학기행 소감글]

특히 나는 일완 홍범식 고택에서 많은 것을 배울 수 있었다. 그가 쓴 유서 중에서 '기울어진 국운을 바로잡기엔 내 힘이 무력하기 그지없고 망국노의 수치와 설움을 감추려니 비분을 금할 수 없어 스스로 순국의 길을 택하지 않을 수 없구나'라는 말이 기억난다. 우리 정읍에도 홍범식 선정비가 있다는 것을 깨달았다. 그리고 다음에 제월리 묘막으로 이동했다. 거기에서 선생님이 '나는 홍범식의 아들일 뿐이다'라는 말을 할 때, 나는 그 말이 내 머리에 딱 박혔다. (1학년 백영민)

제월대 홍명희 문학비는 내가 탄성을 자아내게 만들었다. 무려 밑의 돌에 빼곡이 글씨가 쓰여 있다니! 이런 경우는 처음인데다가 신기했다. 문학비를 빼고 이렇게 밑에 글씨가 있다. 나는 이것에 큰 의미를 두고 있으며, 문학기행 내내 가장 큰 '특이한 기억', '신비로움', '신박함'이 뇌리에 박히게 되었다. 제월대에 올라서는 노래를 불렀는데, 많이 부담되는 자리였으나 앞 모둠의 태진이 덕분에 분위기가 괜찮아 큰 무리 없이 나는 질렀다. 그리고 그 영상은 내가 영원히 안 봤으면 좋겠지만, 큰 의미는 없었다고 생각된다. (2학년 김경진)

가장 기억에 남았던 것은 버스에서 독서퀴즈를 할 때에 OX문제를 한 문제 맞춘 것이다. '길위의 인문학'이라는 책을 친구에게 빌려 이틀간 읽으려 했는데 친구가 그날부터 입원을 해서 읽지 못했다. 그래서 네모난 종이에 선생님께 책 열심히 읽겠다고 편지를 쓴 것이 거짓말이 되어버렸다. 가장 재미있었던 것은 임꺽정 주제가를 제월대에서 불렀던 것인데 음정은 잘 몰라도 열정이 넘치는 우리 1조가 가장 잘했다고 생각한다. 또 제월리 묘막에 가서 선생님 설명을 들은 것과 칠장사에서 미션수행을 하면서 보물찾기 같은 것도 한 것이 기억에 남는다. (2학년 김종민)

제월리 묘막에서는 홍명희작가의 다양한 정보를 홍숙정 선생님께 들었다. 제월대 홍명희 문학비에서 가장 기억에 남는 것은 '노둣돌과 노래

부르기'였던 것 같다. 홍명희 작가를 추모하는 작가들의 글들이 적힌 돌들이 땅에 박혀있는 것을 보고 솔직히 말해서 그가 너무 부러웠다. 떠난 뒤에도, 죽은 뒤에도 자신을 그리는 사람들, 즉 '팬'들이 그에겐 있고 나에겐 없어서 그가 부러웠다. 풀밭을 지나 정자에 도착한 뒤엔 조별로 노래를 불렀다. 각각의 팀들이 각자의 개성을 뽐내며 드라마 임꺽정 주제가를 부르면서 조금이나마 가사를 이해하고 임꺽정에 대해 그만큼 더 알게 되었다고 생각한다.

안성 칠장사에서도 조별미션을 수행했다. 내가 조장이어서 친구들을 통솔했는데 이런 역할이 처음이라 긴장했었지만 무사히 잘 완수한 것 같다. 자료집에 있는 내용들을 잘 찾아가면서 미션을 완수해 나가며 칠장사에 대한 다양한 지식을 알아가서 좋았다. 보물들을 찾는 것도 쏠쏠한 재미였다. (2학년 김건)

저는 이 문학기행을 다니면서 임꺽정의 삶을 생각해보았습니다. 정확히 말하자면 제가 의형제 중 하나가 되어보았습니다. 아니 되어보고 싶었습니다. '길위의 인문학'이라는 책을 읽었을 때 저는 그들에게 배울 것이 하나도 없다고 생각했습니다. 하지만 그것은 저의 잘못된 생각이었습니다. 그들을 알면 알수록 부럽고 멋있어 보이기까지 했습니다. 그들의 우정, 그들의 당당함, 솔직함, 거친 모습까지도. 그중에 하나를 뽑자면 단단한 우정입니다. 그들은 첫 만남부터 자신을 숨기지 않고 진솔한 마음으로 형제의 인연을 맺고 청석골에서 조직을 이루어가 자신들만의 길을 걸어가는 모습을 보였습니다. (3학년 전웅찬)

이번 문학기행에서는 다른 때와 다르게 '여유'라는 것이 조금 더 있었다. 점심 먹고 나와서 친구들과 물수제비하고, 앉아서 이야기할 시간이 있다는 것이 얼마나 행복하고 다정한 시간이었는지 모른다. 그리고 이번 문학기행의 강수, '협동'이었다. 솔직히 제대로 운영된 지는 잘 모르겠지만, 나는 모둠별로 움직이면서 미리 서있는 학생이나 선생님께 설명하는 게 진짜 참신하고 그만큼 좋았다고 여긴다. 우리가 조원끼리 각자 역할을 분담함으로써 우리가 마치 청석골 화적패가 된 것 같았다. 친구와 함께 주어진 과제를 해결한 후의 공기는 무척이나 달았다. (3학년 유강현)

기억에 남는 장소는 괴강 근처에 있는 홍명희 문학비였다. 사실 홍명희 문학비보다는 괴강이 더 멋있었다. 그늘을 막아주는 정자와 눈앞에 펼쳐진 괴강을 보고 있으니 정말로 자유로웠던 것 같다. 어느 정도였냐면 나중에 소중한 사람과 꼭 한 번 다시 오고 싶은 정도였다. 그리고 칠장사가 기억에 남는다. 40명의 학생과 4명의 선생님이 가서 활동을 하면 시끄러울 수도 있다. 그런데 절이 가진 힘은 대단했다. 종교에 대해 잘 모르지만 가장 조용하고, 아무나 받아주는, 문을 열어주는 곳은 불교인 듯하다. (3학년 류태영)

이 문학기행은 내가 개별학교에서 캠프가 아닌 기행 형태로 준비했던 것이고, 정읍고에서 했던 문학기행 중 가장 아이들 모습이 예뻤던 문학기행이었다. 버스에서의 긴 시간이 고민되어 꽤 많은 사비를 들여 구입했던 '임꺽정 드라마 DVD'는 정작 당일에 기기 고장으로 써먹지도 못했는데, 오히려 그것이 아이들과의 활기찬 시간을 만들 수 있어서 좋았다. 나 개인적으로 사전답사를 다녀온 것 말고도, 국어교사 4명이 같이 답사를 다녀왔던 것도 퍽 유익했다.

또 하나 특별했던 것은 현지에서 진행되는 백일장 대회에 참여했다는 것이다. 옛날에도 나는 문학기행을 하면 현지에서의 문학제와 연계하여 백일장에 참여할 수는 없을까, 생각한 적이 많았었다. 날짜를 맞추기도 어려웠고 시간상의 제약도 있고 쉬운 일이 아니었다. 이 문학기행에서도 전혀 예상하지 않은 일이었는데, 홍범식 고택에 도착하니 '임꺽정 백일장' 행사가 진행되고 있었고 너무 참가자가 부족했던 탓으로 주최 측에서 우리에게 먼저 요청을 해오게 되었다. 하고는 싶었으나 거기서 백일장 시간을 쓰면 다른 일정이 무너지는데, 안 되는 일이었다. 어렵게 거절 의사를 밝히고 떠나려는데, 한 아이가 아주 간곡하게 '하고 싶다'고 요청을 해왔다. 그 마음을 외면하지 못하여, 기행을 끝내고 돌아가서 여기서 받은 원고지에 백일장 글을 쓰도록 하고, 내가 월요일에 그 작품들을 모아 바로 우편으로 보내기로, 주최 측과 협의가 되었다. 아이들 것만 보내기가 뭔가 미안하여, 나는 내 것도 써서 함께 우편으로 보내었다. 그때 상을 받은 작품들도 여기에 같이 실어두어야겠다. 글제가 소나기, 핸드폰, 오월 등 몇 가지로 정해져 있는 대회였다.

[임꺽정 백일장 수상 작품]

얼마나 마음 아팠을까요/ 할아버지는 친일파이고/ 아버지는 자결 순국자인데// 그런데 그거 아나요/ 아들은 시대의 소설가인 것을/ 그 유명한 임꺽정을 만든/ 사람이라는 것을// 이제 위로를 받아요

— 강민식(정읍고2), 오월에 드리는 시

천왕동이가 백두산에서 철괴를 상당히 많이 가져왔다. 청석골 식구

들이 철괴의 상태를 고르는 중 형태가 이상한 철덩어리를 발견했다. 다들 이상한 모양의 철덩어리에 어리둥절하고 있었다.

그 때, 천왕동이가 아는 체를 하며, "고거 휴대전화 아니유?"라 말했다. 식구들이 아냐고 묻자 천왕동이가 발 빠른 소식과 함께 설명해줬다. 너도나도 처음 보는 신기한 물건을 가지고 싶어 다투었다. 그러자 꺽정이가 싸움을 진정시키며 압수해갔다. 천왕동이가 두령들 수에 맞추어야겠다는 생각이 들어 휴대전화를 구하러 간다고 말한 뒤에 나갔다.

천왕동이가 돌아오자 꺽정이가 질서 있게 골고루 나눠주었다. 다들 기분이 좋아라하며 각자 방에 들어갔다. 꺽정이는 자신의 얼굴이 궁금해 사진을 찍고, 천왕동이는 장인 댁에 인사를 올리고, 나머지 두령들도 휴대전화를 가지고 시간을 보냈다. 청석골에 휴대전화가 들어온 뒤 점점 식구간의 대화가 사라졌다. 게다가 식구들의 활동량이 줄어 잘 나오지 않게 되어 마당이 쥐 죽은 듯이 조용했다.

이렇게 몇 주가 지났다. 몸이 근질근질한 천왕동이가 장인어른을 뵐 겸 옥련이를 보러 댁에 갔다. 장인어른과 장기를 두고, 장모님과 세상물정 얘기를 하고, 옥련이와 알콩달콩한 시간을 보냈다. 천왕동이가 사랑스러운 아내에게 오기 전에 구해온 휴대전화를 주며, "부인, 내가 청석골에 가서 보고싶걸랑 요걸로 전화해요."라 말하고 예쁜 옥련이와 사진을 찍고서 청석골로 돌아왔다. 돌아왔는데 예전과 달리 반겨주는 사람도 없고 마당도 휑하니 허전했다. 그리고 천왕동이의 마음도 허전했다. 섭섭한 천왕동이가 꺽정이의 방에 들어갔다.

"형님, 이거 너무한 거 아니요? 어찌 우리들 사이에 얘기 한 번 없는 거요? 참말로 우리 정이 없는 거 같소."

천왕동이의 말을 들은 꺽정이가 화를 내며, "요깟 쇳덩어리 니가 주워온 거 아니여? 왜 나한테 그러는건디?"라 말하고는 천왕동이의 얼굴에 주먹을 날렸다. 천왕동이가 맞으며 섭섭함을 호소하자 꺽정이가 "그려니 말이 맞는 거 같다. 앞으론 이야기를 많이 하자."라고 말하고 다른 두령들에게도 한 마디씩 말했다. 꺽정이의 말에, 휴대전화는 가지고 있지만 예전보다 정이 넘치는 청석골이 되었다.

— 서윤호(정읍고2), 천왕동이 그리고 휴대전화

어사 박문수 길, 소망 리본을 달면서 재잘대는 아이들 소리 위로 범종 소리가 울렸다. 한낮의 뜨거운 열기가 잠겨들면서 오월의 칠장사 풍경은 우리들 마음을 고요하고 설레게 했다. 하루쯤 이렇게 머물러도 좋으리라. 그 힘으로 다시 일상으로 돌아간다면 우리는 뭔가 더 잘할 수 있으리라.

소나기가 그런 게 아닐까 생각했다. 해마다 준비하는 문학기행이지만 할 때마다 고비고비 힘들다. 하지만, 오늘 그래도 좋았지, 재밌었지, 하는 아이들 목소리는 그런 힘든 마음을 날려버리게 하는 힘이 있다.

오후 다섯 시, 칠장사의 범종 소리를 들으며 우리는 하루의 문학기행을 정리했고 돌아오는 세 시간의 버스 안에서의 시간도 쉬지 않고 뭔가를 이야기했다. 수다쟁이들이 되어도 좋았던 시간이었다. 홍명희 소설 '임꺽정'의 인물들은 한결같이 수다쟁이라고 한다. 글을 잘 모르고 모든 것을 이야기로 전달하고 소통하기 때문에 자연히 수다쟁이가 될 수밖에 없다고 했다.

그리고 홍명희가 했던 말, 나는 임꺽정을 쓴 작가도 학자도 정치가도 아니다. 홍범식의 아들이다. 그 말을 보았을 때는 충격 같은 기분이었다. 작가로서의 최고의 명성, 그보다 중요한 게 있다는 말인가, 그보다 중요한 것이 아버지였다니, 그 아버지 존재의 중량감이 절절하게 다가왔다. 기행을 준비하면서 홍명희를 공부했고, 그 말을 마음으로 이해할 수 있었다. 독립운동을 한다는 것, 그것이 꼭 총칼 들고 싸우는 것이나 적극적인 저항을 하는 것만은 아니며, 성격에 따라서는 온유하고 조용한 방법이 될 수 있고 문학이 될 수 있다는 것도 알았다. 한때 벗인 이광수나 최남선 같은 이가 친일로 가고, 홍명희는 독립운동가로 갔던 것, 그 갈림길이 특별한 것이 아니라는 것을 알았다. 남을 선택한 문학인은 명성을 얻고 북을 선택한 문학인은 빨갱이의 낙인을 얻은 것, 그 갈림길 또한 특별한 것이 아니라는 것을 알았다. 특별한 것이 아닌 것을 요란하게 과대포장하고 죽여 버려야 했던 세상이 건강하지 못했었다는 깨달음, 그것은 내게 소나기 같은 것이었다.

괴산에서의 홍명희가 어떤 존재인가, 임꺽정 백일장이라는 명칭에서도 느낄 수 있었지만, 그것이 많이 아프기도 했다. 왜 우리는 있는 그대로 자연스럽게 받아들이지 못하는가. 임꺽정을 꼭 의적으로 하거나 도적으로 하거나 그래야 하는가. 홍명희를 꼭 이념의 잣대로 재단해야 하는가, 임꺽정은 자신의 삶과 상황에 맞게 최선을 살았을 뿐이고, 홍명희 또한 그랬을 거라는 믿음, 그것이 내게는 다였다. 겉과 속이 다르지 않았고 그것이 삶에 힘을 만들어주었고 그것을 본능적으로 이해하는 사람들만이 친구로 남았던 세계, 죽음을 무서워하지도 않았고 그저 순리대로 받아들일 수 있었던 경지는 꼭 학문이 높아서가 아니었다.

사람들과 만나고 함께 하는 것을 두려워하고 경쟁에 젖어서 우쭐함과 자격지심 사이를 굴곡으로 넘나들며 삭막하게 살아가는 내게 '임꺽정'은 여러 깨달음을 주었다. 앞뒤가 다르지 않은 그 털털함과 건강함이 부럽고 배우고 싶었다. 글이 아니어도 배움을 구할 수 있다는 것도 새로운 관점으로 바라볼 수 있었고, 그러한 관점을 배워야한다고 생각했다.

문득 내 마음의 고향, 내장산을 생각했다. 전주의 고등학교 친구를 내장산 집으로 초청했던 날, 갑자기 내리는 소나기는 나를 낙담에 빠져들게 했지만 소나기 내린 후의 도덕폭포는 환상이었다. 그 앞에서 우리 셋은 어깨동무하며 폭포줄기를 바라보며 소곤소곤 속엣 이야기를 나누었다. 소나기 내린 후의 내장산 저수지의 저녁노을도 환상이었다. 우린 그때 노랠 불렀다.

이번 문학기행, 괴산의 풍경을 보고 칠장사 풍경을 보면서 내장산을 많이 생각했던 것 같다. 그리고 조그맣게 아버지도 생각했던 것 같다. 홍명희가 생각하는 거대한 아버지는 아니겠으나, 내게도 아버지는 많이 아픈 존재이므로…….

문학을 동경하였으나 국어교사 이상은 갈 수 없었던 나로서는 문학기행이 그 향수 같은 것이 되었을지 모르겠다. 문학기행은 멀리는 정읍에서 강원도까지도 갔지만, 정읍에서 정읍의 내장산까지도 될 수가 있는 것이었다. 가까운 내장산이어도 나는 꼭 답사가 필요했었다. 입구에서부터 원적암으로 사랑의 다리로 비자림으로 금선계곡으로, 그리고 그곳엔 아버지가 계셨다. 내장산에서 떠났어도 내장산으로 들어와 친구들과 어울려 시간을 보내곤 하시던 아버지, 어찌 왔누 물으면 학생들 활동 때문에요 간단히 대답하고 금세 돌아서던 바쁘고 무뚝뚝했던 나, 그런 아버지를 생각하면 내 삶이 죄송스럽기만 할 뿐이다.

소나기가 내리면 오만가지 걱정을 해야 하는 지금 이 시대가 아니라, 소나기가 내리면 참 많이 좋았던 내장산 시절의 그때로 돌아가고 싶다. 임꺽정이 미완이어야 했던 이유, 결말이 비극으로 달려가는 것을 그 상황에서 쓰고 싶지 않았던 것이 맞을까? 아니었으면 좋겠다. 이성으로 비관하고 의지로 낙관하라,는 말이 있다. 지금 이 시대가 이 상황이 이 환경이 너무도 절망스러울 때 많지만, 임꺽정이 그리는 조선의 정조가 그랬듯이 우리의 미래가 부디 낙관적이었으면 좋겠다.

'임꺽정' 소설과 '청년백수를 위한 길 위의 인문학' 책을 엮어 읽으면서 학생들과 함께 참 말이 많았었다. 아직 작품을 제대로 읽지 못했기 때문이리라. 똑같은 비인데 누구에게는 추적거리는 비가 되고 누구에게는 소나기가 될 것이라면, 이 오월의 문학기행에 참여했던 아이들에게는 꼭 부디 소나기가 되었으면 좋겠다.

— 홍숙정(정읍고 교사), 소나기

2016년 그때 처음 읽었던 임꺽정 10권을, 2018년 문학답사를 위해 다시 읽었다. 가기 전에 5권까지 읽었고, 다녀온 후 10권까지 읽었다. 홍석중이 쓴 한 권짜리 〈청석골 대장 림꺽정〉을 읽었고, 두 권짜리 〈황진이〉를 읽었다. 고미숙의 책도 다시 한 번 읽었다. 강영주 교수가 쓴 〈홍명희 평전〉과 〈임꺽정 연구〉를 읽었다.

가장 먼저 읽었던 〈홍명희 평전〉은 무척 긴장감을 가지며 읽었다. 그가 월북하게 된 동기가 간절한 그 무엇일까, 제월리 논들을 소작인들에게 나누어주고 북으로 갔다는 이야기는 어떻게 쓰고 있을까, 북에서의 생활은 어떠했으며 어떻게 죽었을까, 그 어느 것도 선명히 잡힌 것은 없었다. 마지막 "난 못 가보는가 부다, 너가 가 봐라" 체념의 바닥을 보이는 홍명희의 그 한 마디만 쓸쓸하게 남아버렸다. 어쩌면 슬프게도, 그 손주조차 고향에 못 가볼지 모른다. 평전을 쓴다는 것은 그만큼 그를 존경하고 애정이 있기에 쓸 수 있다고 생각한다. 그래서 나는 평전을 쓰는 사람이 부럽다. 내가 좋아하고 존경하는 존재를 가질 수 있다는 것은 분명 행복한 일이기 때문이다.

"혹시 〈임꺽정〉이란 소설을 쓴 홍명희 선생을 아시오? …… 그분은 그야말로 뼈대 있는 양반에다가 지주였는데, 벌써 일정시대에 자기 농토를 소작인들에게 나눠 주었고, 누구한테나 신분의 차이를 두지 않고 존대말을 썼소."

— 조정래, 태백산맥 6권

〈태백산맥〉에서 '안창민'이 그러했듯, 홍명희가 자기 농토를 소작인들에게 나눠주었다는 이야기는 보통 사람이 넘보지 못할 아름다운 감동이었다. 아버지의 순국에 이은 홍명희 가족의 항일 활동으로 가세는 급격히 기울어 생활이 힘들었을 텐데, 나눠줄 논들이 있었을까 궁금했었다. 〈홍명희 평전〉에서 구체적인 확인을 해보고 싶었지만 못했고, 도종환의 시와 〈태백산맥〉에서 '김범우'의 말, 인터넷 자료들에서 확인하는 데 그쳤다.

고미숙의 책은 두 번 읽기에는 가벼웠다. 〈임꺽정〉 10권을 시간 없는 고등학교 아이들에게 읽히기 부담스러워 선택했던 책이고, 워낙 강의가 시원시원하고 재미있다는 평을 받는 작가였고, 그때 읽었을 때는 그 책이 무척 창의적이고 좋았었다. 그런데 다시 한다면 이 책은 읽히지 않을 것 같다.

홍석중의 〈림꺽정〉은 뒷이야기가 있을 것 같고 홍명희 작품의 줄거리가 잘 정리되었을 것 같아서 읽었는데, 특별히 뒤에 많은 이야기가 만들어진 것은 아니었다. 북한에서 요구하는 '계급투쟁적인' 요소들이 입혀진 부분들이 보였고, 관군들이 임꺽정패 소탕을 위해 그 지역에 거주하는 백성들을 없애버리는 장면들이 있었다. 1950년 전후 빨치산 소탕을 위해 자행했던 소개 작전들이 떠올랐고, 역사는 반복되는 것인가 생각했다.

그런데 홍명희는 왜 부정적인 장면들을 쓰지 않았을까. 고유어는 많으나 사투리나 비속어가 거의 없고, 비극인데도 비극이 아닌 것처럼 웃음이 나온다. 무엇보다도 민중들이 굶어죽는 처절한 이야기가 없다. '(뒷간에 인분까지 없어서) 배 주린 까마귀 빈 뒷간을 기웃거린다.'는 고도의 압축된 표현 정도를 꼽을 뿐이다. 궁궐 양반들의 멍청하고도 잔인한 권력놀이를 하는 이야기들은 징글징글하고 지겹도록 되풀이되어 나온다. 비극인데 웃음이 나오는 것은 '김유정의 소설'을 떠올리게 했고, '해학미'를 떠올리게 했다. 의도적이 아닐까 생각했다. 일제에 저항하는 방편으로 그렇게 전개했고, 일제에 저항하고자 미완으로 남겼고, 분단에 저항하고자 영영 절필해버린 것이 아닐까, 생각했다.

홍명희는 문학을 사랑했으나 전문적인 문학인이 아니었다. 홍명희는 온유한 성품이었으면서도 행동하고 실천하는 현실적인 애국자였다. 앞장서서 행동하는 것을 최고의 가치로 생각했고, 문학이 적합한 수단으로 생각되는 시기에는 문학을 했고, 문학조차 필요 없는 시기라고 생각되면 아예 아무것도 하지 않았다. 문학만이 필생의 사업이라고 생각하고 외길로만 매달려 있는 작가들과는 달라도 너무 달랐다. 어떻게 〈임꺽정〉을 미완으로 해둔 채 그 오랜 세월을 살아낼 수 있었을까, 어떻게 죽을 수가 있었을까, 제월대에 한 번 오르지 못하고 아버지 묘소에 한 번 절하지 못하고, 죽을 수가 있었을까.

그 마음을 나는 도저히 그려낼 수가 없을 것 같다. 단지 그 아들인 홍기문이나 그 손자인 홍석중의 나름의 헌신과 성공을 보며, 그래도 그의 죽음을 아름답게 추억하는 자손들이 있다는 것에 막힌 숨을 가만 내쉬어볼 뿐이다.

내가 읽은 홍명희의 〈임꺽정〉에서 간추리고 간추려본 감동적인 대목들을 정리해보았다. 학생들 활동에서도, 작품의 가장 좋았던 부분을 찾아보고 발표하는 활동도 좋을 것 같다.

일단 내가 느끼기에, 무엇보다도 홍명희는 사람과 사람에게 오가는 인자함의 정서를 기막히게 표현한다. 임꺽정 같은 험악한 사람일지라도 자식을 아끼는 마음이 절절했고 스승이 자기를 아끼는 마음을 잘 알았고 의형제를 돕는 일에 주저함이 없었다. 이봉학이가 출전한 을묘왜변 전투를 돕는 장면은 압권이었다. "횃불이 달을 끄슬르는군." 하는 말로 꺽정이로 하여 불을 다 끄게 한 다음 풍류를 시작하는 '단천령 피리' 부분은, '우리 전통문화의 흥'을 기막히게 표현하여 높은 점수를 주고 싶었다. 어린 이순신과 꺽정이 만나는 장면도 '하하-허허' 표현과 함께 인상적인 장면으로 박혔다.

"너의 누이 시집살이가 동안이 오래지 아니할 게니 걱정마라." 하고 따로 짐작하는 일이 있는 것같이 말한 뒤에 "책 이야기나 더 듣지 아니하려느냐? 이 책을 다 들려준 뒤에는 이 책보다 더 좋은 육도삼략(六韜三略)을 차례로 이야기하며 들려주마." 하고 말하였다. 그 다정한 어조가 사람의 뼛속에 사무칠 것 같아서 꺽정이는 불쾌하던 생각이 사라 없어지고 침착히 책 이야기를 들었다.

— 2권 피장편

"빌겠다든지 못 빌겠다든지 얼른 말해라." "수염이 좋소." 하고 하하 웃었다. ……

꺽정이는 순신의 말을 흉내내듯이 "수염이 좋소." 하고 수염을 쓰다듬으며 "밉지가 않거니." 하고 허허 너털웃음을 웃었다.

— 3권 양반 편

꺽정이 앞에는 세 갈랫길이 놓여 있었다. 세 갈랫길이 다같이 꺽정이 마음에는 좋지 않았다. 도적놈의 힘으로 악착한 세상을 뒤집어엎을 수만 있다면 꺽정이는 벌써 도적놈이 되었을 사람이다. 도적놈을 그르게 알거나 미워하지는 아니하되 자기가 늦깎이로 도적놈 되는 것을 마음에 신신치 않거니와 외아들 백손이를 도적놈 만드는 것이 더욱 마음에 싫었다.

— 6권 의형제 편

꺽정이가 옥 앞에 와서 "백손아!" 하고 불렀다. 두 번째 목소리는 첫번보다 훨씬 컸다. 백손이는 마침 잠이 들었다가 잠결에 아비의 목소리를 듣고 "아버지." 하고 불러서 꺽정이가 "오냐." 하고 대답하였다. 반가운 마음이 복받쳐서 아버지 소리는 굵고 급하였고, 자애가 흘러 나와서 오냐 소리는 부드럽고 길었다.

— 8권 화적 편

꺽정이 이하 여러 두령들이 어느 틈에 단천령 뒤에 와서 둘러앉았는데 꺽정이는 채수염을 쓱쓱 쓰다듬고 두령들은 혹 팔도 뽐내고 혹 어깨도 으쓱으쓱하였다. 단천령이 우조를 다 불고 뒤를 돌아다보다가 여러 사람 거동을 보고 적이 웃으면서 피리를 다시 불었다. 이번 곡조는 처량하였다.

오가는 죽은 마누라의 혼이 와서 울고불고 하는 듯 생각하고 닭의똥 같은 눈물이 뚝뚝 떨어졌다. 다른 두령들도 각기 구슬프고 한심한 생각이 나서 혹은 눈을 끔벅거리고 혹은 한숨을 지었다. 바깥마당에서는 누가 우는지 흑흑 느끼는 소리까지 났다. 꺽정이가 마음이 공연히 비창하여지는 것을 억지로 참는 중에 이 광경을 보고 급히 손을 내저으며 "피리를 고만 끄치우." 하고 소리를 질렀다.

— 9권 화적 편

임꺽정이 세 여자를 얻어 살림 차리는 외도는 꺽정을 지지했던 독자들을 배신하는 측면이기도 했는데, 그럼에도 청석골 모든 식구가 달려들어 운총을 지원하는 역동적인 대목은 정말 재미있고 유쾌했다. 대장 꺽정에게 항명하여 대장의 권위를 욕보인 죄로 효수를 당해야하는 황천왕동이를 위해, 의형제들이 한꺼번에 달려들어 목숨을 내놓겠다고 해서

꺽정을 제압하는 장면은 멋있고 인상적이었다. 여럿이 함께 가면 그른 일도 막을 수 있겠다, 그런 깨달음이기도 했다.

곽오주 편은 가장 슬펐고, 이봉학이 편은 가장 감동적으로 애국심을 움직였다. 곽오주 아내가 죽어가면서 자식을 걱정하고 신세를 한탄하는 대목과, 곽오주가 아기를 패대기치는 장면은 표현하는 방법이 대단히 달랐지만 너무 비극적인 아름다움이었다. 을묘왜변 편은 홍명희가 감옥에 들어가기 전 유치장에 있을 때 집필한 부분이라고 한다. 이름 없는 백성 하나하나 사력을 다해 싸우는 그 결기가 간결한 문체 속에서 빛을 발하고 있었다. 백정 신분이라고 출전 자격조차 박탈당하는 부분은 화가 났지만, 그럼에도 이봉학을 돕는 꺽정의 패기는 아름다웠다.

스승 갖바치가 남긴 유언시는 나를 계속 애먹였는데, 이 유언시가 바로 이 작품의 열쇠일 것 같았다.

> 삼년적리관산월三年笛裏關山月/ 삼년 난리 관산월의 피리소리 들리고
> 구월병전초목풍九月兵前草木風/ 구월 병사 초목의 바람에도 놀라는구나
> 부상서지봉단석扶桑西枝封斷石/ 부상 서쪽 가지는 단석을 마주하고
> 천자정기재안중天子旌旗在眼中/ 천자의 깃발은 눈 안에 있구나
>
> — 6권 의형제 꺽정이 편

두보의 시를 모아서 지은 시라는데, 임꺽정의 난이 삼년을 갈 것이고, '구월'로 바꾼 부분도 뭔가 시기를 예언한 것 같고, 결국은 임꺽정이 토벌될 것이고, 하지만 미래에 '천자'는 도래할 것이다. 내가 겨우 맞추어 본 해석은 이 정도인데, 홍명희가 미완으로 남긴 임꺽정 뒷이야기를 추정해본다면 이 시가 열쇠가 될 것이다. 임꺽정은 죽지만, 그 아들인 백손이가 작품 속에도 등장하는 이순신을 만나 활약을 할 것이다. '천자의

깃발'이라는 건 백손이의 성공 정도일까, 아니면 정말로 중국의 황제가 나온다는 것일까.

"김학철 그분이 해방직후 서울에서 작가로 활동하다가 월북하여 평양에 머물고 있을 때 벽초 선생을 만난 적이 있다고 해요. 〈임꺽정〉의 말미가 어떻게 되느냐고 여쭈어보았더니, '황천왕동이는 나중에 황제가 된다'고 답하셨다고 해요."

— 강영주, 임꺽정 연구

처음엔 다소 황당한 생각이 들었지만, 홍명희가 '문학을 할 수 있는 시절'을 잘 만났다면, 그래서 미숙한 면이 있던 처음의 세 권을 손질하고, 화적편 4권에서는 앞의 의형제편 3권의 탁월함을 살리면서 명종실록의 역사기록과 조화를 이루게 하고, 마지막 권에서는 임진왜란을 역동적인 힘으로 그려내면서, 발 빠르고 인물과 성품 빼어난 황천왕동이의 중국 진출까지 언급하는 것으로 작품을 정리할 수 있었다면, 우리는 정말 큰 보물을 얻었을 텐데 하는 생각이 들었다.

"지금 나오면 파쇼게." "임꺽정에야 묘사다운 묘사가 있나 어디. 문학작품으로는 저급이지."

"워낙 밥 얻어먹으려는 계획 하에 전설 나부랭이를 모아다가 어떻게 꾸며놓은 것이니 무어 문학작품이라고 할 게 되어야지요." 이것은 모두 홍명희 자신이 한 말인데, 워낙 글에 대한 결벽증이 있던 그에게, 미완으로 남은 〈임꺽정〉은 그에게도 분명 큰 회한이 되었을 것 같다.

백석이나 홍명희를 월북 작가라 해서 학교에서 배울 수 없는 금기영역이었던 오랜 세월이 있었다. 하지만 그들에게 월북이라는 표현은 잘못됐다고 생각한다. 백석은 자신의 고향이기에 그냥 그곳에 머물렀던 것이고, 홍명희는 남북분단의 위기 속에 손놓고 아무것도 안할 수 없다는 양심으로 '남북연석회의'에 노력을 다했던 것이고, 홍명희가 지도자로 지지하던 여운형이 암살당하고 친일파가 장악한 남한으로는 내려올 수 없었을 뿐이다. 내려온 김구는 결국 암살당했다. 홍명희도 남쪽으로 내려왔다면 무사하지 못했을 것이다. 우리나라는 도대체 왜 훌륭한 인재들을 살아 활동할 수 있게 하지 못하는가, 너무 비극적인 역사라는 한숨이 나온다.

길고 짧음 재면서 서로 낫네 다투지만/ 풀숲에 솟은 나무처럼 그대는 우뚝했어라/ 얼굴은 가슴에서 우러난 봄바람 띠었고/ 웅변은 혀끝에서 강물이 쏟아지는 듯했지// 명성은 우레같이 삼천리를 흔들었으되/ 세상살이는 물거품처럼 떠돈 육십 년이라/ 이런 분을 마침내 어쩌자고 죽인단 말고/ 애닯도다 좌익우익 다투다가 함께 망하는 꼴

— 홍명희, 곡 몽양

홍명희 문학비는 다른 문학비와 다르게 퍽 독특한지라 갈 때마다 눈여겨보는데, 2018년 답사에서는 '이 문학비를 나라면 어디에 세우고 싶을까' 생각해보았다. 나라면 '제월리 묘막'에 세울 것 같다. 이번에 갔을 때, 그곳에서부터 세찬 비가 내렸었다. 처마 밑으로 쏟아져 내리는 세찬 빗줄기를 보며 정말 오랜만에 보는 '처마의 비' 풍경이 귀하고 정겨웠다. 앞마당의 풀도 장독대도 좋았고, 홍범식 묘소로 가는 길목의 밭들과 나무들도 좋았다.

홍범식 묘소로 가는 길은 우거진 풀숲이었다. 2016년 문학기행을 위해 사전 답사로 갔을 때도 그러했고, 실제 학생들과 문학기행을 갔을 때는 아무래도 안전상의 염려를 자신할 수 없어 묘소 길을 생략했었다.

그때 한 아이는 엄청 심한 부정적인 평가를 내게 했다. 고작 십여 분 설명 위해 그 뜨거운 길을 갔던 거냐고, 차라리 묘소까지 가는 게 좋았다고. 지금 나도 그렇게 생각한다. 홍범식 묘소는 홍명희 문학기행에서 특별한 의미가 있는 곳이다. 홍명희는 북한에서 얼마나 이곳에 오고 싶었을까. 시대의 절망을 넘어서지 못한 자신의 삶을 한탄하며 간절히 무릎 꿇어 절하고 싶었을 것이다.

제월리 묘막에서 내가 상상하는 문학비가 있는 곳에서부터 홍범식 묘소까지, 보통 때도 학생들이 갈 수 있게 길을 냈으면 좋겠다. 이번에 그 풀숲을 헤치고 가면서 다행히 뱀은 만나지 않았으나, 긴 바지를 입었음에도 벌에 쏘여 겁에 질리기까지 했다. 홍범식 묘는, 고택 옆의 어마어마한 추모비에 비하여 너무 초라했다. 비는 내렸고, 나는 큰절 대신 가벼운 묵념으로 대신하였다. 남편은 독백처럼 말한다. "이렇게 험한 길 헤쳐 추모하는 홍숙정이 앞으로 하는 일에 부디 귀한 빛이 있게 해주십사."

끝으로, 몇 번쯤은 꿈꾸어보았던 북녘 땅으로의 문학기행을 계획해본다. 이 글이 하나의 제안서가 되어, 정말로 정읍국어교사모임 주관으로 통일문학캠프를 할 수 있었으면 좋겠다. 오랜 경험으로 생각한 것인데, 문학캠프는 단일한 주제로 단일한 지역 참가자들로 집중력을 가지는 것이 좋겠다고 생각한다.

[통일 문학캠프 계획하기]

출발 전 〈임꺽정(홍명희)〉와 〈황진이(홍석중)〉 읽기 → 홍범식 묘소 → 제월리 묘막에서 걸어, 제월대에 올라 시 암송(도종환, 벽초생각) → 1박(파주) → 임진강 나루터(진이의 이별과 떠남) → 황진이 묘(황진이 시, 노래 또는 암송) → 황해도 청석골(〈임꺽정〉 모둠별 촌극 발표) → 2박(평양) → 홍명희 묘소 → 작가와의 대화(홍석중) → 대동강, 을밀대 → 3박(삼지연) → 백두산 천지 → 백두산 허항령(통일 백일장) → 평양 공항 → 서울 → 북녘의 친구에게 편지글 쓰기(태인 명봉도서관 활용)

[2018. 09. 06.]

가슴에 지는 낙화소리

신석정 묘소로 가는 길목에서 벽화시를 보다

정읍고 아이들과 신석정 묘소가 있는 마을 앞을 지나간 적이 있었는데요. 신석정 주제로 문학기행을 했었지만, 묘소가 행안면에 있다는 것을 몰랐었습니다. 묘소로 가는 길, 빛바랜 마을 벽화에 그려진 신석정 시를 보는 순간, 저는 아득한 나락으로 빠져드는 기분이었습니다. ('가슴에 지는 낙화소리' 중에서)

백목련 햇볕에 묻혀
눈이 부시어 못 보겠다.
희다 지친 목련꽃에 비낀 4월 하늘이 더 푸르다
이맘때면 친굴 불러 잔을 기울이던 꽃철인데
문병 왔다 돌아서는 친구 뒷모습 볼 때마다
가슴에 무더기로 떨어지는 백목련 낙화 소리……
— 신석정, 가슴에 지는 낙화소리

[2002]

월간 교육지와 인터넷 카페와 학교 그리고 지역국어교사모임에 이르기까지 홍 선생님의 눈부신 활약상을 보며 부끄러움과 함께 많이 부러웠습니다.

내장산에서 섬진강까지, 혹은 바닷가에서, 기찻길에서, 재잘거림 속에서 그 마디마디 달디단 단감나무 그늘마다 숨겨둔 고래와 상어들이 번쩍이는 은비늘 활개로 튀어 오르는 모습들을 들여다보며, 난 무엇으로 예까지 왔을꼬! 하는 자탄과 함께 너무나도 왜소해지고 눈섶이 어둑신해져 오는 서글픔을 입술 지그시 깨물며 감내하는 수밖에 없었습니다.

참 열심히들 살고 있구나! 가슴 속 찬탄은 덤이었습니다.

지역국어교사모임 홈피에서 뵙는 홍 선생님의 모습은 너무나도 인상적이었습니다. 세상근심 다 털어버린 듯한 그 환한 모습과 한겨울 마른 억새숲이 배경으로 어울린 그림은 어디에 견주어도 전혀 손색이 없는 자유와 평화, 그 자체였습니다.

'청출어람의 희망'과 '같은 목적지를 향해 가는 우리'는 내내 감동적이었고, 행사 진행 시나리오는 홍 선생님의 얼굴을 마주 대하는 것 같아 나도 덩실 손잡고 이쪽저쪽 헤쳐 모이고픈 모둠 학생이었습니다.

건들먹거리며 지나치는 장승과 실루엣으로 다가드는 소나무, 만개한 개나리가 번갈아 떠오르는 태인여중 3층 교실은 붉은 띠줄과 창문에 그리운 하얀 커튼이 뚜렷한 대비로 깔끔하게 다가왔습니다. 그 앞과 뒤로 펼쳐져 있을 산과 들은 지금쯤 바람을 붙잡고 그저 진초록으로 너울거리겠지요.

한 학년이 스물네 학급인, 그래서 수학여행이나 수련회 때는 반나절이 줄서기인, 그래서 한둘쯤은 아니, 서넛이거나 대여섯쯤은 가고오고 표시가 없는, 그래서 2학년 끄트머리에 있는 24반 담임을 맡고 있는 내 줄거리와는 애시당초 견줄 수 없는 아름다움일 듯 싶습니다.

그러나 온통 붉은 벽돌집에 120개 교실이 숨 쉴 틈 없이 들어차 있는, 성냥갑 같은 내 울타리도 생각해보면 여유로움보다는 조바심을, 꿈꾸기보다는 피 흘림을, 한 줄의 시보다는 주머니 속에 절렁거리는 한 닢의 동전을 더 좇아 사는 내 물량주의, 속물주의와는 너무나도 잘 어울리는 것 같아 저는 내심 안도하기도 한답니다.

25일, 한창더위보다 더욱 뜨거운 가슴으로 태백산맥문학기행은 번성하여서 정국모거나 카페거나 그 낱낱의 책갈피를 따라 저도 염상진과 김범우의 행적을 더듬어볼 귀한 기회가 되었으면 하는 염치없는 바램입니다.

내장산 정기 속에 늘 건승하시기를 기원합니다.

[2006]

제가 근무하는 학교에서 내장산까지 20㎞ 남짓 거리였지요. 그날은 왜 그 길을 고집스레 걸어서 갈 생각을 했는지 모릅니다. 걸어서 소풍을 다니던 시절 같으면 그럴 수도 있을 일이었지만, 웬만하면 다들 자기 차를 몰고 10분 거리도 차로 이동하는 이 시절에 누가 봐도 그건 우스꽝스러운 일이었습니다. 하지만 다른 방법이 없었으므로 저는 걸어야 했습니다. 좁은 도로변으로는 차가 지나다녔고 그네들 중 더러는 혼자 걷는 저를 이상하게 바라보았겠지만, 어쩌면 도보 순례 길에 나선 멋진 여성으로 보는 사람도 있었을지 모릅니다.

학교가 있는 도이산에는 전설이 있었지요. 이 지역에는 예로부터 드넓은 평야와 풍부한 수량의 강이 있는 풍경이 좋았는데, 딱 하나 산이 없다는 것이 문제였어요. 이를 어여삐 여긴 산신은 다들 자는 새벽녘에 저편에서 산자락 하나를 끌고 이 지역 앞으로 가지고 왔지요. 속도 모르는 속인들은 새벽에 일어나 이것을 보고는 대뜸 놀라서 소리를 질렀어요. 도둑이야! 산신은 자기의 큰 뜻을 모르는 속인들에게 화가 나서 그대로 산자락 하나를 내팽개치고 가버렸더라는 이야기입니다.

산이 있을 수 없는 이곳에 작은 동산이 생긴 연유였습니다. 동진강과 너른 들녘의 풍경과 조화되어 이 학교의 풍경은 누구나 찬탄할 만하였습니다. 문제는 산이 있을 수 없는 곳에 산이 있다는 것인데, 풍수지리상으로 아주 안 좋은 혈맥이 여기에 있어 이곳은 반드시 큰 사건이 휘몰아치리라는 믿거나 말거나 식의 이야기가 늘 함께 떠도는 곳이었습니다.

그 학교는 저의 모교였고 제 교직 생활의 대부분을 보냈던 곳입니다. 학교가 위태로운 최후의 순간이 있다면 너는 끝까지 학교를 지키는 편에 서줄 것이라고, 은사님은 제게 말했습니다. 그 믿음을 그래도 지켜내고 싶었지만, 결국은 지켜낼 수 없었습니다. 저 역시 속인 중의 하나였을 뿐이었으니까요.

그의 편지는 정말 뜻밖이었습니다. 저보다 먼저 교직 생활을 시작했던 그는 적극적인 전교조 교사였다고 들었어요.

말하기 좀 닭살스럽지만 그를 만난 것은 고등학교 때였습니다. 기숙사가 없던 시절, 저는 전주 작은집에서 더부살이를 했고 주말이면 내장산까지 버스를 타고 오가곤 했었습니다. 입구까지 만원으로 사람들이 들어차 가까스로 차문에 매달리다시피 가야했던 때가 얼마나 많았던지. 겨우 도착지에 내려 힘들게 가방을 내려놓았을 때, 가방에서 툭 튀어나온 편지 한통이 있었지요. 낯선 남학생의 필체는 완전히 저를 당황시켰고 한 번도 본적이 없는 소설 같은 내용에 어쩔 줄 몰라 했습니다. 처음 보았을 때부터 그 초롱한 눈망울과 하얀 교복을 잊을 수가 없다. 정식으로 사귀고 싶다.

순진하게도 저는 어머니께 그 편지를 보였고 어머니는 당연 정색을 하고 딸을 단속시켰고 저는 충실히 그 말을 따랐습니다.

먼 시간을 돌아 그의 소식을 들은 것은 전교조 조합원으로서였지만, 저는 사실 진정한 조합원이 아니었습니다. 전교조 조합원이고 싶었고 참교육의 이념에 동의하는 저였지만 교사라는 직업에 대한 회의를 늘 지니고 살아야 했던 저였기에, 조합원 가입도 한참 늦은 무임승차였고 뭘 해야 하는지도 모르고 그냥 조합비만 내는 그런 조합원이었답니다.

그런 제가 받은 그의 편지는, 완전 거꾸로 된 입장이었습니다. 교직에 대한 회의에 시달리며 월급쟁이 교사인 그와, 순수한 교직에 대한 열정에 타오르는 저와, 글이란 그렇게 현실을 왜곡시키는 허상일지 모릅니다.

맞아요. 문학기행이라는 이름은 저를 교직에서 버티게 하는 버팀목이었습니다. 작가가 되고 싶다는 꿈을 한 번도 잊은 적이 없지만, 좋은 교사가 되어야 한다는 명분에서도 결코 자유로울 수는 없었지요. 절대 천재가 아닌 그렇다고 아예 둔재도 아닌 저는, 작가의 근처를 기웃거리며 학생들의 미래에 저의 미래를 보상 받으려는 심리까지 버릴 수가 없었던, 어정쩡한 욕심쟁이였습니다. 그나마 저를 승화시킨 것은 지역국어교사모임의 힘이었고, 저는 항상 그것에 감사했지요.

학교가 폐교를 결정하기까지 학생들의 의사는 고려된 적이 없었습니다. 학생들 때문에 심한 스트레스에 시달리고 천방지축 학생들을 다루지를 못해 전전긍긍하는 저였지만 2006학년도 아이들은 이상하게도 저와 잘 맞았습니다. 이사장 식구들의 독단적인 결정으로 폐교가 추진되었을 때, 처음에는 남자 학교와 통합된다는 것에 단순한 호기심으로 좋아했고, 다음에는 자기네 학교가 없어진다는 것에 설마 했으며, 다니던 학교가 사라지고 모교의 정체성을 잃어버리게 되었다는 것을 알고는 아이들은 눈물을 보였습니다. 저를 포함한 교사들은 사립의 부패숲에서 탈출하여 공명정대한 공립의 하늘로 도약한다는 것에 내심 기대에 부풀어 있던 것도 사실이었습니다.

교사의 자존감을 지켜주지 못하던 사립학교라는 곳, 그것을 저는 부정할 수가 없습니다. 이사장을 겸하는 막강 권력을 가진 교장이 그 앞에서 반말을 하고, 현관을 출입할 때면 따라 나와 신발까지 챙겨주며 90도 각도로 허리를 꺾어 인사하던 은사님들의 모습은 어린 중학생으로서 받아들이기 어려운 충격 같은 것이었지요. 그런 제가 다시 그 학교에 교사로 서게 되었을 때, 저는 또 얼마나 다른 교사였을까요.

그 시절 교장의 아들이 아버지를 이어 교장을 하고 있었고, 교장은 전교조라는 이름을 극도로 두려워하는 사람이었습니다. 저는 그 전교조라는 이름을 적절히 이용을 했는지 모르겠습니다. 수업을 제끼면서까지 교장 훈화 시간으로 잡아먹는 것, 아이들에게 돈을 걷어 시험지 인쇄용지를 충당하는 것, 운동장 잔디를 조성하기 위해, 심지어 개인 논밭 일에까지 학생들을 동원하는 것, 여교사가 결혼을 하면 학교를 그만두게 하는 것, 제가 하고 싶은 말은 참 많고도 많았습니다. 그 지역 농민회 세가 강했고 저를 잘 알기도 했던 농민회장이 개입을 했던 것이 교장을 위축시켰던 것인지도 모르겠습니다.

교장은 젊은 미모의 여교사가 들어오면서 학교 일에서 점점 물러나기 시작했고 사실 다른 교사들은 교장의 극성과 간섭이 없었기에 학교생활이 오히려 편했는데요. 문제는 엉뚱한데서 터져서 교장의 스캔들로 시끄러웠고, 전교조가 개입을 하면서 일은 공식화되기 시작했고, 극단으로 몰린 교장은 자살을 선택하는 결과가 되어버렸습니다. 그 여교사의 미모란 게 제가 보기엔 참으로 천박한 것이었는데, 더 천박한 것은 자기가 살기 위해 다른 여교사까지도 예비피해자로 만들어버렸다는 것이지요. 그 와중에 전교조가 명분을 주어버린 셈이었고, 그것은 전교조 조합원인 제게는 너무 커다란 마음의 상처가 되었지요. 명분을 위해 개인은 어느 정도 희생을 감수해야 하는 것인지 제겐 풀 수 없는 숙제로 남았답니다.

그런 사립학교, 당연히 문을 닫아야지요. 어디 가서 얼굴 들고 학교 이름을 말하겠어요. 하지만 저는 그럴 수가 없었습니다. 우습지만 저는, 이 아름다운 학교가 문학기행지가 되었으면 하는 상상을 늘 품고 살았어요. 동진강의 푸른 물결과 황금빛 너른 들녘을 배경으로 솔숲 가득한 동산에 있는 작은 학교, 학교 건물까지 가야하는 경사진 진입로는 사시사철 청초한 풀꽃이며 용인 아저씨가 가꾸는 화려한 덩굴장미들이 있어 결코 힘들지 않았어요. 운동장에서 풀뽑기 노역을 할 때조차, 문득 고개를 들어보면 햇빛을 받아 반짝이는 눈부신 단풍잎들 때문에 기분이 좋았으니까요. 학생들을 데리고 문학 기행도 많이 했지만, 저는 제가 문학을 하고 싶었고, 그게 아니면 나의 학생이 문학을 했으면 했답니다. 그래서 이 학교 출신의 작가가 있어 이곳이 문학기행지가 될 수 있도록 말이지요.

결국 학교는 문을 닫았고, 저 역시 무언의 동의를 한 사람이라는 현실이 참으로 견디기가 어려웠습니다. 글썽이는 아이들의 눈망울을 잊을 수 있을까요. 제가 저의 당숙처럼 책으로 돈을 많이 벌은 사람이라면 그 돈으로 정말 이 학교를 살 수 있었을까요. 당숙은 전주에 큰 학교를 만들었지만, 저라면 고향인 이곳을 살려 대안학교를 만들었을 것입니다. 양귀자 소설가가 생각나네요. 가난한 여고시절 공짜 독서를 하며 꿈을 키우곤 했던 서점이 부도가 났다는 소식을 듣고, 그 자리가 나이트클럽이 되는 현실을 두고 볼 수가 없어 서점을 인수하기로 했더라는.

낡은 대각교에 서서 잠깐 학교를 뒤돌아보았습니다. 이제 저 학교는 잡초 무성한 폐허지가 되겠지요. 시골이니 나이트클럽이 설리는 없겠고 그렇다고 숙박시설이 선다는 것도 보고 싶지는 않겠네요. 차라리 잡초 무성한 폐허지가 낫겠어요. 인생의 내리막을 앞두고 피할 수 없는 노을 같은 풍경으로 바라보아도 좋을 것입니다.

대각교 근처에는 조선 영조의 생모인 최숙빈의 설화를 안내하는 작은 공원이 있는데, 이곳에서 국어과 활동수업을 하게 했었지요. 황순원 〈소나기〉 소설이었는데, 소설을 시로 바꾸어 쓰고 시 구절에 맞는 사진을 찍어 짧은 영상물을 제작하는 활동이었습니다. 이 작은 공원은 그 무대로 아주 좋았고, 개울이나 조약돌, 농작물이나 송아지의 모습도 연출이 가능했답니다. 새로 리모델링한 도서실에서 모둠 책상에 배치된 컴퓨터를 이용에 작업에 몰두하던 아이들의 모습은 또 얼마나 골똘했던지요. 그 공개수업이 마지막 수업이 되었고 그 새 도서실이 일 년도 안 되어 쓸모가 없게 되었다는 것을 어떻게 설명할 수가 있을까요.

걷는다는 것은 평소에 불가능한 내면의 소리들을 들을 수 있고 바라볼 수 있어 좋은 것 같습니다. 차가 계속 지나다니긴 하지만 사이사이 풀숲에서 옥수수밭에서 들리는 풀벌레 소리는 저를 자꾸 잊은 이야기들 속으로 끌어들이는 것 같았습니다. 면이 다른 궁벽진 지역들을 지나면서 그 면에 살았던 아이의 이야기를 떠올려야 했고, 그 어떤 부분은 상처이고 그 어떤 부분은 뿌듯함이고, 그랬습니다. 더 이상 비정상일 수 없을 만큼 비정상인 집안에서 어떻게 뭘 요구할 수가 있을 것인가, 빗나간 학생을 도저히 어떻게 지도하지 못하고 손을 놓아야했던 기억들은 치유하기 어려운 아픔이었습니다. 그 아이들은 어디서 무엇을 하고 있을까.

정읍 시내를 지나고 내장산 저수지에 이르렀을 때 저는 다시 한 번 노을을 보고 싶었는지 모르겠습니다. 여고시절 친구들과 보았던 그때의 풍경을 다시 한 번 볼 수 있을까. 그리 많지 않은 수량의 이 저수지에서 바다도 아닌 이곳에서 어떻게 그런 풍경이 가능하느냐고 너는 환상을 본 것이 아니었느냐고, 다른 누군가는 그렇게 말할지 모릅니다. 하지만 제가 다시는 그 풍경을 이곳에서 보지 못한다 하더라도, 그것은 분명 제가 그 친구들과 함께 보았던 자연의 장엄한 풍경이었습니다.

저는 지금까지 한 번도 해외여행을 가본 적이 없습니다. 그러기에는 현실이 너무 빡빡했고 여유가 없었습니다. 제 말을 들은 어느 교사는 제게 말하더군요. 여기 골동품 있다고. 제가 골동품이 되어버린 순간이었습니다. 그들이 보기에, 여가를 즐길 줄 모르고 자신을 위해 투자할 줄 모르는 제가 문제일지 모르겠습니다.

하지만 저는 그 어느 사소한 우리나라의 풍경에도 시시하다고 생각한 적은 없었습니다. 그냥 관광으로 보는 곳이라면 절대 느끼지 못할 감동을 저는 우리나라의 풍경들에서 찾아낼 수 있다고 생각했고, 그 고리가 제게는 문학기행이었던 것 같습니다. 도이산을 문학기행지로 만들 수 없고, 내장산 저수지를 문학기행지로는 만들 수는 없겠지만, 저는 문학기행을 제 교직생활의 주제로 만들 수밖에 없을 것 같습니다. 그리고 전체적으로 액자식 구성의 테두리는 〈내장산〉과 함께 이 글이 될 것입니다.

[2017]

그동안 저는 부패의 사립학교를 떠나 공명한 공립학교에 근무하였지요. 사립학교에서 왔다고 드러내놓고 말하고 싶은 적은 없었습니다. 기간제 교사가 정교사와 마찬가지 능력과 그보다 더한 일을 하는데 차별받는 것은 정당하지 않다는, 말을 했다가, 임용 출신의 정교사에게 무시무시하게 싸늘한 비난을 들은 적이 있지요. 임용 시험을 얼마나 힘들게 통과했는데 어떻게 같을 수가 있느냐는 논리였습니다. 저는 사립학교의 시선이었던 것입니다. 사립학교에서는 정말 그랬으니까요.

하지만 과연 공립은 문제가 없었을까요? 임용 시험이 과연 교사의 품격과 자질을 평가해주는 시험이 될 수 있는 것일까요? 임용 통과자라고 해서 임용 통과하지 못한 기간제 교사를 내려다 볼 자격이 있는 것일까요? 시험 성적과 경쟁 일변도의 교육 부조리를 말하지만 교사의 출발자리부터가 그 시초가 될 수도 있다고 생각했습니다.

정읍의 동학농민혁명기념제가 50회를 맞는 장수 지역축제로 기록되고 있지만, 공립의 사고로는 지역의 이러한 역사에 접근할 수가 없었습니다. 지역의 축제일을 맡아 꾸리는 일꾼들 입장에서는 학생들의 참여가 주요한 동력이었지만, 공립의 입장에서는 그것을 관의 동원이라고 부정한 시선으로 매도해버리는 경우가 많았으니까요. 어린 시절부터 보아왔던 동학제의 풍경이었기에 자연스럽게 지역의 역사로 받아들이고 지원하는 지역의 교사들이 필요하다고 저는 생각했습니다. 학교 동아리만 하더라도 공립은 교사가 가면 일도 사라져 가버리는 경우였고, 사립의 역사를 따라갈 수가 없었습니다.

그렇지만 그런 제가 공립에 그래도 적응할 수 있었던 것은, 제게 모교가 소중하듯 제가 있는 공립 고등학교 또한 그 누군가의 모교일 수 있다는 것을 생각했기 때문입니다. 처음 공립 중학교에 와서는 그야말로 부정적인 울타리 속에 갇혀 아무것도 할 수 없었지만, 고등학교에서의 4년은 그래도 그 울타리에서 해방될 수 있었답니다.

이번에도 그 연결고리는 문학기행이었습니다. 신경숙, 박형진, 한강, 정지용, 오장환, 문태준, 홍명희……. 중학생도 아닌 고등학생, 전체 학생이 아닌 희망 학생 대상이라는 현실이 제게 중압감을 주었고, 학생들의 공감 정서를 끌어내기 위해 저 나름 피나는 노력을 해야 했습니다. 길치인 제가 사전답사 세 번은 기본이었으니까요.

문학을 꿈꾸는 제가 학창 시절 이래로 백일장 같은데서 한 번도 상을 받은 적이 없다는 사실, 이것은 참 냉정한 저의 현실이었는데요. 부끄럽지만 딱 한 번의 상을 여기에 언급해야겠습니다. 괴산 문학기행 때였지요. 작품 〈임꺽정〉보다 작가 '홍명희'에 초점을 맞출 수밖에 없었는데, 북한의 황해도 청석골로 갈 수는 없었으니까요. 그런데 백일장 명칭은 또 '홍명희 백일장'이 아니라 '임꺽정 백일장'이었답니다.

신록이 푸르른 5월 문학기행의 풍경은 환상적이었는데, 불행히도 그 지역의 백일장이 열리던 그날 참여자들은 많지 않았고 얼떨결에 저와 학생들은 그 백일장에 참여하게 되었는데요. 형식적인 이런 참여는 싫다는 저의 논리였지만, 이런 귀한 기회를 왜 혼자 결정하시느냐는 학생의 논리에 밀려 참여할 수밖에 없었지요. 문학기행에서 돌아와서 소감글 형식의 참여로 결정하긴 했지만 결과적으로 그 학생은 떨어지고 저는 상을 받았답니다. 학생이 받을 수 있게 하는 것이 교사의 능력이고 보람인 것인데, 제가 잘못한 것이라는 후회 아닌 후회를 할 수밖에 없었습니다.

그 학생은 졸업하면서 제게 정성스러운 손 편지를 주었답니다. 문학기행의 추억을 이야기했고 제 글을 이야기했으며 나중에 꼭 작가로 등단하여 인사하겠다는 말을 남겼지요. 학생에게서 그런 인사를 들을 때

만큼 보람과 감동이 있을까요.

지금도 그 아이들이 제월대에서 함께 목 터져라 부르던 '임꺽정 노래'가 귓가에 맴을 돕니다. 그들의 넘치는 흥과 끼를 제가 어떻게 따라갈 수가 있을까요. 어떻게 그 가사가 흥겨운 노래가 될 수 있는지는 그 아이들과 함께 있지 않으면 이해하시기 어려울 것입니다. 이걸 제가 부르면 슬픈 노래가 되고, 특히, 달은 기울고 별빛조차 희미한데 기다려도 기다려도 오지 않는 세상, 이 부분은 어떻게나 제 마음과 딱 맞아떨어지는지요. 뭐든 세상을 부정적이고 비관적인 시각으로 받아들이는 저는 노래도 슬프게 부르나 봅니다.

사람들을 잘 만나지 않는 저는 가끔 제 전화에 저장된 사람들의 카카오스토리를 엿보는 적이 많았습니다. 그들이 어떻게 살고 어디에 여행을 가고 무슨 생각을 하고 꽤 많은 부분들을 엿볼 수 있었고, 저와 다른 산뜻한 세계에 대한 소외감도 많이 느꼈지만, 그들의 소식을 알 수 있다는 것이 안도감일 때도 많았습니다. 동생의 카톡에 들어가는 적도 있었는데, 이 사진 저 사진 뒤적이다 무심코 넘기지 못할 글귀를 보고 눈물이 핑 돌았던 적이 있습니다.

"벌써 일 년 전의 일이다. 그날은 내 생애 가장 오래 전화벨이 울렸을 것이다. 그러나 받을 수가 없었다. 그날은 내 생애 가장 슬픈 날이었다."

동생은 사진작가였습니다. 작가라는 이름이 붙는 것을 저는 부러워했지요. 저는 그냥 교사이지 교사 작가가 아니니까요. 동생은 대학교 때 전공과 다르게 사진을 시작하게 되었는데 그것이 적성에 잘 맞았고 곧잘 멋진 작품을 만들어 지인들의 감탄을 자아내는 일도 많았습니다. 사진업이 점점 사양길로 접어들면서 먹고 사는 일에 많은 곤란을 겪어야 했지만 그 일을 바꾸려 하는 것 같지는 않았습니다.

홈페이지를 운영하면서 온라인상으로 고객 관리를 하는 일이 많았고 웨딩 촬영을 맡아 출장을 나가는 일이 많았습니다. 입소문으로 실력이 알려졌는지 꽤 많은 출장이 있었지요. 사람들은 자신의 가장 아름다운 순간이 사진으로 찍히기를 바랐지만, 너무 다른 인위적인 모습이 연출이 되면 또 그걸 참 못마땅해 하는 것이 모순이기도 했습니다. 그 간격에서 동생은 밤샘작업을 하며 사진 편집을 해야 했지요.

그날도 웨딩 촬영이 있던, 하필이면 일요일이었답니다. 그래도 한두 해는 가실 줄 알았던 아버지가 갑자기 위독 상태가 되어서 119에 실려 가셨으며, 일요일인지라 모든 게 더디 움직여졌고, 아버지 상태는 더 급박해졌는데, 그걸 알면서도 동생은 진동으로 해둔 호주머니 속의 전화를 받을 수가 없었답니다. 왜냐구요. 그들 생애 오직 한 번의 결혼식, 인생이 걸려있을 그 순간을 망칠 수가 없었답니다. 망쳐진다면 그것은 아버지의 이름을 죄가 되게 할 수도 있다고 생각했었던 게지요. 카메라 렌즈를 바라보는 동생의 눈이 어떠했을 거라는 걸 제가 왜 몰랐겠어요.

문학기행을 하면서 저는 그런 동생에게 무료봉사를 시키는 일도 많았는데요. 신석정 문학기행 때도 그러했던 것 같습니다.

지금도 제 방에는 그때 사진이 걸려있어요. 한 학년이래야 스물 몇 명 한 반이 전부이던 그 시절, 부안 해창공원 신석정 시비를 배경으로 머리카락 날리며 맑디맑은 환한 웃음들을 잊을 수 없는 한 장의 사진인데요. 그때 과학 선생이 동행을 했었고 길을 잘 아는 그 선생 덕분에 참 수월한 기행이 되었지요. 어떻게 한 반이 다 갈 수 있었느냐면, 평일인데도 오후 수업을 국어과 현장체험으로 결재를 받았고 그게 허용이 될 수 있었기 때문이었지요.

한때 저는 문과의 자랑스러움을 많이 이야기했지만, 살아보니 이과의 냉정한 현실 인식 앞에서 기가 죽을 때도 많더라구요. 현실을 정확히 진단해야 이상적인 방향 설정도 가능한 건데, 현실을 진단할 실력이 없을 경우조차 문과라는 이름으로 덮어버리는 잘못은 안되겠다 생각이 들었습니다.

> 갈대에 숨어 드는/ 소슬한 바람/ 9월도 깊었다// 철그른/ 뻐꾸기 목멘 소리/ 해가 잦아 타는 노을// 안쓰럽도록/ 어진 것과/ 어질지 않은 것을 남겨 놓고// 이대로/ 차마 이대로/ 눈 감을 수도 없거늘// 산을 닮아/ 입을 다물어도/ 자꾸만 가슴이 뜨거워 오는 날을// 소나무 성근 숲 너머/ 파도소리가/ 유달리 달려드는 속을// 부르르 떨리는 손은/ 주먹으로 달래 놓고/ 파도 밖에 트여 올 한 줄기 빛을 본다
>
> — 신석정, 파도

저는 아이들에게 이 시를 같이 읽게 했고 아이들은 우렁찬 목소리로 시원하게 낭송을 했지만, 다시 보면 이 시는 그렇게 시원한 내용은 결코 될 수가 없는 것이었습니다. 부르르 떨리는 손을 주먹으로 달래놓는다는 의미를, 이제 와서 해석해보면 새만금 갯벌을 살려주세요,가 아니었을지요.

얼마 전 저는 새만금 홍보관을 가본 적이 있었습니다. 절대 일부러 가려는 생각은 아니었어요. 신석정 시비가 그리워서 찾아갔던 것인데 아무리 보아도 없는 것이었어요. 위로 아래로 한참을 헤매다가 옆에서 일하는 아저씨를 붙들고 물어 옮겨간 곳을 알았지요. 새만금 홍보관 앞마당에 온통 인공 시멘트가 덧발려진 구덩이 같은 곳에 멀쑥하니 서있

는 신석정 시비라니. 차라리 해창의 장승들 옆에 두고 올 일이지. 신석정이라는 이름을 여기에 이용해야 했더란 말인가.

하지만 핵 폐기장을 이야기하고 새만금을 이야기할 때 저는 그 누구 앞에서도 감정 없이 논리적인 설득을 할 수가 없는 사람이었습니다. 자기 아버지가 원자력에서 일하고 새만금에서 일하는 수준 있는 학생 앞이라면 제 어설픈 말은 금세 비난의 화살로 돌아오겠지요. 환경 사업은 또 하나의 재벌이며 세력일 뿐이다. 그들의 환경 논리는 허상이다. 조목조목 따지고 드는 이과적인 시각 앞에서 저는 그냥 흥분 상태가 되어버렸을 뿐입니다.

하지만 권력자들은 왜 갯벌에서 일하는 부모가 있는 학생들은 계산을 하지 않았던 것일까요. 그들은 그냥 현실의 파도 앞에서 휩쓸려가고, 딱딱하게 굳은 육지 같은 갯벌에 장승은 불쏘시개처럼 마른 나무토막이 되어버려야 하는 걸까요.

부안댐 망향의 탑에 올라 탑에 새겨진 수몰민들의 모습과 이야기들을 보았을 때 감상적인 눈물을 흘리는 일 말고는 할 수 있는 일이 없는 것이, 저의 실력이라는 생각이 들었습니다. 그 과학 선생은 이야기하더라구요. 홍선생도 이과적 배경의 실력부터 기를 필요가 있다. 문과적 소양을 갖춘 이과형 인재 만들기, 나는 그러한 교육의 방향에 공감한다.

하지만 오히려 저는 도덕과 예술의 갈림길에 대한 고민이 많았던 것 같습니다. 김기덕 감독의 영화 '해안선'을 본 적이 있습니다. 세계 유일 분단국가인 한반도에서 적의 개념이 얼마나 허상인가를 잔인할 정도로 심리를 파헤쳐내는, 참으로 불편한 영화였어요. 남자들의 원초적인 세계에 대한 위압감 같은 것도 피할 수는 없었네요. 글을 쓰더라도 이러한 남성적인 세계는 여성으로서 약점이 될 수 있다고 생각한 적도 있고 군대 가는 일도 남자의 이점이라고 생각했으니까요.

아마도 예술을 한다는 것은, 그 불편함을 뛰어넘는 사람에게 허용된 세계가 아닐는지요. 제가 어려서부터 어른이 되어서까지 가장 여러 번 읽은 작품이 〈폭풍의 언덕〉이었던 것도 그 원초적인 본능의 세계에 대한 매혹이 아니었을지요. 도덕의 잣대를 들이댄다면 더 이상 예술의 울림이 없어지고 밋밋한 설교가 되어버릴지 모릅니다.

사실 '해안선'을 본 것도, 신석정 시를 공부하다가 새만금을 반대하는 장승 자료를 찾다가 발견한 것이었습니다. 여자 주인공이 물이 들어찬 갯벌 장승들 속에서 놀고 있었어요. "새만금을 살려주세요." 플래카드가 나부끼고 있었지요. 처음엔 불쾌했어요. 이런 불편한 영화에 이렇게 써먹다니 생각이 들었었나 봅니다. 하지만 불편하지만, 아니 불편한 만큼 예술이었던 것 아닌가, 결론이 내려지는 것을 어찌할 수가 없었습니다.

그러고 보면 저는 영원히 예술가는 될 수가 없겠네요.

동생 역시 정말 되고 싶은 것은 화가였을 거예요. 그만한 천재 실력이 안 되었던지라 그에 분위기가 버금할만한 사진의 세계를 엿본 것은 아니었을지, 이것은 순전 저의 생각이지만 동생이 이것에 단호한 부정을 한 일은 없으니 아마도 맞는 생각일지 모르겠습니다.

제가 마법의 논리를 만들어낸 것이 있습니다. 정읍국어교사모임 문학캠프와 함께 했던 10년 기록을 완성해보는 것, 개별적으로 했던 문학기행들까지 포함된다면 더 많아질, 그게 끝나면 교직을 정말 그만두기로 하는 것. 길기도 긴 교직의 만 62세 정년 나이까지 버틴다는 것이 얼마나 힘든 일이었으면, 제가 그러한 마법의 논리를 개발해냈는지 이해해주실 수 있을지요.

그렇게 계획하면서, 정읍국어교사모임 홈페이지에 올렸던 수많은 사연과 사진과 자료들이 정말 필요했습니다. 개인적으로 저장해둔 것은 여기저기 다니다가 사라지거나 찾기 어렵거나 그러기 쉽지만, 공식적인 홈페이지에 올리기 위해서는 최대한 내용을 다듬어서 완성을 시킨다는 것이 장점이었고 체계적으로 탑재된 내용들은 나중에 찾기도 수월했고 파일을 잃어버릴 일도 없다고, 의심 없이 그렇게 생각했었습니다.

그런데 어느 날 무심코 홈페이지 주소를 쳤을 때, 이상한 영어 메시지만 자꾸 뜨더군요. 왜 안되는 거야. 수십 번을 눌렀고 하루 지나 또 눌렀고 이틀 지나 사흘 지나 잊을 만 하면 다시, 그러나 영영 안 되는 것을 알았습니다. 홈페이지를 폐쇄했다고 하더군요.

참 오래 낙망했었습니다. 어떻게 아무 말도 없이 그렇게 사라져버릴 수가 있는 거지. 세상에 그런 일도 가능한 건가. 담당자는 사전에 예고했기 때문에 문제가 없다고 했습니다. 내가 잠깐 정국모를 잊고 있었던 잘못인가, 생각도 했었습니다. 모임에서 진행하는 문학캠프가 더 이상 실시되지 않고 홈페이지가 폐쇄된 이후에도, 그 후속 만남이 있다고 들었지만, 저는 갈 수가 없었습니다.

열심히 마련해놓은 마법의 논리를 써먹지도 못할 것 같은 위기감이 들었습니다. 화가 났고 내가 소외된 기분을 떨칠 수가 없었고 이유 없는 대상에 대한 원망을 키우기도 했던 것 같습니다. 하지만 원망을 키우지 않고 화해하려면 어떻든 이 과제를 뛰어 넘어야 했답니다.

그 과정에서 동생의 도움이 필요했습니다. 새로 사진을 찍어야 할 필요가 있었으니까요. 기행 기록이 아니라 소설 형식으로 만들고 싶다는 과한 욕심에 사진 없이 글로만 해야 맞다고 생각했었습니다. 다시 작가와 작품을 찾아서 공부하고 배경지들을 찾아가고 그러는 과정을 거쳐서 진정한 나의 글을 만들어보고 싶었던 욕심이었습니다. 하지만 생각을 좀 바꾸어야 했습니다.

동료교사가 이런 말을 했습니다. 문학기행 했던 자료들을 후배에게 남겨야지요. 자료는 무슨, 홈페이지도 사라졌는데, 하고 넘겼지만, 그 동료교사의 말이 제게 동기가 되었던 것을 고백해야겠습니다. 그 선생은 자기가 한 말을 아마 기억을 못할지, 그냥 지나치는 말이었다고 할지 모르겠습니다.

그러네요. 내가 기억하지 못하는 말을 동기로 삼아 어느 학생인가는 자기 진로를 정할 수도 있다는 것. 교사로서의 어쩌지 못할 부담감이 거기서 나오는 것인지도 모르겠습니다. 그렇게 부담스러운 교직의 자리를 이렇게 매듭지을 수 있다는 것에 감사하고 싶습니다.

태인여중 아이들과 선은리 고택에 갔을 때는 문학관이 정비되기 한참 전이었는데, 저는 오히려 그러한 자연스러운 문학기행이 참 좋았었습니다. 예술이 도식화되어버리고 형식에 갇혀버리는 답답함이 싫었으니까요. 풀숲을 헤치고 고택의 사립문을 열고 들어가면 청구원의 표지와 마루가 보였고, 시인의 방을 열고 들어가면 멋진 시인의 초상과 '망향의 노래' 시가 있었지요. 시인의 방에 둘러앉아 함께 시를 낭송하는 아이들, 한 폭의 멋진 국어수업 풍경이지 않나요.

정읍고 아이들과 신석정 묘소가 있는 마을 앞을 지나간 적이 있었는데요. 신석정 주제로 문학기행을 했었지만, 묘소가 행안면에 있다는 것을 몰랐었습니다. 묘소로 가는 길, 빛바랜 마을 벽화에 그려진 신석정 시를 보는 순간, 저는 아득한 나락으로 빠져드는 기분이었습니다. 이것도 소설적인 병이겠지만, 그의 모습이 자꾸 오버랩되는 것을 어쩌지 못했더랍니다. 시를 꿈꾸고 지인들과 어울리고 여행을 하던 그도 어느 시점에서는 아프고 고독을 떨쳐내지 못하고, 죽어갈, 가슴에 지는 낙화 소리…….

현실에서 그를 만날 수는 없을 것입니다. 정국모 홈페이지가 폐쇄된 뒤 바보같이 찾았던 저의 기억처럼, 어느 인터넷 카페에 올라있는 고인의 글을 클릭하게 될지 모르지요. 아, 그때는 글도 사라져 목록만 남았을지 모르겠네요.

[2018]

2018년 9월 이번 답사 때는, 신석정 시인이 20년 거처했다는 전주 '비사벌초사'에 가보았습니다. 목가적인 서정 시인으로만 알고 있던 신석정 시인이었는데, 일제 때는 창씨개명을 거부했고 분단 시대의 비극성을 꿰뚫었으며, 독재 비판으로 불온한 시인이었고, 무척 어렵게 생활했지만 제자들의 지지를 받는 교사였다는 것을 알았습니다. 제가 전주에 살며 고등학교와 대학교를 다녔는데, 이렇게도 무지했었군요.

시인이 죽은 뒤 시인의 집을 매입해서 이렇게 오랜 세월 보존해온 거주자의 안목이 감탄스러웠습니다. 불쑥 찾아간 저 같은 방문객들은 얼마나 많았을까요. 그럼에도 주인은 친절했고, 머지않아 이곳은 방문객이 자유롭게 올 수 있는 문학카페로 변화하게 될 거라고 했습니다. 살림집은 가까운 옆집으로 옮겨간다니, 이 '비사벌초사'의 전통이 시인을 사랑하는 이들로 하여 잘 지켜지게 되었으면 좋겠습니다. 정원에 담긴 정성과 역사와 자연의 아름다움은, 돌아와서도 내내 제 뇌리에 각인되어 떠날 줄을 몰랐답니다.

부안 선은리 고택은 행사용 장소 같았습니다. 낙동강 '삼강주막'의 느낌이 들게 하였다고 말하면 이 공원을 조성한 분들이 대단히 서운하고 화가 날지도 모르겠습니다. '청구원' 고택은 울타리도 없고 시인이 좋아했던 정원도 없고 시누대도 없고, 방문은 굳게 잠겨 있었는데요. 왼 편의 창가로 가보니 방안에 있는 시인 초상이 보일 정도의 딱 그만큼의 공간을 '고정 장치로' 열어두었더군요. 답답하니 풀어주시오, 담뱃대를 문 시인이 내게 말하는 것 같았습니다.

누구나 죽음을 피할 수 없습니다. 살면서 가까운 이의 죽음을 만나고 슬퍼하거나 충격을 받는 경우도 많을 것입니다. 모르고 지나가버린 것에 비탄스러워 할 때가 있을지도 모르겠네요. 그럴 때면 저는 신석정 묘소 길목의 벽화시를 떠올리게 될 것 같습니다. 처음 이 시를 보았을 때, 저는 시인이 이 시골 고향 마을에 와서 고독한 죽음을 맞이한 거라고 상상했지만, 그건 아니었더군요. 부안댐 망향탑에 새겨진 얼굴들도 어쩌면 신석정의 이 시를 말하고 있는 게 아닐까요.

그래도 시인은 자신의 죽음을 잘 준비했던 행복한 사람이었습니다. 자신의 유고시집을 죽기 전에 자신의 손으로 만들어 놓고 저 세상으로 갔으니까요. 그는 아무것도 요구하지 않았을 것이나, 그를 아끼는 후배들과 제자들은 그의 자취들을 곳곳에 조성하고 있었습니다. 그 자취들이 자연과 조화된 아름다움으로 더욱 거듭날 수 있었으면 좋겠습니다.

문득 지구의 죽음도 피할 수 없다는 생각을 해봅니다. 정말 그 생각만은 하고 싶지 않았지만, 해버렸습니다. 중요한 것은 막연한 절망이 아니라, 현재 각자의 영역에서 할 수 있는 철학적인 사고와 구체적인 작은 실천이 아닐지요. 부디, 저의 오랜 문학기행과 문학캠프도 그 실천의 한 길이 되었으면 좋겠습니다.

[2018. 09. 15.]

정읍문학지도

이렇게나마 인사드리고 싶은 정읍교사모임 선생님

산외면 동진마을에 박정만 시인과 박기서 의사, 그들을 기리는 마을 사업은 어떨까요. 기념비가 꼭 사람 많은 관광 지역이나 도읍에 있어야 하는 걸까요. 갈수록 비어가는 농촌 마을들, 그 마을 마을 가슴마다 자연과 조화된 특색 있는 기념물을 안을 수 있게 한다면, 이 강산이 온통 아름다운 노래를 부를 것만 같습니다. *('정읍문학지도' 중에서)*

[남고서원 주련 시 〈태산가〉 탐방, 박래흥 선생님께]

박래흥 선생님을 처음 뵌 것이 전교조정읍지회 모임에서였습니다. 마른 체격에 동안의 얼굴에는 시종 소년 같은 웃음기가 있어 보는 사람의 마음을 편하게 해주었지요. 나중에 알고 보니 저보다 5년 선배였고 모임에서 항상 기둥 역할을 하시는 분이었더군요. 전교조정읍지회 어렵던 시절에도 지회장을 맡아 이끌었고 정읍국어교사모임 시작할 무렵에도 회장을 맡아 징검다리 역할을 해주시던 것을 기억합니다. 정읍국어교사모임 이름 앞에 '전교조'를 넣느냐 빼느냐 미묘한 갈등이 있던 순간에도 선생님의 존재는 든든한 기둥이었습니다. 문학캠프 활성화를 위해서는 조직의 지원이 필요했고 그러한 점에서 전교조 참교육의 지렛대가 요긴했지만, 전교조의 이름보다는 교육청의 이름을 편하게 생각한 선생님들이 있었던 것도 사실이니까요.

정읍문학캠프를 시작하고 3회째였습니다. 처음엔 안도현 시인을 초청 작가로 하고자 했으나 일정이 안 된다고 하여, 일정이 가능한 도종환 시인을 초청작가로 했었지요. 두 시인 모두 전교조 선생님으로서 익숙한 존재였기에 그다지 어렵게 생각하지는 않았던 것 같습니다. 지금의 '도종환 문화관광부 장관'이라 해도 가능했을지는 모르겠습니다. 참 많은 세월이 지나왔으니까요. 그때는 욕심도 많아서, 한 작가로만 해도 2박

3일 문학캠프가 버거울 텐데 도종환 시인과의 시간 외에도 두 가지가 더해졌어요. 섬진강 김용택 시인 마을에도 가고, '정읍문학지도' 활동도 하고 했으니, 학생들과 교사들 모두 정신이 없었을 것만 같습니다.

선운산유스호스텔이 숙소였는데, 하루 전에 동학역사캠프가 진행되고 있어서 그 일행과 부닥칠 수밖에 없었는데요. 실내에서 시원하게 웃고 있던 역사캠프 아이들이, 실외의 땡볕에서 돌아오는 문학캠프 아이들을 가여워 했던 기억, 박래철 선생님의 한마디 들으며 내가 프로그램을 잘못 했나 괜한 자격지심까지 느껴야 했던 기억이 떠오릅니다. 섬진강에 가서 강변 백일장을 했고 시인의 생가에도 갔고 배까지 타고 왔는데, 왜 아이들은 힘든 얼굴들이었던지요. 프로그램 프로그램마다 노심초사 시달리며 여유를 가질 줄 몰랐던 게 저였습니다. 그럴 때 항상 현실적인 문제들을 현장에서 처리하시며 도움을 주셨던 분이 선생님이셨습니다. 이제라도 감사 드려야겠네요.

정읍문학지도 프로그램을 계획한다면 하위 주제를 어떻게 할 것인가. 버스 인원은 두 대가 넘으면 안 되었고, 가능한 모둠지도교사 수에 맞춰 모둠을 편성해야 했고, 그러다보니 정읍문학지도 활동을 위한 모둠 편성은 7모둠이 되었습니다. 버스가 돌면서 각 모둠의 탐방지에 내려주고 약속된 시간에 다시 태워오고, 저녁 전체 시간에 강당에 모여 모둠별 발표회를 갖는 형식이었지요. 각 탐방지마다 내리는 친구들에게 손 흔들며 인사하고 다시 만나면 반가워라 하던 아이들 표정을 보는 것도 작은 행복이었던 것 같습니다. 그렇게 모둠 활동으로 풀어주었다가, 전체 발표회 공간에서 약간의 경쟁과 넘치는 생동감으로 총체적인 조화를 만들어내는 것, 정읍문학지도 프로그램의 장점이었지요.

선생님은 미숙한 첫 차례를 많이 맡으시는 분이었고, 이번에도 1모둠

지도교사를 맡으셨지요. 모둠의 이름은 태산, '남고서원 주련시 태산가' 탐방 활동이었어요. 일명 '칠공주파와 머슴'이라고 칠공주파에는 모둠장인 동주와 영은, 정진, 은희, 유경, 서나, 슬아, 세 명의 머슴에는 듀마, 유진, 성현이 있었지요. 처음에는 모둠장도 없고 서로 얼굴도 잘 모르고 해서 서먹하고 어색하기만 했는데 시간이 지나면서 금세 친해지는 게 아이들이더군요. 아침 식사 준비도 못했다고 구박만 받은 영은이와 옆에서 열심히 구박한 듀마, 그리고 설거지와 남들은 맛없다는 밥을 열심히 먹어준 유진이와 성현이, 또 자기가 제일 착하다는 유경이, 같은 방을 쓰면서 많이 친해진 슬아와 서나, 얌전한 척하면서 할 거 다하는 은희, 시조를 쓰느라 머리를 쥐어짜면서 고생한 정진이, 모둠원들 소개하던 것을 기억해봅니다.

모둠 아이들은 남고서원에 가서 이태복 씨의 설명을 들으며 여러 가지를 공부했다지요. 그때 이태복 씨는 일재 이항의 13대손으로 서원을 지키며 살아가고 있는 분이었습니다. 정읍 동초등학교 옆에 있는 정읍향교가 공립학교라면 남고서원은 정읍 최초의 사립학교라 할 수 있다고 했어요. 남고서원은 1577년 조선 선조 때 창건하고, 숙종 때 사액되어 일재一齋 이항李恒과 그의 문하 김천일을 배향하였던 서원이지요. 1868년 서원 철폐령 때 도내 유일하게 훼철되지 않는 서원이 무성서원이지만, 사액 받은 것은 남고서원의 역사가 더 오래되었다고 들었습니다.

1모둠 아이들은 남고서원 주련 시인 태산가와 그 목판본을 보고 설명을 들었는데, 우리가 양사언의 시조라고 배운 태산가가 일재 이항의 시조일 것이라고 했습니다. 그 증거의 하나로는 일재 이항(1499~1576)이 양사언(1517~1584)보다 일찍 태어났으며 그 목판본이 남고서원에 보존되어 있다는 것입니다. 아이들은 남고서원이 칠보면 보림리에 있다고 했는데, 보림리가 칠보면은 아니지요. 옛날에 정읍군, 태인군, 고부군이었던 것이 정읍군으로 통폐합되었고, '보림면'이었던 것이 태인면과 북면으로 분할 편입하여, 보림리는 '북면 보림리'가 되었다고 해야 맞습니다. 이렇게 공부하다 보면 결국 정읍과 태인과 고부가 하나의 뿌리였고, 지금은 정읍이 대표 격이지만 옛날로 갈수록 고부와 태인이 대표 격이었다는 것을 알게 되네요.

수운태산고誰云泰山高 - 태산이 높다하되
자시천하산自是天下山 - 하늘 아래 뫼이로다
등등부등등登登復登等 - 오르고 또 오르면
자가도상두自可到上頭 - 못 오를 리 없건마는
인기불자등人旣不自登 - 사람이 제 아니 오르고
매언태산고每言泰山高 - 뫼만 높다하더라

제가 학교 다닐 때 태산가 우리말 시조를 배우고 외우고 했던 기억이 생생합니다. 오로지 실천과 노력을 강조하는 교육철학이었겠지요. 문학캠프 아이들도 다르지 않았을 겁니다. 남고서원 기둥에 새겨진 주련 시는 한시였고, 그것을 읽으며 아이들은 한시 공부도 되었을 것입니다. 하지만 현장에서 시조를 짓는 활동은 한시로는 안 되었을 것이고 우리말 시조를 지었겠지요. 오정진이 연시조를 썼더군요.

커다란 나무 아래 옹기종기 모여 있는
풀잎들 사이에서 고개를 살짝 내놓고
어두운 여름밤을 살펴보는 나는

조그만 소리에도 흠칫 놀라며
주위를 둘러본다, 불안한 눈빛으로
가난한 선비들은 나를 잡으러 온단다.

어두운 이 밤에도 공부를 하고자
이렇게 조그마한 나를 잡아가려 한다.
저렇게 내 친구를 잡아가고 있단다.

가난한 선비라서 호롱불의 기름 살 돈 없어
아무리 저 선비가 학문의 뜻 갸륵하나
나에겐 해야 할 일 그 일이 있어

이렇게 숨죽이고 지켜보기만 한다.
풀잎들 사이에서 숨죽이는 나
어두운 여름밤은 속도 없이 깊어간다.

정진이가 선생님 말은 잘 들었을지 모르겠네요. 시를 잘 써서 대산청소년문학상에 선발되어 대산문예캠프도 다녀왔던 아이, 할머니 손에서 어렵게 자랐고 그러한 내용들을 시에서 곧잘 표현하던 아이였습니다. 때로는 지나치게 활발하고 조심성 없을 때도 많아서 제게 많이 야단을 듣기도 했었지요. 문학캠프에 가서는 자꾸 그 아이의 말과 행동이 제 눈에 거슬려서 또 야단을 치고, 그 아이가 제게 하던 말이 있었지요. 선생님은 어떤 때는 귀엽고, 어떤 때는 밉다고. 그 아이는 지금 어떤 어른으로 자라 있을지, 문득 궁금해집니다.

2018년 학습연구년제, 저는 마지막 답사를 '정읍문학지도'를 잡았고,

1모둠의 남고서원, 2모둠의 정읍사, 3모둠의 박정만 시인, 4모둠의 정극인 상춘곡, 7모둠의 김용 시인, 그리고 그때 다루지 않았던 시인 박찬과 시인 박성우, 모두 일곱 장소를 답사하였답니다. 5모둠의 '동학'과 6모둠의 '신경숙'은 다시 답사하지 않고 자료만 정리하기로 하였구요. 윤흥길 작가의 경우도 다시 답사하지는 않았습니다. 그때 다루지 않았으나 다시 하면 다루고 싶은 작가들에 대해서는 한 주제로 묶어 정리해보기로 하였습니다. 방식은 보시다시피 편지 형식이지요.

그때 같이 했던 선생님들께, 이런 형식으로나마 마음을 전하고 싶었는지 모르겠습니다. 박래흥 선생님이 1모둠이고, 늘 그랬듯이 길을 여는 역할을 하신 분이었기에, 여기서도 저는 이 글의 시작을 풀어가고 있는 셈이 되었습니다.

1모둠의 북면 남고서원과 4모둠의 칠보면 가사문학비는 선비문학의 측면에서 연결이 될 것 같고, 지역 사업으로 상당히 진척되어 있다는 느낌을 이번 답사에서 받았습니다. 정비된 것은 이미 한참 몇 년 전일텐데, 제가 늦은 걸음을 한 것일 겁니다. 남고서원은 현대식 건물의 분위기가 풍길 만큼 깨끗하게 정비가 되어 있더군요. 그 옛날 낡고 빛바랜 건물과 포장되지 않은 마을길을 더 좋아하는 것이 저인데요. 중건 기념비도 아주 큼지막하게 자리하고 있었고, 학생들 체험 프로그램이 가능할 수 있게 건물 채들이 깨끗하고 좋아 보였습니다. 마을 전체가 돌담길로 조성되어 운치가 있었고, 마을을 흐르는 개울은 아주 맑았으며 마을 뒤로 펼쳐진 칠보산의 정기가 서늘하게 다가왔지요. '태양광 발전 설비 반대' 현수막이 낯설었는데, 유림 문화와 친환경 사업과 무엇이 배치가 되는지 공부를 해봐야 알겠다는 생각을 했습니다.

2001여름문학캠프 때 선생님 모둠이 가지 않았던 보림사에도 가보았는데, 남고서원에서 조금 더 올라가면 칠보산 중턱에 자리한 사찰로서 선운사의 말사라고 하더군요. 예로부터 칠보영산이라 불리는데, 절이 자리 잡고 있는 곳은 칠보산에서 내려오는 여러 갈래의 지맥이 한데 모이는 지점으로, 땅의 기운이 매우 강한 곳이라고 했습니다. 조계종 사찰로 비구니 스님들이 보였고, 절에 연초 무슨 행사가 있는 것인지 아니면 평소에 찾는 사람들이 많은 것인지 절에는 사람들이 꽤 많았습니다. 한적한 시골의 절을 생각했는데, 남고서원과 보림사 일대가 상당히 큰 세력을 형성하고 있지 않나 생각했습니다.

칠보에 있는 태산선비문화사료관에 갔을 때 안성렬 관장에게서 이항에 대한 설명을 들었습니다. 조선시대 호남 성리학의 대가인 이항이 머물며 공부하던 곳이기도 하여, 사찰로 들어서는 길목에는 이항을 제향한 남고서원이 있을 뿐만 아니라 당시 전라도 관찰사로 좌천된 송인수와 태인현감 신잠 등이 보림사를 왕래하며 이항의 강론을 듣고 서당을 중건했다고 했습니다. 이황이 이기이원론理氣二元論을 주장한 것과 다르게 이항은 이기일원론理氣一元論을 주장했고 실천을 중시했기에, 나라가 어려울 때도 의병으로 나설 수 있었노라고 했습니다. 이항의 제자인 김천일 등이 그렇다고 했습니다.

마을을 흐르는 보림천은 태인에서 동진강과 만나 서해로 흘러가는데, 강이 혈맥이 되어 지역 지역이 연결된다는 사실이 새삼 신비로움으로 다가오더군요. 조선 명종 때 일재 이항이 한양에 살다가 태인골 분동으로 내려와 지금의 보림사가 있는 마을 부근에 보림정사를 짓고 강학을 했다고 하는데, '보림'이나 '분동'이라는 마을 이름이 낯설지가 않았습니다. 태인여중에 있을 때 태인초등학교 뿐 아니라 보림초등학교 출신도 있었고 분동 마을 아이들도 있었으니까요. 태인초등학교만 남고 여러

초등학교들이 폐교되었지요. 한 아이가 보림초등학교 출신이었는데 폐교되는 모교에 대한 서글픔을 많이 이야기했었지요. 초등학교만 그런가요. 그 아이는 2007년에는 중학교 모교 태인여중도 잃어버린 것이었는데요.

칠보산 높이는 469미터, 북쪽은 가파르고 남쪽은 밋밋한 지형이며, 높이에 비해 골이 깊어 예부터 피난골로 이용되었다고 합니다. 동학농민혁명 때나 6·25전쟁 때는 어땠을까도 잠깐 상상해보았습니다. 제 고향인 태인이 참 초라한 시골이라고 생각했지만, 역사의 부분 부분마다 등장하고 박경리 〈토지〉에서도 보이고 신동엽 〈금강〉에서도 보이고, 그러한 발견의 순간에는 참 신기한 기분이었지요. 하지만 그 '태인'의 영역은 지금보다 훨씬 넓어서 '칠보'도 그 영역에 속했을 것입니다. 칠보, 산과 강의 풍경이 깊고 아름답고, 문화유적지들이 가득한 곳, 그 칠보에서 한번 근무해보고 싶다는 꿈을 꾸기도 했었는데요.

마을 입구에는 2기의 입석이 있는데 일재 이항이 세워놓은 것이라는 설화가 있더군요. 이항에 관련된 설화들이 많은 것을 보면 이항이 유명하긴 했나 봅니다. 당산 할머니, 당산 할아버지라 부르는 2기의 입석 말고도 본래 돌탑도 있어 이를 한데 묶어 당산거리라 칭했으며 마을까지 이어지는 정자나무숲이 우거졌었다고 합니다. 일제강점기 때 배를 건조하는데 쓰려고 이를 베어가 마을 숲이 사라졌고, 당시 마을주민들은 베어진 정자나무에 있던 신을 오늘날 남아있는 나무 속으로 넣었다는 자료를 읽었습니다. 일제가 우리의 혈을 끊기 위해 자행한 행위들이 얼마나 될까, 태인의 피향정에 원래 두 개 있던 연못 그중 하나를 일제가 묻어버렸다는데, 그것도 그러한 상징성으로 읽혔었는데요. 태산선비문화사료관 관장은 사료관의 게시물에는 그렇게 써 있으나, 확실히 정립

된 사실은 아니라고 하더군요. 무엇이 맞는지는 아무래도 자료를 더 찾아보아야 할 것 같습니다.

다시 문학캠프로 돌아간다면, 남고서원에서부터 보림사까지 걷는 시간을 가졌으면 좋겠습니다. 들꽃도 보고 나무도 보면서요. 쇠와 징과 북과 장구를 준비해서 간단한 풍물 장단을 두드려보는 것은 어떨까요. 남고서원 주련시를 '탁본' 해보는 것도 꼭 해봤으면 좋겠습니다. 예전에 했던 시조 짓기는 다시 해보아도 좋겠지요. 정읍에 살면서 동학농민혁명기념제와 정읍사문화제, 두 축제의 바탕에 깔린 상이한 정서를 발견하곤 했었지요. 남고서원 이야기를 하면서도 그 생각이 떠오르는 것은 참 이상한 일이지요. 이제 그 상이한 정서까지도 아이들과 함께 자연스럽고 자유롭게 풀어낼 수 있어야 하지 않을지. 아, 이태복 씨는 1년 전에 돌아가셨다는 소식도 여기에 전해야겠습니다.

선생님이 항상 건강하셨으면 좋겠습니다.

[백제가요 정읍사 탐방, 정찬숙 선생님께]

제가 문학캠프 일에 매달리는 것을 보고, 그만 무거운 짐 내려놓으라고 그 짐을 덜어가겠노라고, 정찬숙 선생님께서 그러셨지요. 정찬숙, 정찬희, 둘다 국어과 자매 선생님의 모습이 얼마나 부럽던지요. 성격은 또 얼마나 좋은지 언니는 언니답게 푸근하고 동생은 동생답게 섬세하고, 그 든든한 조화로운 모습을 정읍국어교사모임에서 오래도록 볼 수 있었다면 얼마나 좋았을까요. 국어교사로서 해야 할 일이 있고 추구하고자 하는 일이 있고, 모임이 그것을 충족시켜주지 못할 때 모임의 변화는 필연이겠지요. 모임이 개인으로 변화되는 것도 어쩌면 시대의 정서일지도 모르겠습니다.

정읍문학지도 탐방 후 다시 모여 발표 준비를 하는데, 정찬숙 선생님의 활약은 단연 돋보였지요. 월하대인月下待人, 달빛 아래 임을 기다리네 그런 뜻일, 모둠구호를 어찌나 우렁차게 외치던지. 모둠 분위기가 가라앉을 새가 없게 정찬숙 선생님은 씩씩했어요. 아이들 하나하나 친절하게 보듬어주고 역할을 수행하게 하는 선생님이었지요. 발표 때는 변사 역할을 도입해서 천연스럽고 재미지게 연기를 하는데, 아마 가장 큰 박수를 받았다지요. 가감 없이 그 대본 그대로 여기에 옮겨보는 것도 좋을 것 같습니다.

2모둠 발표 내용

2모둠 월하대인 지도교사는 정찬숙 선생님, 모둠원은 지훈, 원, 정훈, 주은, 신영, 인선, 가은, 혜정, 주현, 정상, 모두 10명입니다. 2모둠 월하대인은 정읍사 배경설화를 촌극으로 재구성해보았습니다. 정읍사공원에서 망부상을 뒤로 하고 배경설화를 공부한 다음 소감을 개인별로 인터뷰하였으며, 예술회관 아래에 있는 야외 공연장에서 촌극 연습을 하였습니다. 시간 관계상 모둠원이 대사를 외우고 행동으로 옮기기엔 역부족이었으므로 생각해낸 장치가 변사를 등장시킨 촌극의 형태입니다. 처음에는 어색함이 가시지 않아 서먹서먹했지만, 의욕을 가지고 모두가 연습해주었습니다. 오늘 발표에는 남학생 사회자 원, 여학생 사회자 인선과 주은, 변사 정훈, 아내 주현, 남편 지훈, 부엉이 정상, 달 가은입니다.

사회자(여) 오빠~ 오빠는 무슨 노래를 제일 좋아해?

사회자(남) 나? 나는 HOT의 노래를 제일 좋아해.

사회자(남) 너는 무슨 노래를 가장 좋아하니?

사회자(여) 응, 나는 샵의 노래를 가장 좋아해.

사회자(여) 그런데, 오빠. 한글로 전해진 최초의 노래가 무엇인 줄 알아?

사회자(남) 한글로 전해지는 최초의 노래라. 음, 힌트 좀 주라.

사회자(여) 좋아. 첫째, 백제 시대의 가요. 둘째, 우리가 사는 정읍 지역과 관련이 있음. 셋째, 망부석 설화가 있음.

사회자(남) 아! 알았다. '정읍사'를 말하는구나.

사회자(남 · 녀) 여러분! 정읍사가 만들어졌던 과거로 환상여행을 떠나볼까요~

변사 아~ 때는 백제 시대, 여기는 정읍현 웬 다정한 부부의 모습이 보입니다요. 그려~

(저녁 상을 마주하고 있는 부부)

아내 여보, 이것 좀 들어봐요. 아~ 이건 불고기, 이건 조기, 이건 산나물~

남편 아, 맛있구려. 당신도 많이 먹어. 아~

변사 이렇게 다정한 부부에게도 헤어짐의 아픔이 있었으니, 그건 남편이 장사를 하러 떠나야 하는 것이었습니다. 그려~

(부엉이 우는 소리 효과음. 부엉~ 부엉~)

아내 (슬프게) 흑흑……

남편 여보, 울지마오. 우리가 헤어지는 순간은 잠깐. 내가 돈 많이 벌어서 돌아올 때 당신의 예쁜 꽃신도 사오고 연지분, 곤지분도 사오리다.

아내 여보, 몸조심하셔야 해요. 특히 어두운 밤길을요.

남편 그래. 여보, 잘 다녀오리다. 어서 들어가구려.

변사 남편이 떠나는 뒷모습을 하염없이 바라보는 아내, 이것이 영원한 이별이 될 줄이야.

변사 하루 지나고, 이틀 지나고, 사흘, 나흘, 열흘, 스무날, 쉰 날, 백일이 지나도 남편은 돌아올 줄을 몰랐습니다. 남편을 기다리다 못해 수척해진 아내의 모습이 보입니다요~ 한없이 야윈 아내의 모습 위로 둥그런 보름달이 비추고 있네요.

아내 달아! 달아! 이 세상에서 가장 예쁜 사람이 누구니?

달 어머, 부인. 웬 백설공주 버전으로. 전 거울이 아니옵니다.

아내 어머! 나의 실수. 달아! 달아! 길 떠난 우리 님은 언제나 돌아오실 것 같니?

달 그건 저도 모르는 일이옵지요.

아내 그럼…… 너는 온 세상을 가득 비추니 우리 님이 가신 곳에도 그 영험한 빛을 발할 수가 있겠구나.

달 그야, 물론 그럽지요.

아내 그럼, 우리 남편이 가는 길을 밝게 비추어 줄 수 있겠니? 내 심히 걱정이 되는구나.

달 네~ 밝게 비추어 드리겠습니다.

변사 남편을 기다리다 지친 나머지 아내는 다시 한 번 달님을 향하여 소망의 노래를 부르니, 그 노래는 이러합니다.

달아 노피곰 도다샤

어긔야 머리곰 비취오시라
어긔야 어강됴리
아으 다롱디리
져재 녀러신고요
어긔야 즌 데를 드뎌욜셰라
어긔야 어강됴리
어느이다 노코시라
어긔야 내 가논데 졈그를셰라.
어긔야 어강됴리
아으 다롱디리

아내는 남편을 기다리다 못해 돌이 되어버렸다는 슬픈 전설이 전해져오고 있는데요~ 정읍사 공원에 가면 그 망부상을 볼 수 있답니다. 그려~ 쯧쯧.

사회자(남 · 녀) 여러분 우리 고장의 백제 가요 정읍사가 외국에까지 널리 소개되는 바람으로, 영역한 것을 마지막으로 낭송해드리며 2모둠의 발표를 마칠까 합니다.

JEONGEUPSA

Dear friend the moon,
Rise high in the sky and
light the horizon far.
far away,

I wonder where my lover is,
What strang land is he
travelling through?
What if he stumbles and
falls into a mire pursuing
some dark trail?
If you are tired.
lay down your load and
forget your wearisome life,
I afraid the night
obstructing your way.

정읍천을 건너 정읍고등학교가 있고 정읍중학교가 있고 정읍유치원이 있지요. 시립도서관도 예전에는 이쪽에 있었지만, 정읍천 반대편 시내 중심지 가까운 곳으로 옮겨 갔어요. 대신 정읍사공원이 새 단장을 해서 푸른 잔디와 아름다운 꽃밭과 곳곳의 휴식공간들이 생겨났고, 시립미술관과 카페와 정읍사 올레길이 조성된 것으로 압니다. 정읍사예술회관이 있어서 학생들 체험교육으로도 활용할 수 있지요. 선생님 모둠이 찾아갔던 곳은, 이곳의 가장 높은 지대에 우뚝 서서 멀리 전주를 바라보고 섰는 정읍사 망부상일 것입니다. 망부상이 너무 크고 빙 둘러친 철제 울타리가 답답하고, 아이들과 함께 넣어 예쁜 사진으로 담는 것이 어렵지요. 좀더 '예술적인 작품'을 만들 수는 없었을까, 저는 이 망부상을 볼 때마다 생각합니다. 플라스틱 냄새가 나는 인조석 같은, 부피만 커다란 돌이랄까, 자연 풍경과는 멀다는 것이 저의 솔직한 감상입니다. 혹 행사용으로 생각했던 것일까요.

처음에는 내장산에 망부상이 있던 것으로 기억합니다. 자연 풍경 속에 자연스럽게 들어앉은 크지 않은 망부상이었지요. 사람마다 생각은 너무 하늘과 땅 만큼 다를 때가 많아서, 지금의 시멘트 포장 같은 거대한 망부상을 선호하는 사람들도 많을 것입니다. 아마도 그들이 정읍의 주류일 테고, 저 같은 사람이야 가만가만 아쉬움을 말할 뿐이겠지만, 이러한 낮은 목소리에도 감성의 귀를 열어주기를 바랄 뿐이지요. 정읍고에 근무할 때 동아리 활동으로 정읍사 망부상에 다녀오는 일은 아주 쉬운 일이었습니다. 학교 밖으로 나가는 것만으로도 신나서 뛰고 달리고 활력이 넘치던 남학생들이었지요. 문학교과서에도 〈정읍사〉가 나오는데, 바로 옆에 그 배경지가 있다는 것은 특별한 혜택과도 같은 일이었습니다.

2모둠 아이들의 촌극, 끝에 영역 시가 나와서 다른 모둠과 더 차별화가 되고 아이들의 호응도 좋았던 것 같아요. 제 영어 실력으로는 영역이 잘된 건지 잘못된 건지 알 수가 없어 그냥 그대로 원작을 올리기로 합니다. 후렴구는 영역에서 제외한 것 같아요. 대신 시조의 원형을 찾을 수 있는 3장 6구의 본사 내용을 살린 것 같은데, 남녀상열지사의 내용으로도 해석이 되는지라 아이들은 재미있기도 했겠지요. 국문으로 기록된 최초의 가요인 〈정읍사〉를 현대의 영문으로 번역해보는 활동은 저도 한번 해보고 싶습니다. 영어 선생님 도움을 받아서요.

정읍문학캠프 문집을 만들 때면, 모둠원들의 소감글과 함께 모둠 교사의 소감글도 함께 받았던 것으로 기억합니다. 정찬숙 선생님의 소감글, 사랑과 정이 흠뻑 묻어나던, 부러운 글이었지요. 지금도 선생님은 학생들과 함께 무언가를 하고 있겠지요.

"오우삼 감독이 만든 영화 〈동사서독〉을 보면 아무런 희망도 기대도 없는 눈으로 말하는 장만옥이 나오는 장면이 있다. '인생에서 가장 아름다운 때 나는 사랑하는 사람을 잃었다. 사랑하는 사람과 함께 있지 못했다.' 우리 2모둠 아이들은 장만옥과 다르게 인생에서 가장 아름다운 때 문학캠프와 함께 있어 더욱 행복한 경험 하나 보태어진 것은 아닐지. 경험에 비하면 말이란 아무 의미도 없는 것이게 말이야. 길을 가면서도 또 하나의 나를 지켜보는 순간은 재미있지. 있는 그대로의 모습으로 사물들을 보고 있는 그대로의 삶의 길을 가는 '월하대인'이 되었으면 좋겠다. 겨울은 그리 멀지 않았지. 너희들의 또렷한 눈망울이 몹시도 그립구나. (정찬숙 선생님 소감글에서)"

2018년 답사에서는, 정읍시립박물관에 가서 정읍의 역사와 사진들을 보았고 망부상 자리에서 '상리마을'을 내려다보며 정읍이 고향인 박찬 시인의 '상리마을에 내리는 안개는' 시를 감상해보았습니다. 시인이 기억하는 '상리마을'은 지금은 상전벽해로 변해버렸지요. 시가 어둡더군요. 엉뚱한 감상이지만, 요즘의 제가 '미세먼지 나쁨' 예보 글씨를 보는 기분을 시인은 혹 예견이라도 했던 것일까요.

바람도 제 갈길을 잃고 스러지는 골짜기
무슨 부끄러운 몸뚱아리 감추려고
아직도 떠나지 못하고 헤매는 혼백 거두어 가려고
하늘의 문 열어놓고 흐느끼는가

무슨 흉한 징조로 대꽃은 피고
음정을 잃고 찢어지는 하늘

매운 고추냄새도
아린 손끝도 아랑곳없던
물맛 같은 백성들
흔들리는 어깨 위로 떨어지는 천둥 번개여
황토, 질척거리는 땅바닥에 코박고 죽은 하늘이여

보드랍던 신록의 숨결
대숲은 마른 피바람 소리만 웅웅거리고
시신들의 서걱이는 발자국 소리 들려오는

상리마을 내리는 안개는
부끄러운 이 땅의 설운 혼들이
하늘까지 쳐 놓은 하얀 장막인가

— 박찬, 상리마을에 내리는 안개는

[박정만 시인 탐방, 정찬희 선생님께]

무슨 찻집에선가였을 겁니다. 단아한 찻집의 분위기에 잘 어울리는 정찬희 선생님을 처음 만났지요. 정읍국어교사모임 회원 한 명이 아쉽던 그때, 언니와 같이 회원으로 들어온 정찬희 선생님이 정말 반가웠습니다. 미혼의 젊은 선생님이어서 더 그랬을지 모릅니다. 정읍국어교사모임에 지속성이 있으려면 젊은 피의 수혈이 필요하다는 것은 분명했으니까요. 선생님은 국어수업 연구에 관심이 많았고 모임에서 그 도움을 받고 싶었을 것입니다. 수업연구보다 체험활동 쪽으로 가는 모임의 방향성 때문에 오래 머물지는 않았던 것으로 알아요. 그렇지만 문집을 편집하는 깔끔한 솜씨는 탁월했고, 태백산맥문학관에 전시된 문집도 선생님이 만든 것이었지요.

2018년 학습연구년제 스무 번째 답사를 저는 설 연휴 다음날에 갔는데요. 그러니까 2월 7일이었죠. 스무 번의 답사 중 가장 추위가 매섭고 풍경이 삭막했지요. 박정만 시인이 죽기 전에 쓴 종시終詩 "나는 사라진다/ 광활한 우주 속으로"가 떠오를 만큼요. 정지용 편을 정리하면서 정지용문학상을 수상한 박정만 시인에 대한 이야기도 쓴 일이 있습니다. 대청호 호숫가에서 만난 박정만 시비는 반가웠고, 자료를 찾아보면서 그의 비애를 절감할 수 있었는데요. 2월 7일 답사에서는 내장산 호숫가의 시비와 시인의 고향인 산외면 동진마을에 다녀왔답니다.

학습연구년제 결과발표회 때, 저는 박정만 시비의 사진을 보여주며 이렇게 말했지요. 시비의 시 아래 적힌 시인의 약력에는 한수산 필화사건 관련 한마디 언급도 들어가 있지 않았다, 박정만 시비가 옮겨 다니면서 이제 세 개의 시비들을 조합해놓은 중앙에는 '지역유지'의 시비가 들어섰고, 오른 편 정면 포장도로 쪽으로 '서래봉'까지 가리면서 '국가유공자비'가 들어서 있다, 일 년 답사를 하면서 강산 곳곳을 점령한 이러한 '뽈대' 기념비들을 맞닥뜨릴 때마다 나는 정말 화가 났다고.

박정만 시인의 생가는 세 집이 합쳐진 형태로 흔적이나마 남아 있었고, 사촌형인 박봉 씨는 아직도 건강하시더군요. 옛날에 왔었음에도 기억에 전혀 남아있지 않아 애먹었는데, 만나는 동네 분들마다 워낙 친절하셔서 많이 고마웠답니다. 사촌형제는 같이 마을 가까이 있는 화죽초등학교에 다녔다고 했습니다. 지금은 폐교된 채 스산하지요. 박정만 시인이 공부를 잘해서 전주북중을 갔고 박봉 씨는 공부를 못해서 전주서중을 갔다고 스스럼없이 말씀하시더군요. 박정만 시를 보아도 이해가 잘 안되고 시인과의 일화들이 많아서 이야기해주지 못함을 미안해하면서도, 어릴 때 하모니카를 잘 불고 노래도 잘 했노라는 이야기를 했습니다. 아들인 찬연과 딸인 송이와 릴리가 있다는 이야기도 했고, 이제 고향을 잘 찾지 않는 형제들의 이야기도 했습니다. 박정만 시인의 시비는 내장호수 다른 비들에 묻혀 도열해 있기보다는, 고향마을 산 아래 있어야 하지 않을까, 저는 생각했습니다.

박봉 씨 집 바로 뒷집이 박기서 씨 집이라고 했습니다. 아직도 택시 운전사를 하고 있다고, 자기는 그의 행위를 좋게 안 본다고, '힘없는 노인 안두희'를 죽인 것은 소영웅심리였을 뿐이라고, 그런데 그 말투에서 비난의 화살보다는 애정의 표현이 느껴진 것은 왜였을까요. 백범 암살범 안두희를 추적하여 백범 묘소 앞에 무릎 꿇게 했던 권중희, 그를 찾아가 자신의 뜻을 알리고 안두희를 처단했던 박기서, 국가가 제 할 일을 하지 못한 까닭에 국민의 자존심과 그들의 개인 삶이 피해를 입은 것이라고 저는 생각합니다. 산외면 동진마을에 박정만 시인과 박기서 의사, 그들을 기리는 마을 사업은 어떨까요. 기념비가 꼭 사람 많은 관광 지역이나 도읍에 있어야 하는 걸까요. 갈수록 비어가는 농촌 마을들, 그 마을 마을 가슴마다 자연과 조화된 특색 있는 기념물을 안을 수 있게 한다면, 이 강산이 온통 아름다운 노래를 부를 것만 같습니다.

3모둠 발표 내용

진행자 기영/ 박정만 종욱/ 평론가1 선아/ 평론가2 경은/ 평론가3 현

진/ 소설가 찬향/ 시인1 아연/ 시인2 고은/ 한수산(소설가) 준/ 군정보원 형준

진행자 여러분 안녕하십니까? 다큐멘터리 인물탐구의 진행자 박기영입니다. 오늘은 정읍 출신의 시인 박정만 시간입니다. 1946년 정읍시 산외면 출생으로 1988년 올림픽 폐막식이 거행되던 날 타계한 박정만. 문학계에서는 인정받고 있지만, 일반인들에게는 아직 알려져 있지 않지요. 왜 그가 43세의 나이에 그렇게 쓸쓸히 홀로 생을 마감해야 했는지, 그리고 그가 세상을 향해 어떤 노래를 불렀는지 함께 과거로 돌아가 볼까요? 자, 그 일생의 결정적 사건이었던 한수산 필화 사건이 일어난 1981년으로 되돌아가 보겠습니다.

(장소—목로주점)

진행자 문인들끼리 술자리가 벌어졌군요.

평론가1 어, 오늘도 여기 다 모여 있군 그래. 글쟁이들이 글 쓸 생각은 않고, 왜 맨날 술타령이야?

소설가1 형님 오셨수? 그런데 '행불' 못봤어요?

평론가3 그 친구 또 병이 도졌구만.

진행자 저 실례합니다만, '행불'이 누구죠?

시인1 박정만이 말입니다. 툭하면 행방불명이라서 우리들끼리는 그렇게 부르죠. 요즘도 근 3일째 못 봤는데 어디에 박혀 있지 싶네요.

소설가1 진정한 술꾼이지. 노래는 또 어떻구. 정만이의 시나 노래를

듣고 있자면 깊은 슬픔과 함께 막막한 허무의 감정에 빠져들다가 문득 이 세상을 버리고 싶은 충동이 일어난다니까.

진행자 (정면을 바라보며) 이 시간 박정만에겐 어떤 일이 벌어지고 있었을까요?

(장소 군 수사기관 지하실—군정보원에게 한수산과 박정만이 고문을 당하고 있다)

군정보원 야, 한수산. 〈욕망의 거리〉는 누구 지시로 쓴 거야? 엉? 박정만이야? 정규웅? 아니면 권영빈? 빨리 바른대로 대지 못해!

한수산 그 누구의 지시도 받지 않았소. 대한민국엔 표현의 자유도 없단 말입니까? 으악!

군정보원 박정만, 네가 시켰지? 소설나부랭이를 쓰려면 거 근사한 거 있잖아. 연애소설이나 쓰지 않고, 왜 고위층을 비난하고 그러냐구. 에잇!

박정만 헉, 으으…… 우리는 어떤 일도 모의하지 않았소. 단지 편집장과 작가로 만나는 사이란 말이오.

진행자 당시 군정보부는 이들에게서 아무런 혐의를 발견할 수 없자, 3일만에 집으로 돌려보냈습니다. 이후로 한수산 씨는 일본행을 택했고, 박정만의 생활은 급격히 무너지기 시작했습니다.

박정만 (비틀거리며 걸으면서 독백) 여보, 난 대한민국처럼 짓이겨졌어. 내 딸 송이야, 세상이 사람을 이렇게도 다치게 하는구나. 으흑흑……

진행자 고문 후유증으로 인한 육체적 정신적 고통은 그를 몸져눕게 했으며, 가정적인 불행이 이어졌습니다. 부인과의 이혼 후, 건강은 극심하게 악화되었고, 고통을 이기기 위해 하루에 소주를 2병씩 마셔야만 했습니다. 자, 다시 문인들이 자주 모이는 술집으로 그를 찾아가볼까요?

(장소 — 목로주점)

진행자 저 박정만씨 보셨습니까?

소설가1 이런, 또 '행불'인데. 도봉으로 이사갔다는 말을 들은 것 같기도 하구.

진행자 박정만 씨의 내력 좀 들려주시죠.

시인2 제가 하지요. 전 후배 박해석입니다. 형은 고향 정읍에서 어린 시절을 보냈죠. 중학교 때 어머니가 돌아가시고, 고모가 있는 전주에서 고등학교를 졸업한 후, 경희대에 입학하면서 서울 생활을 시작했습니다. 두 번의 결혼, 가난, 직장을 전전하면서 삶의 스산함은 다 맛보고 살았죠. 시를 빼면 아무 것도 없는 빈털터리. 형에게 삶은 온통 고행이며, 죽음과 함께 있는 것이었습니다.

박정만 (옆에서 좀 떨어진 자리에서 시를 읊는다)

헤매는 벌판

누이여, 벌판에서는 새소리 들리고
수수밭머리에서는
아직도 바람소리 끝나지 않았다
바람을 흔드는 것은 바람이다
너는 너의 무게로 고개를 숙이고

철새마저 다 떠나가고 말면
세상에는 무엇이 남아 벌판을 흔드랴.

땅거미 짙어가는 어둠을 골라 짚고
끝없는 벌판길을 걸어가며
누이여, 나는 수수모가지에 매달린
작은 씨앗의 촛불 같은 것을 생각하였다.
가고 가는 우리들 생의 벌판길에는
문드러진 살점이 하나, 피가 하나,

버린 대로 자라나서
이제 벌판을 흔들고 지나가는
무풍의 바람이 되려고 한다.
마지막 네 뒷모습을 비추는
작은 촛불의 그림자가 되려고 한다.
저무는 십이월의 저녁답,
자지러진 꿈, 꿈 밖의 누이여.

평론가3 그런데 정만이가 요즈음 전화를 자주 해요. 전화를 해서 자기가 그 날 쓴 시를 읽어주지 뭐요.

소설가1 아이구, 말도 말아요. 하루에 시를 몇 십 편이나 쏟아내는지 어떤 날은 아침에 1시간 이상을 읽어주는 바람에 내가 밥도 못 먹었다우. (전화벨 소리가 울리자 수화기를 들고) 여보세요. 아, 정만 형!

박정만 (전화선을 타고 목소리만 들린다) 김형, 시가 겁나게 나와부러 미치겠다. 들어봐.

산 아래 앉아

메아리도 살지 않는 산 아래 앉아
그리운 이름 하나 불러 봅니다.
먼 산이 물 소리에 녹을 때까지
입속말로 입속말로 불러 봅니다.
내 귀가 산보다 더 깊어집니다.

시인1 (전화를 향해 큰 소리로) 야, 정만아! 오늘은 쓴 시들 중에서 대표작만 읽어라.

진행자 (평론가2에게) 한수산 필화 사건 이후 그의 시세계에 변화가 있다고 보십니까?

평론가2 예전의 시풍과는 좀 달라졌지요. 전에는 삶의 고통과 슬픔을 한스럽게 노래했는데, 요즈음의 시에선 사회의식도 느껴지고, 삶의 고통을, 죽음까지도 끌어안고 일어서려는 의지가 보입니다. 그는 삶을 비극으로 보지만, 비극이라고 생각하는 것 자체에는 이미 그러한 상황을 극복하고픈 의지가 숨어있지 않습니까. 필화 사건 이후 어떤 대결의식도 생기고, 고통을 내면화시키는 관조와 화해의 세계도 엿보입니다.

평론가3 저기 정만 형이 오는군요.

진행자 박정만 씨, 드디어 만났군요. 시의 비밀 좀 털어놓으시죠.

박정만 체질적으로 내 몸 속에는 전라도 피가 흐르는 것 같아요. 어휘나 운율도 누구한테 배운 게 아니라 생래적으로 타고난 것 같으니까. 뭐랄까, 진흙탕 속에서 나뒹군다고 할까. 아득하기 짝이 없고, 유장하고…… 전라도 같은 황토지대나 평야가 많은 곳에서는 그냥 뭔가 흘러나오는 것 같단 말야. 판소리 가락도 그게 아니겠어요?

진행자 1987년 8월 20일부터 9월 10일까지 겨우 20일 동안 300여 편의 시를 쓰셨다는 유례 없는 기록은 어떻게 된 것입니까? 총 8권의 시집 중 6권을 그때 쓴 시로 내셨다는데요. 설명 좀 해 주시지요.

박정만 그 전 세 달 동안 나는 500병 정도의 술을 쳐 죽였지요. 새삼 사는 일이 눈물겹게 생각되었지만, 일어나기는 고사하고 이제 자살조차 꿈꿀 힘이 내게는 없었어요. 그런데 이상한 현상이 일어났습니다. 마침내 내 손이 나를 배반하기 시작한 것입니다. 나는 어떤 보이지 않는 손의 인도에 따라 머릿속에서 들끓는 시어의 화젓가락으로 시를 쓰기 시작했어요. 한 편을 쓰고 나면 또 한 편의 시가 미리 대기하고 있었지요. 그 무렵 나는 접신接神의 경지 속에서 살았습니다.

(kbs 인물현대사 박정만 편, blog.naver.com/sabaino 자료 활용)

[정극인 상춘곡 탐방, 유춘욱 선생님께]

잘 지내시는지. 이렇게 인사를 드리는 것도 편지를 드리는 것도 처음인 것 같습니다. 박래흥 선생님과 같은 배영중에 근무하신다는 것, 항상 멋진 패션감각을 보여주시고, 낭만과 자유의 여행을 많이 하신다는 것, 시원시원하게 일처리를 하신다는 것, 제가 선생님에 대해 아는 것은 그 정도이지요. 언제나 세세한 곳에 얽매이지 않는 자유로운 선생님이셨으니까요. '정읍문학지도' 활동에 같이 참여해서 선생님 모둠은 칠보 무성서원과 정극인 상춘곡 가사문학비를 찾아 공부하고, 가사작품을 현대 노래로 바꾸어 보는 활동을 하셨지요. 12명이 모둠으로 편성되었지만 남학생 4명이 모두 빠져버리는 바람에 여학생만 있는 유일한 모둠이 되고 말았던 기억이 납니다. 모둠 활동에서 중학생과 고등학생, 남학생과 여학생의 조화는 퍽 중요했지요. 하지만 문학캠프의 성격상 모둠원들의 사전준비가 중요하기 때문에 모둠편성을 변경할 수는 없는 일이었지요. 선생님께서 세심히 챙겨주셨더라면 하는 아쉬움도 있었지만, 선생님의 교육방식으로는 아이들 스스로 움직이는 능동성이었다는 것을 잘 압니다.

이번 답사에서 제가 처음으로 갔던 곳이 '태산선비문화사료관'이었습니다. 2006년 손창엽 선생님이 제작했다는 정극인 동상도 이번에 처음 보았습니다. 사실 정극인 가사문학비도 처음이라고 생각했는데, 옛날 태인여중 학생이 남긴 글을 보니 그곳은 가본 적이 있더군요. 태산선비문화사료관은 1998년 설립되었다고 하는데, 왜 저는 그곳이 아주 최근 설립된 가사문학관이라고만 생각하고 있었는지 모르겠습니다. 2001여름문학캠프 때도 사료관은 그곳에 있었을 텐데 유춘욱 선생님은 그곳에 가셨을지요.

안성렬 관장님이 말씀하시더군요. 이 지역에 살면서 이곳에 처음 왔다는 말이냐구요. 그래서 무성서원까지만 왔다가 가곤 했노라 말했더니, 그러면 됐다고 또 그러시더군요. 무어라고 변명해도 저의 잘못을 인정하지 않을 수 없게 됐습니다. 무성서원은 여러 번 왔었고, 한가을 노오란 은행잎들이 바람물결에 휘날릴 때는 탄성을 지르곤 했었지요. 그래서 저는 서원탐방이라면 꼭 가을에 가보아야 한다고 생각하는 사람입니다. 남고서원도 그랬지요. 서원과 은행나무, 무슨 연관이 있는 것은 아닐지 궁금하기도 합니다.

을사늑약 이듬해인 1906년 무성서원에서 창의한 최익현과 임병찬 등 유림을 추모하는 병오창의비를 보았는데요. 김개남을 밀고하여 죽게 했던 임병찬, 동학농민군을 섬멸해야했던 일제에 동조한 그는 정확히 12년 뒤 일제에 대항하여 창의했다는 것인데, 이 역사적 사실을 어떻게 보아야 할까요. 왜적의 앞잡이 진위대 앞에, 최익현은 동족상잔을 벌일 수 없노라고 의병을 해산하였다는 말이 퍽 아이러니하게 다가왔답니다. 동학농민혁명 때 왜적의 실체를 간파하여 농민군과 함께 일제에 대항하여 격파했더라면, 선각자여야 할 배운 유림들은 왜 그러한 시대정신을 갖지 못하였을까요.

제가 정읍 지역을 적지 않게 탐방하였음에도 '선비문화'에 대한 부정할 수 없는 거부감 같은 것이 작용했음을 인정해야겠습니다. 정읍고에 있을 때 '선비 정신은 계승되어야 한다'는 주제로 찬반 토론을 진행했던 기억이 떠오릅니다. 긍정성이라면 계승일 것이고 부정성이라면 타도겠지요. 가사문학을 공부하면서도 긍정성과 부정성의 대립요소 때문에 제 딴에는 많이 고민스러웠던 기억이 납니다. 담양의 가사문학을 탐방하면서, '광주'를 다녀온 이후였기에 더 그랬겠지만, 정자에서 풍류를 즐기면서 하인이 밑에서 먹을 것을 지게에 지고 날라 오고 시중을 들고, 그런 모순에 화가 나기도 했었답니다. 한양에서 불러주기만을 고대하며 궁벽진 지역에 은거하는 선비라면, 저의 화가 잘못된 것만은 아니었겠지요.

담양의 가사문학에 비하여 태인, 칠보의 가사문학이 인정받지 못하고 있는 현실을 안성렬 관장은 이야기하였습니다. 담양에 가면 자미탄 주변으로 소쇄원이 있고 환벽당과 식영정이 있지요. 여름비 그친 뒤 소쇄원에 가면 콸콸콸 그 장쾌한 풍경에 찬탄하지 않을 사람이 없을 것입니다. 그림자도 쉬어간다는 식영정이나 정철이 공부했던 환벽당, 그곳에서 사미인곡思美人曲을 지었다는 송강정, 어느 곳을 가도 아름다운 풍경이지요. 정읍고문학기행 때 광주에 다녀온 뒤 비 그친 여유로운 풍경을 환벽당에서 만끽했었지요. 그러한 양반문화에 거부감을 가지면서도 지친 몸 쉴 때는 또 좋기도 한, 그 모순된 정서를 어떻게 문학적으로 '교육'할 것인가도 저로서는 중요한 고민이 될 것 같습니다.

옛날의 태인은 현재의 무성서원이 있는 칠보, 김개남이 피체된 산외까지도 포함하는 구역일 텐데요. 태인문화권에 산재한 정자들만 해도 10개가 된다고 했습니다. 동진강 상류를 바라보며 송정, 후송정, 한정 등 칠보면에 많이 있고, 호남제일정이라고 칭하는 피향정은 태인면에 있지요. 동진강의 물줄기가 예전 같이 풍요롭지 않고 피향정의 상연지가 메워지고, 담양의 풍취를 따라잡기에는 많이 부족할지 모르겠습니다. 담양 소쇄원이 있는 '남면'은 일제식 명칭을 바꿔 '가사문학면'으로 개칭하기로 했다고 합니다. 지역의 특색을 살리는 지방자치제의 한 단면을 보는 것 같았습니다. 긍정성으로 받아들여야겠지만, 국가적으로 볼 때는 때로 지엽적이고 소모전이 되어 전체적인 손실이 될 때가 있는 것도 현실인 것 같습니다.

정철의 관동별곡보다 더 오래된 작품이 백광홍의 관서별곡인데 백광홍은 일재 이항의 제자이지요. 아시다시피 일재 이항은 정읍시 북면 보림리 남고서원에서 만날 수 있는 성리학자이지요. '태산이 높다하되' 시조의 원작자는 알려진 양사언이 아니라 했지요. 남고서원과 보림사를 왕래하며 후학을 양성했던 이항의 작품으로 수정되어야 한다고 했습니다. 김제민, 김천일, 백광홍 등 이항이 길러냈던 제자들이 훌륭했던 것 같습니다. 정극인의 상춘곡은 가사문학의 효시가 되는 작품이라고 알려져 있고, 정극인의 묘소와 동상과 문학비가 칠보면에 있지요. 상춘곡의 배경이 동진강과 그 주위 아름다운 자연 풍광이 될 것입니다.

가사문학의 효시라고 하기에 지나치게 정제된 작품이 아니냐고 평가받기도 하는 상춘곡常春曲. 반대로 말하면 그만큼 잘 쓴 작품이라고 할 수 있다는 것일 텐데요. 단순히 교과서에서 배울 때의 상춘곡과 현장에서 읽는 상춘곡은 많이 달랐습니다. '벽계수'가 동진강이었구나 생각하니 그럴 수밖에요. '송죽'이야 있는 그런대로 가능하겠지만, '도화행화'라든지 꽃나무 가지 꺾어 수놓고 술잔 기울일 연못이라든지, 생동감 있게 정비해야할 곳을 생각하면 지방자치단체도 많이 골치가 아플 것만 같습니다. 안성렬 관장은 현재 진행되는 프로그램 팜플렛을 제게 주었지만, 아무래도 그러한 프로그램으로 요즘의 아이들을 수용할 수 있을지는 확신하기 어려울 것 같습니다.

조선시대에 단종이 왕위를 빼앗기자 벼슬을 버리고 향리인 전라북도 태인에 은거한 불우헌不憂軒 정극인丁克仁이 만년인 성종 연간에 그 곳의 봄경치를 읊은 가사 작품이라는 상춘곡. 그 전체를 여기에 한번 적어보는 것으로 선생님께 드리는 편지를 맺음하려고 합니다. 모둠 발표 때 선생님 모둠 아이들이 차태현의 노래에 맞춰 불렀던 현대판 상춘곡 노래도 떠올려도 보고, 다시 한번 학생들과 함께하는 문학캠프에서 만날 수 있기를 바래보면서요.

홍진에 뭇친 분네 이내 생애 엇더한고.
넷 사람 풍류를 미칠가 못 미칠까.
천지간 남자 몸이 날 만한 이 하건마는,
산림에 뭇쳐 이셔 지락至樂을 마랄 것가.
수간모옥數間茅屋을 벽계수碧溪水 앏픠 두고
송죽松竹 울울리에 풍월주인風月主人되여셔라.
엇그제 겨을 지나 새 봄이 도라오니
도화행화桃花杏花는 석양리에 퓌여 잇고,
녹양방초綠楊芳草는 세우 중에 프르도다.
칼로 말아낸가, 붓으로 그려 낸가,
조화신공造化神功이 물물物物마다 헌사롭다.
수풀에 우는 새는 춘기春氣를 못내 계워 소리마다 교태로다.
물아일체物我一體어니, 흥興이에 다를소냐.
시비柴扉예 거러 보고, 정자亭子애 안자 보니,
소요음영逍遙吟詠하야, 산일山日이 적적한데,
한중진미閑中眞味를 알 니 업시 호재로다.
이바 니웃드라, 산수山水 구경 가쟈스라.
답청踏靑으란 오늘 하고, 욕기浴沂란 내일하새.
아침에 채산採山하고, 나조해 조수釣水 하새.
갓 괴여 닉은 술을 갈건으로 밧타 노코,
곳나모 가지 것거 수 노코 먹으리라.
화풍和風이 건둣 부러 녹수綠水를 건너오니,
청향淸香은 잔에 지고, 낙홍落紅은 옷새 진다.
준중樽中이 뷔엿거든 날다려 알외여라.
소동小童 아해다려 주가酒家에 술을 믈어,
얼운은 막대 집고, 아해는 술을 메고

미음완보微吟緩步하여 시냇가의 호자 안자,
명사明沙 조한 믈에 잔 시어 부어 들고,
청류淸流를 굽어보니, 떠오나니 도화桃花로다.
무릉이 갓갑도다, 져 메이 긘 거인고.
송간松間 세로細路에 두견화를 부치 들고,
봉두峰頭에 급피 올나 구름 소긔 안자 보니,
천촌만락千村萬落이 곳곳이 버려 잇네.
연하일휘煙霞日輝는 금수錦繡를 재폇는 듯,
엊그제 검은 들이 봄빗도 유여할샤.
공명功名도 날 끠우고, 부귀富貴도 날 끠우니,
청풍명월淸風明月 외예 엇던 벗이 잇사올고.
단표누항簞瓢陋巷에 흣튼 혜음 아니하네.
아모타, 백년행락百年行樂이 이만한들 엇지하리.

— 정극인, 상춘곡

[동학농민혁명과 문학 탐방, 이형미 선생님께]

그 옛날 언젠가 '새내기' 국어교사 연수에 한 시간 강사로 제가 갔던 적이 있었지요. 이형미 선생님 추천이었고 전효심 선생님의 안내를 받아 진행했던 시간이었는데요. 그런 데 나갈 자격이 있느냐 생각하고 말고 할 여지도 없이 얼떨결에 가고 말았던 경우였습니다. 문학기행 관련 주제였기에 제가 태인여중에서 진행했던 내용들을 소개하는 식으로 시간을 채웠지요. 너무 빨리 끝내버린 이야기와 쏟아지는 질문들에 당황

했던 기억이 새롭게 다가오네요. '문학기행'을 연결고리로 해서 그렇게 이형미 선생님과도 만났던 것 같습니다. 언제나 활발하고 잘 웃고 목소리도 크고 노래도 잘하고 국어수업 연구활동에 열성적이고, 제가 보는 이형미 선생님이 그러했습니다.

저는 나중에야 정읍국어교사모임에 합류했고, 들어가면서부터 문학캠프 사업을 벌이기 시작했지요. 그렇게 10년이었습니다. 20년 근무한 사립 태인여중이 폐교되면서 저는 공립으로 다른 지역으로 떠다녔고 어영부영 3년쯤 정읍문학캠프에 동참하다가, 결국 정읍문학캠프는 2009년을 마지막으로 휴지기를 맞게 되었지요. 모임에서 이형미 선생님의 존재는 '아이디어뱅크' 역할이었던 것으로 기억합니다. 톡톡 튀는 창의적인 사고들을 다른 사람들이 따라잡을 수 없었고, 특히 저로서는 많은 도움을 받았던 경우였습니다. 중학교에 주로 있던 저와 다르게, 여고 한 곳에만 근무하면서 오랜 역사와 뿌리를 만들어가는 이형미 선생님이 많이 부럽기도 했습니다.

2018년 전국국어교사모임 연수 신청자 명단에 이형미 선생님의 이름을 보았답니다. 어느 나이의 시점부턴가 연수에 참여하는 것을 불편하게 생각하면서 피하게 되었음을 부인할 수 없겠네요. 변함없이 열심히 배우고 활동하고 있는 이형미 선생님의 모습을 떠올리면서 저 자신을 반성도 해보았답니다. 정읍 황토현 동학제의 경우도 비슷하겠네요. '신사발통문대회' 진행은 중단되었고, 서진용 선생님 주관으로 진행하는 전국청소년토론대회는 아직까지도 명성을 유지하고 있는 것으로 알고 있습니다. 토론대회 보조교사로 심사위원으로 이형미 선생님 역시 열심히 활동하고 있겠지요. 저는 두세 번 참여했을 뿐이지만, 그때 만났던 아이들과 선생님들에 대한 인상은 정말 강렬한 것이었답니다. 제가 이제 고등학교 교사로 가지는 못할 테니, 다시 학생들을 데리고 참여해보는 것은 불가능한 일이겠네요.

'정읍문학지도' 활동에서 이형미 선생님이 맡은 것이 '동학농민혁명과 문학'이었지요. 나중에 선생님의 소감글을 보면서 꽤 감동했던 기억이 납니다. 감동이라고 하고 보니, 곽재구문학캠프 때도 퍽 감동했던 기억이 나네요. 예상과 전혀 다르게 작가가 성실하지 않았던 문학캠프였기에 후딱 묻고 넘어가려 했는데, 선생님의 소감글과 태인여중 문지인 소감글을 보며 저의 그런 생각을 철회했던 기억이 납니다. 관점에 따라 전혀 달라진다는 것을 그때 알았지요. 태인여중 아이에게 그런 추억을 남겨준 선생님이 고맙기도 했지요. 2001문학캠프 때는 선생님 모둠에 태인여중 아이가 없어 좀 아쉽기도 했었답니다.

"둘째 날은 정말 우리들의 날이었다. 우리는 모둠명을 '파랑새'로 지었다. 우리 모둠 활동 내용이 '동학'에 관한 것이었기 때문에 정읍의 동학유적지를 돌아보기로 했다. 시간이 여의치 않아, 몇 곳을 둘러보지 못하기도 하고 안내자가 다른 일로 오지 못하는 바람에 조금 아까운 면이 있었지만, 열심히 조사를 해온 아이들이 조사해온 내용을 발표하고 내 나름대로 이야기를 나눌 수 있어서 좋았다. 바쁜 중에도 우리는 차속에서 서로 이야기를 나누며 100년이 넘는 옛날의 '동학'의 의미를 되새기는 기회가 되었다.

특히 황토현 전적지에서 모둠활동의 결과물로 안도현 시 '서울로 가는 전봉준'을 시화로 만드는 과정에서 아이들이 서로 친해지고, 자신의 모습을 부담없이 드러내보이는 것은 참으로 보기 좋았다. 잘 그리는 아이, 못 그리는 아이 할 것 없이 열심히 '동학'의 의미를 찾아보고자 하는 모습은 얼마나 보기 좋은가. 시화에 맞추어 시낭송을 할 때는 한 명도 빠짐없이 참가하는 즐거움도 함께 누렸다. 저녁에 모둠별 발표회 때 컴퓨터를 통하여 시화를 발표했다. 화면이 좀 작아서 아쉬웠지만, 새로운 시도라고 생각한다. (이형미 선생님 소감글에서)"

아이들이 제작한 시화는 잘 그렸든 못 그렸든 아이들의 순수 창작품이라는 것만으로도 호소력과 감동이 있는 것이지요. 남루한 옷을 걸친 채 서울로 향하는 전봉준, 졸라맨 그림으로 그려진 농민들의 함성, '수천 개의 푸른 기상 나팔을 불어제끼는' 또는 '기억하라고 타는 불빛으로 건네던'을 표현한 동화적인 그림, '척왜척화' 물결소리를 시각화하여 멋지게 표현한 장면, 아이들의 시낭송 목소리와 함께 참 훌륭한 발표였다고 생각합니다. 아이들이 작성한 '신사발통문' 내용은, 당시 현실에 대해 신랄하더군요. 교무실과 마찬가지로 교실에도 에어컨을, 학생들의 재능을 무시한 채 진행되는 재미없는 수업은 그만, 양성평등시대의 남녀공학 실시 등 거침없는 주장이었는데요. 언제든 이러한 목소리를 만났을 때, 자연스럽게 수용할 수 있는 교사여야 한다는 생각을 해보았습니다.

동학농민혁명 100주년 기념사업으로 출간되었던 ≪황토현에 부치는 노래≫를 구입할 수 있다면 문학캠프 도서로 해도 좋겠다는 생각을 해봅니다. 그 상징성과 비극성으로 하여 동학농민혁명을 다룬 문학작품들이 많고 훌륭한 시들이 많은데요. 그 시들을 모아 펴낸 것이 ≪황토현에 부치는 노래≫인데, 이제 구하려고 보면 절판이더군요. 인쇄물로 가지는 것과 한 권의 책으로 가지는 것은 중대한 차이가 있을 터인데, 특히 학생들과 함께하는 문학캠프라면 학생들에게 한권의 책으로 남겨줄 수 있다면 퍽 좋을 것 같습니다.

학습연구년제 자료 때문에 염길중 선생님 학교를 찾아간 적이 있었지요. 여중과 여고가 함께 있는 학교 풍경이 퍽 유서 깊어 보였고, 아름드리 나무들이 그 연륜을 말해주는 듯 했어요. 이형미 선생님 이야기를 했답니다. 여전히 바쁘고, 학생들과 많은 활동을 하고 있다구요. 다 나이 들고 있는데 이형미 선생님만 나이 들고 있지 않은 걸까요. 학생들과 호흡하는 선생님의 건강한 웃음이, 그렇게 반짝반짝 오래도록 빛났으면 좋겠습니다.

[소설가 신경숙 탐방, 이재호 선생님께]

학습연구년제 당첨을 위해 삼수를 했노라는 이재호 선생님, 그 우스꽝스러운 심사과정을 경험하면서 '이렇게까지 해서 이것을 해야되나' 회의감이 든다고 저는 선생님께 말했었지요. 그랬습니다. 저는 제가 해야만 하는 연구주제를 위하여 무급 휴직이라도 해야할 참이었습니다. 하지만 그렇게 경제적으로 큰소리를 칠 형편이 안 되는 저는 학습연구년제를 선택할 수밖에 없는 일이었는데, 포트폴리오 정리도 어려웠지만 현장실사단 질문에 응답하고 면접 문제에 응답하는 일은 민망하고 부끄럽기만 했지요. '심사'를 통과해야만 연구년이 주어진다는 교사의 현실도 그랬고, 아이들보다 더 말을 못하는 교사인 저 자신이 참 초라해지더군요.

그렇게 통과 받은 연구주제가 저는 '문학캠프'였고, 이재호 선생님은 '통일'이었습니다. 선생님이나 저나 2000년 처음 문학캠프로 만났을 때와 달라진 것이 없는 것 같아 웃음이 나기도 했답니다. 결과발표 때 저는 지금껏 진행했던 문학캠프와 2018년 스무 번의 답사와 연결하여 발표를 했지요. 어쩔 수 없이 이재호 선생님을 언급할 수밖에 없었는데, 예를 들면 버스 안에서 김남주 '함께 가자 우리 이 길을' 노래를 배우고 김남주 묘역에서 헌화하며 같이 그 노래를 부르고, 그게 다 이재호 선생님 능력으로 가능했었노라는 이야기. '통일문학캠프'를 이야기하면서도 이재호 선생님 이야기를 하고 싶었지요.

'정읍문학지도' 활동에서 선생님은 신경숙 소설가를 맡았고, 절묘하게 '통일'과 연결시키시더군요. '기승전통일'이라고 해야할지. 선생님의 바람대로 정말 이 땅에 평화통일이 실현되는 그날이 머지않아 꼭 왔으면 좋겠습니다. '통일문학캠프'의 꿈은 우리가 퇴직하기 전에도 가능할 것만 같은데, 욕심은 버릴 나이가 되었어도 그게 잘 안되나 봅니다. 2001 문학캠프 때 6모둠 발표 내용을 여기에 그대로 올려봅니다. 감회가 새로우실 겁니다.

6모둠 발표 내용

6모둠 지도교사는 이재호 선생님, 모둠원은 호현, 은주, 정현, 민상, 성준, 성옥, 설민, 변경, 경화, 미경, 나현, 민지, 모두 12명입니다. 저희 모둠은 신경숙 소설가의 고향 마을인 과교동에서 신경숙 소설가 부모님을 인터뷰하였으며, 과교동 철길에서 길과 기차를 소재로 한 시 노래극 만들기 활동을 하였습니다.

작가 신경숙은 1963년 정읍에서 출생하였고, 서울예술전문대학 문예창작과를 졸업하였으며, 1985년 문예중앙 신인문학상에 중편 겨울우화가 당선되어 작품 활동을 시작하였습니다. 소설집 ≪풍금이 있던 자리≫, ≪오래 전 집을 떠날 때≫, ≪딸기밭≫, 장편소설 〈깊은 슬픔〉, 〈외딴

방〉, 〈기차는 7시에 떠나네〉, 산문집 ≪아름다운 그늘≫ 등의 작품이 있습니다. 신경숙에 대해서는 아름다운 문체로 인간 내면을 섬세하게 그려내고 있다는 긍정적인 평가가 있는 반면, 베스트셀러만 만들어내는 역사의식이 부족한 작가라는 부정적인 비판도 있습니다.

신경숙 작품을 보면 고향 마을과 관련된 배경이 많이 나오는데 그 부분을 작품 속에서 찾아보는 것도 좋을 것 같았습니다.

> 발에 쇠똥을 대고 마루에 엎드려 편지를 쓰던 나, 일어서서 발을 질질 끌며 헛간으로 간다. 발바닥이 찍힌 후로 어디에 있으나 쇠스랑이 쏘아보고 있는 것 같다. 헛간 벽에 있는 쇠스랑을 끌어내린다. 쏘아보고 있는 듯한 쇠스랑을 끌고서 마당을 가로질러 우물가로 간다. 나, 망설이지도 않고 깊은 우물 속에 쇠스랑을 빠뜨린다. 물이 첨벙, 소리를 낸다. 한참 후에 우물 속을 들여다본다. 깊고 어두운 우물은 쇠스랑을 삼킨 채 곧 조용해지면 아무 일도 없었던 듯 하늘을 받아들이고 있다. 〈외딴 방〉

> 역에서 대흥리 들어가는 버스를 타고 과교동 창고 앞에서 내려달라고 해. 깨진 단추코를 매만지며 그가 말했었다. 근면 · 자조 · 협동. 창고 벽에 푸른 글씨가 선명하다. 저렇게 큰 창고를 어디다 쓰는 것일까? 아, 그렇지 마을 공판이 끝난 곡식을 쌓아두는 곳이라 했지. 창고 앞은 건물 그늘로 인한 얼음이 유독 두껍게 얼어 있어 미끄럽다. 창고 앞 맞은 편 사잇길로 접어들면 우물이 나온다 했다. …… 생각 없이 책꽂이에 얹힌 우편물을 꺼냈다. 알림. 본적 : 전북 정읍군 정주읍 과교리 과교동 299번지…… 〈겨울 우화〉

저희 모둠은 소설 〈겨울우화〉에 나오는 과교동 299번지, 현실 속의 신경숙 작가의 집이기도 한 과교동 299번지를 찾아 그 부모님을 만났습니다. 부모님께서는 저희들 때문에 다른 중요한 약속도 미루고 기다리고 계셨고, 친절하게 많은 말씀도 해주셨습니다. 죄송했던 것은 저희들이 신경숙 작품을 충분히 읽고 가지 못했기 때문에 "우물이 어디예요?" 하는 질문 외에는 질문을 할래도 할 수가 없었다는 점입니다. 부모님께서는 농촌살이의 많은 외로움을 느끼시는 것 같았습니다. 힘들었어도 가족들이 든든했던 옛날 시절이 그립다고 말씀하십니다.

저희들은 마을 바로 뒤로 나있는 기찻길에서 많은 시간을 가졌습니다. 기차는 수없이 보았으며, 신경숙 소설에 자주 등장하는 기차의 이미지를 쉽게 떠올릴 수 있었고, 그에 따른 상상의 날개를 맘껏 펼칠 수 있었습니다.

저희 모둠은 기차와 통일을 소재로, 신경숙 작가가 그것까지 담아낼 수 있는 깊이 있는 작가가 되기를 바라는 마음에서 노래극을 꾸며보았습니다.

노래(입장하면서)

통일로 기차가 칙칙 떠나간다.
사랑과 희망을 싣고서
북녘땅에 있는 겨레 민족에게
갖다주러 갑니다.

해설

마음이 따뜻한 6모둠 세계로 가는 기차입니다. 길, 기차, 통일에 대하여 생각해보고 그것을 주제로 시를 짓고 노래를 만들었다고 합니다. 오늘 저희 노래가 북녘땅까지 멀리 퍼져서 하루빨리 문학캠프 이 무대에서 북녘 친구들과 손잡고 노래 부를 수 있는 날이 왔으면 좋겠습니다.

대화

—아저씨, 차표 한 장 주세요.

—종착역이 어디죠?

—서울역입니다.

—저는 평양까지 가는 차표를 사고 싶은데요. 아니 모스크바 가는 거요. 도보해협을 건너 런던까지 가는 기차표는 없나요? 우리는 서울을 지나 평양까지, 시베리아 벌판을 지나 모스크바까지, 파리, 런던을 지나 이 세계 끝까지 달려가고 싶습니다.

노래(율동과 함께)

기찻길 옆 오막살이 아기아기 잘도 잔다
칙폭 칙칙폭폭 칙칙폭폭
기차 소리 요란해도 아기아기 잘도 잔다

시 낭송

기차는 지금도 달리고 있습니다.
언젠가는 두 손을 맞잡을 날이 온다는 희망을 안고
먼 훗날이 아닌 곧 우리 곁에 올 것입니다.
지금 당장은 아니더라도
그 온기를 느끼는 날을 기다리며

오늘도 기차는 달리고 있습니다.

노래(흥을 넣어)

기차가 어둠을 헤치고 통일로를 건너면
삼천리 금수강산 별빛이 쏟아지네
백의민족 한겨레의 눈동자는 불타오르고
가족 찾은 우리의 가슴엔 설레임이 벅차 오르네
힘차게 달려라 통일열차 2001 통일열차 2001

시 낭송

앞이 막혀 있습니다.
달리고 싶은데
너무 큰 벽이 앞을 가로막고 있습니다.
꿈을 이루지 못한 오늘을 원망하며
내일을 꿈꾸어 봅니다.
열차의 소원을 들어주세요.
열차는 달리고 싶습니다.

시 낭송

꿈에서나 가볼까 우리 할아버지 고향 황해도
거친 손 부드러운 고향 흙
언제 한줌 쥐어보려나 우리 할아버지 작은 꿈
그 꿈 싣고 오늘도 기차타고 황해도에 갑니다.

노래(힘있게)

비 내리는 경의선 통일 열차에
흔들리는 차창 너머로
빗물이 흐르고 내 눈물도 흐르고
통일의 꿈 첫 마음도 흐르네
깜빡 깜빡이는 희미한 기억 속에
그때 떠난 그 사람 두고 떠난 내 고향
자꾸만 멀어지는데
지금 갈 순 없어도 언젠가는 만나요
통일은 꼭 올 거예요.

그때 무대에 올라간 아이들 표정이 참 즐거웠지요. 어느 선생님을 만나느냐에 따라 달라질 수 있는 아이들을 보면, 교사의 역할에 대해 생각해보지 않을 수 없었답니다. 그 노래와 아이들의 웃음이 오랜 세월이 지난 지금도 눈에 선합니다. 기찻길옆 오막살이, 은하철도 999, 남행열차, 이 세 노래에 맞춘 가사는 알겠는데, 처음 입장하면서 부른 것은 어느 노래에 맞춘 것인가요? 은하철도 999는 만화영화였는데 노래도 그렇고 이미지도 그렇고 왠지 모르게 참 슬픈 기분이 들곤 했지요. 전북 통일노래가사바꿔부르기대회에 제가 매년 참여하던 시절이 있었는데, 해리중 1학년 아이들 데리고 갔을 때 이 노래를 사용했던 적이 있답니다. 너무 귀여워서 박수를 많이 받았고 1등을 했다지요. 그 아이디어는 어디까지나 이재호 선생님께 얻은 것이니 여기에 이렇게라도 저작권을 밝혀야겠네요.

[김용 시인 탐방, 신귀백 선생님께]

'같은 목적지를 향해 가는 우리'라는 제목으로 7모둠 지도교사였던 제가 소감글을 올렸었지요. 아이들이 쓴 글을 받아 읽고 그 뒤에 답하는 형식으로 덧붙이는 소감글이었습니다. 주저리주저리 변명일 수밖에 없는 내용이겠지만, 그것도 지나고 보면 그리운 추억이 되더군요. 신귀백 선생님을 뵌지도 무척 옛날이 되어버렸고, 앞으로도 어쩌면 뵈는 일이 없을지도 모르겠네요. 윤흥길 작가 답사 때 선생님께 물어보고 싶은 것들이 많았었습니다. 자료검색을 하는데 선생님의 이름이 많이 눈에 띄었거든요. 익산 지역에서 문학 활동을 많이 하시는 것 같았고, 윤흥길 작가를 익산 지역에서 살려내려는 움직임이 뚜렷이 보였답니다. 정읍 출신의 작가를 정읍에서 살려내야할 법한데, 익산에서 주도권을 가져가버린다는 기분도 들었답니다.

신귀백 선생님이 근무하셨던 정읍 배영고등학교, 김용 시인은 선생님이 아끼는 제자였지요. 힘들게 사는 재능 있는 제자를 보살피는 선생님의 따뜻한 사랑과, 그에 못지않은 안도현 시인의 후배 사랑, 선생님과 안도현 시인의 교류, 그 모든 것이 저로서는 범접할 수 없는 영역으로 다가왔답니다. 유명한 시인을 택할 수도 있었을 텐데 알려지지 않은 시인을 택하여 공부하기로 한 7모둠 아이들에게, 선생님은 고맙다고 말씀하셨지요. 그리고 김용 시인의 시집을 한권씩 선물해주셨습니다. 대표시들을 자료로 읽어보긴 했지만 온전한 시집으로 받는 아이들의 기분은 특별했을 것입니다.

"미리 사전답사를 철저히 한다고 했으면서도 길눈이 어두운 나는 김용 시인 고모님 댁을 제대로 찾지 못해 버스 기사 아저씨의 짜증을 감수해야했다. 김용 시인에 대해 이야기 나누는 동안 내내 눈물을 훔치는 고모님 앞에서 미안해하던 나는, 그곳을 나오면서 돈이 든 가방을 놓고 오는 실수를 하고 말았고, 덕분에 김용 시인 고향 마을에 와서 배고픈 아이들의 성화를 다 받아내야 했다. 배고픈 아이들은 활동을 제대로 하지 못했고, 배영고까지 가는 길은 버스가 안 되어 배영중 선생님을 불러 신세질 수밖에 없었다. 김용 시인 시에 등장하는 최덕수 열사비가 있고 은사인 신귀백 선생님이 있는 배영고가 우리의 목적지였는데, 그곳에서 신귀백 선생님의 주머니를 털어 아이들의 점심을 해결해야 했다. 그런데 또 그 음식점이라는 곳이 냉방이 제대로 되지 않는 찜통이었고 위생 상태도 그리 좋지 못했다. 힘든 속에서 신귀백 선생님은 김용 시인에 대한 설명을 하는데, 그 앞에서 한 녀석은 열심히 졸았다.

돌아와서 모둠발표회를 하는데 다시 한 번 한다면 더 좋겠다는 생각이 들 정도로 아이들은 창의적이고 순발력이 있었다. 하지만 우리 모둠은 민경이가 대본을 미리 준비해왔음에도 연습 부족의 결과가 그대로 나타났고, 무대 위에서 한참 발표 도중 임시 빌려둔 내 폰이 울리는 바람에 나는 황망히 내려와야 했다. 끝나고 아이들의 연습 부족을 나무랐더니, 빤질이의 대가인 녀석들은 "선생님도 실수하셨잖아요"로 당당하게 받았다. 이어지는 공동체 놀이 시간은 재미있었지만 지난겨울과 똑같은 내용이라는 게 좀 아쉬웠다.

그래도 여유 있고 즐거웠던 시간은 독서 골든징 시간과 셋째 날 모양성에서의 작가에게 엽서 쓰기 시간이었던 것 같다. 독서 골든징은 정찬숙 선생님의 침착한 진행과 아이들의 상당한 수준이 돋보였고 엽서 시간은 짧은 속에서도 차분히 정리할 수 있었다는 점이 좋았다. 우리 모둠 아이들도 열심히 해주었다. 수영이가 끝내 "재미 없었어요"를 고집하긴 했지만 뭐, 그 모습이 오히려 귀엽다는 생각이 들었다.

또 하나, 힘들지만 좋았던 점은 모둠 활동 방식이다. 문학캠프에 태인여중이 9명 참여하긴 했지만 모두 나와는 다른 모둠이기 때문에, 결과적으로 내가 맡은 모둠과 우리학교 아이들이 들어간 다른 모둠 모두 고루 신경 쓸 수밖에 없다는 것.

지금 생각하면, 애초에 기획을 잘못하지 않았나 하는 아쉬움도 든다. 첫째 날 모둠 활동을 하고 둘째 날 백일장과 작가와의 대화를 하는 게 나았을 거라는 생각이다. 하지만 조금씩 부족한 사람들이 모여 '문학과 삶'이라는 같은 목적지를 향해 오래도록 지치지 않고 같이 갈 수 있으면 좋겠다는 것, 나는 문학캠프 활동을 그렇게 정리하려 한다. (홍숙정 소감글에서)"

18년의 세월이 흐른 후, 저는 다시 김용 시인의 마을을 찾았답니다. 그가 죽은 뒤에도 잊지 않고 이렇게 찾는 누군가가 있다는 것을, 저 세상의 시인은 알 수 있을지.

마을을 찾긴 했지만 저는 그 집을 기억해낼 수는 없었습니다. 이미 저 세상에 한발 걸쳐놓은 것만 같은 양지 볕에 앉은 동네 할머니들의 모습, 처음 이곳에 왔을 때 만났던 마을 풍경은 충격이었지요. 영혼의 나라에 들어선 기분이었으니까요. 그런데 지금은, 그조차도 없이 물어볼 사람 하나 보이지 않고 빈집이 많았으니, 이것을 어떻게 말해야 할까요. 그 어르신들은 아마도 저 세상으로 가셨을 테고, 그 후손들은 대부분 타지로 떠나 있겠지요.

김용 시인의 흔적을 신귀백 선생님의 도움 없이는 어느 한 자락도 찾아낼 수 없겠다는 생각을 했습니다. 아쉬움은 아쉬움대로 의미가 있을까요. 18년 전 7모둠 아이들이 모여앉아 모둠 활동을 토의하던 모정은 뚜렷이 기억이 났습니다. 그곳에 앉아 맛있는 짜장면을 배달시켜 먹게 할 생각이었는데, 제게 지갑이 없던 탓에 말짱 헛것이 되었었지요. 결국 신귀백 선생님께 사례는커녕 신세만 진 셈이 되었으니, 그 신세는 언제 갚을 수 있을지 모르겠습니다. 배영고에 들러 최덕수 열사비를 보고, 집으로 돌아와 다시 김용 시인의 유고시집을 열어봅니다.

> 그동안 김용은 이 시집에 실린 시보다 몇 배나 많은 시를 썼다. 그런데 그 원고들이 어디로 갔는지 도대체 찾을 길이 없다. 먼 길을 혼자 떠나기 심심해서 그가 자신의 시를 데리고 떠난 것일까? 생전에, 따뜻해서 오히려 따끔한 회초리 같은 그의 후견인 신귀백 선배의 자상함이 없었더라면 이만큼의 시도 찾아낼 수 없었을 것이다. 이 시집 속에는 지금도 내가 좋아하는 시들이 여럿 있다. 「두부집」 「애기똥풀」 「목련」 「콩대」 「백석의 할아버지」 「토란밭」 「낫」 「탈의」 「파밭에서」 등 제목만 봐도 김용의 구부정한 어깨가 보일 듯한 시들이 그것들이다. 이제 세상 속으로 늦게나마 그의 시들을 보낸다.
>
> — 안도현, 김용 유고시집 서문에서

7모둠 아이들은 모둠 이름을 김용 시집 제목인 '꽃은 잎을 잊는다'로 했었지요. 무슨 뜻일까, 꽃이 먼저 피고 잎이 나는 것인데, 시인이 시를 꽃 피우고 떠난 자리에 그의 시는 오로지 독자들의 몫이라는 뜻일까. 7모둠 아이들은 발표의 처음 시작을 「백석의 할아버지」 시낭송으로 열었고, 안도현 시인과 김용 시인과 신귀백 선생님과 그렇게 3인이 등장하는 촌극을 펼쳤지요. 내용의 공개는 생략해야겠습니다. 「백석의 할아버지」 시의 제목만으로도 김용의 백석 사랑을 읽을 수 있었으니, 아이들로서는 최선의 선택이었을 것입니다. 김용이 기거하던 고모집에 김용의 방이 남아있었는데, 한 아이의 소감글을 보면 그 방에서 놀란 것이 책의 권수가 아니라 책의 수준이었노라고 했더군요. 그의 시를 보면 그러한 사고영역이 느껴지는 것 같았습니다.

같은 배영고 학생으로서 김용 시인에 대한 느낌은 남달랐을 것입니다. 같은 학교가 아니더라도, 같은 지역의 나이차이가 크게 나지 않는 작가의 이야기는 아이들의 관심을 끌만 했지요. 스물아홉 나이에 저 세상으로 간 시인, 그 유고시집이 나올 수 있었다는 의미를 한번쯤은 사색해보았을 것입니다. 유고시집에 실린 고모의 후기와, 실제 아이들이 만난 고모의 눈물은 구체화된 현실로 다가왔지요. 고모는 김용 시인의 사망 보상금까지 김용 시 창작기금으로 내놓을 정도로 시를 쓰는 조카를 사랑하였다는 것을 알 수 있었습니다.

김용의 시에서 백석의 시가 느껴지는 것은 맨 앞에 실린 「두부집」을 보더라도 알 수 있었습니다. '부뚜막 젓가락 수만큼 자잘한 잔소리'라든가, '간수 물을 맞는 두부처럼'이라든가, '두부가 나오는 것을 보다보다 못 보고 비지가 다 되어 집으로 돌아오면'이라든가, 독특한 비유들이 곳곳에서 눈길을 끌더군요. 정읍의 어디쯤 두부집이 떠올랐고 어두운 골목의 이미지가 떠올랐답니다. '이 땅은 발뒤꿈치 들고 사는 곳 같아'라고 말하는 「애기똥풀」의 마음은 절묘한 표현으로 다가왔지요. '빈속에 가스활명수 먹고 피는 목련'도 그러했고, '꼬리 끊고 달아나다 붙잡힌 생각이/ 단단히 똬리를 튼 토란'이 그러했습니다. 「콩대」에서는, 명태와 명태를 끓이는 땔감인 콩대의 이미지를 연결하여 재미있게 표현하고 있다고 생각했습니다. '한 마리 살아남은 금붕어를/ 김근태라 지어 부르던/ 제자 하나 분신자살한/ 청년 귀백씨 하숙방도 보인다'는 「사실들」의 구절은 정말 제목 그대로 사실들일 테지요.

「정읍사」와 「내장산」과 「서래봉」은 정읍문학캠프에서 활용하면 좋을 듯한데, 쉽게 의미가 해석되지 않고 매력적인 비유가 보이지 않는 아쉬움이 있었습니다. 신귀백 선생님의 시 해석을 들으면 뭔가 다른 깊이를 이해할 수 있을 텐데요. 하지만, 내 감상이 맞을까? 쭈빗거리면서 아예 표현을 안 하는 버릇, 선생인 저부터 고쳐보겠다고 요즘은 생각하게 됐다는 변명으로 마무리해야겠습니다. 김용 시인이 갑자기 떠나는 것을 보며, 글쓰는 사람으로서 내 글들을 정리해두는 습관을 가져야겠다 생각하게 되었노라고, 신귀백 선생님 하시던 말씀이 떠오릅니다. 부디, 선생님의 글쓰기가 어느 시점에든 아름다운 빛을 가질 수 있기를 바래봅니다.

[정읍국어교사모임의 영원한 회장, 염길중 선생님께]

아마도 지도교사 수가 확보되지 않아 7모둠으로 했지 않았을까 싶습니다. 한 모둠이 8, 9명이 적절한 수일 텐데, 2001여름문학캠프에서는 12명이 되고 그랬으니까요. 염길중 선생님은 총괄해서 할 일들이 많고 컴퓨터 일을 도맡아야 했으니 모둠교사에서 빠졌던 것 같습니다. 문학캠프 때면 아이들에게 보였던 지난 회 결과 보고, 염길중 선생님의 멋진 PPT 작품에 모두들 감탄했었지요. 모임의 격이 높아지는 순간이었답니다.

그때 '정읍문학지도' 프로그램을 계획하면서 당일 활동이 가능한 일곱 가지의 주제를 정했었는데, 세월이 흐른 지금에 와서 더 추가하고 싶은 주제들이 보입니다. 정읍 출신인 윤흥길, 박찬, 박성우, 세 작가를 추가하고 싶고, 그렇게 하면 모두 10개 영역이 됩니다. 10개 영역을 다 할 수도 있겠지만 상황에 따라 선택하거나 줄일 수 있겠지요. 생존 작가의 경우 독립적인 하나의 주제로 2박 3일 문학캠프를 진행하는 것이 바람직하다고 생각하지만, 별개로 정읍 지역과 모둠활동에 초점을 두어 '정읍문학지도' 프로그램으로 문학캠프를 진행하는 것도 중요하고 가치 있는 일일 것입니다. 자신의 삶의 터전에 뿌리박은 글쓰기야말로 진정한 생명력을 가진다는 것을, 문학캠프 아이들이 체득할 수 있었으면 좋겠습니다.

윤흥길문학캠프 때 작가는 떠나면서, 박찬 시인의 시집을 건네며 박찬 시인을 정읍문학캠프에서 해도 좋겠다는 의견을 남겼지요. 솔직히 그때 경황이 없었고, 내가 처음 들어보는 시인의 이름이 아이들에게는 더 그럴 것이라는 판단에, 그 생각을 쉽게 접었던 일이 있습니다. 그때의 기억을 떠올리면서 박찬 시인을 검색해보았는데, 우리가 망각하고 지낸 시간의 흐름 속에 박찬 시인은 이미 고인이 되어버렸다는 것을 알았지요.

"내가 한 쪽으로 기우뚱, 할 때가 있다./ 부음을 듣는 순간 더러 그렇다./ 그에게 내가 지긋이 기대고 있었다는 것 아닌가, 그가 갑자기/ 밑돌처럼 빠져나간 것이다." 2007년 1월 19일 오후 다섯 시, 그의 영정에 바치는 문인수 시인의 시는 절절했고, 그를 추모하는 지인들의 이야기에서 박찬 시인이 어떤 시인이었던가 따뜻하게 그려내는 것은 어렵지 않은 일이었습니다. 유고시집 ≪외로운 식량≫을 구입하여 읽는 것으로 저는 회복할 수 없는 아쉬움을 달래야 했지요.

점령군이 던져주는 껌이나 초콜릿을 주워 먹고 좋아하던 어린 시인,

그놈들 웃는 낯바닥이 보이지 않더냐고, 생애 처음 손주를 노기등등하게 야단치던 할머니, 「그 웃음」 시가 눈에 들어오더군요. 지극히 감성적인 서정시인일 뿐이라고 생각하고 있다가 그 시를 보는 순간, 제 조급한 편견을 수정해야만 했답니다. 그러고 보면 정읍의 많은 풍경을 노래하면서도 어두운 이미지들이 적지 않더군요. '서래봉'을 노래한 여러 편의 시들에 관심을 가질 수밖에 없었는데요. 부제가 '서래봉 가는 길'인 「소리를 찾아서」 시가 이랬습니다. "지루하고 막막한 날이 끝나간다/ 그 끝에서 홀로 붉게 타는 칸나여, 안녕!/ 다시는 못 볼 푸른 하늘이여, 너도 안녕!" 유고시집 맨 마지막에 놓인 시라서 그랬을까요. 시인의 죽음에 대한 예감을 읽는 느낌이었답니다. 제가 '내장산'을 꿈에도 그리운 고향의 이미지로 생각하는 것처럼, 박찬 시인에게도 내장산의 '서래봉'이 아무리 시로 노래해도 부족할 그리운 고향의 상징인 것 같았습니다.

윤흥길 작가는 여섯 살까지 정읍에 살았을 뿐이지만, 그의 약력에는 항상 '정읍 출신'이 따라다니지요. 어린 시절의 배경은 작가에게 그만큼 중요한 의미일 것입니다. 윤흥길 작가가 말하기를, 〈장마〉의 배경으로 나오는 '건지산'이 내장산이라고 했습니다. 단편 〈황혼의 집〉의 배경도 어린 시절의 정읍에서 가져왔다고 했습니다. 윤흥길 작가의 생가가 천변의 시기동 주민센터 그쯤의 자리이고, 2년쯤 살았다는 연지동 집 주변의 역전과 옛 철공소 자리도 대충 추정해볼 수는 있을 것 같습니다. 천변 도로로 내장산에서 지프차량이 달려왔을 것만 같습니다. 소설의 특성이 허구성이라면, 그쯤의 현실 배경만으로도 문학캠프 아이들은 활동 결과물을 만들어낼 수 있을 것입니다. 그것이 작가체험이 될 수도 있겠지요.

박성우 시인은 선생님이나 저보다 나이가 한참 젊지요. 같은 나이인 신경숙문학캠프 때만 해도, 그 미묘한 자격지심 같은 심리 때문에 잠깐씩 고뇌도 해보았을 걸요. 나보다 나이가 많은 인물을 만나면서 '나도 노력하면 언젠가' 희망을 품던 시절이, 이제는 나도 모르게 다 지나버렸다고나 할까요. 문학캠프 책자 1권을 완성하여 가당치 않은 욕심으로 '창비'에 응모한 일이 있었는데요. 발표 전에 이미 예상을 했지만 떨어졌고, 그 화면에서 '20회 백석문학상' 수상자인 박성우 시인 이름을 보았었지요. 똑같은 사람으로 태어나, 저의 레퍼토리 같은 한탄이 흘러나왔겠지요. 공부하던 명봉도서관에서 빌린 수상 시집 ≪웃는 연습≫을 읽는 것으로 위안을 할밖에요.

고창의 성내중에 있을 때 전 근무자였던 국어선생님에게서 박성우 시인의 연락처를 받았었는데, 그 선생님은 박성우 시인이 자기 후배라면서 아주 어렵지 않은 작가처럼 말을 해왔었지요. 정읍고에 있을 때 문학교과서에도 등장하는 박성우 시인 섭외를 시도했지만, 글쓰기를 위해 직장도 그만두고 집필실에 칩거 중이라는 완곡한 거절의 답을 들은 일이 있답니다. 그 마음에 백번 공감하지만, 어떡하나요, 그래도 서운했던 것을. 작가와 독자의 간격은 그만큼 크다는 생각을 많이 합니다. 문학 활동을 진행해야하는 국어교사의 입장은 어떤 것이어야 하는지, 저로서는 늘 고민이랄 수밖에요.

전북교육청에서 주관하는 중학생 인문학캠프에서 박성우 시인을 처음 보았답니다. 말 한마디 나누어보지 않았으니 '만났다'고는 못하겠네요. 자신의 시집 한권을 가지고 아이들과 즐거운 놀이 같은 수업을 펼치던 것이 정말 인상적이었습니다. 저는 참 치사하게도 아이 하나를 시켜 "산내면 고향마을에 문학기행으로 가도 되느냐고" 물어보라고 시켰는데요. 아이들 앞에서는 약할 수밖에 없는 '선생의 심리'를 이용하고자 했던 것인데, 아이가 전하는 답은 간단히 "안돼"였답니다.

결국 저 혼자 〈자두나무 정류장〉 배경지인 정읍시 산내면 수침동 마을에 가보았답니다. '빨간우체통집'이 그가 집필처로 쓰곤 하는 집인 것으로 알고 있는데, 박성우 시인 이름이 적힌 우편물이 빨간 우체통 안에 있는 것이 정말 신기하더군요. 문은 닫혀있지만 역시 시인의 집필처답게 아름다운 길이었고 아름다운 집이었습니다. 허락 없이 다녀가는 것을 미안해하면서, 저는 마을과 산과 강을 둘러보았지요. 마을 앞 자두나무 정류장에는 정말 자두나무 꽃과 열매가 피어나는지, 다시 한 번 와보고 싶었어요. 정류장 옆에는 '나루터'라고 써있는 식당이 있어서 문학캠프를 하더라도 이용할 수 있겠다는 생각을 해봤네요. 주변 지역으로 '대장금' 관련한 표지들도 많아서 이에 대해서는 더 조사를 해보아야겠더군요.

올해 가본 박성우 시인의 마을은 2년 전 그때와 또 달랐습니다. 빨간우체통은 휴업중인 것 같더군요. 마을회관 양지에 나와 계신 어르신께 물었는데, 박성우 시인의 형은 이곳에 살지 않고 박성우 시인은 가끔 글을 쓰기 위해 집필처에 와서 머문다고 했습니다.

저는 박성우 시인의 등단작인 「거미」를 굉장히 인상적으로 읽었답니다. 정읍 어디쯤 양조장을 연상하면서 정말 현실의 죽음이고 비극으로 느껴졌으니까요. 안도현 시인의 「서울로 가는 전봉준」이 그렇듯이, 저는 시인의 등단작을 가장 좋아하는지 모르겠습니다. 박성우 시인은 '청소년 시'를 들고 나온 최초의 시인으로 저는 알고 있는데요. 「신나는 악몽」 같은 시는 정말 훔쳐오고 싶게 재미있는 시였고, 「두꺼비」 시는 수능으로 출제된 지문을 읽다 학생이 눈물 터뜨리게 할 만큼 감동이 있는 시였지요. 저는 박성우 시인이 청소년 시에 머물지 않고 어른 시를 썼으면 좋겠다는 생각을 하곤 했습니다.

김용 시인을 이야기하는 안도현 시인의 애정에 감탄했듯이 박성우 시인을 이야기하는 안도현 시인의 마음에도 저는 감동했는데요. 배고파 미숫가루라도 실컷 먹고 싶어 미숫가루와 사카린을 동네 우물에 풀어 그 물을 다 마시려고 했다든가, 새가 하늘에서 똥을 싸는 기분을 느껴보기 위해 흉내내다가 나무 위에서 떨어졌다든가, 그런 일화를 이야기할 때도 그 애정이 가득 느껴지더군요. 지도교수의 연구실 문 밑으로 시를 넣고 가곤 했다는, 맵게 쓴 시에 매운 질책을 기다렸으나 아무 답이 없어 어두운 길 울며 갔노라는, 그때의 지도교수가 쓴 ≪거미≫ 시집 발문도 인상적이었습니다. 원광대학교 국문과, 그 이후 문예창작과, 우석대의 문예창작과, 스승과 제자, 선배와 후배로 이어지는 그들의 문학사랑의 울타리가 존경스럽고 아름답게만 느껴집니다.

처음 제게 정읍국어교사모임 활동을 제안한 것은 염길중 선생님이었던 것을 기억합니다. 좀처럼 밖으로 나오려 하지 않던 저였는데, 개별화된 '문학기행'이라는 징검다리를 건너, 연대하는 '문학캠프'의 강으로 합류하게 된 것이었지요. 시대의 변화로 정읍을 떠나면서 저는 모임에서 멀어졌고, 저 때문은 아니겠지만 정읍국어교사모임은 19회 문학캠프 이후 활동이 가라앉았던 것으로 알고 있습니다. 하지만 여전히, 가끔씩 그리운 순간이거나 자료가 필요할 때가 있으면 정읍국어교사모임 홈페이지를 클릭하곤 했었는데요. 어느 시점에서부턴가 아무리 클릭을 해도 페이지가 열리지를 않았습니다. 폐쇄되었다는 것을 나중에야 알았지요. 염길중 선생님을 원망했던 순간이 있었음을 고백해야겠습니다.

홈페이지에 있던 많은 글과 자료와 사진들, 전혀 활용할 수 없음이 절망스럽기도 했었답니다. 그러면서 깨달았네요. 가장 신뢰할 수 있는 매체는 '책'이라는 것을. 2018년 학습연구년제 활동에서 제가 기댈 수 있었던 것은, 문학캠프 때마다 힘들여 제작했던 '문집'이었으니까요. 컴퓨터와 인터넷이 편리하긴 하나 믿을 수 있는 매체는 아니라는 것을 깨달았으니, 이제는 염길중 선생님께 고맙다고 말씀드려야겠네요. 저 개인적으로도 외장하드나 유에스비나 메일에 저장해둔 것도 있었지만, 깨지고 날아가고 회복할 수 없는 자료들이 많았지요. 대용량 자료의 경우 다운로드 기간이 지나면 필요 없는 것이었습니다. 지금까지 정리하는 일을 못해서 책들을 방치하는 편이었는데, 이제는 책 한 권 한 권 소중히 정리해야겠다는 생각을 하게 됐습니다. 한정본이거나 절판이거나 해서 구할 수 없는 책들도 많다는 것을 알았으니까요.

햇살 가득한 창가에 앉아 가만 책장의 책을 찾아 열면, 두근두근 설레임에 가슴 뛰는, 그러한 문학적인 정서를 아이들에게 가르칠 수 있는 국어교사가 될 수 있으면 좋겠습니다. 내내 안녕히.

[2019. 02. 17.]

학생들과 함께 만든 문학캠프 ❶

내장산 산꽃

인쇄 2019년 9월 16일
발행 2019년 9월 20일

지은이 홍숙정
발행인 서정환
펴낸곳 신아출판사
주소 전북 전주시 완산구 공북 1길 16(태평동 251－30)
전화 (063) 275－4000 · 0484 · 6374
팩스 (063) 274－3131
이메일 sina321@hanmail.net, shina2347@naver.com
출판등록 제465－1984－000004호
인쇄 · 제본 신아출판사

ISBN 979-11-5605-662-1 (04810)
ISBN 979-11-5605-661-4 (세트)
값 18,000원

＊ 저자와 협의, 인지는 생략합니다.

이 도서의 국립중앙도서관 출판예정도서목록(CIP)은 서지정보유통지원시스템 홈페이지(http://seoji.nl.go.kr)와 국가자료공동목록시스템(http://www.nl.go.kr/kolisnet)에서 이용하실 수 있습니다.(CIP제어번호: CIP2019034356)

＊ 잘못된 책은 바꿔 드립니다.

Printed in KOREA

학생 활동 중심의 이 책을 쓰면서, 가능한 작가들에게는 메일을 통해 내용을 확인 받고자 노력하였습니다. 하지만 활용한 모든 자료에 대하여 일일이 저작자의 허락을 구하기란 힘든 일이었습니다. 너그러운 이해 부탁드리며, 제 연락처를 여기에 남깁니다. (sjhong63@hanmail.net)